DIREITO & MERCADO

Volume I

TEMAS DE DIREITO BANCÁRIO MATERIAL E PROCESSUAL

Conselho Editorial
André Luís Callegari
Carlos Alberto Molinaro
Daniel Francisco Mitidiero
Darci Guimarães Ribeiro
Draiton Gonzaga de Souza
Elaine Harzheim Macedo
Eugênio Facchini Neto
Giovani Agostini Saavedra
Ingo Wolfgang Sarlet
Jose Luis Bolzan de Morais
José Maria Rosa Tesheiner
Leandro Paulsen
Lenio Luiz Streck
Paulo Antônio Caliendo Velloso da Silveira

D598 Direito & mercado, volume 1: temas de direito bancário material e processual / Álisson dos Santos Cappellari, Antonio Fernando Monteiro Garcia, Marcelo Nicolaiewski Sant'Anna (organizadores). – Porto Alegre : Livraria do Advogado Editora, 2015.
278 p. ; 23 cm.
Inclui bibliografia.
ISBN 978-85-7348-937-8

1. Direito empresarial. 2. Direito econômico. 3. Direito processual. I. Cappellari, Álisson dos Santos. II. Garcia, Antonio Fernando Monteiro. III. Sant'Anna, Marcelo Nicolaiewski.

CDU 347.7
CDD 346.065

Índice para catálogo sistemático:
1. Direito empresarial   347.7

(Bibliotecária responsável: Sabrina Leal Araujo – CRB 10/1507)

Álisson dos Santos Cappellari
Antonio Fernando Monteiro Garcia
Marcelo Nicolaiewski Sant'Anna
(organizadores)

DIREITO & MERCADO

Volume I

TEMAS DE DIREITO BANCÁRIO MATERIAL E PROCESSUAL

Antonio Fernando Monteiro Garcia
Camila Zanchin Golin
Carolina Prado da Hora
Caroline Scopel Cecatto
Cristiano Bonat Alves
Julio Carlos Blois Vaz
Lauren Ellwanger Seferin
Leonidas Cabral Albuquerque
Marcelo Nicolaiewski Sant'Anna

livraria
DO ADVOGADO
editora

Porto Alegre, 2015

©
Antonio Fernando Monteiro Garcia
Camila Zanchin Golin
Carolina Prado da Hora
Caroline Scopel Cecatto
Cristiano Bonat Alves
Julio Carlos Blois Vaz
Lauren Ellwanger Seferin
Leonidas Cabral Albuquerque
Marcelo Nicolaiewski Sant'Anna
2015

Edição finalizada em agosto/2014

Projeto gráfico e diagramação
Livraria do Advogado Editora

Revisão
Rosane Marques Borba

Direitos desta edição reservados por
Livraria do Advogado Editora Ltda.
Rua Riachuelo, 1300
90010-273 Porto Alegre RS
Fone/fax: 0800-51-7522
editora@livrariadoadvogado.com.br
www.doadvogado.com.br

Impresso no Brasil / Printed in Brazil

Sumário

Apresentação..7

Parte I – Temas de Direito Material..9

1. O direito econômico e o direito da sustentabilidade na nova perspectiva da economia global
   Antonio Fernando Monteiro Garcia..11
2. Responsabilidade civil do estado por atos judiciários: possibilidade em face de erro e/ou morosidade numa perspectiva do jurisdicionado
   Marcelo Nicolaiewski Sant'Anna..27
3. O princípio da boa-fé como critério de integração e interpretação dos contratos bancários
   Camila Zanchin Golin..65
4. A recuperação judicial e os créditos bancários: participação dos bancos no processo de reorganização das empresas
   Caroline Scopel Cecatto..101
5. As instituições financeiras e o meio ambiente: a corresponsabilidade civil por danos ambientais e a adequação dos contratos bancários ao direito ambiental
   Carolina Prado da Hora..141
6. A incidência do Imposto Sobre Serviços de Qualquer Natureza nas operações de *leasing*
   Lauren Ellwanger Seferin..177

Parte II – Temas de Direito Processual......................................193

7. Da repercussão geral no recurso extraordinário como mecanismo de filtragem para o julgamento do mérito recursal
   Leonidas Cabral Albuquerque..195
8. Ação Rescisória Cível fundada em erro de fato: a visão dos Tribunais
   Julio Carlos Blois Vaz...223
9. Considerações acerca da penhora *on line* e a transferência compulsória dos depósitos judiciais para outras instituições financeiras oficiais
   Cristiano Bonat Alves...253

Apresentação

Apresentar esta obra é, antes de tudo, um grande orgulho.

Trata-se o presente livro de uma reunião de textos produzidos pelos integrantes da Assessoria Regional do Banco do Brasil do Estado do Rio Grande do Sul (AJURE RS), em sua ampla maioria resultante de trabalhos apresentados dentro do programa de Ascensão Funcional dentro do quadro de carreira dos procuradores da referida instituição financeira. Temos aqui concretizados aquilo que, em mais de sete décadas de atuação, ficou marcada como a grande marca da Assessoria Jurídica gaúcha, qual seja, o de ser berço e casa de inúmeros profissionais de dedicação e conhecimento técnico-jurídicos de ponta, com reconhecimento que transborda, e muito, não apenas os limites territoriais de nosso estado, mas também os próprios limites institucionais do Banco do Brasil.

A ideia da organização e publicação dos referidos textos veio através da necessidade de perenizar o conhecimento e a pesquisa constantes do trabalho dos colegas que se disponibilizaram a encarar o desafio de, muitos mesmo sem ter a devida verve acadêmica, se expor e realizar pesquisas de temas pertinentes com a atividade bancário-empresarial do Banco do Brasil. Algo que só foi possível com a disponibilidade de todos e a sua união em torno da Associação Rio-Grandense dos Advogados do Banco do Brasil – ARABB –, entidade que desde 1987 congraça os advogados gaúchos em torno de um ideal, qual seja, o de promover a cultura e a evolução profissional de seus associados.

O desafio nos foi proposto. Coube a meu colega Marcelo Nicolaiewski Sant'Anna, advogado decano da AJURE – RS, egresso da Universidade Federal do Rio Grande do Sul e atual presidente da ARABB, a concepção da referida obra. Sempre foi um devaneio seu, desde a implementação do referido programa de ascensão profissional, a reunião dos referidos trabalhos e a sua divulgação de modo que ultrapassasse os muros corporativos. Ao fazer um apanhado geral do *material*, constatamos que não teríamos sim, para início dos trabalhos, substrato suficiente para a elaboração não apenas de um, mais de duas obras temáticas.

O primeiro volume, que aqui se apresenta, traz os trabalhos referentes à análise do direito empresarial propriamente dito. Seu conteúdo é subdividido em duas grandes partes, uma versando sobre temas de direito material, e outra voltada para a atuação processual. O segundo volume também trará duas partes; uma versando sobre aspectos penais e processuais penais, e outra sobre o direito trabalhista. Trata-se de obras que, devido a sua característica interdisciplinar, vem a preencher um espaço atualmente carente de publicações voltadas para a atuação do mercado financeiro e sobretudo atinentes com a atividade bancária, área cada vez mais dotada de importância ante o dinamismo das relações econômico-financeiras da atualidade.

Creio que tal obra será de inegável importância a todos aqueles que se interessam, estudam ou tenham suas atividades voltadas para o dinamismo do sistema financeiro. Com certeza, o conteúdo do presente livro servirá, também, para o embasamento de reflexões futuras sobre a área bancária.

Álisson dos Santos Cappellari
Organizador

Parte I

Temas de Direito Material

— 1 —

O direito econômico e o direito da sustentabilidade na nova perspectiva da economia global[1]

ANTONIO FERNANDO MONTEIRO GARCIA[2]

Sumário: 1. Introdução; 2. Histórico da intervenção do Estado no domínio econômico; 3. A crise da modernidade; 4. A relação entre economia e meio ambiente; 5. Considerações finais; Referências bibliográficas.

1. Introdução

A vida em coletividade é indispensável à sobrevivência do homem, enquanto ser sociável que é, uma vez que, individualmente, não teria como suprir todas as suas necessidades, bem como obter todos os bens imprescindíveis para garantir sua sobrevivência.

A convivência em um meio comum pressupõe a busca de interesses gerais, que atendam às necessidades coletivas, bem como a persecução das expectativas individuais. Assim, toda a aglomeração de indivíduos, em que pese objetivar o atendimento do bem-estar social, gera zonas de atritos entre os diversos interesses individuais presentes, que muitas vezes se revelam antagônicos e colidentes.

Considerando os aspectos presentes na filosofia grega, absorvemos que o estudo da reunião de pessoas em torno de uma mesma base territorial para atendimento de suas necessidades originou-se com o advento do conceito de *polis*. Esta representando o ambiente no qual os indivíduos

---

[1] O presente artigo é fruto da investigação realizada na Universidade de Alicante, no âmbito da Disciplina *Derecho Ambiental Y Sostenibilidad*, ministrada pelo Prof. Dr. Gabriel Real Ferrer em face do Convênio do Programa de Pós-Graduação *Stricto Sensu* em Ciência Jurídica da UNIVALI, com apoio da Coordenação de Aperfeiçoamento de Pessoal Nível Superior – CAPES – na concessão de Bolsa Professor Estrangeiro Visitante.

[2] Doutorando da Universidade do Vale do Itajaí, Mestre em Ciência Jurídica, Professor da Faculdade Cenecista de Joinville das Disciplinas de Direito Empresarial I e Direito Econômico nos Cursos de Graduação e Pós-Graduação. Ex-professor da Universidade Católica de Brasília na Disciplina de Direito Empresarial II e III.

convivem e buscam a realização de seus interesses, seja em caráter coletivo, seja para fins meramente pessoais.

A determinação da Função Social do Estado, como garantia da convivência e cooperação entre os homens, se constitui na chave imediata para compreender os fenômenos estatais emergentes no início do século XX e foi determinante para a afirmação do denominado Estado Contemporâneo, sucessor do Estado Moderno.

Importa ressaltar, consultando as ideias desenvolvidas pelo Professor Paulo Márcio Cruz,[3] que "Desde as constituições Mexicana, de 1917 e a alemã de Waimar, do mesmo ano, quando pela primeira vez foi admitida a intervenção do Estado em questões até então relegadas ao sabor do capitalismo liberal, até a opção formal pelo estado Social de vários países europeus, escandinavos e da oceania, um longo caminho foi trilhado pelo Estado de Bem Estar".

Na constante busca das necessidades gerais e individuais, mister se faz estabelecer um conjunto de normas, permeadas de valores éticos, morais, científicos, entre outros, a fim de garantir o respeito às pessoas e suas opiniões, evitando que a colisão de interesses antagônicos gerem conflitos violentos e irracionais.

Podemos visualizar tais fatos sociais como situações oriundas de avanços científicos, de mudanças de paradigmas de comportamento coletivo, de violência moral e física, entre outras, as quais pedem resposta do Estado, com o fito de promover uma regulamentação eficiente e apta a dar respostas aos anseios e reclamos sociais.

O Direito, enquanto ciência social, é gerado, destarte, em função da necessidade que o homem tem de viver em sociedade, dando ao Poder Público autoridade legítima para manter, inclusive com o uso da forca e violência necessária, a estrutura da organização juridicamente constituída, uma vez que não se pode conceber a vida em coletividade sem a existência de um certo número de normas reguladoras entre os indivíduos e de um ente maior e soberano que detém o encargo de zelar pelo cumprimento e respeito destas.

A presença desta constante alteração no contexto social, na tipologia das relações sociais, comprometidas com o fato econômico, leva a uma nova juridicização, a uma nova manifestação reguladora do Direito direcionada a um outro fato novo, a degradação do meio ambiente.

No contexto do presente estudo, preambularmente faremos uma análise da evolução do Estado até os dias atuais, com sua intervenção no domínio econômico para depois propor e expor uma relação sobre o

---

[3] CRUZ, Paulo Márcio. A Função Social do Estado em Heller. *Revista NEJ* – Eletrônica, v. 2, n. 4 (1996).

grande tema da sustentabilidade tão recorrente no século XXI e que também é objeto da nossa pesquisa.

A par desse universo de questões, a presente pesquisa embasa-se no estudo teórico, referente à presença do estado na manutenção do interesse econômico, com ênfase no caráter coletivo do meio ambiente, compatibilizando sua interação mediante as ferramentas Políticas do Estado na intervenção da Economia e na Sociedade Moderna por meio do Direito Econômico e do Direito Ambiental, justamente no momento que a modernidade dissolve os contornos da sociedade industrial e, na continuidade da modernidade, surge uma outra configuração social.

Tal análise é relevante para o postulado da atuação do Estado, no âmbito da relação tridimensional direito-economia-meio ambiente, no qual se manifesta sempre um contexto de relação dialética, em que da oposição criativa de uma tese e de uma antítese surge uma síntese, que é o resultado engendrado pelas posições que lhe deram origem.

2. Histórico da intervenção do Estado no domínio econômico

Partimos, então, de uma análise da relação entre direito e economia, e constatamos que diversos autores se detiveram na análise da inter-relação desses dois fenômenos, focalizando aspectos a cada um deles pertinente, segundo sua linha de pensamento. Nesse sentido, convém apresentar um escorço das principais teorias, sem qualquer preocupação de sermos completos.

A Inglaterra realiza sua unidade a partir do reinado de Henrique VII [1485-1509], a França consegue a sua unidade nacional a partir do reinado de Luís XI [1461-1483], a Espanha se unifica a partir de 1469, com o casamento de Fernando de Aragão com Isabel de Castela, Portugal consolida sua independência a partir de 1580, quando se separa de Espanha.

O mercantilismo surge como reflexo das concepções ideológicas daquele momento. A ideia de nacionalidade começa a se afirmar, o Estado se propõe a solidificar seu poder perante as nações estrangeiras, o poder central se desenvolve e, com isso, ascendem as despesas públicas, o comércio internacional se desenvolve em busca de riquezas, dando-se ênfase aos metais preciosos como instrumentos de troca, e, ao mesmo tempo, desperta o espírito capitalista.

O capitalismo se define como um sistema econômico baseado na propriedade privada dos meios de produção, propiciadora de acúmulo de poupança com finalidade de investimento de grandes massas monetárias, dentro de uma organização de livre mercado, por meio de uma organização permanente e racional.

Esse modelo econômico pode ser visto por um prisma jurídico, e significa o estatuto jurídico, que adota o princípio da propriedade privada dos meios de produção.

Visualiza-se, então, o aspecto político, que significa uma ideologia e um regime de livre empresa.

O mercantilismo se revela por princípios básicos, quais sejam a vontade de fortalecimento do poder por meio da busca da riqueza [centralizada no ouro e na prata], o protecionismo pela implantação de fortes barreiras aduaneiras, o favorecimento da exportação e o correspondente desfavorecimento da importação, com a finalidade de estabelecer uma balança comercial favorável.

Esse sistema econômico utilizou, de forma agressiva, a xenofobia, incentivando assim as rivalidades internacionais. Procurou afastar os mercadores estrangeiros e, ao mesmo tempo, como forma de fortalecer o próprio comércio, vinculou os próprios mercadores por meio de concessões de licenças para o exercício da atividade.[4]

O fortalecimento econômico do Estado, propiciado pelo mercantilismo, trouxe-lhe o poder absoluto, decorrente da centralização total dos poderes nas mãos dos governantes.

A teoria mercantilista é suplantada pela ideia do liberalismo econômico, que se assenta nos princípios do liberalismo filosófico e político trazidos principalmente pelas doutrinas jusnaturalistas do século XVII, em que se exaltam os princípios de liberdade, de valorização do indivíduo, de revolta contra os privilégios e contra o poder absoluto dos reis.

O liberalismo pode assumir variadas formas, mas o que se sucedeu ao mercantilismo caracterizou-se pela defesa do princípio segundo o qual o desenvolvimento econômico deveria fazer-se em conformidade com as leis naturais do mercado, sem os grilhões anteriormente postos pelo Estado.

Defende-se, a partir de então, a teoria segundo a qual a economia está sujeita a leis naturais que a levam fatalmente a uma situação de equilíbrio entre os integrantes do mercado, com frutos positivos para toda a sociedade, que será rica se os seus integrantes o forem. O Estado não deveria, portanto, por lei, interferir no funcionamento do mercado, diz Adan Smith: "As várias regulamentações do sistema mercantil vêm,

---

[4] Assinala Pierre Deyon: "Mas o elemento comum, o elemento essencial é a teoria da balança comercial, ou mais exatamente a convicção de que uma ação harmonizada, dirigida pelo Estado deve permitir o equilíbrio positivo desta balança; fonte de prosperidade e de poder. Esta permanente preocupação com o equilíbrio das importações e das exportações faz a realidade e a unidade do pensamento mercantilista" DEYON, Pierre. *O mercantilismo*. São Paulo: Perspectiva, 1973, p. 57.

necessariamente, perturbar mais ou menos esta distribuição natural e muito vantajosa do capital".[5]

O constitucionalismo do século XIX surgiu impregnado de liberalismo, tanto político quanto econômico. As Constituições brasileiras de 1824 e de 1891 basearam-se no princípio básico do liberalismo econômico e que serve de distintivo para o capitalismo: o princípio da propriedade individual dos bens de produção. Esse princípio é fixado como absoluto naqueles dois textos.

Considerando a interpretação contextual dessa norma, deve-se assinalar que esse princípio está contido no título referente às "garantias dos direitos civis e políticos dos cidadãos brasileiros". E o § 22 do art. 179 da Constituição de 1824 determina: "é garantido o direito de propriedade em toda a sua plenitude". Por sua vez, o § 17 do art. 72 da Constituição de 1891 dispõe: "o direito de propriedade mantém-se em toda a sua plenitude".

Em 1859, Marx[6] expôs em seu livro intitulado "Crítica da Economia Política", as relações entre a infraestrutura – "estrutura econômica da sociedade" – e a superestrutura. Assim diz ele: "Na produção social da sua própria existência os homens entram em relações determinadas, necessárias, independentes da sua vontade, quais se iam as relações de produção que respondem a um certo estádio do desenvolvimento das forças produtivas materiais. O conjunto das relações de produção constitui a estrutura econômica da sociedade, que é a base real em que se ergue uma superestrutura jurídica e política, a que correspondem determinadas formas sociais de consciência".[7]

Assim a concepção materialista da história leva à indução de que os homens não são determinados pela sua consciência, mas esta é que é determinada pelo modo de produção da vida material.

Fica, assim, evidenciada a influência que as condições materiais da vida humana exercem sobre o pensamento.

Nesse sentido, tive a oportunidade de salientar que: "A concepção do liberalismo, de liberdade do indivíduo no âmbito do mercado, veio a ser desmentida pela realidade histórica".[8]

Em 1.5.1991, para que o *"Centesimus Annus"* de edição da Encíclica *"Rerum Novarum"* fosse comemorado, o Papa João Paulo II lançou a Encíclica que leva aquele nome, defendendo a tese de que o papel do Estado

---

[5] SMITH, Adam. *A riqueza das nações*. Gulbenkian, 1983, p. 199.
[6] MARX, Karl. *Crítica da economia política*. 3. ed. Rio de Janeiro: Civilização Brasileira, 1990.
[7] Idem, p. 13.
[8] GARCIA, Antonio Fernando Monteiro. *Uma abordagem da Intervenção do Estado no Domínio Econômico: a intervenção estatal no sistema financeiro*. Dissertação de Mestrado, Universidade do Vale do Itajaí, 2002.

no setor da economia deve estar alicerçado numa ordem democrática e esta fundamentada numa *"reta concepção da pessoa humana"* e no respeito a seus direitos, sendo certo que o econômico nada mais é do que um aspecto da vida humana.

Afirmou Paulo Márcio Cruz[9] que: "A incapacidade de autorregulação cada vez mais crescente da sociedade civil empurrou o Estado a intervir na vida de seus cidadãos de forma direta e institucional".

Referida afirmativa aponta para a necessidade de melhor entender o papel desempenhado pelo Estado, ao editar normas para reger o fenômeno econômico, donde deveremos fazer uma abordagem teórica e um acompanhamento da história dessa atuação com a mudança de perspectiva da atuação do Direito Econômico com outros ramos do direito, a exemplo do Direito Ambiental em face da degradação ambiental como um dos aspectos da globalização.

Reconhece-se a necessidade da institucionalização de uma economia de mercado, em que ao Estado toca a tarefa de, por meio de prudentes decisões políticas e de sólido direcionamento jurídico, garantir a segurança aos que participam do mercado, quer como empresas, quer como consumidores.

Nesse sentido, o Estado passa a desenvolver competências para intervir no setor econômico, fecundando a atividade das empresas, principalmente em momentos de crise, quando sua presença é mais importante para garantir a plenitude do exercício dos direitos humanos, sendo a intervenção do Estado no setor econômico necessário para propiciar o equilíbrio, e, nestas condições, é de fundamental importância que não fira o princípio da livre iniciativa no campo econômico.

Com base nessa visão, abandonam-se algumas teorias, entre elas, as teorias individuais, e passa-se a desenvolver a Teoria da Escola Histórica da Economia Política, com o pensamento desenvolvido por Montesquieu, Ihering, Pollanch, em que se intensifica a tendência de inserção da relação entre direito e economia.

A ideia fundamental assentada por essa tendência é a de que a vida social não se pode reduzir a um complexo de ações submetidas às leis econômicas ou sociológicas: ela é também expressão da cultura histórica, entendida como manifestação suprapessoal própria de cada época. Pode-se dizer que economia e direito são expressões de uma mesma cultura, criações de um único espírito, componentes de um universo de valores e testemunhos do estilo de um povo e de uma época.

---

[9] CRUZ, Paulo Márcio. A Função Social do Estado em Heller. *Revista NEJ* – Eletrônica, v. 2, n. 4 (1996).

O início do século XX veio demarcar uma profunda alteração nos rumos da sociedade e do Direito em si. De um lado, a transformação sofrida pelo Direito originado do movimento iluminista; por outro, os efeitos da Primeira Guerra Mundial; e, por fim, o colapso sofrido pela crença no automatismo dos processos do liberalismo, trouxeram conjuntamente uma nova postura do Estado e do Direito.

Os antigos instrumentos adotados pelo Direito, forjados na estrutura racionalista do pensamento iluminista, se mostravam insuficientes e inadequados para enfrentar os problemas postos pela Revolução Industrial criadora de profunda crise social. Os instrumentos jurídicos gerados pela crença numa ordem racional eterna, arraigada na ordem racional humana perene, não se mostravam adequados para a solução de problemas decorrentes da materialidade da ordem econômica.

Nesse aspecto, as relações humanas se apresentam sempre de forma renovada, e as relações de conteúdo econômico evoluem permanentemente para conteúdos novos, bem como o Estado, sempre renovado em suas estruturas e funções, tem de se defrontar com fenômenos sociais e econômicos multiformes, a exigir uma postura adequadamente nova para sua condução, evidenciando que o instrumental jurídico a ser adotado tem de amoldar-se à realidade a ser normatizada e às suas características históricas.

3. A crise da modernidade

A modernidade opera mudanças radicais na política, na economia e no comportamento, na medida em que a produção social de riquezas se faz acompanhar, cada vez mais, de uma produção social de riscos agravada por uma forte e irresistível corrente de unificação do mundo na qual referida dinâmica coincide com a conjunção de fenômenos econômicos, de inovações tecnológicas e as reviravoltas geopolíticas.

A percepção atenta na leitura de Ulrich Beck referente a sua obra *Sociedade de risco – Rumo a uma outra modernidade*[10] perpassa cristalinamente a ideia de que vivemos um momento de ruptura no interior da própria modernidade, semelhante àquela que a modernização acarretou para as práticas feudais, provocando o surgimento da civilização industrial. Assim, a sociedade moderna é bem mais complexa do que qualquer uma das formações sociais mais antigas, e que eram limitadas regionalmente.

---

[10] BECK, Ulrich. *Sociedade de Risco: rumo a uma outra modernidade*/ tradução de Sebastião Nascimento. São Paulo: Ed. 34, 2010, p. 367.

Ainda que essa unidade do mundo não seja nem um fenômeno absolutamente recente, nem uma realidade completa, não é menos verdade que ela constitui uma mutação geral e profunda tanto na organização mundial como na percepção do nosso universo.

Conforme os estudos desenvolvidos pela Professora Cláudia Rosane Roesler,[11] utilizando-se a obra *"Cadernos Democráticos"*, do consagrado Boaventura de Sousa Santos, percebe-se os contornos da crise na modernidade a par da citação: "O Contrato Social da Modernidade, repõe os principais momentos da fundação da obrigação política moderna, mostrando a constante tensão dialética entre regulação e emancipação social, interesses individuais e bem comum, vontade individual e vontade geral, bem como a sua lógica de inclusão/exclusão".

Nesse diapasão, não é tarefa difícil concluir que, nas sociedades industriais, a mudança é uma constante. Mas muitos escritores e comentadores afirmam hoje que a vida moderna vem sofrendo uma transição particularmente radical em seu caráter. Uma combinação entre tendências e forças profundamente arraigadas na economia, na tecnologia, nas relações sociais e na cultura vem alterando a própria natureza da modernidade.

Assim como no século XIX a modernização dissolveu a esclerosada sociedade agrária estamental e, ao depurá-la, extraiu a imagem estrutural da sociedade industrial, a modernização no horizonte prático é suplantada paulatinamente pelas situações problemáticas da sociedade industrial, passando esta por um desencantamento dos processos nas formas de vida, do trabalho na família nuclear e inclusive na profissão, com alteração preponderante dos papéis clássicos do modelo de homens e mulheres na sociedade moderna.

Percebe-se cristalinamente a alteração da modernização nos trilhos da sociedade industrial que é substituída por uma reforma das premissas da sociedade industrial, que, em tese, não estava prevista em nenhum manual teórico de sociologia ou de teoria política do século XIX.

Não resta dúvida de que a oposição de pensamento entre modernidade e sociedade industrial, atualmente nos confunde no sistema de valores segundo grande número de autores e, em outras palavras, a presença do eventual colapso da modernidade. Nesse cenário antimodernista que inquieta o mundo, presente encontra-se um projeto para além da sociedade industrial.

A base sociológica contemporânea aponta que na sociedade tudo se transforma, família, profissão, fábrica, classes sociais, trabalho assa-

---

[11] ROESLER, Cláudia Rosane. *Reinventar a Democracia*. Revista Novos Estudos Jurídicos – NEJ. v.9 – n.3, set./dez.2004, p. 709-712.

lariado, e, de essencial, não se observam grandes mudanças no contexto da sociedade para melhor.

Argumentando o melhor pensamento do sociólogo Ulrich Beck;[12] "cedo ou tarde na história social começam convergir na continuidade dos processo de modernização as situações e os conflitos sociais de uma sociedade 'que distribui riqueza' com os de uma sociedade 'que distribui riscos'".

Beck[13] vai além ao contextualizar: "Isto fica ainda mais claro se tivermos em conta o feitio peculiar, o padrão distributivo específico dos riscos da modernização: eles possuem uma tendência imanente à globalização. A produção industrial é acompanhada por um universalismo de ameaças, independente dos lugares onde são produzidas: cadeias alimentares interligam cada um a praticamente todos os demais na face da Terra. Submersas, elas atravessam fronteiras. O teor de acidez do ar carcome não apenas esculturas e tesouros artísticos, mas há muito corroeu também os marcos de fronteira".

Observando referida afirmação, conclui-se que a evolução da sociedade como sistema social mais abrangente vincula-se diretamente à evolução de seus subsistemas sociais; nesse contexto, temos a emergência dos mecanismos evolutivos especificamente na relação do direito e do Estado.

Trata-se de uma perspectiva necessária que assenta uma visão simplista de mudança da sociedade contemporânea em que tendências correntes firmam-se na necessidade de conectar o ambientalismo atual na perspectiva do desenvolvimento econômico, sem comprometer a ideia da preservação da vida futura.

Nesse contexto, há uma abertura da hermenêutica jurídica para outros valores que devem ser considerados quando da análise da aplicação do Direito da Sustentabilidade como decorrência da substituição do critério da certeza pelo da probalidade, consagrado como advento do princípio da precaução.

Importante registrar o entendimento manifestado pelo douto Professor Gabriel Real Ferrer:[14] "A presença do homem sobre a terra como a qualquer outra espécie, supõe inescusavelmente sua interação com a natureza. Em direta relação com suas capacidades e com o número de seus

---

[12] BECK, Ulrich. *Sociedade de Risco: rumo a uma outra modernidade*/ tradução de Sebastião Nascimento. São Paulo: Ed. 34, 2010, p. 25.

[13] Idem, p. 43.

[14] FERRER, Gabriel Real. *"La construcción del Derecho Ambiental*. Material ministrado na Disciplina de Direito Ambiental e Sustentabilidade na Universidade de Alicante, Espanha em maio/junho de 2011.

indivíduos, todas as espécies alteram o seu entorno para atender a suas necessidades vitais". (tradução do autor)

Ainda neste sentido, o posicionamento firmado pelo Professor Catarinense Paulo Márcio Cruz[15] destaca para a necessidade emergente do Estado despertar para os efeitos da globalização econômica frente às questões que envolvem as prerrogativas ambientais, como citamos abaixo: "... a nova tendência internacional, de globalização econômica, passou a priorizar mercados e eficiência comercial, desprezando assuntos fundamentais como o Meio Ambiente e os Direitos Humanos. Cada vez mais também é distante a possibilidade de que os indivíduos disponham de um direito de ação ou petição ante organismos internacionais em caso de não cumprimento por parte de algum Estado".

Portanto, o Estado veio tendo, no correr deste século, acentuado papel e requer sua atuação na interação entre a questão do meio ambiente e a economia. Hoje, essa atuação, que vinha sendo aceita pacificamente, passou a ser questionada, de tal forma a se perguntar qual deve ser o papel do Estado na realização do fenômeno econômico, ou, por outra forma, qual será o futuro do meio ambiente frente ao consumo dos recursos não renováveis.

Dessa feita, o debate sobre a política econômica e de sustentabilidade progrediu bastante nas três últimas décadas emergindo uma nova orientação política e programas, não apenas na Europa, mas também em outros países e continentes, trabalhando a ideia de democracia social atualizada. Assim, o Estado não deve dominar nem o mercado nem a sociedade civil, embora precise regular e intervir em ambos.

A indagação deverá fazer-se com maior abrangência, para que se possa ter uma visão mais completa da questão. A análise deverá levar em conta que o fenômeno jurídico, tanto quanto o econômico e ambiental, não se restringem a contornos lógicos, mas se amoldam também à vivência histórica, ou seja, o relacionamento entre meio ambiente e economia não é passível de explicação somente à luz da lógica formal, mas deverá receber luz também da experiência pelo debate da sustentabilidade.

4. A relação entre economia e meio ambiente

Para explorar o debate entre economia e meio ambiente na modernidade, podemos examinar a degradação ambiental como um dos aspectos da globalização. Uma das situações concretas é que a poluição não reconhece fronteiras nacionais como os fenômenos do aquecimento

---

[15] CRUZ, Paulo Márcio. Soberania, Estado, Globalização e Crise. *Revista NEJ*. Ano VII, nº 15, dezembro/2002, p. 7-24.

global e a destruição da camada de ozônio. Ocorrem fora das fronteiras territoriais dos Estados-Nação e são causados por atividades econômicas em todas as partes do mundo.

Em todas as etapas do processo econômico são observadas interações e impactos sobre o meio ambiente, em maior ou menor grau. Como exemplos, a produção utiliza recursos naturais, gera efluentes e resíduos, a distribuição utiliza combustíveis eventualmente poluentes, ou dutos que, rompendo-se, causam problemas ambientais, o consumo produz restos de produtos e embalagens que são descartados, gerando frequentemente impactos ambientais.

Outras questões ambientais cruzam fronteiras, e sua solução exige cooperação internacional porquanto o meio ambiente e a economia estão ligados em um sentido mais forte. A nova economia global aumentou simultaneamente o alcance e a extensão da degradação ambiental.

O conceito operacional da palavra *economia*[16] aponta o significado de "o controle para evitar desperdícios, em qualquer serviço ou atividade", enquanto a abordagem atual do tema "meio ambiente" aponta que os recursos naturais são limitados, finitos e frequentemente escassos e, portanto, o seu uso deve ser feito de maneira sustentável, ou seja, com economia.

As sociedades modernas vêm passando por um período de rápida mudança social e econômica devido à globalização, ao desenvolvimento de tecnologias da informação, ao individualismo crescente na sociedade, às crescentes desigualdades, e assim por diante.

O meio ambiente, ao interagir com todas as atividades humanas, é modificado continuamente por essas atividades, enquanto a atividade econômica está sempre presente nessa interação, pois a implantação de novas leis, as demandas e pressões de consumidores ou a própria consciência dos empresários constituem-se em fatores que forçam uma nova postura e novas regras de conduta no tocante às atividades industriais, com repercussão direta na sociedade em que estamos inseridos.

Os bens de valores econômicos que são consumidos pelos seres humanos têm origem na natureza, como a gasolina do petróleo, as roupas do algodão, as comidas das plantas e as águas dos rios. Essa, inclusive, foi a preocupação do legislador ao elaborar o Código de Defesa do Consumidor e inserir no inciso XIV do art. 51, a seguinte disposição: "São nulas de pleno direito, entre outras, as cláusulas contratuais relativas ao fornecimento de produtos e serviços que (...) XIV) infrinjam ou possibilitem a violação de normas ambientais".

---

[16] MICHAELIS. *Moderno dicionário da língua portuguesa*. São Paulo: Companhia Melhoramentos, 1998.

A preocupação com o meio ambiente acaba por gerar repercussões na economia, na medida em que os consumidores deveriam dar preferência em adquirir produtos orgânicos e verificar se a soja que está em circulação é transgênica.

A nova economia global aumentou simultaneamente o alcance e a extensão da degradação ambiental. Toda a atividade econômica industrial causa danos ambientais: recursos devem ser extraídos, resíduos produzidos e a globalização está aumentando maciçamente a escala.

O simples crescimento da demanda por bens industriais e de consumo em países com industrialização recente vem exercendo novas e imensas pressões sobre os recursos globais aliado ao aumento do comércio internacional de bens que requer, inevitavelmente, mais transporte, que é por si só uma das principais fontes de emissões de carbono e de outras formas de poluição.

O esgotamento dos recursos, a poluição e o congestionamento dos transportes comprometem a lucratividade contínua da produção global onerando os custos e elevando os riscos, por isso a regulamentação ambiental, a tentativa de reduzir o prejuízo ao meio ambiente torna-se uma ferramenta essencial do processo econômico mundial.

O crescimento da importância da sustentabilidade permite observar mudança de comportamento também nas empresas que têm realizado melhorias ambientais, estimuladas por órgãos de controle ambiental e pela mídia que, por sua vez, reflete a vontade e interesse do público em geral, em busca de uma melhor qualidade de vida.

Por vezes essas melhorias são conseguidas por força de leis, regulamentos e fiscalização pelos órgãos ambientais, atuando no pale de comando e controle e, em muitos outros casos, elas decorrem de ações voluntárias, antecipando-se à emissão das leis e procurando criar uma imagem favorável e melhor aceitação da atividade industrial e do próprio produto pelas comunidades e consumidores.

Atualmente, existe uma velocidade muito grande de lançamento de novos produtos, com o público consumidor ávido por inovações. Nessa situação, o consumidor está passando a valorizar mais a empresa fabricante, e não apenas a marca do produto, estando assim ressaltado o comportamento ético da empresa, onde atuam diversos fatores, entre os quais o desempenho ambiental.

Importante registrar que referido fenômeno assume formas tanto públicas como privadas nos controles sobre a poluição, impostos ambientais, acordos internacionais sobre o meio ambiente, sendo essas as medidas habituais do governo para restringir o dano ambiental. Esses procedimentos foram imensamente ampliados ao longo das últimas duas décadas, conforme os efeitos do dano causado ao meio ambiente, que se tornam presentes e palpáveis no cotidiano dos seres vivos, sejam da espécie humana ou não.

Nesse ínterim, ao mesmo tempo, controles ambientais começaram a ser impostos autonomamente dentro do setor privado; nos casos em que o uso de recursos e a produção de resíduos são ineficientes, eles representam gastos que podem ser evitados. Notadamente, os riscos ambientais oneram o custo das apólices de seguro contratadas.

A eficiência em recursos e energia na indústria está aumentando, e os resíduos desnecessários estão sendo gradualmente reduzidos e, em muitos casos, o valor econômico de um produto está mais no *design* do que em sua simples massa, considerando que muitos setores da economia de mais rápida expansão, nos países de primeiro mundo, produzem coisas imateriais: programas para computadores, programas de televisão, serviços financeiros, serviços de entretenimento.

É necessário que, na defesa de nossos interesses, os órgãos governamentais responsáveis pelo comércio internacional e empresas realizem um acompanhamento cuidadoso das medidas protecionistas praticadas por alguns países, que eventualmente usam como pano de fundo a questão ambiental.

Lembramos o Princípio 12 da Declaração do Rio sobre Meio Ambiente e Desenvolvimento:[17] "As políticas econômicas com fins de proteção ambiental não devem servir para discriminar ou restringir o comércio internacional. Medidas para controle de problemas ambientais transfronteiriços ou globais devem, sempre que possível, serem baseadas em consenso entre os países".

Pelo conceito de sustentabilidade, certamente, o debate mais fervoroso que existe relaciona-se às dimensões econômica e ambiental, por representarem interesses profundamente contraditórios. De um lado, encontra-se o discurso dos economistas, com foco direcionado ao desenvolvimento econômico, tendo por base a utilização dos recursos naturais existentes. É bem verdade que o discurso econômico moderno é muito mais racionalizado do que em décadas passadas, tendo absorvido o conceito de utilização racional dos recursos desde a década de 1970 até os dias atuais.

Do outro lado da discussão, encontram-se os ambientalistas, que defendem a preservação dos recursos naturais, com foco na preservação da vida das futuras gerações, muitas vezes ignorando os argumentos econômicos e se lançando em discursos inflamados, ricos de sentimentalismo.

---

[17] Declaração do Rio de Janeiro sobre meio Ambiente e Desenvolvimento: Convention on Biological Diversity e Convention on Climate Changes. In: *Revista de Estudos Avançados*. São Paulo: USP, v. 6, n. 15, maio/junho de 1992.

Ambas as ideias contêm, em sua essência, diferenças fundamentais que aparentemente impedem a obtenção de uma visão partilhada unificada que possa ser aceita de modo amplo e irrestrito.

Acredita-se que a alternativa para a construção dessa proposta resida em um dos poucos pontos comuns, aceitos por ambas: o fato de que os recursos naturais são escassos e finitos.

O conceito operacional da palavra *escasso*[18] traz consigo a certeza de que, se mal utilizados, os recursos findarão trazendo consequências negativas às futuras gerações.

Com esse ingrediente, uma possibilidade de se obter um ponto de equilíbrio entre as diferentes visões apresentadas seria o estabelecimento de políticas de geração de riquezas, tendo como base o risco de exaustão total que os recursos escassos têm.

Ou seja, a proposta aqui apresentada versaria sobre a possibilidade de se tirar proveito do risco existente de que os recursos venham a acabar. Por parte dos ambientalistas, haveria a certeza de que os recursos seriam gerenciados de modo correto, evitando que findassem. Por parte dos economistas, haveria a certeza da geração de riquezas, aumentando a renda da população e do país.

Inicialmente, dever-se-iam identificar os recursos em risco de exaustão, os quais representassem riscos em termos da manutenção da sobrevivência das pessoas. Um critério de priorização, que levasse em conta o risco potencial da falta e a gravidade em caso de exaustão do item, poderia ser utilizado para orientar as ações a serem tomadas na sequência.

O desenvolvimento de soluções de substituição ou reposição desses recursos, de modo a evitar a sua falta. Nessa etapa, o investimento em pesquisa seria elevado, com vistas a propiciar o desenvolvimento rápido das soluções necessárias.

Num terceiro momento, seria feita a implantação das soluções elaboradas, objetivando eliminar o risco da falta dos recursos, iniciando-se por aqueles cujas soluções já estariam prontas e que fossem aplicadas aos recursos mais prioritários de acordo com o critério de priorização.

Por fim, seria feito um controle periódico do processo de geração dos recursos substitutos, de modo a avaliar a eficácia das ações tomadas e, eventualmente, efetuar correções que garantissem a sua efetividade.

Em paralelo a essa ideia, que demanda um período de tempo relativamente longo para ser implementada efetivamente, sugere-se um fortalecimento dos programas ambientais já em fase de implementação, tais como: a reciclagem do lixo e o estímulo ao uso de produtos reciclados; o

---

[18] MICHAELIS. *Moderno dicionário da língua portuguesa*. São Paulo: Companhia Melhoramentos, 1998.

reflorestamento; o controle da emissão de CO^2; manejo florestal e o uso de filtros antipoluição nas indústrias.

A manutenção da vida no planeta depende da garantia da existência dos recursos essenciais ao ser humano para as gerações futuras. O ritmo acelerado de geração de poluição e consumo dos recursos já escassos deve ser uma problemática de todos, independentemente da sua nacionalidade, ocupação ou de suas crenças.

O equilíbrio entre a dimensão econômica e as demais dimensões da sustentabilidade surge como uma alternativa absolutamente fundamental para a criação de normas jurídicas apropriadas para manutenção da vida em espaços além-fronteira.

Deve-se, portanto, incentivar a tomada de ações que tragam resultados palpáveis que permitam o progresso econômico e o aprimoramento da regulação jurídica da preservação da vida do planeta por meio da construção de espaços transnacionais, sem prejudicar as futuras gerações.

A expectativa é que essas sugestões, que não se findam aqui neste texto, possam ser um instrumento para a mudança da trajetória atual ou que, ao menos, permitam aos leitores uma reflexão que traga novas propostas, as quais, somadas às apresentadas, possam trazer os resultados esperados em termos de sobrevivência futura da raça humana.

5. Considerações finais

Essa mudança da forma de desempenho no âmbito da economia deverá provir de uma substancial alteração da concepção filosófica do Estado. Será preciso compreender que o Estado não tem mais uma postura de dirigente ou impulsionador da economia, mas incumbe-lhe assumir o papel de facilitador da atuação da empresa.

Para implementar essa ingente tarefa de recriar o novo Estado apto a atuar no domínio econômico, ensina Cossé[19] que o mundo moderno deverá se dedicar a suprir cinco graves carências, que se referem à necessidade de um amplo debate público sobre tais questões; à adoção de instrumentos adequados; à atenção ao princípio da subsidiariedade; à internacionalização da economia e à postura do poder político perante a vida democrática.

Portanto, no presente estudo, concluímos que, ao atuar indiretamente na condução, no estímulo e no apoio da atividade econômica em-

---

[19] COSSÉ, Pierre-Yves. Un Avenir à Inventer. In: *Recue Française d'Administration Publique*, Paris, n. 61, jan/mar 1992, p. 155.

preendida pelos particulares, o Estado adota determinadas formas de política econômica, peculiares a cada campo de atuação, merecendo no momento voltar-se a atenção das questões que implicam o desenvolvimento econômico sustentável.

Nesse sentido, as políticas públicas necessitam estabelecer princípios orientadores de atividade econômica baseada em atividades de sustentabilidade.

Para garantir a consecução desses objetivos, deverá o Estado adotar uma série de medidas de política econômica que podem dizer-se instrumentos para alcançar aqueles objetivos fundamentais, mas que não têm por isso sua importância diminuída.

Referências bibliográficas

BECK, Ulrich. *Sociedade de Risco: rumo a uma outra modernidade*. Tradução de Sebastião Nascimento. São Paulo: Ed. 34, 2010.
COSSÉ, Pierre-Yves. Un avenir à inventer. In: *Recue Française d´Administration Publique*, Paris, n° 61, jan-mar/1992.
CRUZ, Paulo Márcio. A Função Social do Estado em Heller. *Revista Novos Estudos Jurídicos – Eletrônica*, v. 2, n° 4, 1996.
——. Soberania, Estado, Globalização e Crise. *Revista Novos Estudos Jurídicos* – Ano VII – n° 15, dez/2002.
DEYON, Pierre. *O Mercantilismo*. São Paulo: Ed. Perspectiva, 1973.
FERRER, Gabriel Real. *"La construcción del Derecho Ambiental"*. Material ministrado na Disciplina de Direito Ambiental e Sustentabilidade na Universidade de Alicante. Espanha, mai-jun/ 2011.
GARCIA, Antonio Fernando Monteiro. Uma abordagem da Intervenção do Estado no Domínio Econômico: a intervenção estatal no sistema financeiro. Dissertação de Mestrado, Universidade do Vale do Itajaí, 2002.
MARX, Karl. *Crítica da Economia Política*. 3. ed. Rio de Janeiro: Civilização Brasileira, 1990.
MICHAELIS. *Moderno dicionário da língua portuguesa*. São Paulo: Companhia Melhoramentos, 1998.
PAULO II, João. *Centesimus annus*. São Paulo: Paulinas, 1991.
ROESLER, Cláudia Rosane. Reinventar a Democracia. *Revista Novos Estudos Jurídicos* – NEJ. v. 9, n. 3, set-dez/2004.
SMITH, Adam. *A Riqueza das Nações*. Gulbenkian, 1983.

— 2 —

Responsabilidade civil do estado por atos judiciários: possibilidade em face de erro e/ou morosidade numa perspectiva do jurisdicionado[1]

MARCELO NICOLAIEWSKI SANT'ANNA[2]

Sumário: 1. Introdução; 2. Teorias acerca da responsabilidade civil do Estado; 2.1. Teoria da irresponsabilidade; 2.2. Teoria da responsabilidade subjetiva; 2.3. Teoria da responsabilidade objetiva; 2.4. Atos dos juízes; 2.4.1. Atos não jurisdicionais; 2.4.2. Atos jurisdicionais; 3. Hipóteses de incidência; 3.1. Princípios constitucionais; 3.2. Base legal; 3.3. Jurisprudência no Supremo Tribunal Federal; 4. Proposta de ação em razão; 4.1. Do erro; 4.2. Da morosidade; 5. Considerações finais; Referências bibliográficas.

1. Introdução

Nas alterações ocorridas no Código de Processo Civil nas últimas duas décadas, muito se tem visto em relação à busca da efetividade e celeridade da prestação jurisdicional. Entretanto, tais alterações, ainda que tenham como objetivo aprimorar a qualidade e segurança dos serviços no âmbito do Poder Judiciário, acabam por acarretar um prejuízo ao jurisdicionado.

Ainda que as causas do prejuízo acarretado aos usuários da justiça possam ser de outra ordem, vamos trabalhar com duas hipóteses: erro e morosidade, ambos focados na área cível.

O jurisdicionado está sujeito a litigar em todas as instâncias da Justiça Estadual, Federal e Trabalhista, defrontando-se com decisões jurisdicionais e/ou ausência delas, as quais acabam por trazer resultado danoso para si. Em casos tais, em que possa haver levantamento indevido

---

[1] O presente artigo foi baseado na monografia apresentada no Programa de Ascensão Profissional da Diretoria Jurídica do Banco do Brasil, como requisito para a nomeação do cargo de Analista Jurídico A, atual Assessor Jurídico I, em junho de 2010.

[2] Advogado. Especialsta em Direito Processual Civil pela Universidade do Vale dos Sinos – UNISINOS.

de numerário, liberação do objeto de garantia do juízo, é cediço que tais valores dificilmente retornarão para garantia do processo em razão da absoluta falta de condições patrimoniais da parte adversa (devedora). Neste caso específico, assim como em outros análogos, apontaremos alternativas para eventual tomada de posição do jurisdicionado na busca de reparação do prejuízo, levando em consideração os fundamentos jurídicos ora apresentados.

O trabalho, ora posto, tem como objetivo apontar caminhos para o jurisdicionado em face de eventual prestação jurisdicional deficiente, especificamente nos casos em que houver erro e/ou morosidade judiciais, acarretando resultado danoso. No primeiro capítulo, vamos apresentar as teorias acerca da responsabilidade civil do Estado, quais sejam, a teoria da irresponsabilidade, da responsabilidade subjetiva e da responsabilidade objetiva. Nesta parte, diferenciaremos a responsabilidade do Estado da responsabilidade do juiz, bem como os atos jurisdicionais dos não jurisdicionais; no segundo capítulo, buscando apresentar hipóteses à problemática em estudo, vamos elencar os princípios constitucionais que dão sustentação à possibilidade de incidência da responsabilidade do Estado por ato judiciário, indicando a base legal, ilustrando com a jurisprudência dos Tribunais, em especial do Supremo Tribunal Federal. Por fim, no terceiro capítulo, apontaremos uma proposta de ação para o jurisdicionado quando se deparar com processos onde haja o erro judicial e/ou a morosidade, ocasionando prejuízo para si.

2. Teorias acerca da responsabilidade civil do Estado

2.1. Teoria da irresponsabilidade

A ideia de irresponsabilidade do Estado perante terceiros vigorou durante muitos anos, sendo recente a noção de responsabilidade do Estado pelos atos de gestão que venham a causar danos aos particulares.

No Brasil, tal irresponsabilidade vigorou até a promulgação da constituição de 1937. Na Inglaterra, vigorou até 1947 e na Itália até 1948, entre outros. O traço marcante é que tal teoria esteve presente na doutrina dominante até o final da primeira metade do século passado.

Os fundamentos para a irresponsabilidade, dentre outros, são de que o monarca ou o Estado não erram; o Estado ao atuar para atender os interesses de todos não poderia ser responsabilizado; a soberania do Estado impede o reconhecimento de sua responsabilidade perante terceiros.

A teoria da irresponsabilidade do Estado também referida como regalista ou regaliana, foi própria da época dos estados despóticos, quando vigorava o princípio incontrastável: o rei não erra (*The king can do no wrong*).

Entretanto, com a evolução e reconhecimento dos direitos dos particulares perante o Estado, bem como em razão da propagação da ideia de submissão do Estado ao direito, tal teoria foi perdendo força, deixando de ser aplicada, nascendo a necessidade de responsabilização do Estado.

2.2. Teoria da responsabilidade subjetiva

Uma vez superada a noção de que o Estado não erra, passou-se imediatamente à ideia de efetiva responsabilidade da administração por atos praticados por seu preposto no exercício das atividades do Estado.

Encontraremos na doutrina clássica (Cretella Júnior, 1970; Cavalcanti, 1985) as mais diversas classificações no que tange à responsabilidade do Estado: teorias subjetiva e objetiva; direito privado e direito público; atos de império e de gestão; da representação, da não responsabilidade, do risco e da culpa administrativa ou acidente administrativo, entre outras.

Em nosso estudo, entendemos mais adequado adotar a classificação da responsabilidade subjetiva e objetiva por representar uma concepção mais contemporânea do tema (Medauer, 2009; Pasqualini, 2007).

Assim é que, a responsabilidade subjetiva está inexoravelmente vinculada à ideia de culpa do agente e culpa do serviço. Nessa perspectiva, o direito administrativo anda muito rente ao direito civil, uma vez que este pode evoluir valendo-se dos fundamentos das concepções civilistas da responsabilidade com culpa.

Ainda que de maneira sintética, faremos uma breve referência aos demais tipos de classificações.

Uma das formas de classificação da responsabilidade do Estado, apresentadas na doutrina clássica, distingue entre a natureza da responsabilidade, se de direito público e/ou de direito privado. Quando disser respeito a este, por ele será regido. Enquanto se disser respeito àquele, deverá atender as peculiaridades do Estado, bem como das relações jurídicas em que figurar como parte.

Contudo, apesar de o Direito Administrativo ser um ramo com total autonomia no direito, não encontraremos base legal suficiente para apuração da responsabilidade do Estado, devendo sempre abeberarmo-nos das regras de direito civil.

Outra classificação doutrinária diz respeito à distinção da natureza dos atos da administração: se de império ou de gestão. São atos de império aqueles executados no interesse social, sendo que não acarretam nenhuma responsabilidade. Logo os atos de gestão são aqueles executados no interesse do patrimônio da administração, devendo o Estado responder por danos que deles resultarem.

A teoria da representação, sustentada por Rui Barbosa, condiciona a responsabilidade do Estado por ato de seus funcionários, aos seguintes termos: a) que o ato seja cometido por empregado no caráter de empregado; b) que o fato seja praticado pelo funcionário no exercício das funções encarregadas a este; c) que o ato seja praticado no exercício do mandato. Destas condições podemos depreender que o Estado não será responsável quando: o seu representante não obrar como representante do Estado; não atuar no exercício das funções de representação; não atuar mediante o emprego das faculdades que a função lhe dota.

Esta doutrina, já há muito superada, em razão da lógica que defende, uma vez que afastaria qualquer responsabilidade do Estado, nos casos em que o seu representante, por exemplo, agisse com culpa ou excedesse os poderes.

A teoria da responsabilidade por culpa administrativa há que ser compreendida partindo-se da premissa básica de que o direito administrativo é um ramo autônomo em relação ao direito privado. Assim é que, muito embora o direito administrativo se ampare em diversos princípios comuns aos demais ramos do direito, ele constitui um conjunto de normas próprias, as quais distinguem-se daquelas do direito privado.

Inexoravelmente, o termo *culpa* envolverá sempre um ato humano praticado sem o ânimo de ter como consequência certo resultado. O agente não prevê o resultado que acaba por se consolidar. Em oposição à ideia de dolo, na qual o resultado pode ser previsível.

O conceito de culpa, no direito privado, tem como fonte o direito romano trazido até nossos tempos, ligado aos atos ilícitos. Logo no direito público, o conceito de culpa administrativa está ligado ao não funcionamento dos serviços, dissociado da ideia de ato ilícito. Para que haja responsabilidade civil do Estado, é imprescindível que esteja positivada, sob pena de, mesmo havendo dano ao particular, este não ser suscetível de reparação pela administração.

A adoção da referida teoria da culpa administrativa apresenta como entrave o fato de, constatado em diversos casos o dano, sem que se consiga traçar a responsabilidade pessoal do funcionário.

2.3. Teoria da responsabilidade objetiva

A responsabilidade conhecida hodiernamente na totalidade dos ordenamentos como objetiva, teve como fonte informadora a teoria do risco.

A teoria do risco baseia-se exclusivamente no princípio da causalidade, prescindindo da constatação do elemento subjetivo, apuração da culpa. Esta teoria aponta a responsabilidade exclusivamente ao autor do ato danoso, recaindo sobre este o risco pelos danos ocasionados. Alguns doutrinadores a denominam como teoria objetiva.

Nas palavras do jurista José Cretella Junior, ao referir-se a responsabilidade pública, assim assevera: Se o administrado sofre prejuízo em virtude de ato material proibido ou de ato jurídico irregular imputado à administração, havendo inequívoco nexo causal entre o dano experimentado e o ato nocivo, estamos diante das condições necessárias e suficientes para o equacionamento do problema da responsabilidade civil do Estado.[3]

Assim é que a teoria do risco integral prescinde da investigação do elemento pessoal, quer seja acompanhado de intenção ou não, determinando a indenização por danos ocasionados pelos agentes do Estado no exercício de suas funções, ainda que tais atos sejam regulares.

Os partidários desta teoria fundamentam como princípio informativo dela, o princípio da repartição equitativa ou da justiça distributiva, o qual consiste em que uma vez verificado o dano a um particular, ocasionado pelo Estado, que tal dano não deverá ser suportado unicamente por uma pessoa (lesado), mas sim repartido por todos, na pessoa do Estado, o qual procederá ao pagamento justo através da receita dos impostos, que cabe a todos os contribuintes.

Note-se que na teoria do risco integral o elemento culpa é substituído pelo elemento indenização ou reparação, ou seja, basta a verificação do dano e do nexo causal do ato/omissão do Estado, para que seja devida a reparação.

Por fim, chegamos a teoria do acidente administrativo, o qual nas palavras de Mario Masagão deve ser assim compreendido: "Entende-se que ocorre o acidente administrativo quando o serviço público funcional mal, quando não funciona, devendo funcionar, como na hipótese de inexecução de trabalhos públicos, na de ausência de vigilância policial, quando havia motivos para que se exercesse; quando o serviço funciona, mas só tardiamente e do retardamento advém dano; quando a execução contravém preceito legal, regulamentar, ou mesmo de caráter técnico".[4]

Nesse escopo eventual falha no serviço público não fica atrelada à ideia de culpa de um determinado agente identificável. Sendo suficiente a gestão deficiente que concorra para o defeito no serviço ou em seu

---

[3] CRETELLA JÚNIOR, 1970, p. 67.
[4] MASAGÃO, 1968 apud CRETELLA JÚNIOR, 1970, p. 61.

funcionamento, resultando em prejuízo para o cidadão. O que está em foco é o serviço, e não o agente que o pratica.

2.4. Atos dos juízes

Até a metade do século passado, a doutrina[5] era contrária à responsabilidade civil do Estado por ato jurisdicional, utilizando como fundamento que tal função é reflexa da soberania do Estado, o qual estaria amparado na coisa julgada, tido como verdadeiro dogma no direito, não podendo ofender direitos subjetivos de terceiros nem gerando responsabilidade civil para o Estado.

Entretanto, com o aperfeiçoamento da legislação no direito comparado, que muito pode ter vindo a contaminar a doutrina e legislação no Brasil, ao longo da segunda metade do século passado, culminando com a previsão constitucional de responsabilidade civil do Estado, tal cenário passou a ser transformado no sentido da efetiva responsabilidade civil do Estado por ato judiciário.

Com propriedade, situa-nos Aguiar Júnior que: "além da atuação do Juiz, compreende a atividade que o Estado necessariamente deve desenvolver no processo para dar cabo do seu dever de prestar a jurisdição, através do pessoal de Cartório e auxiliares da justiça. Fica restrita à atividade exclusivamente processual, porquanto o mais de sua atuação administrativa cai no âmbito do princípio geral da responsabilidade do Estado".[6]

Para o nosso trabalho, cujo foco reside na possibilidade de responsabilidade civil do Estado por ato judiciário, é apropriado trabalharmos com a seguinte divisão: atos não jurisdicionais e jurisdicionais. Os primeiros decorreriam da função judiciária em sentido amplo, representado por todos os demais atos praticados durante o processo, não necessariamente pelo juiz, que não sejam decorrentes do ato jurisdicional em si, estrito senso, representado pela sentença, que se enquadrariam nos últimos.

2.4.1. Atos não jurisdicionais

Os atos dos juízes tidos como não jurisdicionais são aqueles de natureza materialmente administrativa, equiparados aos atos de gestão do Poder Judiciário e os atos ordinatórios do rito processual.

---

[5] Dentre eles Pedro Lessa e Carlos Maximiliano.
[6] AGUIAR JÚNIOR, 1993, p. 34.

Tais atos são praticados pelo juiz, como verdadeiro administrador do processo, igualados aos atos dos demais agentes públicos. Poder-se-ia citar como exemplos a concessão de licenças, nomeação de funcionários e demais despachos proferidos no processo.

Aqui, "a atividade do magistrado, ao emanar atos de natureza administrativa, é perfeitamente assimilável à de um agente administrativo, a quem se pede uma manifestação e não que se pronuncie sobre um litígio".[7]

Nesse escopo, dispensa-se aos atos judiciais o mesmo tratamento dado aos atos administrativos próprios do Poder Executivo, restando tais atos plenamente suscetíveis de indenização.

Nesta mesma esteira são as palavras de Hely Lopes Meirelles: "Quanto aos atos administrativos praticados por órgãos do Poder Judiciário se equiparam aos demais atos da Administração, e, se lesivos, empenham a responsabilidade objetiva da Fazenda Pública".[8]

2.4.2. Atos jurisdicionais

Os atos dos juízes tidos como atos efetivamente jurisdicionais são aqueles os quais os magistrados proferem decisões com teor deliberativo.

Deste modo, o ato jurisdicional proferido pelo magistrado quando da atuação na jurisdição contenciosa, via de regra, resultará na perda para uma das partes, não implicando de modo indistinto a necessária reparabilidade pelo Estado.

Nesse veio é imperioso que trabalhemos com o conceito de jurisdição, o qual é bastante dividido na Doutrina.[9]

Encontraremos alguns fundamentos na doutrina para que os atos jurisdicionais não venham ser objeto de indenização pelo Estado a exemplo da soberania do Estado, autoridade da coisa julgada, independência dos magistrados, magistrados não são funcionários públicos entre outros.

Há que se referir que nos casos dos processos de jurisdição voluntária equivaleria dizer que tais atos por não serem considerados verdadeira jurisdição, enquadrar-se-iam nos atos não jurisdicionais, portanto, passíveis de indenização.

---

[7] DERGINT, 1994

[8] MEIRELLES, 1997, p. 569

[9] Para Chiovenda (1965 *apud* AGUIAR JÚNIOR, 1993, p. 5-48), "a jurisdição caracteriza-se pela substituição da atividade privada pela do Juiz". Logo para Carnelutti (1936 *apud* AGUIAR JÚNIOR, 1993, p. 5-48) "a jurisdição é a justa composição da lide". Couture (1966 apud AGUIAR JÚNIOR, 1993, p. 40) refere que a "jurisdição tem por objeto dirimir conflitos mediante decisões com autoridade de coisa julgada". Por fim Galeno Lacerda (1980 *apud* AGUIAR JÚNIOR, 1993, p. 5-48) entende que "a jurisdição consiste no julgamento das questões controvertidas".

Encontramos em Vicente Greco Filho (1996, p.39) a afirmação de que a jurisdição voluntária não é considerada como verdadeira jurisdição, sendo uma atividade que se aproxima mais à atividade administrativa. Em seus ensinamentos, é "a fiscalização do interesse público nos negócios jurídicos privados".

Os atos judiciários, quer sejam jurisdicionais ou não jurisdicionais, que resultem em erro judiciário (não compreendido o erro na área penal, pois já erigida ao *status* constitucional) e/ou na morosidade excessiva de duração do processo são a hipótese de concentração de nosso estudo.

3. Hipóteses de incidência

3.1. Princípios constitucionais

O artigo 37 da Constituição Federal, em seu *caput*, elenca que "a administração pública direta e indireta de qualquer dos Poderes da União, dos Estados, do Distrito Federal e dos Municípios obedecerá aos princípios de legalidade, impessoalidade, moralidade, publicidade e eficiência".[10]

A estes princípios, acrescentaríamos o da responsabilidade civil inserido no § 6º do art. 37, e o da isonomia inerente à própria administração pública.

O princípio da legalidade tem previsão constitucional, no art. 5º, inciso II, asseverando que: "ninguém será obrigado a fazer ou deixar de fazer alguma coisa senão em virtude de lei".[11]

Em Hely Lopes Meirelles, encontramos os seguintes dizeres acerca do princípio da legalidade:

> [....] a legalidade, como princípio de administração (CF, art. 37, *caput*), significa que o administrador público está, em toda sua atividade funcional, sujeito aos mandamentos da lei, e às exigências do bem comum, e deles não se pode afastar ou desviar, sob pena de praticar ato inválido e expor-se à responsabilidade disciplinar, civil e criminal, conforme o caso (MEIRELLES, 1997, p.86).

Em razão deste princípio, temos que a Administração não pode agir contra a lei ou além dela, somente podendo agir nos estritos limites da lei.

A principal diferença do princípio da legalidade para a Administração pública e para os particulares reside no fato de que estes podem fazer

---
[10] ALVES, 2001, p. 92.
[11] BRASIL, 2006a, p. 5.

tudo que a lei não proíba, enquanto aquela somente poderá fazer o que a lei autoriza ou determina.

O Supremo Tribunal Federal editou duas súmulas que consagram o princípio da legalidade, quais sejam, as Súmulas 346[12] e 473.[13] O princípio da impessoalidade, nas palavras de Hely Lopes:

> [....] nada mais é do que o clássico princípio da finalidade, o qual impõe ao administrador público que só pratique o ato para o seu fim legal. E o fim legal é unicamente aquele que a norma de Direito indica expressa ou virtualmente como objetivo do ato, de forma impessoal (Meirelles, 1997, p.90).

Este princípio pode ser encarado como desdobramento do princípio da igualdade consagrado no artigo 5º, inciso I, da Constituição, no qual encerra estabelecido que o administrador público deve objetivar o interesse público, inadmitindo-se o tratamento privilegiado aos amigos e áspero aos inimigos, não prevalecendo qualquer distinção no tratamento, restando afastada a máxima: "aos amigos a compreensão, aos inimigos os rigores da lei."

Referido princípio, ainda, estabelece que a Administração pública não deve conter marca pessoal do gestor, tornando claro que o ato é praticado pela Administração, e não pelo servidor que a representa.

O princípio da moralidade, nas palavras de Hely Lopes: [...] constitui, hoje em dia, pressuposto de validade de todo ato da Administração Pública (CF, art. 37, *caput*). Não se trata – diz Hauriou, o sistematizador de tal conceito – da moral comum, mas sim de uma moral jurídica, entendida como "o conjunto de regras de conduta tiradas da disciplina interior da Administração".[14]

Assim é que o agente público deverá necessariamente distinguir o bem do mal e o honesto do desonesto, passando pelo legal e o ilegal, o justo e o injusto, o conveniente e o inconveniente, o oportuno e o inoportuno.

Como distinguir a validade de um ato praticado conforme a lei, porém com a violação do princípio da moralidade? Não parece ser tarefa fácil, entretanto podemos apontar o exemplo de ato praticado deliberadamente para prejudicar alguém ou beneficiar, tratando-se de ato formalmente legal, mas comprometido materialmente com a moralidade administrativa.

---

[12] Súmula 346 STF. A Administração Pública pode declarar a nulidade dos seus próprios atos.

[13] Súmula 473 STF. A Administração pode anular seus próprios atos, quando eivados de vícios que os tornem ilegais, porque deles não se originam direitos, ou revogá-los, por motivo de conveniência ou oportunidade, respeitados os direitos adquiridos e ressalvada, em todos os casos, a apreciação judicial

[14] MEIRELLES, 1997, p. 88

O princípio da publicidade vem trazer a garantia de fiscalização dos atos administrativos pelo povo em geral. Visa a assegurar a transparência na condução da Administração Pública. Nas palavras de Hely Lopes Meirelles: "[...] a publicidade não é elemento formativo do ato; é requisito de eficácia e moralidade. Por isso mesmo, os atos irregulares não se convalidam com a publicação, nem os regulares a dispensam para a sua exequibilidade, quando a lei ou o regulamente a exige".

O princípio da eficiência é duplamente o mais moderno; tanto por ter sido inserido na Constituição Federal por último, através da Emenda Constitucional 45/2004, quanto por refletir intrinsecamente a necessidade do resultado. Consoante Hely Lopes Meirelles: "[...] o princípio da eficiência é o mais moderno princípio da função administrativa, que já não se contenta em ser desempenhada apenas com legalidade, exigindo resultados positivos para o serviço público".[15]

É de se notar que tanto o erro judiciário quanto a morosidade processual afrontam este princípio, hoje erigido a verdadeiro direito constitucional. Nesse sentido, complementa o referido autor: "o princípio da eficiência exige que a atividade administrativa seja exercida com presteza, perfeição e rendimento funcional".

O princípio da responsabilidade da administração pública está previsto no § 6°, do art. 37, da Constituição Federal, acima transcrito.

Com efeito, resulta claro da simples leitura do texto que todo agente público que vier a causar um dano a alguém trará para o Estado o dever jurídico de ressarcir esse dano. Não importando, para tanto, se o agir foi com culpa ou dolo. O dever de indenizar resultará da mera demonstração do nexo causal existente entre o fato ocorrido *e o* dano verificado.

Assim é que não há como afastar, no direito pátrio, a responsabilidade civil objetiva do Estado. Este responderá independentemente da conduta dolosa, negligente, imperita ou imprudente daquele que cause o dano.

É imperioso, entretanto, que o agente esteja no exercício da função pública, não importando se age em nome de uma pessoa de direito público ou de direito privado prestadora de serviços públicos.

Nos casos dos atos judiciários, não resta dúvidas acerca da função pública dos agentes, quer sejam juízes, quer sejam os demais funcionários públicos.

Por fim, o princípio da isonomia também vem respaldar a necessidade de responsabilidade do Estado decorrente de atos judiciários, uma vez que, em face do ato praticado pelo Estado resultar em dano, a guarida dada pelo princípio da igualdade consiste justamente no dever de

---

[15] MEIRELLES, 1997, p. 92

todos suportarem tal prejuízo, uma vez que todos são contribuintes do Estado, e como tal, terão o encargo de reparar o dano. Se participam nos atos lícitos que vêm beneficiar toda a sociedade, também é justo que repartam o ônus em caso de reparação.

3.2. Base legal

A previsão legal para reparação civil dos atos judiciários que resultem em dano à parte apresenta-se de forma bastante rica em nosso ordenamento jurídico, tendo sido objeto de gradativa evolução, equiparando-se aos sistemas jurídicos estrangeiros mais modernos, muito embora a jurisprudência não corresponda a esta modernização.

O Código Civil de 1916, em seu artigo 15,[16] é o marco inicial da regulamentação da responsabilidade do Estado e das pessoas jurídicas de direito público.

O direito regressivo previsto neste artigo foi mantido no Código Civil atual, o qual visa a assegurar os abusos praticados por atos eminentemente arbitrários praticados na função pública, consoante complementa Bevilaqua:

> O artigo analysado consagra o direito regressivo da pessoa jurídica de direito publico, contra os causadores do damno. É aplicação de um principio geral de direito (vide o art. 1.542), que tornado effectivo, seria um freio efficaz aos abusos, a que se deixam arrastar autoridades arbitrarias. Para dar maior precisão a esse direito regressivo, foi apresentado um projecto de lei especial; mas o dispositivo do Código, independentemente de outros preceitos complementares, já habilitava o poder publico a reclamar do funcionário o que teve de depender para satisfazer o damno por elle causado (Bevilaqua, 1944, p. 226).

Durante longo tempo, houve compreensão na doutrina que o dever de reparação pela administração pública estaria atrelado à ideia de culpa do funcionário ou agente. Esta interpretação foi devida à inexorável vinculação ao sistema geral da responsabilidade sempre ligado à ideia de culpa.

É importante que se atente para a ausência de cuidado do legislador ordinário, para regular a efetiva responsabilidade do Estado em razão de atos judiciários danosos, preocupando-se mais com o direito regressivo contra o funcionário ou agente, a exemplo da Lei 4.619/1965, que trata da ação regressiva do Estado contra seus agentes.

Entretanto, com o advento do texto constitucional de 1946, o qual traz consigo o nascimento da ideia de responsabilidade objetiva, devida-

---

[16] "Art. 15. As pessoas jurídicas de direito público são civilmente responsáveis por atos dos seus representantes que nessa qualidade causem danos a terceiros, procedendo de modo contrário ao direito ou faltando a dever prescrito por lei, salvo o direito regressivo contra os causadores do dano (NEGRÃO; GOUVEA, 2006, p. 1520)."

mente ratificado e melhorado no texto constitucional de 1988, em seu art. 37, § 6º, tal vinculação deixa de se justificar. Isto é, para que haja a responsabilidade da administração por ato judiciário, não se deve perquirir a existência de culpa.

O novo Código Civil de 2002, em seu art. 43,[17] restringe as pessoas jurídicas de direito privado que desempenhem função pública, referindo-se exclusivamente as pessoas jurídicas de direito público interno, as quais serão civilmente responsáveis em caso de danos causados a terceiros.

Deixaremos de aprofundar a questão referente ao direito regressivo do Estado contra os causadores do dano, identificados, via de regra, como agentes do poder público, uma vez que interessa-nos em primeiro plano a responsabilidade efetiva do Estado, pois dificilmente um funcionário público poderá ter condições financeiras de ressarcir danos da dimensão econômica que acabam ocasionando aos jurisdicionados em face de erro ou morosidade judiciais.

Referido artigo trata acerca da culpa consistente em ilegalidade de ato praticado pela administração. Na concepção de Pasqualini:

> Essa disposição estabelece a regra de que todo dano, resultante de uma ilegalidade, é indenizável pela Administração. Dispensa-se qualquer ilegalidade mesma, a prova da concorrente culpa in eligendo ou in vigilando da pessoa administrativa. Enfim é evidente que a regra só abrange os representantes – os que agem em nome da pessoa administrativa, ou, de alguma forma, com esta identificados. O direito regressivo é ressalvado, em favor da pessoa de direito público, se houver culpa ou dolo do agente (Pasqualini, 2007, p. 540).

Podemos discernir três condições para que o Estado venha a ser responsável por ato judicial danoso praticado, quais sejam: que o praticante do ato o faça no exercício de uma função pública, que haja a efetiva violação de um direito acarretando dano ao terceiro e que este ato seja ilícito ou exsurja através de omissão de dever previsto em lei.

O nosso texto constitucional, em seu art. 37, § 6º, passa a admitir a responsabilidade ampla do Estado por atos judiciais fundada na teoria do risco administrativo.

Com efeito, podemos considerar o serviço judiciário como espécie do gênero serviço público do Estado. O juiz seria o agente público ao agir como prestador deste serviço, atuando em nome do Estado.

Ademais, não há exceção no texto constitucional em relação a atividade judiciária.

---

[17] Art. 43. As pessoas jurídicas de direito público interno são civilmente responsáveis por atos dos seus agentes que nessa qualidade causem danos a terceiros, ressalvado direito regressivo contra os causadores do dano, se houver, por parte destes, culpa ou dolo.

O texto constitucional aponta ainda em seu art. 5º, LXXV,[18] onde é claro e expresso ao referir a possibilidade de indenização pelo estado em razão de erro judiciário. Ainda que na parte final aduza aquele "que ficar preso além do tempo fixado na sentença", tal parte final por referir-se à condenação penal, não quer dizer que o inciso inteiro se refira à condenação penal, isto é, o erro judiciário não necessariamente deverá ser na área penal, podendo ser também considerado no âmbito cível.

Apenas para que façamos a referência, uma vez que este não é o foco de nosso trabalho, no Código de Processo Civil, em seu art. 133,[19] prevê acerca da responsabilidade civil do magistrado.

No Código Civil de 1916, havia dispositivos de lei expressos que responsabilizavam o juiz a exemplo dos artigos 294,[20] 420,[21] 421,[22] 1.551[23] e 1.552.[24]

O Código Civil revogado foi concebido sob a égide da Teoria regaliana, no qual reinava absoluta a irresponsabilidade do Estado, embora a preocupação pela responsabilidade subjetiva dos magistrados estivesse sempre presente. Tal ideia arraigada do direito civil, acerca da responsabilidade subjetiva com fulcro na culpa do agente, reinou absoluta até a Constituição de 1946, quando surge a responsabilidade objetiva do Estado.

O novo Código Civil, de 2002, já com a concepção da responsabilidade objetiva prevista na Constituição Federal de 1988, acabou por não reproduzir a totalidade dos artigos referentes à responsabilidade do Juiz,

---

[18] Art. 5º Todos são iguais perante a lei, sem distinção de qualquer natureza, garantindo-se aos brasileiros e aos estrangeiros residentes no País a inviolabilidade do direito à vida, à liberdade, à igualdade, à segurança e à propriedade, nos termos seguintes: [....] LXXV - o Estado indenizará o condenado por erro judiciário, assim como o que ficar preso além do tempo fixado na sentença.

[19] Art. 133. Responderá por perdas e danos o juiz, quando: I – no exercício de suas funções, proceder com dolo ou fraude; II – recusar, omitir ou retardar, sem justo motivo, providência que deva ordenar de ofício, ou a requerimento da parte. Parágrafo único. Reputar-se-ão verificadas as hipóteses previstas no nº II só depois que a parte, por intermédio do escrivão, requerer ao juiz que determine a providência e este não lhe atender o pedido dentro de 10 (dez) dias.

[20] Art. 294. Ficará subsidiariamente responsável o juiz que conceder a alienação fora dos casos e sem as formalidades do artigo antecedente, ou não providenciar na sub-rogação do preço em conformidade com o parágrafo único do mesmo artigo.

[21] Art. 420. O juiz responde subsidiariamente pelos prejuízos, que sofra o menor em razão da insolvência do tutor, de lhe não ter exigido a garantia legal, ou de o não haver removido, tanto que se tornou suspeito.

[22] Art. 421. A responsabilidade será pessoal e direta, quando o juiz não tiver nomeado tutor, ou quando a nomeação não houver sido oportuna.

[23] Art. 1.551. Consideram-se ofensivos da liberdade pessoal (art. 1.550): I – o cárcere privado; II – a prisão por queixa ou denúncia falsa e de má-fé; III – a prisão ilegal (art. 1.552).

[24] Art. 1.552. No caso do artigo antecedente, nº III, só a autoridade, que ordenou a prisão, é obrigada a ressarcir o dano.

contidos no código revogado, limitando-se a reproduzir os arts. 421 e 1551 através dos artigos 954[25] e 1.744.[26]

Note-se que o artigo que sucedia o artigo 1.552 do Código Civil revogado, que atribuía a responsabilidade à autoridade que ordenou a prisão, podendo ser delegado ou juiz, não foi reeditado.

Foi inserido em nosso texto constitucional, através da emenda constitucional nº 45 de 2004, previsão para duração razoável dos processos, previsto no inciso LXXVIII do art. 5º.[27]

A Constituição Federal assegura a duração razoável aos processos, não somente na seara judicial, como também na administrativa, prevendo que os meios que garantam tal celeridade da tramitação deverão ser disponibilizados pelo poder público.

Encontramos ainda, na Convenção Americana de Direitos Humanos, de 22 de novembro 1969, conhecido como "Pacto de San José da Costa Rica" e ratificada pelo Brasil em 25 de setembro de 1992, o artigo 8º, 1,[28] e artigo 25.[29]

O Brasil, ao ratificar o pacto, a partir de 1992, deve estar em conformidade com o artigo 25, o qual prevê celeridade no trâmite dos processos que violem direitos fundamentais assegurados constitucionalmente.

Há que se atentar ao texto do artigo 8º do pacto, o qual assegura aos jurisdicionados não só o prazo razoável, como também que este seja julgado por Tribunal competente, independente, imparcial, bem como tenha sido estabelecido anteriormente por lei, não só na área penal, como cível, administrativa trabalhista, fiscal e de qualquer outra natureza.

---

[25] Art. 954. A indenização por ofensa à liberdade pessoal consistirá no pagamento das perdas e danos que sobrevierem ao ofendido, e se este não puder provar prejuízo, tem aplicação o disposto no parágrafo único do artigo antecedente. Parágrafo único. Consideram-se ofensivos da liberdade pessoal:I – o cárcere privado; II – a prisão por queixa ou denúncia falsa e de má-fé;III – a prisão ilegal.

[26] Art. 1.744. A responsabilidade do juiz será: I – direta e pessoal, quando não tiver nomeado o tutor, ou não o houver feito oportunamente; II – subsidiária, quando não tiver exigido garantia legal do tutor, nem o removido, tanto que se tornou suspeito).

[27] Art. 5º Todos são iguais perante a lei, sem distinção de qualquer natureza, garantindo-se aos brasileiros e aos estrangeiros residentes no País a inviolabilidade do direito à vida, à liberdade, à igualdade, à segurança e à propriedade, nos termos seguintes: [...] LXXVIII – a todos, no âmbito judicial e administrativo, são assegurados a razoável duração do processo e os meios que garantam a celeridade de sua tramitação.

[28] Artigo 8º Garantias judiciais 1. Toda pessoa terá o direito de ser ouvida, com as devidas garantias e dentro de um prazo razoável, por um juiz ou Tribunal competente, independente e imparcial, estabelecido anteriormente por lei, na apuração de qualquer acusação penal formulada contra ela, ou na determinação de seus direitos e obrigações de caráter civil, trabalhista, fiscal ou de qualquer outra natureza.

[29] Artigo 25. Proteção judicial 1. Toda pessoa tem direito a um recurso simples e rápido ou a qualquer outro recurso efetivo, perante os juízes ou tribunais competentes, que a proteja contra atos que violem seus direitos fundamentais reconhecidos pela Constituição, pela lei ou pela presente Convenção, mesmo quando tal violação seja cometida por pessoas que estejam atuando no exercício de suas funções oficiais (BRASIL, 1992, *on line*).

Entretanto, todo este conjunto de normas perderá sua razão de existir se os juízes não as aplicarem aos casos concretos, especificamente nos casos de erro e morosidade judiciários, os quais acarretem dano de alguma natureza ao jurisdicionado.

Nesse sentido, é importante que façamos um apanhado da jurisprudência de nossos Tribunais, em especial o Supremo Tribunal Federal, em razão da previsão constitucional assegurando os direitos, consoante adiante se verá.

3.3. Jurisprudência no Supremo Tribunal Federal

A evolução estampada em nossa doutrina bem como em nosso texto constitucional, não vem sendo acompanhada pela jurisprudência emanada do Supremo Tribunal Federal, tanto no que tange ao erro quanto à morosidade judicial.

Acaso façamos uma pesquisa junto ao sítio do Supremo, apontando o artigo 37, § 6º, da Constituição Federal, bem como o art. 5º, LXXV, pouca ou quase nenhuma jurisprudência será filtrada.

A postura do STF ao resistir reconhecer a responsabilidade do Estado por atos judiciários acaba por refletir ideologia assaz retrógrada, própria mesmo do início do século passado, final do retrasado, momento no qual era inadmitida a responsabilidade do Estado.

Entretanto, a resistência do Supremo em condenar o Estado diz muito mais com o argumento da falta de regulamentação do dispositivo constitucional no que o apego à teoria da irresponsabilidade.

Com efeito, os exemplos de julgados de erro judiciário na esfera penal são numerosos no âmbito da Corte Constitucional, como é o caso do agravo regimental no recurso extraordinário sob nº 241.767-8 – Rondônia,[30] em que foi relatora a Min. Ellen Gracie, julgado em 28/04/2009, o qual embora não tenha julgado o mérito, acabou por ratificar o acórdão do Tribunal de origem.[31]

---

[30] CONSTITUCIONAL. AGRAVO REGIMENTAL EM RECURSO EXTRAORDINÁRIO. INDENIZAÇÃO. ERRO JUDICIÁRIO. NEXO CAUSAL. ARTS. 5º LXXV e 37, § 6º, CF/88. REEXAME DE FATOS E PROVAS. SÚMULA STF 279. O Tribunal de origem decidiu a lide com base nos fatos e nas provas da causa, cujo reexame é inviável em sede extraordinária. Incidência da Súmula STF 279. Agravo regimental improvido (BRASIL, 2009a, p. 1).

[31] Trecho do voto condutor do acórdão: "Presos e autuados em flagrante delito, os autores perderam a liberdade, emprego, trabalho , clientela , a confiança dos amigos, receberam repulsa da sociedade, pois confinados na prisão , passaram a ser vistos como dois criminosos, quando na verdade nenhum crime haviam cometido, E, após quarenta e nove dias de prisão, concluída a instrução criminal, veio a sentença de pronúncia, declarando-os inculpados. Desse erro judiciário, decorrente do Poder de Polícia do Estado, nasce, por força dos dispositivos constitucionais, artigos 5º, inciso X e LXXV, e 37, § 6º, da Constituição Federal, e ainda as normas do Código Civil, especialmente o seu art. 159, para

O fundamento do acórdão, do Tribunal de origem, para determinar a responsabilidade civil do Estado por erro judiciário, além dos dois dispositivos constitucionais, foi fundamentado no art. 159 do Código Civil de 1916, equivalente ao art. 186 do Código Civil em vigor.

Dentre os motivos utilizados pelo Supremo Tribunal Federal para afastar qualquer responsabilidade do Estado em caso de erro ou morosidade, reside justamente na ausência de previsão de lei que determine tal reparação do fato. Ou seja, a previsão é apenas no âmbito constitucional, faltando lei ordinária que preveja a reparabilidade em face do erro.

Outro acórdão do Supremo Tribunal Federal que pinçamos, muito embora não tenha adentrado no mérito quanto à indenização, apenas manifestando-se quanto aos juros, foi o proferido em liquidação de sentença de ação rescisória, sob nº 749,[32] em sessão plenária, em que foi relator o Ministro Amaral Santos, julgado em 14/06/1972, o qual acabou por dar parcial provimento ao recurso, determinando que os juros em liquidação de sentença decorrente de erro judiciário fossem computados de forma composta, bem como os honorários advocatícios incidentes.

Os fundamentos utilizados pelo relator para inclusão dos juros compostos na decisão originária em ação rescisória por erro judiciário no caso dos irmãos Neves, reconhecido como tal uma vez que a confissão extraída pela polícia de crime, o qual na verdade nunca existiu, foram: "O acórdão deverá ser executado fielmente, sem ampliação ou restrição do que nele estiver disposto. Compreender-se-á todavia, como expresso o que virtualmente nele se contenha" (Código de Processo Civil, art. 891) (BRASIL, 1972, p.1).

Com efeito, o julgado parece bem refletir o período em que foi proferido, de anos negros em nossa história, início da década de 1970, em pleno governo do presidente Médici, tido como os "anos de chumbo", não agregando substrato de cunho jurídico. Ao fundamentar que se compreende "como expresso o que virtualmente nele se contenha", não aplica técnica de caráter objetivo, deixando uma ampla gama para atuação subjetiva, o que é muito perigoso para as garantias individuais.

Já sob a vigência da Constituição Federal de 1988, o Supremo Tribunal Federal, em que pese esteja expressa a responsabilidade objetiva do Estado por atos do Poder Judiciário, nos termos do art. 37, § 6º, resiste em aplicar o princípio da responsabilidade objetiva, mantendo engessada

---

os réus, o direito à reparação dos danos materiais e morais sofridos, e, para o Estado, o dever de indenizar". (BRASIL, 2009a, p. 137-140).

[32] RESPONSABILIDADE DO ESTADO POR ERRO JUDICIÁRIO. LIQUIDAÇÃO POR CÁLCULO DO CONTADOR. Inclusão dos juros compostos e honorários advocatícios sobre o montante apurado. Pedido de correção monetária indeferido por falta de amparo legal (BRASIL, 1972, p. 1).

a jurisprudência tal como se não houvesse escrito o artigo citado assim como o inciso LXXV do art. 5º da Constituição Federal.

Nesse sentido é o acórdão proferido em agravo regimental em Recurso Extraordinário, sob nº 429.518-1,[33] em que foi relator o Min. Carlos Velloso, da 2ª Turma.

A fundamentação utilizada pelo acórdão de que, só se aplicará a responsabilidade objetiva do Estado por ato dos juízes, nos casos expressamente previstos em lei, acaba por inviabilizar a responsabilidade do Estado, uma vez que consoante vimos acima, dos artigos do Código Civil revogado que previam a responsabilidade dos juízes, todos vinham acompanhados da ideia de culpa, sendo que apenas um artigo foi reeditado no Código Civil de 2002 (art. 954).

Com efeito, tal fundamentação, além de colidir frontalmente com a intenção do Constituinte, refletida pelos artigos 5º, LXXV e art. 37, § 6º, do texto constitucional, acaba por inviabilizar toda e qualquer possibilidade de reparação de dano causado pelo Poder Judiciário.

Note-se ainda, que além deste argumento, o voto utiliza-se de afirmativa constante do parecer do Subprocurador-Geral, Paulo de Tarso Braz Lucas, o qual afirma que "o princípio da responsabilidade objetiva não se aplica aos atos do poder judiciário". Integra ainda a fundamentação a secular resistência de que "a atividade jurisdicional exerce função decorrente da soberania" (Brasil, 2004, p.3).

Veja que tais argumentos, além de serem próprios de épocas passadas, na qual vigorava a ideia de irresponsabilidade do Estado, não guardando sintonia com a Constituição Federal atual, acabam por reafirmar jurisprudência do próprio Supremo Tribunal Federal em período anterior a vigência da Constituição Federal de 1988, de forma inadequada, como se extrai do voto no recurso acima referido:

> 4. E vale a pena conferir no mesmo sentido o aresto proferido no RE nº 111.069-9 AM (Rel. Exmo. Sr. Ministro Moreira Alves, DJ de 19.03.93), assim ementado: Responsabilidade objetiva do Estado. Ato do Poder Judiciário. – A orientação que veio a predominar nesta Corte, *em face das Constituições anteriores à de 1988*, foi a de que a responsabilidade objetiva do Estado não se aplica aos atos do Poder Judiciário a não ser nos casos expressamente declarados em lei. Precedentes do STF. (Brasil, 2004, p. 7, grifo nosso).

Com efeito, temos à disposição dos jurisdicionados, em matéria de responsabilidade civil do Estado, texto constitucional que reflete pen-

---

[33] CONSTITUCIONAL. ADMINISTRATIVO. CIVIL. RESPONSABILIDADE CIVIL DO ESTADO: ATOS DOS JUÍZES. C.F., ART. 37, § 6º. I – A responsabilidade objetiva do Estado não se aplica aos atos dos juízes, a não ser nos casos expressamente declarados em lei. Precedentes do Supremo Tribunal Federal. II – Decreto judicial de prisão preventiva não se confunde com o erro judiciário – C.F., art. 5º, LXXV – mesmo que o réu, ao final da ação penal, venha a ser absolvido. III – Negativa de trânsito ao RE. Agravo não provido (BRASIL, 2004, p. 1).

samento doutrinário contemporâneo dos mais avançados no mundo, sendo que nos deparamos com o paradoxo da Corte Constitucional prosseguir fundamentando seus votos, utilizando-se de argumentos próprios de épocas passadas, totalmente superados.

Logo no que tange à jurisprudência do Supremo Tribunal Federal concernente à correção da morosidade da prestação jurisdicional, temos uma jurisprudência emblemática, a qual trata de trâmite de mandado de segurança com elevada morosidade, cujos jurisdicionados se tratam precisamente de desembargadores do Tribunal do Amazonas, embora sem pedido de reparação cível.[34]

O acórdão em exame trata de inconformidade de dois integrantes do Tribunal de Justiça do Amazonas, os quais viram-se preteridos em eleição para os cargos de Vice-Presidente e corregedor em relação a dois outros desembargadores com tempo de antiguidade inferior aos reclamantes. Deste modo, postulam em sua reclamação que seja dado celeridade ao trâmite do *mandamus* sob pena de vir a ser cumprida a integralidade do mandato sem que seja apreciado o *writ*.

Para que possamos apreciar a morosidade ou não do feito, é importante que apontemos as datas dos atos processuais e fatos ocorridos, as quais estão assim consolidadas: data da eleição para o biênio 1983/1985 em 1º.12.83; data do ajuizamento do mandado de segurança em 1º.02.84; prestadas informações para reclamação em apreço em 25.05.84, dando conta de que as citações não teriam integralizadas; novo telex do Tribunal de Justiça do Amazonas, informando que os autos estavam com o Procurador-Geral para pronunciamento em data de 14.09.84.

Assim é que, decorridos pouco mais de sete meses sem que houvesse o julgamento do mandado de segurança , foi determinado pelo Ministro-Relator Néri da Silveira, em data de 26.09.84, que a Corte reclamada julgasse o feito até a data de 26.10.84.

Há verdadeira aridez nas decisões do Supremo Tribunal Federal acerca da matéria celeridade processual e/ou morosidade processual.

---

[34] Reclamação. Mandado de segurança impetrado por Desembargadores contra o Tribunal de Justiça a que pertencem, em virtude da eleição para provimento de seus cargos de direção. Lei Orgânica da Magistratura Nacional, art. 102. Reclamação ao STF, contra a morosidade na tramitação do feito, alegando-se repetição de procedimento anterior, para impedir possa o STF, eventualmente, em recurso extraordinário, antes do término do mandato dos eleitos em desconformidade com a LOMAN, reparar a lesão a direito dos impetrantes. Situação semelhante, oriunda do mesmo Tribunal, relativa ao biênio anterior, em que o recurso extraordinário somente foi protocolado no STF, já vencido o mandato impugnado (RE101.354 e Reclamação nº 164). Hipóteses em que cumpre preservar a competência do Supremo Tribunal Federal. Reclamação julgada procedente, para determinar que o Tribunal reclamado julgue, até 26 de outubro de 1984, como for de direito, o mandado de segurança, requerido pelos reclamantes, ordenando-se o imediato cumprimento da decisão, nos termos dos arts. 161, III, segunda parte, e 162, do Regimento Interno. (Relator Min. Néri da Silveira, reclamação 167-9 – AM, sessão plenária de 26.09.84) (BRASIL, 1984, p. 1).

Procuramos enfatizar o termo "morosidade", "celeridade", assim como o "inciso LXXVIII" do art. 5º da Constituição Federal para busca na indexação das matérias. Sendo o resultado o apanhado feito ao longo do presente capítulo.

Encontramos um recurso recente, apreciado pela Min. Ellen Gracie, o qual acabou por não conhecer a violação apontada pelo recorrente, referente à duração razoável do processo, utilizando-se do fundamento de que a ofensa à constituição fora reflexa.[35]

Como se depreende do voto da Min. Ellen Gracie, o Supremo Tribunal Federal sequer analisou a questão do tempo razoável para prestação jurisdicional, limitando-se a referir que se trata de ofensa reflexa à constituição, senão vejamos:

> Inicialmente, o Supremo Tribunal Federal firmou sua jurisprudência no sentido de que as alegações de desrespeito aos postulados do devido processo legal, do contraditório, da ampla defesa e da prestação jurisdicional podem configurar, quando muito, situações de ofensa meramente reflexa ao texto da Constituição, circunstância essa que impede a utilização do recurso extraordinário. (Brasil, 2010a, p.1).

Em ambos os julgados não há registro acerca da possibilidade de reparação cível do Estado, em face da morosidade processual.

Fomos brindados com o achado de recente jurisprudência, em que foi relator o Min. Eros Grau, no recurso extraordinário nº 433.512-3 – SP,[36]

---

[35] CONSTITUCIONAL. AGRAVO REGIMENTAL EM AGRAVO DE INSTRUMENTO. DESAPROPRIAÇÃO. ART. 5º XXIV E LXXVIII, DA CONSTITUIÇÃO FEDERAL. JUSTA INDENIZAÇÃO DOMÍNIO. LEI 9.781/99 E DECRETO LEI 3.365/41.REEXAME DE PROVAS. MATÉRIA INFRACONSTITUCIONAL. OFENSA REFLEXA. 1.O acórdão recorrido decidiu a lide com base na legislação infraconstitucional. Inadmissível o recurso extraordinário, porquanto a ofensa à Constituição Federal, se existisse, seria reflexa. Precedentes. 2. Agravo regimental improvido. (Ag. Reg. nº 724.847, Segunda Turma, relatora Min. Ellen Gracie, julgado em 08/06/2010, publicado no DJE em 25/06/2010.) (BRASIL, 2010a, p. 1)."

[36] RECURSO EXTRAORDINÁRIO. AÇÃO DE USUCAPIÃO. ILHA COSTEIRA. ALEGAÇÃO DE AUSÊNCIA DE INTERESSE DA UNIÃO. DESCONSTITUIÇÃO DE DECISÃO PROFERIDA PELA JUSTIÇA FEDERAL. REGRAS DE COMPETÊNCIA. ART. 109, I, DA CONSTITUIÇÃO DO BRASIL. EFETIVA ENTREGA DA PRESTAÇÃO JURISDICIONAL. GARANTIA CONSTITUCIONAL À RAZOÁVEL DURAÇÃO DO PROCESSO. ART. 5º, LXXVIII DA CONSTITUIÇÃO DO BRASIL. INTERPRETAÇÃO DA CONSTITUIÇÃO. SITUAÇÃO PECULIAR A CONFIGURAR EXCEÇÃO. EXCEÇÃO CAPTURADA PELO ORDENAMENTO JURÍDICO. TRANSGRESSAO DO DIREITO. 1.A interpretação da Constituição não é para ser procedida à margem da realidade, sem que se a compreenda como elemento da norma resultante da interpretação. A práxis social é, nesse sentido, elemento da norma, de modo que interpretações corretas são incompatíveis com teorizações nutridas em idealismo que não a tome, a práxis, como seu fundamento. Ao interpreta-la, a Constituição, o intérprete há de tomar como objeto de compreensão também a realidade em cujo contexto dá-se a interpretação, no momento histórico em que ele se dá. 2. Em recente pronunciamento, no julgamento do HC n. 94.916 (sessão de 30.08.08), esta Corte afirmou que situações de exceção não ficam à margem do ordenamento, sendo por este capturadas, de modo que a preservação dos princípios impõe, seguidas vezes, a transgressão das regras. 3. No presente caso as regras de competência (art. 109, I da Constituição do Brasil), cuja última razão se encontra na distribuição do exercício da Jurisdição, segundo alguns critérios, aos órgãos do Poder Judiciário, não podem prevalecer quarenta e três anos após a propositura da ação. Assim há de ser em virtude da efetiva entrega da prestação jurisdicional,

Segunda Turma, publicado no DJE em 07/08/2009, cujo teor consiste na utilização de argumentos para não incidência da regra de competência do art. 109, I, da Constituição Federal, sob pena de resultar na violação do art. 5º, LXXVIII, da Constituição Federal , em ação de desapropriação que tramitou por 43 anos.

Além da garantia da primazia do preceito constitucional que garante a razoabilidade do tempo de duração do processo, entendendo que o fato da demanda ter chegado por duas oportunidades a ser resolvida, no âmbito da Justiça Federal e Estadual, busca o acórdão a interpretação da Constituição transmudando a concepção do sentido formal para o sentido realista, "como manifestação de uma estrutura político-social concreta".[37]

O relator chega ao ponto de em seu voto afirmar que "em verdade não existe a Constituição, do Brasil, de 1988. O que realmente existe, aqui e agora, é a Constituição do Brasil, tal como hoje, aqui e agora, está sendo interpretada/aplicada". (Brasil, 2009b, p. 1).

Em sua fundamentação acredita que a interpretação da Constituição não poderá ser procedida à margem da realidade, não podendo prescindir desta sendo que a interpretação correta da norma será incompatível com "teorizações nutridas de idealismos que não a tome, a práxis, como seu fundamento" (Brasil, 2009b, p. 1).

---

que já se deu, e à luz da garantia constitucional à razoável duração do processo (art. 5º, LXXVIII da Constituição do Brasil. Observe-se que a lide foi duas vezes – uma na Justiça Estadual, outra na Justiça Federal – resolvida, em sentenças de mérito, pela procedência da ação. Recurso extraordinário a que se nega provimento. (BRASIL, 2009b, p. 1).

[37] [...] escapará então ao plano do dever-ser, de sorte a passar a expressar o ser político do Estado. Nesse sentido ela é a constituição política do Estado. A constituição de cada povo depende da natureza e da consciência desse povo, no qual – diz Hegel nº § 274 do Princípios da filosofia do direito – reside a liberdade subjetiva do Estado, e, portanto, a realidade da constituição. A oposição entre o dever-ser constitucional (= concepção forma) é o ser constitucional (concepção material) dá lugar à instalada entre a Constituição formal e a Constituição material. Ferdinand Lassalle sustenta que a Constituição é a expressão escrita da soma dos fatores reais do poder que regem uma nação; incorporados a um papel, já não são simples fatores reais do poder, mas fatores jurídicos; são instituição jurídica. Cada povo, ensina ainda Hegel, no mesmo § 274 do Princípios da filosofia do direito, tem a constituição que lhe convém e se lhe adéqua. O que era desejo observar é a circunstância de a Constituição – como o direito, no seu todo – demandar permanente atualização, sem a qual não obterá efetividade. O discurso do texto normativo está parcialmente aberto à inovação, mesmo porque o que lhe confere contemporaneidade é a sua transformação em discurso normativo, isto é, em norma (transformação do texto em norma). Daí que ela há de ser atualizada pelos chamados intérpretes autênticos, os juízes, para que se apresente dotada de força normativa. Por isso a interpretação não é apenas do texto da Constituição formal, mas também da constituição real, hegelianamente considerada. O intérprete da constituição não se limita a compreender textos que participam do mundo do dever ser; há de interpretar também a realidade, os movimentos dos fatores reais do poder, compreender o momento histórico no qual as normas da Constituição são produzidas, vale dizer, momento da passagem da dimensão textual para a dimensão normativa. O que está contido dentro da Constituição surge no e do dinamismo da vida político-social. O intérprete há de ser capaz de apreender esse dinamismo. E, de modo tal que, ainda que não tenha consciência disso, o movimento das coisas o conduzirá a essa apreensão *(BRASIL, 2009b, p. 1).*

Aspecto importante da fundamentação do voto aponta com lucidez que se um lado tem-se "regras que garantem ao jurisdicionado segurança jurídica" de outro "a afirmação constitucional da necessariamente rápida, ao menos razoável prestação jurisdicional." (Brasil, 2009b, p.1). Assim é que, para que haja a preservação dos princípios, não raras vezes há que se transgredir as regras. Nesse sentido com muita percuciência apanha o conceito de exceção:[38] "A exceção é o caso que não cabe no âmbito de normalidade abrangido pela norma geral. A norma geral deixaria de sê-lo (= deixaria de ser geral) se a contemplasse.

Deste modo, o valor da segurança jurídica, representado pela aplicação da regra de competência insculpida no art. 109, I, da Constituição Federal, consequentemente acarretaria um prejuízo muito maior ao jurisdicionado que já tivera sua questão referente à desapropriação, sentenciada por duas vezes pelo Poder Judiciário, do que a aplicação do art. 5º, LXXVIII, da Constituição Federal, o qual, ainda que passando por cima de previsão constitucional que traz segurança jurídica as decisões, minimizaria o prejuízo já concretizado ao jurisdicionado de ter percorrido longos quarenta e três anos até decisão final, evitando-se um dano ainda maior, de se ter que começar o processo desde seu início, podendo vir a tramitar o dobro do tempo que já tramitara.

De qualquer sorte, no acórdão de lavra do Min. Eros Grau, a jurisdição foi exercida apenas no que tange à opção axiológica de aplicação da regra que assegura ao trâmite do processo em tempo razoável, silenciando quanto ao estampado prejuízo decorrente da duração elevada do processo, que se de um lado prejudica ao próprio jurisdicionado diretamente, indiretamente atinge todos os demais jurisdicionados, na qualidade de usuários da justiça e de cidadão; àqueles pois deixam de ter seu processo com duração razoável, justamente porque há processos infindáveis cujo trâmite se eterniza, estes porque um dia , na qualidade de contribuintes, imperiosamente arcarão com a conta que será rateada por todos os cidadãos.

---

[38] Da exceção não se encontra alusão no discurso da ordem jurídica vigente. Define-se como tal justamente por não ter sido descrita nos textos escritos que compõem essa ordem. É como nesses textos de direito positivo não existissem palavras que tornassem viável a sua descrição – daí dizermos que a exceção está no direito, ainda que não se a encontre nos textos normativos de direito positivo. Pois ela não está situada além do ordenamento, senão no seu interior. O estado de exceção é uma zona de indiferença entre o caos e o estado da normalidade, zona de indiferença no entanto capturada pelo direito. De sorte que não é a exceção que se subtrai à norma, mas ela que se constitui como regra, mantendo-se em relação com a exceção. Daí que ao Judiciário, sempre que necessário, incumbe decidir regulando também essas situações de exceção. Mas ao fazê-lo não se afasta do ordenamento. Aplica a norma à exceção desaplicando-a, isto é, retirando-a da exceção, retirando-se desta. Este tribunal tem assim procedido em alguns casos, assumindo claramente tê-lo feito. Menciono, para dar exemplo disso, as decisões tomadas na Ação Direta de Inconstitucionalidade 2.240, da qual fui relator, e na Reclamação 3.034. (BRASIL, 2009b, p. 1)

Com efeito, qual seria a consequência de inobservância da norma constitucional que determina não só a razoável duração do processo, mas também os meios que garantam a sua celeridade?

Nossa posição é de que não apenas o fato objetivo de um processo que exceda em muito o tempo de duração razoável acarretaria a responsabilidade civil do Estado, como também a ausência dos meios que garantam a sua celeridade, a exemplo da falta de espaço físico para o trabalho, equipamentos de informática, pessoal qualificado entre outros.

Nesse sentido, o simples fato da resistência histórica de apreciação pelo Supremo Tribunal Federal, no que tange ao pedido de responsabilidade civil do Estado, quer seja em razão do erro, quer seja em razão da morosidade, por si só, não pode ser entrave, nem funcionar como desestímulo da busca do Poder Judiciário pelos jurisdicionados. Pelo contrário, tal fato deve ser encarado como verdadeiro desafio aos advogados, os quais tem como dever de ofício provocar a jurisdição, buscado resultados positivos para seu cliente, com amparo na Constituição Federal, legislação infraconstitucional e tratados internacionais.

4. Proposta de ação em razão

4.1. Do erro

Uma vez amparados na doutrina, previsão constitucional e legislação ordinária cível, resta-nos propor uma alternativa ao jurisdicionado, de ação de reparação de dano, que este venha sofrer, quer em razão de erro judiciário, quer em razão de morosidade processual, os quais acarretem algum prejuízo à empresa.

Nesse caminho, já sabedores das inúmeras dificuldades que enfrentaremos na jurisprudência do Supremo Tribunal Federal, é imperioso que trabalhemos exaustivamente a prova a ser acostada aos autos, visando a um resultado positivo para o jurisdicionado.

Nos casos em que se verifique erro em consequencia de ato judiciário deficiente, devemos apontar como aplicável ao caso a responsabilidade objetiva do Estado, com previsão no artigo 37, § 6°, combinado com o artigo 5°, LXXV, da Constituição Federal.

Entretanto, como há extrema resistência do Supremo Tribunal Federal em aplicar o artigo 37, § 6°, para atos jurisdicionais, onde se constate efetiva decisão pelo Estado de conflito entre as partes, quer em razão da alegação de soberania do Estado, quer em razão da coisa julgada, quer em razão de inexistência de lei que regulamente a matéria, entendemos apropriado a inserção de dispositivo infra-constitucional, a exemplo do art. 186 do Código Civil em vigor.

Ainda que tenhamos claramente o discernimento de que os dispositivos constitucionais regulam relações no âmbito administrativo, uma vez não disponível tal norma, devemos subsidiariamente recorrer ao direito civil, sem que se faça confusão entre as concepções doutrinárias de ambos os ramos do direito.

Nesse sentido o próprio Supremo Tribunal Federal no agravo regimental no recurso extraordinário sob n° 241.767-8 – Rondônia, em que foi relatora a Min. Ellen Gracie, julgado em 28/04/2009, em que pese não tenha julgado o mérito, ao confirmar o acórdão do Tribunal de Justiça de origem, acabou por aplicar subsidiariamente o artigo 159 do Código Civil (atual artigo 186) em caso de erro judiciário, decorrente do Poder de Polícia do Estado, relação eminentemente de direito administrativo.

É importante a análise dos fatos que ensejaram o erro judicial para que possamos com precisão subsumir tais fatos à norma. Ainda que trabalhemos com a ideia de responsabilidade objetiva é importante que indiquemos, extreme de dúvidas, o prejuízo ocorrido, bem como o nexo causal, entre este dano e a ação ou omissão do Estado.

Sendo o dano de fácil constatação, resta-nos atentar para a apuração precisa do nexo causal, o qual será determinante para fins de reparação cível.

Nos casos em que apenas um evento é a causa imediata e direta, não há dificuldades em fixar-se o nexo de causalidade. Para nosso estudo, a mais das vezes, teremos uma única decisão judicial, a qual determinará o evento danoso. Entretanto poderemos enfrentar situações em que haja múltiplos fatores em concurso, devendo-se precisar cada evento, devidamente encadeado e em ordem cronológica, que tenha causado o resultado danoso.

O erro constatado pela parte deverá ser inexoravelmente apontado ao juízo, provocando-se decisão acerca da matéria, devendo-se esgotar os recursos ordinários. Caso o erro não seja apontado pela parte, deixando correr *in albis* eventual prazo recursal, haveria a anuência do jurisdicionado, podendo ser alegado em defesa do Estado a culpa concorrente daquele.

Ainda que expirado o prazo recursal, sendo cabível a ação rescisória, deverá a parte interpor a ação, visando resguardar direito a posterior reparação em caso de improcedência da ação rescisória.

Imaginemos uma ação de execução ajuizada pelo credor Y, com penhora de bens imóveis, suficientes para garantia do juízo de quatro milhões de reais. A parte executada, em determinado momento processual, após a interposição dos embargos, requer a substituição das garantias reais por um bem móvel, um veículo Fiat Uno 1983, a qual é deferida pelo juízo, sem a oitiva do credor. Decorrido mais de um ano desta liberação das penhoras, tendo os imóveis sido alienados para terceiros, quando da intimação judicial do credor Y é aberto prazo para manifestação. Perguntamos: qual a alternativa de conduta para o jurisdicionado, em face do prejuízo evidente havido, decorrente de ato jurisdicional do Estado?

A alternativa que apontamos é, primeiramente, o esgotamento da via recursal, através da interposição do cabível agravo de instrumento, eventual agravo interno, eventuais embargos de declaração, Recurso Especial e assim sucessivamente. Uma vez não obtido o êxito desejado, caberá a análise de interposição de ação rescisória e/ou ação anulatória de ato judicial. Interpondo-se uma destas ações, com seu resultado negativo, entendemos como imperioso, ainda que simultaneamente, o ajuizamento da ação de reparação de dano em face do ato jurisdicional, contra o Estado.

Quando referimos que a ação reparatória poderá ser simultânea ao ajuizamento da ação rescisória de nulidade de ato judicial, consideramos a hipótese do pedido de tutela antecipada naquelas ações, para que, desde logo seja iniciado o iter processual na busca da reparação do dano.

Consoante leciona Ruy Rosado,[39] de acordo com nosso ordenamento jurídico, podemos elencar as hipóteses que podem dar causa ao dever do Estado indenizar, em razão de ato jurisdicional.

Entendemos ser bastante apropriada a classificação do jurista, destacando-se que as causas elencadas como ensejadoras de reparação pelo Estado são cabíveis tanto ao erro judiciário propriamente dito, quanto à morosidade judicial, item que será desenvolvido a seguir.

4.2. Da morosidade

Uma das causas geradoras de responsabilidade pelo Estado que hodiernamente mais atormenta os jurisdicionados, seguramente é a morosidade da prestação jurisdicional, o que equivale dizer o deficiente e intrincado trâmite processual.

A jurisdição não sendo prestada em tempo razoável, por vezes o direito envolvido no litígio acaba por perder seu objeto, resultando em

---

[39] :Servem de suporte à indenização: 1) a falta do Juiz no exercício da função jurisdicional, de que é exemplo o disposto no art. 133 do CPC; 2) o erro judiciário, que na maioria das vezes é uma espécie de falta do Juiz, mas que também pode decorrer de simples acidente, além de ficar restrito à sentença de mérito (art. 5°, LXXV, primeira parte, da CR); a falta do serviço, verificada no processo, de forma individualizada ou anônima (art. 5°, LXXV, segunda parte, da CF). (AGUIAR JÚNIOR, 1993, p. 35-36).

verdadeira injustiça ou denegação desta. Ademais, a morosidade judicial poderá acarretar a perda de interesse das partes em prosseguir litigando, de modo que se vê esvaziar sua vontade em continuar alimentando uma máquina judicial quer seja com recolhimento de custas em valores elevados para o serviço prestado, quer seja em deslocamentos ao Foro para audiências que não se realizam, sendo adiadas para datas futuras longínquas, dentre outras mazelas.

Assim é que a morosidade na prestação jurisdicional implica esfacelamento da credibilidade na Justiça, acarretando inexoravelmente prejuízos aos jurisdicionados, atingindo o próprio direito ou os interesses destes em conflito, tornando-o ineficaz.

Deste modo, os processos que excedam o tempo razoável de tramitação, gerando angústia e prejuízos patrimoniais as partes, deverão ser ressarcidos pelo Estado.

Com olhar atento o constituinte acabou incluindo através da Emenda Constitucional nº 45, de 2004, no art. 5º, o inciso LXXVIII a todos, no âmbito judicial e administrativo, são assegurados a razoável duração do processo e os meios que garantam a celeridade de sua tramitação.

Mas o que será a razoável duração do processo? Como aferi-la? Bastaria a soma de todos os prazos previstos no Código de Processo Civil, para o rito processual quer seja ele ordinário, de execução ou cautelar, a partir do ajuizamento da ação, passando pela citação, prazo de resposta, audiência, manifestação do Ministério Público, sentença, recursos ordinários, extraordinários, trânsito em julgado, cumprimento de sentença, penhora, impugnação, demais recursos, trânsito em julgado e efetivo levantamento de valores com satisfação do crédito? Seria apenas a realização de uma operação matemática de soma? Ao que parece este é o balizador apresentado legalmente pelo nosso Código de Processo Civil.

Outro parâmetro é apresentado pelos próprios tribunais, os quais em suas estatísticas anuais apresentam o tempo médio de tramitação dos processos em primeira e segunda instância, desde o ajuizamento até a decisão final.

Uma vez de posse deste número, determinando o lapso temporal razoável para duração do processo, faríamos o cotejo com a duração efetiva de nosso processo, podendo ser obtidos três resultados: tempo de duração do nosso processo inferior a média aferida pelo Tribunal; tempo de duração do nosso processo igual ao aferido pelo Tribunal e tempo de duração de nosso processo superior ao aferido pelo Tribunal.

Quando a diferença apresentar-se de forma muito semelhante a duração razoável obtida pela média estatística do Tribunal, situando-se pouco acima, nosso direito dificilmente poderá obter êxito em eventual demanda indenizatória contra o Estado. Entretanto, caso tal comparação resulte em número que reflita tempo de tramitação acima do razoável, como por exemplo, o dobro ou mais do que a média de duração dos processos, tal fato por si só ensejará o ressarcimento pelo Estado que deu causa a morosidade do processo.

A morosidade no trâmite dos processos judiciais não é problema exclusivo da justiça brasileira, sendo também verificado em diversos países a exemplo da França e Itália.

As causas da lentidão do curso dos processos podem ser atribuídas a vários fatores: demora da instrução dos processos, retardamento quando não adiadas as audiências, erros de procedimento, ausência de condições materiais e de pessoal para movimentar a máquina judiciária, ocasionando um verdadeiro descrédito ao Poder Judiciário, a própria legislação processual ultrapassada (código de processo civil novo na iminência de ser publicado), ainda que diversas reformas tenham sido realizadas ao longo dos últimos 15 anos, sempre buscando-se a celeridade e efetividade processuais; a falta de condições financeiras do Poder Judiciário para aparelhar-se de forma apropriada com equipamentos e pessoal adequados ao nosso tempo e necessidade, em razão do elevado número de jurisdicionados, buscando modernização e dinamização da máquina administrativa judiciária.

Entretanto, tais justificativas para o emperramento do trâmite dos processos já não mais são aceitos de forma cordata pela sociedade. Com efeito, uma vez que o Estado possui o monopólio da jurisdição, chamando exclusivamente para si a prestação da tutela jurisdicional, deverá organizar-se de forma a gerir tais problemas, corrigindo estas deficiências, com intuito de busca da excelência na prestação da jurisdição.

O volume processual na justiça brasileira aumentou consideravelmente com a promulgação da Constituição Federal de 1988. Nossa empresa viu isto acontecer de maneira efetiva com a explosão das ações revisionais de contratos bancários, inicialmente com as cédulas de crédito rural, comercial e industrial, posteriormente com todos os contratos bancários a partir da vigência do Código de Defesa do Consumidor em 1990. Hoje as cortes superiores buscam gerir a administração dos processos de massa com os chamados *julgamentos repetitivos*,[40] sendo objeto de pesquisa facilitada junto ao sítio do Superior Tribunal de Justiça.

Para Tucci (1997, p. 99), são três os fatores determinantes que acarretam os motivos da lentidão dos processos: fatores institucionais, fatores de ordem técnica e subjetiva e fatores derivados da insuficiência

---

[40] Art. 543-C. Quando houver multiplicidade de recursos com fundamento em idêntica questão de direito, o recurso especial será processado nos termos deste artigo

material. O autor não poupa adjetivos ao referir-se aos fatores institucionais.[41]

São os próprios Poderes Executivo e Legislativo que acabam contribuindo de forma determinante para que não se tenha um Poder Judiciário ágil, na medida em que há inconteste prevalência do Poder Executivo, seguido pelo Legislativo, restando o Judiciário como o poder mais fraco.

Não é demais recordar que o próprio Estado é um dos clientes mais assíduos do Poder Judiciário, agindo de forma intervencionista, diante de diversas crises econômicas, editando normas de forma imprópria e inadequada, gerando uma proliferação de demandas contra si.

Os fatores de ordem técnica e subjetiva podem ser apontados como o desprestígio das decisões judiciais, em razão da ampla gama de recursos judiciais, os vencimentos dos juízes estaduais, pouco estimulantes, a ausência de observância dos prazos judiciais dos magistrados e auxiliares da justiça e observância do horário da jornada laboral.

Como é cediço, as decisões judiciais, de primeiro grau não guardam nenhuma autoridade e eficácia almejada pelos usuários da justiça. Pelo contrário, a recém lançada sentença, que seria para por fim ao litígio, na verdade alberga o início de uma via recursal, a qual poderá ter fim somente com o percurso por no mínimo uma vez, até as cortes superiores em Brasília.

Em que pese a recente reforma processual, inserida pela Lei 11.232/2005, a qual alterou sobremaneira a sistemática do cumprimento da sentença, não sendo mais necessária a execução da sentença judicial, visando à celeridade processual, tal não ocorreu, num momento inicial, preocupando-se os serventuários muito mais com o recolhimento ou não das custas, do que propriamente com a efetividade da prestação jurisdicional.

A concepção e divisão dos trabalhos, dentro de determinada Vara judicial, acaba por emperrar o bom andamento dos trabalhos, tanto no que tange à celeridade do feito, quanto no que diz respeito à qualidade das decisões. Dentro do mesmo gabinete funcionam a equipe do magistrado e a equipe do cartório judicial. Muitas vezes o processo sequer chega às mãos do magistrado para efetivo despacho, sendo barrado quer na

---

[41] "A ideologia conservadora, mesquinha e extremamente personalista, que predomina entre grande número de políticos brasileiros constitui inequívoco obstáculo para que haja uma mobilização destemida e disposta a pagar o preço e a suportar o peso da luta política para lograr meios e alternativas visando a implementar a operatividade da lei processual. [...] Na verdade, como já enfatizamos, quando o tema da agilização da justiça reaparece no cenário das discussões, as atenções concentram-se em valores de natureza técnico-jurídica, olvidando-se totalmente que o problema da intempestividade da tutela jurisdicional está ligado a vetores de ordem política, econômica e cultural (TUCCI, 1997, p. 100)."

equipe cartorial, para andamentos ditos administrativos, quer na equipe do magistrado, com autonomia para proferir despachos, criando um verdadeiro poder paralelo, o qual, a mais das vezes pouco contribui para a qualidade dos serviços, consoante adiante aprofundaremos através da análise de resultado de estudo elaborado pela Secretaria de Reforma do Judiciário, Ministério da Justiça de 2007, sobre a gestão e o funcionamento dos cartórios judiciais.

Os prazos judiciais conferidos às partes são os mais rígidos e claros, fixados através de previsão legal, tendo como consequência da sua inobservância, o imediato prejuízo para parte. Logo os magistrados e auxiliares da justiça, ainda que tenham prazo para praticar o ato, em caso de não realização deste, acabam por não sofrer nenhuma sanção, consolidando deste modo, a morosidade e retardamento do processo.

Por fim, e não menos importante, uma vez não impulsionado o processo pelo juiz, cabe aos advogados o dever de dar andamento as ações, impulsionando o processo.

Os fatores derivados da insuficiência material além de óbvio e de fácil constatação, até para o mais desatento observador, seria de muito fácil dedução, máxime com o advento da Constituição Federal de 1988, com a efetiva disseminação da ideia de cidadania e verdadeira avalancha de ajuizamento de demandas individuais.

Os Tribunais Superiores, ainda que tenham sido modernizados nos últimos anos com: digitalização dos processos, protocolo de petições com assinatura eletrônica, entre outras inovações tecnológicas, ainda deixam a desejar quanto à celeridade na prestação jurisdicional.

Se os Tribunais Superiores contam com um bom orçamento para modernização da sua máquina judiciária, esta não é a realidade dos Tribunais Estaduais, os quais não conseguem acompanhar a implementação das novas tecnologias, aumentando em muito o tempo de tramitação dos processos.

O Conselho Nacional de Justiça (CNJ) foi criado em 31 de dezembro de 2004 e instalado em 14 de junho de 2005, nos termos do art. 103-B, da Constituição Federal. Trata-se de órgão do Poder Judiciário, cuja sede fica em Brasília, com atuação em todo território nacional, com a missão de reformulação de quadros e meios no Judiciário, sobretudo no que diz respeito ao controle e à transparência administrativa e processual, mediante ações de planejamento, coordenação, bem como ao controle administrativo e ao aperfeiçoamento no serviço público da prestação da Justiça. É composto por quinze membros com mandato de dois anos, admitida uma recondução, sendo composto por: Presidente do Supremo Tribunal Federal; um Ministro do Superior Tribunal de Justiça, que será o Corregedor Nacional de Justiça; um Ministro do Tribunal

Superior do Trabalho; um Desembargador de Tribunal de Justiça; um Juiz Estadual; um Juiz do Tribunal Regional Federal; um Juiz Federal; um Juiz do Tribunal Regional do Trabalho; um Juiz do trabalho; um membro do Ministério Público da União; um membro do Ministério Público Estadual; dois advogados; dois cidadãos de notável saber jurídico e reputação ilibada.

Os meios que garantam a celeridade dos processos não basta que sejam através de metas traçadas pelo Superior Tribunal de Justiça, como é o caso das dez Metas do Judiciário, aprovadas e traçadas para 2010 pelos presidentes de noventa e um tribunais brasileiros em fevereiro deste ano.

Note-se que todas as providências tomadas no sentido da busca da efetividade e celeridade processuais, a exemplo das reformas processuais, aprimoramento da gestão dos processos pelos Tribunais Superiores, Federais e Estaduais, com o apoio do Conselho Nacional de Justiça, não está sendo suficiente para vencer a gigantesca carga de processos em trâmite.

Por oportuno, referimos o estudo elaborado pela Secretaria de Reforma do Judiciário, Ministério da Justiça de 2007, sobre a gestão e o funcionamento dos cartórios judiciais (Brasil, 2007, *on line*), com o intuito de tornar a administração cartorária judicial mais ágil e eficiente.

O estudo foi realizado, escolhendo como ferramenta metodológica o estudo de casos, em quatro cartórios no estado de São Paulo, dois na capital e dois no interior, sendo em cada local, cartórios de comarcas consideradas de difícil e outro de fácil provimento. Entretanto, tal terminologia não existe mais, mas assim mesmo foi empregada no sentido das comarcas mais ou menos procuradas pelos juízes para permanecerem por um período de tempo maior.

Os processos objetos do estudo foram ações ordinárias (indenização por dano moral) e sumário (acidente/seguro de veículos).

Assim foram definidos os cartórios A e B , na capital e C e D no interior. O cartório A foi instalado há algumas décadas; o cartório B tem mais de cem anos. O cartório C está em comarca considerada de fácil provimento; o cartório D em comarca considerada de difícil provimento.

Os cartórios A e D têm bons ambientes de trabalho, e o diretor tem apoio dos funcionários, ao contrário dos cartórios B e C. Em todos os cartórios, diretores e chefes elaboram as minutas de decisões para o juiz assinar.

A estrutura funcional de todos os cartórios é semelhante. Os cartórios A, B, C e D apresentavam número de processos tramitando respectivamente de 9.245, 8.261, 6.014 e 3.603, sendo o tempo em dias de trâmite dos processos, até o trânsito em julgado respectivamente de 815, 741,

1.056 e 740 dias. Importante referir que o clima do ambiente de trabalho nos cartórios, numa escala de 0 (péssimo) a 5 (excelente), foi de 4,1 para os cartórios A e D e de 2,47 nos cartórios B e C, nos termos do quadro abaixo reproduzido.

Perfis dos cartórios judiciais estudados e alguns resultados

Cartórios / características	A	B	C	D	Média
Dados gerais.	capital	capital	interior	interior	-------
	9245 processos	8261 processos	6014 processos	3603 processos	-------
	523 proc./escrev.	463 proc./escrev.	515 proc./escrev.	423 proc./escrev.	481.5
	0,51 comp./func.	0,43 comp./func.	0,5 comp./func.	0,6 comp./func.	0,51
Tempos* (dias)					
Tempo total	815	741	1056	740	701
Tempo até sentença	591	376	701	570	559.5
Tempo sentença-remessa	170	365	355	224	278.5
Tempo total de publicação	519	369	561	423	468
Tempo total de juntada	290	131	99	46	141.5
Tempo "em cartório"	748	718	1001	664	782.7
Ambiente de trabalho (0=péss.;5=excel)	4,1	2,47	2,47	4,1	3.4
	------	------	maior média etária	menor média etária	37.9 anos
Organização interna do trabalho e distribuição dos processos[10]	por número final do processo – recente implantação	por Seções e, em cada seção, por número final;	por final há 15 anos; um escrev. por número final;	por final;	------
	duas fichas de andamento (física e informatizada)	duas fichas de andamento (física e informatizada)	somente ficha informatizada (do sistema)	duas fichas de andamento (física e informatizada)	------

[10] Em geral, os cartórios organizam o serviço interno pela mistura de três critérios: "por tarefas", "por finais" e "por rito". Na organização "por tarefas", cada funcionário é responsável por uma única tarefa em todos os processos do cartório. Na organização "por finais", os processos são distribuídos entre os funcionários conforme sua numeração final, ou seja,

Figura 01 – Perfis de cartórios judiciais estudados e alguns resultados.
Fonte: Secretaria de Reforma do Judiciário (BRASIL, 2007, *on line*).

Dado curiosíssimo do estudo é que o tempo que o processo permanece em cartório é muito próximo ao tempo total de tramitação, conforme podemos observar do cartório A, cujo tempo de tramitação total do processo é de 815 dias, sendo que durante 748 dias permaneceu em cartório.

Outro dado de fundamental importância para nosso trabalho é o dado objetivo fornecido pelo estudo, referente à duração do procedimento ordinário, e procedimento sumário com fulcro no Código de Processo Civil de 209 dias e 178 dias, respectivamente, nos termos do fluxograma abaixo.

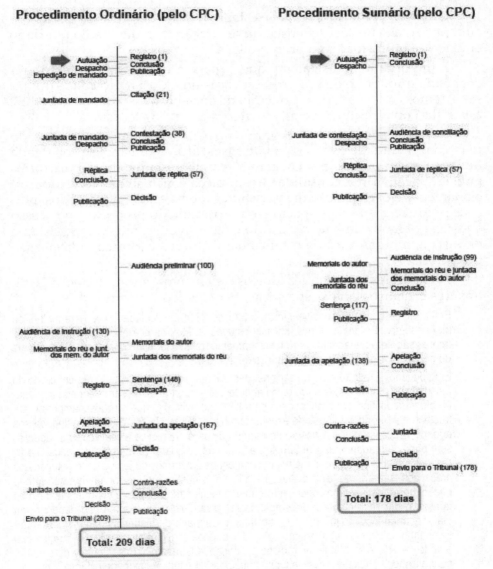

Figura 02 – Fluxograma de Procedimentos Ordinário e Sumário (pelo CPC).
Fonte: Secretaria de Reforma do Judiciário (BRASIL, 2007, *on line*).

Assim é que, dados fornecidos objetivamente pelo Ministério da Justiça, em estudo elaborado sob sua encomenda, dão conta que o tempo para duração de um processo que tramite no rito ordinário, conforme previsão expessa no Código de Processo Civil é de 209 dias, sendo que o tempo médio para tramitação de tal processo, no Estado de São Paulo é de 701 dias.

Uma vez verificado, naquele estado, trâmite de processo em tempo superior ao ali constatado, ensejaria reparação de indenização por dano em face da morosidade do processo.

É importante que se atente que, uma vez extrapolado o tempo razoável de tramitação de um processo, ocasionando a morosidade do trâmite, temos como violado o princípio da eficiência, inserido no artigo 37, *caput*, da Constituição Federal, através da EC n° 45/2004.

As conclusões a que se chegaram no estudo, em que pese tenha sido feito com finalidade exploratória de casos, através da análise conjugada de levantamentos etnográfico, gerencial e de desempenho dos cartórios judiciais, acabou por consolidar três tópicos conclusivos acerca do funcionamento e organização das serventias, quais sejam: os cartórios judiciais produzem grande impacto na morosidade do processo e no acesso à justiça; paradoxalmente o cartório é "invisível" como ator do sistema de justiça; a organização e o funcionamento dos cartórios judiciais são precários.

Além destes três grandes tópicos conclusivos, foram destacados outras três conclusões mais específicas, as quais reproduzimos:

> Primeiramente, não foi possível indicar um único fator que, isoladamente, gere melhor ou pior desempenho dos cartórios judiciais estudados. Mas parece que a interação de três fatores são determinantes do seu funcionamento: relacionamentos pessoais ↔ ambiente de trabalho ↔ organização/ distribuição de tarefas.
>
> Em segundo, a estrutura organizacional das Varas e cartórios, baseada em um corpo de funcionários processantes e um único agente decisor, parece não ser adequada ao cenário atual da Justiça. Na prática, essa estrutura não existe, já que o processamento é entrecortado por longos tempos de espera, boa parte das tarefas decisórias é delegada aos agentes processantes e a gestão do cartório ainda é casuística e realizada por agentes sem perfil ou treinamento. Em terceiro, a oposição comparativa entre os cartórios C e D, respectivamente os de pior e melhor desempenhos em termos de tempo de tramitação dos processos, sugere que: a) iniciativas para inovar a gestão e o funcionamento do cartório podem gerar motivação e conscientização dos funcionários quanto à importância de suas tarefas, o que incrementa o desempenho; b) essas iniciativas podem não depender da maior permanência do juiz na Vara; sozinha, essa maior permanência não melhora o desempenho do cartório; c) a relação entre funcionários com o diretor e o juiz determina, em grande medida, o ambiente de trabalho e, conseqüentemente, o desempenho do cartório, neutralizando condições adversas; c) a antigüidade na função, além de diminuir a motivação dos funcionários, tende a sedimentar as práticas tradicionais e reduzir a propensão a inovações no funcionamento do cartório (Brasil, 2007, *on line*).

É importante gizar que um estudo desta magnitude, encomendado pelo Ministério da Justiça, apurando conclusões acerca do funcionamento dos cartórios judiciais, que são os protagonistas do Poder Judiciário, os quais efetivamente fazem com que seja movimentada a máquina judiciária, mas que não só não são vistos, utilizando-se do adjetivo "invisível", qualificando o seu funcionamento como precário, bem como, atribuindo-lhes a grande parcela de responsabilidade pelo impacto da morosidade e acesso à justiça, parece-nos argumentos suficientes para respaldar o pedido de indenização por dano em razão da morosidade judicial.

5. Considerações finais

O Brasil, desde a Constituição de 1946, adota a responsabilidade objetiva do Estado por danos causados pelos seus agentes, tendo sido aperfeiçoada a responsabilidade do estado com o art. 37, § 6º, da Constituição Federal de 1988, onde passa a incluir as pessoas jurídicas de direito privado, prestadoras de serviço público, como responsáveis.

Dentre as teorias que fundamentam a responsabilidade do Estado por dano causado ao seu jurisdicionado, apontamos como a mais apropriada a ser adotada a teoria do risco administrativo, excluindo-se a teoria do risco integral.

Assim é que o Estado é responsável pelos danos decorrentes da atividade judiciária em face de erro e/ou morosidade processual, com fulcro no artigo 37, § 6º, da Constituição Federal, amparado nos princípios da legalidade, impessoalidade, moralidade, publicidade, eficiência, responsabilidade civil e isonomia.

A base legal com fulcro na Constituição Federal não é suficiente para que postulemos a reparação civil, devendo-nos utilizar da legislação ordinária, a exemplo dos artigos 43 e 186 do Código Civil brasileiro.

Especificamente quanto aos danos causados pelo Estado em razão do erro, deve-se aplicar o art. 5º, LXXV, da Constituição Federal, não nos olvidando de indicar o artigo de lei ordinária, podendo-se referir o art. 133 do Código de Processo Civil.

De outro lado, quanto aos danos causados em razão da verificação de morosidade processual, devemos aplicar o art. 5º, LXXVIII, da Constituição Federal, devendo-nos valer de alguns dos artigos de lei ordinária, já declinados acima, bem como da Convenção Americana de Direitos Humanos, conhecida como "Pacto de San Jose da Costa Rica" artigos 8º e 25º.

Infelizmente, em nossos Tribunais, ainda não tem sido reconhecida a possibilidade de indenização por danos decorrentes de erro judiciário ou morosidade processual. Tal descompasso entre a modernidade das normas em vigor, quer por não conhecimento da matéria em razão da ausência de regulamentação ordinária, quer por não reconhecer a responsabilidade objetiva nos atos decorrentes do Poder Judiciário, acabam por refletir a postura de um Tribunal extremamente retrógrado, rígido e em total descompasso com a realidade hodierna.

É imperioso que se indique ao juízo, tanto nos casos de erro judiciário quanto de morosidade processual, a irregularidade, peticionando-se nos autos e indicando ao magistrado de modo inequívoco o dano evidente, com a interposição de recursos nos casos em que couber, sob pena de posteriormente restar natimorto qualquer pedido de indenização.

Além do prejuízo constatado pela parte é imprescindível a demonstração do nexo causal entre a ação e ou omissão do Estado e o evento danoso.

Nos casos de morosidade processual, sempre que possível, deveremos acostar cópia do estudo elaborado pela Secretaria de Reforma do Judiciário, Ministério da Justiça de 2007, sobre a gestão e o funcionamento dos cartórios judiciais no Estado de São Paulo, com o objetivo de apontar a duração razoável do processo, bem como as causas da morosidade ali apontadas, configurando o nexo causal.

Por fim, caberá a nós, operadores do direito, desbravar os caminhos do judiciário na busca da efetivação do direito, nos casos em que se constatar os danos decorrentes de ato ou omissão do Poder Judiciário que resultem em dano, em razão de erro e/ou morosidade judiciais, auxiliando na construção jurisprudencial ainda resistente.

Referências bibliográficas

AGUIAR JÚNIOR, Ruy Rosado. A responsabilidade civil do Estado pelo exercício da função jurisdicional no Brasil. *AJURIS*, Porto Alegre, v. 20, n. 59, p. 5-48, nov. 1993.

ALVES. Valdir Rodrigues. *Responsabilidade Civil do Estado*. São Paulo: Bookseller, 2001.

BARBOSA, Rui. A culpa civil das administrações públicas. [S.l]: [s.n.] apud CRETELLA JÚNIOR, José. *Tratado de Direito Administrativo*. Rio – São Paulo: Forense, 1970. v.VIII.

BEVILAQUA, Clóvis. *Código Civil dos Estados Unidos do Brasil Comentado*. 7.ed. Rio de Janeiro: Livraria Francisco Alves, 1944. v.I.

BRASIL. Supremo Tribunal Federal. Súmula n° 346. Brasília, DF, 13 de dezembro de 1963. Disponível em: <http://www.stf.jus.br/portal/cms/verTexto.asp?servico=jurisprudenciaSumula&pagina=sumula_301_400>. Acesso em: 20 dez. 2010.

──. Supremo Tribunal Federal. Súmula n° 473. Brasília, DF, 03 de dezembro de 1969. Disponível em: <http://www.stf.jus.br/portal/cms/verTexto.asp?servico=jurisprudenciaSumula&pagina=sumula_401_500>. Acesso em: 20 dez. 2010.

_____. Supremo Tribunal Federal. Liquidação de sentença de ação rescisória n° 749. Relator: Min. Amaral Santos. Brasília, DF, 14 de junho de 1972. Lex: *Pesquisa de jurisprudência do Supremo Tribunal Federal*, Brasília, DF, 2010. Disponível em: <http://www.stf.jus.br/portal/jurisprudencia/listarJurisprudencia.asp?s1=responsabilidade+e+estado+e+ato+e+judiciario&base=baseAcordaos>. Acesso em: 20 dez. 2010.

_____. Supremo Tribunal Federal. Reclamação n° 167-9-AM. Relator: Min. Néri da Silveira. Brasília, DF, 26 de setembro de 1984. Lex: *Pesquisa de jurisprudência do Supremo Tribunal Federal*, Brasília, DF, 2010. Disponível em: <http://www.stf.jus.br/portal/jurisprudencia/listarJurisprudencia.asp?s1=morosidade&pagina=3&base=baseAcordaos>. Acesso em: 20 dez. 2010.

_____. Convenção Americana de Direitos Humanos. *Pacto de San José da Costa Rica (1969)*. Ratificado pelo Brasil. Brasília: [s.n.], 1992. Disponível em: <http://www.pge.sp.gov.br/centrodeestudos/bibliotecavirtual/instrumentos/sanjose.htm>. Acesso em: 20 dez. 2010.

_____. Supremo Tribunal Federal. Recurso Extraordinário n° 429.518-1. Relator: Min. Carlos Velloso (2ª turma). Brasília, DF, 2004. Lex: *Pesquisa de jurisprudência do Supremo Tribunal Federal*, Brasília, DF, 2010. Disponível em: <http://www.stf.jus.br/portal/jurisprudencia/pesquisarJurisprudencia.asp>. Acesso em: 20 dez. 2010.

_____. Constituição da República Federativa do Brasil. 38.ed. São Paulo: Saraiva, 2006a.

_____. Ministério da Justiça. *Análise da gestão e funcionamento dos cartórios judiciais*. Brasília: [s.n.], 2007. Disponível em: <http://portal.mj.gov.br/main.asp?ViewID=%7B3D88EC27%2D1ECB%2D4ECE%2D9B48%2DFB07551B4E73%7D&params=itemID=%7B836738EB%2D1C7C%2D42A7%2D8745%2D90F191BDA37B%7D;&UIPartUID=%7B04411A04%2D62EC%2D410D%2DAC93%2D9F2FA9240471%7D>. Acesso em: 20 dez. 2010.

_____. Supremo Tribunal Federal. Agravo regimental em Recurso Extraordinário n° 241.767-8 – RO. Relatora: Min. Ellen Gracie. Rondônia, 28 de abril de 2009a. Lex: *Pesquisa de jurisprudência do Supremo Tribunal Federal*, Brasília, DF, 2010. Disponível em: <http://www.stf.jus.br/portal/processo/verProcessoAndamento.asp?incidente=1742550>. Acesso em: 20 dez. 2010.

_____. Supremo Tribunal Federal. Agravo regimental em Recurso Extraordinário n° 433.512-3 – SP. Relator: Min. Eros Grau (2ª turma). São Paulo, 26 de maio de 2009. Lex: *Pesquisa de jurisprudência do Supremo Tribunal Federal*, Brasília, DF, 07 ago. 2009b. Disponível em: <http://www.stf.jus.br/portal/processo/verProcessoAndamento.asp?incidente=2239241>. Acesso em: 01 dez 2010.

_____. Supremo Tribunal Federal. *Relatório de atividades – 2009*. Brasília: [s.n.], 2009c. Disponível em: <http://www.stf.jus.br/arquivo/cms/principalDestaque/anexo/RELATORIO_STF_2009_18032010_QUALIDADE_WEB_ORCAMENTO.pdf>. Acesso em: 20 dez. 2010.

_____. Supremo Tribunal Federal. Agravo regimental n° 724.847. Relatora Min. Ellen Gracie (2ª turma). Brasília, DF, 08 de junho de 2010. Lex: *Pesquisa de jurisprudência do Supremo Tribunal Federal*, Brasília, DF, 25 jun. 2010a. Disponível em: <http://www.stf.jus.br/portal/processo/verProcessoAndamento.asp?incidente=2634817>. Acesso em: 01 dez. 2010.

_____. Superior Tribunal de Justiça. *Relatório de avaliação do plano plurianual 2008 – 2011*. Brasília: [s.n.], 2010b. Disponível em: <http://www.stj.gov.br/portal_stj/publicacao/download.wsp?tmp.arquivo=1897>. Acesso em: 20 dez. 2010.

_____. Superior Tribunal de Justiça. Coordenadoria de Editoria e Imprensa. *STJ discute plano estratégico para o judiciário*. Brasília: [s.n.], 2010c. Disponível em: <www.stj.gov.

br/portal_stj/publicacao/engine.wsp?tmp.area=398&tmp.texto=96377>. Acesso em: 20 dez. 2010.

CAETANO, Marcelo. Manual de direito administrativo. 7.ed. [S.l]: [s.n], 1965 apud CRETELLA JÚNIOR, José. *Tratado de Direito Administrativo.* Rio – São Paulo: Forense, 1970. v.VIII.

CARNELUTTI, Francesco. Sistema di Diritto Processuale Civile. Padova: Cedam, 1936 apud AGUIAR JÚNIOR, Ruy Rosado de. A responsabilidade civil do Estado pelo exercício da função jurisdicional no Brasil. *AJURIS*, v. 20, n. 59, p. 5-48, nov. 1993.

CARVALHO SANTOS, João Manuel de. *Código Civil Brasileiro Interpretado.* Rio de Janeiro: Livraria Freitas Bastos S/A, 1981. v.XXXIII. Suplem.VIII.

CASTRO, Viveiros. Tratado. 3.ed. [S.l]: [s.n.], 1914 apud CRETELLA JÚNIOR, José. *Tratado de Direito Administrativo.* Rio – São Paulo: Forense, 1970. v.VIII.

CAVALCANTI, Amaro. Da Responsabilidade civil do Estado. [S.l]: [s.n.], 1905 *apud* CRETELLA JÚNIOR, José. *Tratado de Direito Administrativo.* Rio – São Paulo: Forense, 1970. v.VIII.

CAVALCANTI, Themistocles Brandão. *Tratado de Direito Administrativo.* 5.ed. Rio de Janeiro – São Paulo: Livraria Freitas Bastos, 1985. v.I.

CHIOVENDA, Giuseppe. *Instituições de Direito Processual Civil.* São Paulo: Sarava, 1965 apud AGUIAR JÚNIOR, Ruy Rosado de. A responsabilidade civil do Estado pelo exercício da função jurisdicional no Brasil. *AJURIS*, v. 20, n. 59, p. 5-48, nov. 1993.

COUTURE, Eduardo J. Fundamentos Del Derecho Procesal Civil. Buenos Aires: Depalma, 1966 apud AGUIAR JÚNIOR, Ruy Rosado de. A responsabilidade civil do Estado pelo exercício da função jurisdicional no Brasil. *AJURIS*, v. 20, n. 59, p. 5-48, nov. 1993.

CRETELLA JÚNIOR, José. *Tratado de Direito Administrativo.* Rio – São Paulo: Forense, 1970. v.VIII.

──. *O Estado e a obrigação de indenizar.* Rio de Janeiro: Forense, 1998, p.176.

DERGINT, Augusto do Amaral. Responsabilidade do Estado por atos judiciais. *Revista dos Tribunais,* São Paulo, v. 710, n. 225, 1994.

DUEZ, Paul. La responsabilité de la puissance publique en dehors du contrat. [S.l]: [s.n], 1927, apud CRETELLA JÚNIOR, José. *Tratado de Direito Administrativo.* Rio – São Paulo: Forense, 1970. v.VIII.

FRANÇA. Constituição Federal. [S.l.]: [s.n.], 1958. Disponível em: <http://translate.google.com.br/translate?hl=pt-BR&sl=en&tl=pt&u=http%3A%2F%2Fthisnation.com%2Flibrary%2Ffrance.html&anno=2>. Acesso em: 20 dez. 2010.

GRECO FILHO, Vicente. *Direito Processual Civil Brasileiro.* 12.ed. São Paulo: Saraiva, 1996. v.I.

ITALIA. Constituição Federal (). [S.l.]: [s.n.], 1948. Disponível em: <http://www.tudook.com/abi/constituicao_italiana.html>. Acesso em: 20 dez. 2010.

LACERDA, Galeno. Comentários ao Código de Processo Civil. Rio de Janeiro: Forense, 1980 *apud* AGUIAR JÚNIOR, Ruy Rosado de. A responsabilidade civil do Estado pelo exercício da função jurisdicional no Brasil. *AJURIS*, v. 20, n. 59, p. 5-48, nov. 1993.

LAUBADÈRE, André. Traité de Droit Administratif. LDGJ, Paris, 1990, Tomo I apud AGUIAR JÚNIOR, Ruy Rosado de. A responsabilidade civil do Estado pelo exercício da função jurisdicional no Brasil. *AJURIS*, v. 20, n. 59, p. 5-48, nov. 1993.

MASAGÃO, Mario. Curso de direito administrativo. 4.ed. [S.l.]: [s.n], 1968 apud CRETELLA JÚNIOR, José. *Tratado de Direito Administrativo.* Rio – São Paulo: Forense, 1970. v.VIII.

MEDAUER, Odete. *Direito Administrativo Moderno.* São Paulo: Revista dos Tribunais, 2009.

MEIRELLES, Hely Lopes. *Direito Administrativo Brasileiro*. 22.ed. São Paulo: Malheiros, 1997.

NEGRÃO, Theotonio; GOUVÊA, José Roberto F. *Código Civil e legislação civil em vigor*. 25.ed. São Paulo: Saraiva, 2006.

NEGRÃO, Theotonio; GOUVÊA, José Roberto F.; BONDIOLI, Luis Guilherme. *Código de Processo Civil*. 42.ed. São Paulo: Saraiva, 2010.

PASQUALINI, Paulo Alberto. *Princípios de Direito Administrativo*. São Paulo: Malheiros Editores Ltda., 2007.

PORTUGAL. Constituição da República Portuguesa (2005). Artigo nº 190. *Legislação [da] Assembléia da Rebública Portuguesa,* Portugal, 2005. Disponível em: <http://www.parlamento.pt/Legislacao/Paginas/ConstituicaoRepublicaPortuguesa.aspx#art190>. Acesso em: 20 dez. 2010.

RIO GRANDE DO SUL. Tribunal de Justiça [do] Estado do Rio Grande do Sul. *Relatório anual 2009*: Relatórios Estatísticos. Porto Alegre: [s.n.], 2009. Disponível em: <http://www1.tjrs.jus.br/site/administracao/prestacao_de_contas/relatorio_anual/2009/pdf/Relatorio_2009_Relatorios_Estatisticos.pdf>. Acesso em: 20 dez. 2010.

RODRIGUES, Cassiano Garcia. *Informação Errônea do Sistema Informatizado do Judiciário a Respeito do Termo a Quo Recursal*: Tempestividade ou Intempestividade. Mato Grosso do Sul: ESA, 2010. Disponível em: < http://www.esams.org.br/?conteudo=Artigos&art_id=80>. Acesso em: 20 dez. 2010.

TEPEDINO, Gustavo; BARBOZA, Heloisa Helena; BODIN DE MORAES, Maria Celina. *Código Civil interpretado conforme a Constituição da República*. Rio de Janeiro: Renovar, 2004.

TUCCI, José Rogério Cruz. *Tempo e Processo*. São Paulo: Revista dos Tribunais, 1997.

URUGUAI, Visconde do (Paulino Soares de Souza). *Ensaio sobre o Direito Administrativo*. Rio de Janeiro: [s.n.], 1862. Disponível em: <http://www.licp.uerj.br/download/visconde_de_uruguai.doc>. Acesso em: 25 mar. 2010.

VASCONCELOS, Matos de. Direito administrativo. [S.l.]: [s.n.], 1937 apud CRETELLA JÚNIOR, José. *Tratado de Direito Administrativo*. Rio – São Paulo: Forense, 1970. v.VIII.

VENOSA, Sílvio de Salvo. *Responsabilidade civil das Pessoas Jurídicas*. [S.l.], [s.n.], [2000]. Disponível em <http://xoomer.virgilio.it/direitousp/curso/civil20.htm>. Acesso em: 20 dez. 2010.

— 3 —

O princípio da boa-fé como critério de integração e interpretação dos contratos bancários[1]

CAMILA ZANCHIN GOLIN[2]

Sumário: 1. Introdução; 2. A constitucionalização do Direito Civil; 2.1. Análise histórica da constitucionalização do direito civil brasileiro; 2.2. O novo Direito Civil e a amplitude da expressão "Direito Civil Constitucional"; 2.3. Principais mudanças principiológicas do Direito Civil Constitucional; 2.4. A proteção ao princípio da dignidade humana e a vinculação dos particulares aos direitos fundamentais; 3. A nova concepção dos contratos; 3.1. Autonomia da vontade e a nova visão contratualista; 3.2. O núcleo da Moderna Teoria Contratualista; 3.3. Princípios da nova Teoria Contratualista; 4. A boa-fé como princípio integrador da Moderna Teoria Contratual; 4.1. Formação histórica da boa-fé: a boa-fé como um princípio constitucional; 4.2. Aplicabilidade e os efeitos limitadores da boa-fé nos Contratos; 4.3. A boa-fé dos contratos como uma forma de assegurar a justiça social; 4.4. A boa-fé nas relações econômicas e nos contratos envolvendo os Bancos; 5. A aplicabilidade do princípio da boa-fé nas decisões dos Tribunais relativas às instituições financeiras; 5.1. A boa-fé e sua utilização pelo Poder Judiciário; 6. Considerações finais; Referências bibliográficas.

1. Introdução

O mundo dos fatos passa por mudanças constantes, nem sempre acompanhadas pelo mundo jurídico. O Direito, como parte das ciências sociais, sofre, ao longo do tempo, os reflexos decorrentes das inúmeras transformações da sociedade.

Essas mudanças influenciaram de forma determinante o mundo jurídico, principalmente, com a evolução do Estado Liberal, baseado nas ideias individualistas e iluministas do final do século XVIII, para o

---

[1] O presente artigo foi apresentado no Programa de Ascensão Profissional da Diretoria Jurídica do Banco do Brasil, como requisito para a nomeação do cargo de Analista Jurídico B, atual Assessor Jurídico II, em setembro de 2013.

[2] Especialista em Direito Bancário pela Fundação Getúlio Vargas (FGV) e em Direito do Trabalho e Processo do Trabalho pelo Centro de Estudos de Direito do Trabalho do Rio Grande do Sul (CETRA-RS).

Estado Social, decorrente da sociedade massificada e do pós-guerra, que visava a respeitar a coletividade, através da efetivação dos princípios da dignidade da pessoa humana, da igualdade material e da funcionalização dos institutos jurídicos.

O antigo Estado mínimo tornou-se um Estado interventor e social, o qual se mostrou capaz de impedir a exploração e os abusos praticados pelos economicamente mais fortes sobre os mais fracos, tutelando os interesses sociais, de modo amplo e coletivo.

No Brasil, tais transformações refletem-se no caminho trilhado para a elaboração da Constituição Federal de 1988, a qual elevou a dignidade da pessoa humana a um dos princípios fundamentais da República, buscando uma sociedade mais livre, igualitária e solidária, corroborando o Estado Democrático de Direito.

Dessa forma, a presente pesquisa tem o objetivo de analisar a importância do princípio da boa-fé e a consequente releitura do instituto contratual em razão das modificações ocorridas na legislação vigente, influenciadas pela Constituição de 1988, culminado com o Novo Código Civil de 2002.

A Constituição de 1988 desencadeou um repensar, uma reestruturação, em decorrência das transformações nos antigos pilares do Direito Civil: a propriedade, a família e o contrato.

Em sua forma tradicional, o contrato configurava um instrumento do exercício de poder e de barganha. A liberdade, meramente formal, mostrou-se como um meio eficaz para a expansão capitalista e para a exploração dos indivíduos hipossuficientes. O modelo de contrato utilizado pelo Estado Liberal não mais conseguia dar respostas adequadas aos anseios e às necessidades da sociedade, visto que, se baseava nuclearmente no princípio da autonomia da vontade.

Com o advento do Estado Social, surgem novos princípios contratuais como o da boa-fé, do equilíbrio ou da justiça contratual e da função social, ao lado da autonomia da vontade e da liberdade.

Desse modo, a presente pesquisa apresenta relevância acadêmica e social, uma vez que aponta o descompasso entre o instituto e a teoria contratual com o texto constitucional e a realidade social, bem como, a necessidade de repensar o instituto do contrato, através de uma visão civil-constitucional, modificando o significado do comportamento contratual, no âmbito coletivo, para que se busque a concretização da justiça social vislumbrada pela Constituição de 1988.

Assim, o trabalho propõe uma análise da utilização do princípio da boa-fé como princípio integrador da moderna teoria contratualista.

Para se chegar ao proposto, faz-se necessária a utilização de uma metodologia de pesquisa. O método dedutivo como método de abordagem justifica-se pela forma como a pesquisa será desenvolvida, tratando do fenômeno da constitucionalização do direito civil, análise geral, para se chegar ao efeito que é a boa-fé na interpretação e integração dos contratos e a nova visão contratualista, análise particular.

O presente trabalho apresenta um tema que se propõe a análise de uma situação mais geral para se chegar a um tema específico, a constitucionalização do direito civil para chegar à nova visão contratualista, fundada na função social dos contratos, passando por sua evolução desde o Código Civil de 1916, Constituição Federal de 1988 até chegar a elaboração e aplicação do nosso atual Código Civil, o qual passou a viger em 11 de janeiro de 2003. Portanto, o método bibliográfico apresenta-se como a forma mais adequada para que a pesquisa sobre o tema seja realizada. Desta forma, a presente pesquisa desenvolve-se com base em livros e artigos das ciências jurídicas e áreas afins. Também serão utilizadas jurisprudências dos Tribunais Estaduais e do Superior Tribunal de Justiça para verificar se o tema em questão está sendo aplicado nos acórdãos elaborados posteriormente à promulgação do novo Código Civil, especialmente nos processos que envolvem as Instituições Financeiras Brasileiras.

2. A constitucionalização do Direito Civil

O momento atual da humanidade remete o indivíduo e também o ordenamento jurídico a constantes transformações sociais. O Direito, como parte das Ciências Sociais, recebe os reflexos decorrentes de tais mudanças que influenciam de forma decisiva no sistema jurídico de cada país.

Com a Constituição de 1988, surge uma nova fase interpretativa dos preceitos contidos no texto Constitucional e os subentendidos nas codificações do ordenamento jurídico brasileiro, buscando-se uma solução para as lacunas deixadas pelo método clássico de interpretação – o subsuntivo, o qual, segundo Barroso e Barcellos (2003), "[...] consiste em um processo silogístico de subsunção dos fatos à norma: a lei é a premissa maior, os fatos são a premissa menor e a sentença é a conclusão. O papel do juiz consiste em revelar a vontade da norma, desempenhando uma atividade de mero conhecimento, sem envolver qualquer parcela de criação do Direito para o caso concreto".[3]

---
[3] BARROSO; BARCELLOS, 2003, p. 4

A abertura das cláusulas constitucionais determina uma nova interpretação da Constituição, dos seus princípios e da sua dependência da realidade fática a que cada situação jurídica, em análise, está submetida. De acordo com o caso concreto, respeitando-se os princípios e os fins a serem concretizados, é que se determina de que maneira a norma será adequadamente aplicada com o intuito de dar o sentido constitucionalmente mais adequado a questão que está sendo verificada.

2.1. Análise histórica da constitucionalização do direito civil brasileiro

O Código Civil de 1916 tem inspiração nas codificações do século XIX, em especial no Código Napoleônico, o qual vislumbrava o indivíduo e suas próprias vontades, tendo estes como seus principais valores de proteção.[4]

A relação entre o contratante e o proprietário representava o grande foco de proteção no antigo texto. Buscava-se, naquele período, que passou a viger o Código de 1916, o rompimento das barganhas feudais passando para uma nova fase de ampla liberdade para contratar, adquirir bens, vendê-los, fazer circular riquezas e tudo o que ampliasse a personalidade do indivíduo, demonstrando sua inteligência e poder econômico sem muitas barreiras legais.[5]

A partir da década de 1920, aborda Tepedino (2004) que a segurança e a estabilidade do Código de 1916 já não representavam garantias aos sujeitos nas suas relações econômicas. Assim, influenciados pela Primeira Guerra Mundial, surgiram vários movimentos sociais criando novas demandas e exigindo do ordenamento jurídico novas posturas para acompanhar a realidade social. O Estado passou a intervir criando leis extravagantes que sanassem os desequilíbrios gerados pela formação de novas classes econômicas. Porém, tais leis possuíam apenas caráter excepcional, não afetando os pilares do direito civil, mantendo-se a exclusividade do texto vigente até então, que assegurava apenas uma igualdade formal, entendida como a igualdade de contratar livremente.

---

[4] Nesta lógica, Aguiar Júnior (2000, p. 18, grifo do autor) argumenta que o Código de Beviláqua distingue-se "[...] pela sua feição nitidamente *individualista*, expressando a concepção político-filosófica vigorante depois da Revolução Francesa, sendo o homem o centro do mundo e capaz, com sua vontade e sua razão, de ordená-lo. Por isso, consagrou o primado da vontade e submeteu os contratantes ao que constava da avença, devendo esta ser interpretada de acordo com a intenção das partes".

[5] Segundo Lôbo (1999), o Direito Civil era tido como a lei máxima, sobrepondo-se a Constituição, sendo "[...] identificado como o lócus normativo privilegiado do indivíduo, enquanto tal. Nenhum ramo do direito era mais distante do direito constitucional do que ele. Em contraposição à constituição política, era cogitado como constituição do homem comum, máxime após o processo de codificação liberal". (LÔBO, 1999, p. 1)

Em razão da evolução do Estado Liberal, baseado nas ideias individualistas e iluministas do final do século XVIII, para o Estado Social, surge um novo momento histórico que marca significativamente o ordenamento jurídico, uma vez que traz como finalidade o equilíbrio social através do respeito aos princípios da dignidade da pessoa humana, da igualdade material e da funcionalização dos institutos jurídicos. (LÔBO, 2005).[6]

Tais transformações impuseram ao Direito Civil brasileiro uma reavaliação de seus princípios e institutos, deixando de lado a antiga visão individualista e patrimonialista partindo para uma concepção mais humanista, respeitando a dignidade da pessoa humana e a coletividade como um todo. Neste contexto, de reavivamento da democracia é que a Constituição de 1988 foi promulgada.[7]

Com a sua promulgação, surge uma nova fase de tutela e intervenção do Estado. A interpretação jurídica das relações privadas passa a ser analisada não somente através do Código Civil, mas, também, de acordo com os preceitos constitucionais. Tem-se então a concepção do Estado Constitucional, caracterizado pelo princípio da constitucionalidade no qual os direitos fundamentais e a dignidade da pessoa humana representam o eixo central do sistema, norteando todo o ordenamento jurídico.

Na visão de Streck (2004), a ideia de sistema jurídico constitucional aproxima-se de uma teia hermenêutica, axiológica e hierárquica de valores e princípios, juntamente com as súmulas e decisões jurisprudenciais dos Tribunais, com o objetivo de dar efetividade aos princípios do Estado Democrático de Direito, expressos ou não na Constituição. O autor defende também que no Estado Democrático de Direito "há – ou deveria haver – um sensível deslocamento do centro das decisões do Legislativo e do Executivo para o plano da justiça constitucional". (Streck, 2004, p. 55)[8]

Em razão dessa concepção é que se deu a transição do Direito Civil para o Direito Civil-Constitucional, buscando o equilíbrio das relações

---

[6] As alterações sociais decorrentes do segundo pós-guerra influenciaram diretamente a organização jurídica existente na época, uma vez que "os incidentes da Segunda Guerra criaram uma necessidade metodológica de se construir uma teoria do direito comprometida com valores, e não apenas com interesses ou conceitos, que podem resultar na aplicação de preceitos apenas 'porque são a Lei', ou no atendimento de interesses da maioria, sem que haja qualquer comprometimento ético com a pessoa humana". (NEVES, 2002, p. 6, grifo do autor)

[7] Na visão de Pinheiro (1997), essa etapa histórica ficou conhecida "[...] como uma fase de transição para a esperada e indispensável volta ao pleno 'Estado de Direito', a verdade é que o Brasil mergulhou num período de exceção, até quando ressurgiu a democracia, com a promulgação de uma nova Carta Magna, em 1988". (PINHEIRO, 1997, p. 31)

[8] Nesse mesmo sentido manifesta-se Pereira (2004) que afirma que o novo Código Civil está "constitucionalizado", ou seja, "na hermenêutica do novo Código Civil destacam-se hoje os princípios constitucionais e os direitos fundamentais, os quais se impõem às relações interpretativas, aos interesses particulares, de modo a fazer prevalecer uma verdadeira 'constitucionalização' do Direito Privado". (PEREIRA, 2004, p. IX)

privadas e sociais através de regras baseadas nos ditames da Constituição Federal. Tal fenômeno deve ser entendido como pressuposto da "supremacia máxima da Constituição, cujas regras fundamentam, sistematizam e limitam toda a ordem jurídica". (Sarti, 2003, p. 32)

Assim, cabe ao intérprete da norma proceder à adequação da legislação através da interpretação sistemática, verificando sempre o espírito da Carta Maior, para concretizar os preceitos da justiça social, através de um direito civil constitucionalizado.

2.2. O novo Direito Civil e a amplitude da expressão "Direito Civil Constitucional"

Com as mudanças trazidas pela Constituição de 1988, o jurista passou a exercer o papel fundamental de garantidor dos meios capazes de efetivar à humanidade uma vida mais digna, respeitando os direitos e garantias fundamentais e possibilitando o desenvolvimento de potencialidades de acordo com o estabelecido no ordenamento jurídico. Essas novas diretrizes, principalmente na esfera civil, culminaram com surgimento do fenômeno da constitucionalização do direito civil.[9]

Tal fenômeno pode ser analisado em dois aspectos: formal e material. Formalmente, pode-se caracterizar a constitucionalização do direito civil pela absorção dos dispositivos que estavam contidos nos Códigos Civis pela Constituição, isto é, esta passou a ter em seus artigos regras anteriormente contidas apenas nas codificações civis. Como exemplo, temos a usucapião (artigos 183 e 191 da CF/88), o dano moral (incisos V e X do artigo 5º da CF/88) e as regras sobre direito de família (artigo 226 da CF/88 e seus parágrafos) (Silva, L., 2003). Já no aspecto material, a Constituição passa a ser a fonte informativa das regras de direito civil, isto é, passa a ser o centro valorativo para que se estabeleçam as formas de interpretação das leis civis.[10]

Com a constitucionalização do Direito Civil, os princípios básicos do direito privado passam a ser observados pelo viés da Constituição, a qual assume uma posição central no ordenamento jurídico, passando

---

[9] Nesse sentido, afirma Mattietto (2000) que "a renovação do direito civil brasileiro tem no chamado "direito civil constitucional" o seu mais firme ponto de apoio. O reconhecimento da incidência dos valores e princípios constitucionais no direito civil reflete não apenas uma tendência metodológica, mas a preocupação com a construção de uma ordem jurídica mais sensível aos problemas e desafios da sociedade contemporânea". (MATTIETTO, 2000, p. 163-164)

[10] Nesse contexto, Silva, L. (2003) afirma que "a constitucionalização do direito privado (e mais especificamente do direito civil) representou este deslocamento dos valores que se encontravam plasmados no Código Civil para a Constituição. O significativo, portanto, é a leitura constitucional que se passa a fazer do Código Civil". (SILVA, L., 2003, p. 128)

a estabelecer os parâmetros básicos para as demais normas, as quais devem ser interpretadas de acordo com o que a Carta Magna estabelece.[11]

Neste contexto é que foi instituída a Lei 10.406, de 10 de janeiro de 2002, que trouxe, segundo Tartuce (2005), uma alteração principiológica do direito privado, em relação aos preceitos básicos que constavam na codificação anterior, buscando valorizar a eticidade, a socialidade e a operabilidade. Busca-se, através da constitucionalização do direito civil, não somente adequar a inserção do direito civil na Constituição, mas também, estabelecer as regras para sua validade jurídica, passando-se a interpretar os fundamentos codificados do direito civil através da Constituição e não o contrário.

2.3. Principais mudanças principiológicas do Direito Civil Constitucional

No direito civil constitucional, a teoria dos princípios é usada para se desvincular da forma estática dos Códigos e da legislação arcaica.[12] Os princípios são de fundamental importância para o ordenamento jurídico. É através deles que os julgadores podem chegar a uma solução adequada ao caso concreto. Devem também ser utilizados como diretrizes para aplicação das normas, devendo estar em consonância com todo o regramento do sistema jurídico vigente, neste sentido Diniz (2001, p.457):

> [...] os mesmos não podem opor-se às disposições do ordenamento jurídico, pois devem fundar-se na natureza do sistema jurídico, que deve apresentar-se como um "organismo" lógico, capaz de conter uma solução segura para o caso duvidoso. Com isso se evita que o emprego dos princípios seja arbitrário ou conforme as aspirações, valores ou interesses do órgão judicante.

Primeiramente, devem-se observar os princípios gerais do direito civil, tais como, a eticidade, a socialidade e a operabilidade, os quais devem ser aplicados em toda e qualquer relação civilista, principalmen-

---

[11] No que tange à hermenêutica de interpretação do ordenamento jurídico, Moraes (2003) explica que "a supremacia das normas constitucionais no ordenamento jurídico e a presunção de constitucionalidade das leis e atos normativos editados pelo poder público competente exigem que [...] seja sempre concedida preferência ao sentido da norma que seja adequado à Constituição Federal. Assim sendo, no caso de normas com várias significações possíveis, deverá ser encontrada a significação que apresente conformidade com as normas constitucionais, evitando sua declaração de inconstitucionalidade e consequente retirada do ordenamento jurídico". (MORAES, 2003, p. 45)

[12] Segundo Neves, os adeptos desta linha, "ao fazerem referência à Constituição, fazem referência também aos princípios, apesar de toda interpretação constitucional corretamente situada ser uma interpretação principiológica. Além disto, qualquer bandeira levantada por uma ordem justa em uma sociedade cujos patamares jurídicos contemplem o pluralismo não pode prescindir dos princípios, os quais, metodologicamente, são de todo adequados para a flexibilidade e as quebras necessárias em um sistema que contemple a discordância. Além disto, este pensamento é fundamental para que se proceda a funcionalização dos institutos jurídicos, premissa do método civil-constitucional". (NEVES, 2002, p. 14-15)

te no que tange aos contratos. A eticidade refere-se aos valores éticos norteadores de todas as relações negociais; a sociabilidade inclina-se ao caráter social de todos os institutos jurídicos e a operabilidade está relacionada à aplicabilidade e interpretação normativa do direito visando a facilitar a compreensão das normas impostas. (Santos, A., 2004).

Com a Constituição de 1988 ocorreu uma mudança principiológica aplicada ao Direito Civil no que tange aos Contratos. Os princípios clássicos como a autonomia da vontade, o consensualismo, a obrigatoriedade, a boa-fé (subjetiva) e a relatividade dos efeitos deram lugar a novos princípios contratuais: autonomia privada, equilíbrio contratual, lesão e cláusulas abusivas, alteração das circunstâncias, boa-fé objetiva, lealdade, transparência nas relações contratuais, eticidade que se complementaram redimensionando conceitos do Direito Privado aplicados aos contratantes.

2.4. A proteção ao princípio da dignidade humana e a vinculação dos particulares aos direitos fundamentais

Os Direitos Fundamentais são os direitos considerados indispensáveis à pessoa humana, são os necessários para assegurar a todos os indivíduos uma existência livre, digna e igualitária. Cabe ao Estado reconhecê-los e concretizá-los, garantindo sua aplicabilidade e eficácia. Tais direitos são inalienáveis, imprescritíveis, irrenunciáveis e universais. (Silva, J., 2002)

A Constituição Federal de 1988 trouxe em seu Título II os direitos e garantias fundamentais, classificando-os em cinco espécies referentes aos direitos e deveres individuais e coletivos, aos direitos sociais, à nacionalidade, aos direitos políticos e aos direitos relacionados à existência, organização e participação em partidos políticos. (Brasil, 2012) Para Silva, J. (2002) "a classificação que decorre do nosso Direito Constitucional é aquela que os agrupa com base no critério de seu conteúdo, que, ao mesmo tempo, se refere á natureza do bem protegido e do objeto de tutela".

Dessa forma, um dos alicerces basilares do Estado Democrático de Direito é o respeito à dignidade da pessoa humana, elencado no art. 1º, III, da Constituição Federal, o qual dispõe que a República Federativa do Brasil é formada pela união indissolúvel dos Estados, dos Municípios e do Distrito Federal e constitui-se em Estado Democrático de Direito e tem como um de seus fundamentos a dignidade da pessoa humana. (BRASIL, 2012)

Por ser a dignidade da pessoa humana uma cláusula geral da Constituição de natureza principiológica sua conceituação torna-se arduamente complicada, porém pode-se arriscar uma conceituação segundo a noção jurídica de dignidade que pode ser assim traduzida:

> [...] *Um valor fundamental de respeito à existência humana, segundo as suas possibilidades e expectativas, patrimoniais e afetivas, indispensáveis à sua realização pessoal e à busca da felicidade.* Mais do que garantir a simples *sobrevivência*, este princípio assegura o *direito de se viver plenamente*, sem quaisquer intervenções espúrias-estatais ou particulares- na realização desta finalidade. (Gagliano e Pamplona Filho, 2005, p. 33, grifos dos autores)

A Constituição Federal, ao dispor sobre a dignidade da pessoa humana, em seus art. 1º, III e também no art. 60, § 4º, inciso III, bem como sobre os direitos e garantias individuais, representando como fundamentos do Estado Democrático de Direito (Brasil, 2012), reconheceu que é o Estado que existe em função da pessoa, e não o contrário, uma vez que a principal finalidade da atividade estatal é o ser humano.

A positivação da dignidade da pessoa humana é recente, considerando-se as remotas origens das quais se pode buscar sua noção, pois foi somente a partir da Segunda Guerra Mundial, principalmente após a Declaração Universal dos Direitos Humanos pela ONU, em 1948, que a mesma passou a ser reconhecida expressamente pelo Direito Internacional. (Sarlet, 2003)

Reconhecida pelo ordenamento jurídico estatal, passou a integrar o direito positivo e, analisando-se seu caráter jurídico-normativo no âmbito de nosso ordenamento constitucional, o que se percebe é que o Constituinte de 1988 preferiu não incluir a dignidade da pessoa humana no rol de direitos e garantias fundamentais, mas sim, colocou-a na condição de princípio jurídico-constitucional fundamental.

E por ser um princípio que embasa e ampara direitos fundamentais, isto é, "aqueles direitos do ser humano reconhecidos e positivados na esfera do direito constitucional positivo de determinado Estado" não há como se aplicar os demais princípios sem considerar primeiramente se ele está sendo ou não respeitado. (Sarlet, 2003, p. 33) Tal princípio é o fim e também o meio para a concretização dos direitos fundamentais, pois determina o reconhecimento do ser humano como ser único e portador de direitos e garantias para viver como tal.

> [...] A dignidade da pessoa não consiste apenas no fato de ser ela, diferentemente das coisas, um ser considerado e tratado, em si mesmo, como um fim em si e nunca como um meio para a consecução de determinado resultado. Ela resulta também do fato de que, pela sua vontade racional, só a pessoa vive em condições de autonomia, isto é, como ser capaz de guiar-se pelas leis que ele próprio edita. (Comparato, 2004, p.21)

Cabe ressaltar, também, a dimensão social da dignidade da pessoa humana, como ser inserido em uma determinada comunidade.[13] A dignidade da pessoa humana, segundo Steinmetz (2004, p.116) concretiza-se como "um 'bem individual' e 'um bem social' da comunidade, da humanidade. Por isso, a proteção e promoção desse bem deve ser obrigação de todos e de (no) interesse de todos".

Com efeito, a dignidade da pessoa humana aparece como meio e fim do Estado Democrático de Direito. Assim, os direitos fundamentais são instrumentos de proteção e efetivação da dignidade humana, vinculando os atos não só do Estado, mas também dos particulares, dessa forma estende-se aos contratos, por meio dos princípios constitucionais e gerais do Direito Privado, bem como, através da legislação civil, a função de representar o instituto de concretização da dignidade da pessoa humana entre os particulares.

3. A nova concepção dos contratos

Desde as primeiras civilizações, as relações entre os homens necessitavam de uma certa regulamentação. Nesta senda, tem-se que os contratos representam desde os primórdios uma forma regulamentadora da conduta humana na busca do necessário equilíbrio para a vida em sociedade. Surge, então, o contrato como forma de manifestação da vontade do indivíduo, capaz de possibilitar o convívio social ordenado e harmônico entre seus membros. Os primeiros pactos sociais ou contratos surgiram da necessidade de regulamentar e proteger os indivíduos entre si.[14]

O contrato, na sua concepção clássica, é tido como ato de autonomia de vontades entre pessoas de iguais condições. Neste sentido, Miranda (2000, p.246) observa que o "contrato é o negócio jurídico (ou instrumento jurídico) que estabelece entre os figurantes, bilateralmente ou plurilateralmente, relações jurídicas, ou as modifica, ou as extingue."

Com a nova visão do Direito Civil, o contrato, instituto tradicional da área privada, que representa a expressão da vontade e soberania das

---

[13] Para Sarlet, a dignidade da pessoa humana impõe deveres aos Estados e também aos particulares: "Temos por dignidade da pessoa humana a qualidade intrínseca e distintiva de cada ser humano que o faz merecedor do mesmo respeito e consideração por parte do Estado e da comunidade, implicando, neste sentido, um complexo de direitos e deveres fundamentais que assegurem a pessoa tanto contra todo e qualquer ato de cunho degradante e desumano, como venham a lhe garantir condições existenciais mínimas para uma vida saudável, além de propiciar e promover sua participação ativa e co-responsável nos destinos da própria existência e da vida em comunhão com os demais seres humanos." (SARLET, 2002, p. 62)

[14] Para Rosseau, "como os homens não podem criar novas forças, mas só unir e dirigir as que já existem, o meio que têm para se conservar é formar por agregação uma soma de forças que vença a resistência, com um só móvel pô-las em ação e fazê-las obrar em harmonia". (Rousseau, 2005,p. 31)

partes, passa por um processo de revisão e adequação, haja vista que sempre foi um instrumento para a satisfação dos interesses privados das partes contratantes, sem maiores preocupações com os interesses da coletividade. Ressalta-se que a vontade humana gera direitos e obrigações dentro da esfera jurídica.[15]

O Direito Privado, na sua nova concepção, trouxe uma modificação das bases do direito quanto aos contratos. Segundo Mattietto (2000, p. 172) "o contrato, tal como regulado no Código de 1916, passa por uma expressiva evolução em seu conceito, finalidade e conteúdo, na trajetória que leva à Constituição de 1988 [...]". A preocupação com a dignidade da pessoa humana fez surgir uma nova visão dos institutos jurídicos.[16]

Com efeito, o contrato como manifestação ilimitada de vontades foi substituído por um contrato de consenso e vontades comuns.[17]

Percebe-se que os princípios que anteriormente guiavam a doutrina contratualista ganharam uma nova roupagem, de acordo com normas de ordem pública, que limitam a liberdade volitiva dos contratantes com o objetivo de evitar que se cometam abusos e possibilitar uma maior igualdade entre as partes.

3.1. Autonomia da vontade e a nova visão contratualista

A autonomia da vontade funciona com um poder jurídico particular, representada pela possibilidade das pessoas agirem com a intenção de criar, modificar ou extinguir situações jurídicas próprias ou de outrem.[18]

O princípio da autonomia da vontade consiste então, num princípio relevante conferido às partes, sendo assim, "[...] princípio de direito priva-

---

[15] Segundo Venosa (2005, p. 391), "quando o homem usa de sua manifestação de vontade com a intenção de gerar efeitos jurídicos, a expressão dessa vontade constitui-se num negócio jurídico. [...] O art. 81 do Código de 1916 nada mais fez que definir o negócio jurídico, evitando, porém, essa denominação. [...] Será negócio jurídico, porém, 'todo o ato lícito, que tenha por fim imediato adquirir, resguardar, transferir, modificar ou extinguir direitos'. O atual Código refere-se ao negócio jurídico, sem exatamente defini-lo, nos arts. 104 e seguintes".

[16] Desta forma, "a grande revolução do direito Contratual não surgiu de novas normas, mas sim de uma nova perspectiva, ao contrário do que concluiu a crítica da doutrina civil mais tradicional, não diminuiu a esfera da liberdade privada e sim a qualificou". (SOTO, 2002, p. 251)

[17] Para corroborar tal mudança "há pois, uma evolução na qual, após termos abandonado a conceituação do contrato como manifestação ilimitada da liberdade individual, demos-lhe uma nova conceituação em que prepondera, ou deve preponderar, sobre a vontade individual de cada um dos contratantes, o consenso que entre eles se formou, sem que seja lícito, a qualquer um deles, tirar vantagem maior do que a racionalmente aceitável, no momento tanto da celebração do contrato como na sua execução". (WALD, 2002, p. 27)

[18] Para Miranda (2000, p. 81, grifo do autor), este princípio pode ser chamado de "autorregramento" e concretiza-se "todas as vezes que as regras jurídicas aludem a suportes fáticos, em que a vontade seja um dos elementos, admitem elas que esses suportes fáticos se componham ou não se componham. Dizem, também, até onde se pode querer. Portanto, supõe-se que alguém queira ou não queira. O autorregramento, a chamada "autonomia da vontade", não é mais do que isso".

do pelo qual o agente tem a possibilidade de praticar um ato jurídico, determinando-lhe o conteúdo, a forma e os efeitos". (Amaral, 2003, p. 347.)

O contrato aperfeiçoa-se então, pela convergência de duas ou mais manifestações de vontades, portanto, se os indivíduos contratantes externam livre e conscientemente e observam-se todos os dispositivos legais, a Lei as faz obrigatórias, impondo a reparação de perdas e danos na hipótese de inadimplemento contratual.

Mas, tal poder não é ilimitado. A liberdade de manifestação da vontade sofre limitações estabelecidas de forma expressa ou implícita pelo Direito em defesa da organização do Estado, de suas instituições e dos interesses da coletividade. Esta nova perspectiva, segundo Soto (2002), não diminuiu a esfera da liberdade privada apenas, a qualificou pela aplicação dos princípios constitucionais aos institutos contratuais.

> [...] Impõem inúmeros deveres extrapatrimoniais nas relações privadas, tendo em mira a realização da personalidade e a tutela da dignidade da pessoa humana, o legislador mais e mais condiciona a proteção de situações contratuais ou situações tradicionalmente disciplinadas sob ótica exclusivamente patrimonial ao cumprimento de deveres não patrimoniais. (TEPEDINO, 2004, p. 10)

A nova concepção atenta para o dado novo de que, em virtude da política interventiva do Estado moderno, o contrato, como instrumento das relações entre pessoas pertencentes a categorias sociais antagônicas, deve ajustar-se a parâmetros que levem em conta a dimensão coletiva dos conflitos sociais subjacentes. (Godoy, 2004) O Estado assume assim, importante papel na seara de concretização do equilíbrio social, infiltrando-se na esfera da autonomia da vontade para readequar os desequilíbrios então existentes.[19]

A partir deste contexto é que se pode afirmar que o contrato passou a exercer uma função realmente social. "[...] o contrato se transformou num bloco de direitos e obrigações de ambas as partes, que devem manter o seu equilíbrio inicial." (Wald, 2002, p. 27), concretizando todos os novos anseios trazidos pela Constituição de 1988, direcionando-se no sentido de igualar os desiguais através de leis protetivas.

3.2. O núcleo da Moderna Teoria Contratualista

Seguindo a tendência de amenizar o rigor do princípio da autonomia da vontade, o Código Civil de 2002 incorporou em seu texto a cláu-

---

[19] Neste sentido, Godoy (2004, p. 6) ensina que se cuida mesmo "de o Estado invadir a autonomia da vontade para, em primeiro lugar por meio da lei, garantir uma desigualdade que faça o papel de equilibrar a desigualdade inversa que a situação das partes intrinsecamente envolve. Daí o exemplo de edição de leis protetivas, tal como, no Brasil, a Consolidação das Leis do Trabalho, as sucessivas leis de locação e, mais recentemente, o chamado Código de Defesa do Consumidor".

sula *rebus sic standibus* aos contratos de execução continuada e diferida (art.478 a 480), bem como os institutos da lesão (art.157) e do estado de perigo (art.156), os princípios da função social do contrato (art. 421), da probidade e da boa-fé (art. 422) que possibilitam a intervenção do Estado para auxiliar na resolução ou para revisar as cláusulas contratuais a que se vinculam os contratantes (Brasil, 2012).

O Estado Social, ou Estado Democrático de Direito, que tem na dignidade da pessoa humana o seu maior fundamento, coloca ao lado da autonomia privada e da liberdade outros princípios como o da boa-fé objetiva e da tutela dos hipossuficientes em busca da justiça substancial, deslocando a relação contratual da tutela subjetiva da vontade à tutela objetiva da confiança, visando o interesse coletivo e social.

Pode-se verificar, lendo a Constituição Federal de 1988, a coexistência dos princípios da igualdade e da liberdade em hierarquia idêntica dentro do ordenamento jurídico, devendo ambos serem interpretados e aplicados levando-se sempre em consideração a dignidade da pessoa humana. Tais princípios corroboram-se para a concretização da dignidade da pessoa humana, ganhando sentido naquele e consequente valoração diferida no caso concreto, alinhando-se por relativização mútua, em concordância prática. Neste mesmo prisma tanto a igualdade como a liberdade têm apreensão material no sistema, implicando tratamento desigual para os desiguais, ou restrição de liberdade para sua própria realização, no sentido da garantia humana, na acepção intersubjetivada.[20]

Com a aplicação da teoria da imprevisão, a justiça contratual torna-se relativa não somente ao processo de formação e manifestação da vontade dos declarantes, mas, sobretudo ao conteúdo e aos efeitos do contrato, que devem resguardar um patamar mínimo de equilíbrio entre as posições econômicas de ambos os contratantes.[21]

Com efeito, a ocorrência da lesão para ser configurada necessita da convergência dos aspectos objetivo e subjetivo. Do ponto de vista objetivo, a lesão requer a avença de uma prestação desproporcional a que

---

[20] Santos, A. (2004, p. 57) complementa que os contratos também devem ter como embasamento tais princípios, pois, atualmente "não passa despercebida das pessoas, dos grupos aos quais pertence e do Estado, a maior sensibilidade quanto ao contrato; além da função de troca, traz ínsito em si uma função social e deve ser dirigido à concretização do bem comum. A sociabilidade e a eticidade que impregnam o Código Civil de 2002 refletem bem esse aspecto, porque já houve um trânsito da moral individual para uma mais apegada ao social e o direito não pode ficar infenso às alterações que ocorrem na realidade do mundo fenomênico".

[21] A onerosidade excessiva caracteriza-se, segundo o Código Civil vigente, quando "[...] a parte prejudicada por fenômeno externo, imprevisível à época da contratação e que desequilibre as posições em contratos comutativos de execução continuada, tem o direito de pleitear a resolução, ou obter em juízo a modificação equitativa das condições do ajuste. Justificada pela teoria da imprevisão, essa figura encontra no princípio do equilíbrio das prestações a sua razão última, na exata medida de esfera do patrimônio do lesado, para que não sofra perdas irreparáveis, ou a ruína". (BITTAR, 2004, p. 156)

uma das partes se vincula. Do ponto de vista subjetivo, apresenta-se a necessária configuração do aspecto deficitário de uma das partes, o que requer inexperiência para que o ato seja considerado como praticado em estado de lesão. (Venosa, 2003) Segundo Gagliano e Pamplona Filho (2004, p. 370), a lesão pode ser conceituada como "o prejuízo resultante da desproporção existente entre as prestações de um determinado negócio jurídico, em face do abuso da inexperiência, necessidade econômica ou leviandade de um dos declarantes".

Os princípios como o da boa-fé objetiva, do equilíbrio econômico do contrato, da equidade e da proporcionalidade podem ser concretizados através da aplicação dos institutos da lesão e da onerosidade excessiva superveniente, tornando o contrato mais humano e não tão patrimonialista (Zanzi, 2001). Em consonância com tais princípios, a justiça contratual relaciona-se não somente à formação e manifestação de vontade dos contratantes, mas, acima disso, relaciona-se aos efeitos dos contratos, os quais devem resguardar equilíbrio entre as condições econômicas dos pactuantes.

Cabe ressaltar dentre todos os princípios de humanização e equilíbrio contratual, o da função social do contrato, expresso no art. 421 do Código Civil (Brasil, 2012), que se destaca em razão de "atender ao que determina a norma constitucional, direcionando-se sempre, em sua aplicação, para o atendimento da dignidade da pessoa humana [...]". (Soto, 2002, p. 261)

Todas as normas contêm uma finalidade social imediata. Sendo assim, o conhecimento do fim é uma das preocupações precípuas da ciência jurídica, como deve ser do aplicador do direito. A tarefa interpretativa deve ser norteada pelo princípio da finalidade da norma, sua aplicação em desconformidade com seus fins, constitui ato de burlá-la, pois quem desatende ao fim normativo está desvirtuando a própria norma.

Assim, ausente em nossa Constituição a definição legal de "fim social" o intérprete-aplicador, em cada caso concreto, deverá averiguar se a norma a ser aplicada atende a finalidade social, a qual varia no tempo e no espaço, aplicando o melhor critério de interpretação da lei, sem desprezar os demais processos interpretativos. Desta forma, pode-se considerar como fim social, o objetivo de uma sociedade, encerrado na somatória de atos que constituíram a razão de sua composição, abrangendo assim o útil, a necessidade social, seus anseios, o equilíbrio de interesses entre outros. (Santos, E. 2003)

Nesta senda, é que o contrato modificou suas estruturas para atender a esse fim social. Porém, seu papel continua sendo de fundamental importância para que se concretizem as relações negociais.

3.3. Princípios da nova Teoria Contratualista

Com o processo de descentralização trazido pela Constituição Federal de 1988 surgiu uma nova gama de princípios que valorizam o ser humano, sua dignidade e valores, possibilitando uma migração dos princípios constitucionais para as Codificações dos vários ramos do Direito, inclusive o Direito Civil. Tem-se então o atual Direito Civil Constitucional que, segundo Gagliano e Pamplona Filho (2004), corrobora a existência harmônica entre os polissistemas formados pelos estatutos jurídicos, pelas leis especiais e pelo Código Civil, encontrando um ponto de apoio lógico-formal para a aplicação hermenêutica nos princípios e nas normas superiores já consagradas na Carta Magna.

Nesse novo período, a autonomia da vontade cedeu lugar a um novo princípio, chamado de "autonomia privada". A concepção anteriormente voluntarista da autonomia dos contratantes que levava em consideração a circulação da propriedade e da vinculação da força laborativa aos meios de produção cedeu lugar a novos valores, baseados na dignidade da pessoa humana. O poder anteriormente conferido aos indivíduos de testarem seus interesses através da autonomia da vontade já não é mais um poder sem limites, pois sua liberdade de manifestação passa a sofrer limitações estabelecidas pelo Estado de maneira a proteger os interesses comuns.

Frente a esse novo panorama, surgiu a necessidade de uma reavaliação da autonomia da vontade, enquadrando-a a novos moldes, base do que hoje se conhece por autonomia privada.[22]

Desta forma, a autonomia privada passa a funcionar como um poder jurídico particular que dá ao sujeito a possibilidade de criar, modificar ou extinguir situações jurídicas próprias, mas, limitando-se ao que o Estado estabelece através da legislação vigente, da boa-fé e da função social.

O princípio do equilíbrio ou da justiça contratual baseia-se em um dos princípios gerais do direito à equidade. A equidade tem por parâmetro um ideal de justiça entre os contratantes. Neste sentido, Gagliano e Pamplona Filho (2004, p. 25), informam que a equidade, na concepção de Aristóteles, é a "justiça do caso concreto".[23]

---

[22] Nesta senda, Aguiar Júnior (2000, p. 19) afirma que "a autonomia privada fornece o suporte de fato sobre o qual incidirão as normas jurídicas, atribuindo-lhes os efeitos que lhes são próprios, não mais de acordo com a vontade, mas de acordo com os fins a que se propõe a ordem estatal. A ordem jurídica recebe o ato individual e garante a realização dos seus fins – garante-lhe a eficácia – não para satisfazer a qualquer propósito, mas apenas aqueles que o sistema escolheu e protege no interesse comum".

[23] Para Venosa (2003, p. 51) o conceito de equidade é próximo do conteúdo do próprio direito, pois, "[...] enquanto o Direito regula a sociedade com normas gerais do justo e equitativo, a equidade procura adaptar essas normas a um caso concreto. São frequentes as situações com que se defronta o

Desta forma, temos o contrato como instrumento de cooperação entre as partes, calcado no princípio da equidade, limitando a vontade de cada um dos contratantes em função de um "empreendimento cooperativo em que [...] se distribuam e se cumpram, equilibradamente, as vantagens mútuas que levaram as partes a confiar uma na outra e, assim, a prometer reciprocamente." (Godoy, 2004, p.33) Tal princípio também está ligado a outro princípio, o da proteção à lesão e às cláusulas abusivas que tem a preocupação de evitar situações de desequilíbrio entre os contratantes, garantindo, desta maneira, uma maior justiça contratual.

A alteração das circunstâncias, posteriormente ao pactuado, também está prevista nas diretrizes do Código Civil atual. Baseia-se em causas ulteriores que podem afetar o equilíbrio contratual e que podem ser revisadas com o intuito de salvaguardar esse princípio igualitário de distribuição dos riscos e das vantagens advindas do contrato. Neste contexto, surgiu a teoria da imprevisão, aplicável aos contratos comutativos de trato sucessivo ou de execução diluída no tempo, ainda não cumpridos. Tal teoria refere-se a fatos imprevisíveis e extraordinários que possam alterar o combinado de modo que tornem o cumprimento do pactuado excessivamente oneroso a uma das partes e beneficiando à outra (Gonçalves, 2004).

Já a boa-fé é retomada no seu caráter objetivo, ou seja, a boa-fé objetiva que se caracteriza por uma atuação refletiva, uma atuação em que se considera o parceiro contratual, respeitando seus interesses legítimos, suas expectativas, seus direitos, agindo com lealdade, sem abuso, sem obstrução, sem causar lesão ou desvantagem excessiva, num esforço cooperativo para atingir a finalidade das obrigações, o cumprimento do objetivo contratual e a realização dos interesses das partes. A função do princípio boa-fé nos contratos será analisada especificamente em capítulo à parte.

O princípio da transparência nas relações contratuais é decorrente da boa-fé objetiva e impõe ao contratante que delimita o conteúdo do pacto a ser celebrado a necessidade de informar, dar ciência, com precisão, ao outro contratante de todo o contido no documento. Nesse contexto, tal princípio "[...] está em harmonia e consagra a confiança negocial, [...] A confiança negocial há de ser garantida pelo respeito ao princípio da transparência." (Nalin, 2003, p.146-147) Sua maior importância está em garantir uma informação contratual de qualidade ao contratante mais vulnerável, pois, somente desta forma, este poderá emitir uma vontade qualificada, verdadeira, ciente da obrigação assumida.

---

juiz ao ter de aplicar uma lei, oportunidade em que percebe que, no caso concreto, se afasta da noção do que é justo. O trabalho de aplicação por equidade é de exatamente aparar as arestas na aplicação da lei para que uma injustiça não seja cometida. A equidade é um labor de abrandamento da norma jurídica no caso concreto".

O Princípio da eticidade considera a dimensão social, os valores éticos e morais para que se forme uma relação jurídica em consonância com tais valores.

> Pelo princípio da eticidade, está o Novo Código Civil a levar em consideração, portanto, os valores integrais da pessoa humana, que formam, em última análise, a civilidade, ou dimensão social da existência do indivíduo. Surge então a socialidade ou a dimensão social do direito civil, cujas regras se destinam a atuar no meio social e a influenciar a vida comunitária. (Pezzini, 2005, p. 27)

Este princípio, juntamente com o da boa-fé objetiva, relaciona-se à validade ética a que os contratos podem ser submetida, objetivando atingir a função social do contrato.

Já o princípio da função social dos contratos está expresso no artigo 421 do atual Código Civil (Brasil, 2012) e tem como característica essencial à garantia de valores fundamentais expressos na Constituição de 1988, ou seja, a proteção ao princípio da dignidade humana e a vinculação dos particulares aos direitos fundamentais.[24]

4. A boa-fé como princípio integrador da Moderna Teoria Contratual

A boa-fé, juntamente com o princípio da função social do contrato, apresenta-se com um dos pilares da moderna teoria contratual, guardando identidade com os princípios estabelecidos na Constituição Federal de 1988. Dispõe o artigo 422 do Código Civil de 2002 que: "os contratantes são obrigados a guardar, assim na conclusão do contrato, como na sua execução, os princípios da probidade e da boa-fé" (Brasil, 2012), sendo que estes são tidos como obrigações dos contratantes.

Surge uma nova concepção de contrato, afastando a ideia de contrato clássico e visualizando um novo instituto, o qual não extingue a autonomia da vontade, mas passa a entender o Direito como um mecanismo de cooperação solidária, com conteúdo ético e valorizando a supremacia da justiça. Para Mello, H. (2000, p. 312) a função social do contrato é ampliada e o mesmo "deixa de ser encarado como ato exclusivo das partes, [...]. Quebra-se a intangibilidade do pacto para, por meio de cláusulas gerais, assegurar a observância dos princípios de boa-fé, justa causa e equilíbrio contratual."

---

[24] O princípio da função social dos contratos como princípio do direito contratual, segundo Mancebo (2005, p. 41, grifo do autor) "[...] alude a uma valoração mais complexa, *interpretante* de si mesma e de qualquer norma jurídica relativa aos contratos, propõe nova significação para as relações contratuais e influencia as regras atinentes à liberdade contratual. Simboliza, nestas interações, valores que influenciam todo o regime contratual privado".

O princípio da boa-fé objetiva reflete uma verdadeira socialização da teoria contratual, decorrente das mudanças sociais ocorridas, concretizando os deveres de igualdade e dignidade constitucionalmente tutelados.[25]

Neste sentido, tem-se a boa-fé como uma nova diretriz da moderna teoria contratual, buscando, juntamente com os demais princípios, a concretização da satisfação não somente do interesse de cada parte contratante, mas também de um interesse maior, ou seja, um bem comum.

4.1. Formação histórica da boa-fé: a boa-fé como um princípio constitucional

O processo de funcionalização dos institutos jurídicos tem sua raiz no período das grandes guerras, momento em que a unidade do Direito Privado se mostrou insuficiente para atender ao caos trazido pelos momentos posteriores à Primeira Guerra Mundial, que se impôs na Alemanha e na Europa com a restrição à liberdade contratual e à utilização da propriedade. Já no Brasil, o efeito do pós-guerra e marco da funcionalização foi a primeira lei especial do inquilinato, em que o Estado passou a interferir na autonomia locatícia em razão da escassez habitacional da Europa destruída pela guerra. (Nalin, 2001)

A abertura do sistema jurídico civilista é decorrente da passagem do Estado Liberal para o Estado Social, o que se caracterizou pelo intervencionismo e pelo comprometimento com o ideal de justiça social.[26]

A partir de tais fatos, obteve-se um importante golpe contra o individualismo exacerbado. Os juristas passaram a perceber que os problemas decorrentes das relações econômicas não importavam somente às pessoas diretamente envolvidas, mas também ao Estado e às comunidades fundamentalmente. A funcionalização dos institutos jurídicos configura matéria indispensável na releitura do Direito Civil numa perspectiva constitucional e, consequentemente, dos contratos em geral. Para

---

[25] Serve também como "[...] elemento interpretativo do contrato, como elemento de criação de deveres jurídicos [...] e até como elemento de limitação e ruptura de direitos (proibição do *venire contra factum proprium*, que veda que a conduta da parte entre em contradição com conduta anterior, do *inciviliter agere*, que proíbe comportamentos que violem o princípio da dignidade humana, e da *tu quoque*, que é a invocação de uma cláusula ou regra que a própria parte já tenha violado)". (PEREIRA, 2004, p. 21, grifos do autor)

[26] Tal mudança ocorreu "na Europa, já a partir da segunda metade do século XIX, e, no Brasil, com a eclosão da Primeira Grande Guerra, diversos acontecimentos históricos e movimentos sociais, de variados matizes, como, por exemplo, a explosão demográfica, a industrialização, a massificação das relações contratuais, a desordenação dos centros urbanos, as doutrinas socialistas, as encíclicas sociais da Igreja, o dirigismo contratual, entre outros, ocasionaram o declínio dos dogmas do Estado Liberal, e por conseguinte, a derrocada dos alicerces da civilística clássica, essencialmente neutra e abstencionista". (HORA NETO, 2003, p. 40)

a melhor compreensão deste fenômeno, é imprescindível uma análise de suas razões de ser, de suas origens.

Em decorrência de tal situação dá-se início ao fenômeno de superação do Código Civil de 1916, visto que, o Código Civil perdeu a centralidade clássica do ordenamento, sendo que o papel unificador do sistema é desempenhado de maneira incisiva pelo texto constitucional, tanto nos seus aspectos civilísticos quanto nos de relevância publicista.[27]

Com a organização da sociedade civil e a pressão por ela formada junto ao poder público reclamando uma solução para diminuir as abusividades que vinham sendo cometidas, foram promulgadas diversas normas jurídicas de ordem pública com o desiderato de minimizar o desequilíbrio contratual existente entre as partes contratantes, ocorrendo então uma releitura dos institutos vigentes.[28]

Trata-se da funcionalização dos institutos jurídicos de modo a atender aos preceitos constitucionais, impondo, de certa forma, restrições aos direitos individuais.[29]

No Estado Social, passou a existir uma preocupação maior com o aspecto coletivo, com o interesse da sociedade, com o princípio da dignidade da pessoa humana atribuindo-se menor relevância a concepção de contrato como um mero instrumento de realização individual, e a boa-fé passou a integrar os vários estágios do vínculo obrigacional.

> A boa-fé obrigacional, também dita boa-fé objetiva, chegou tarde ao Direito brasileiro. Só muito recentemente, a partir de 1990, o direito legislado passou a contemplá-la como regra específica, e ainda assim no domínio próprio das relações de consumo. (Martins-costa e Branco, 2002, p. 188)

Nesse mesmo sentido, Marques (2007, p. 214) defende que a boa-fé objetiva, como cláusula geral, "constitui-se matriz do direito das obrigações contemporâneo, sendo seu reconhecimento, como princípio, admitido de modo independente à existência de previsão expressa em lei". E, segundo Araújo, (1996, p.28) "o princípio da boa-fé atua em todo o aspecto do vínculo contratual, que é composto por uma série de obrigações."

---

[27] Para Perlingieri (1997, p. 60), "O Código Civil certamente perdeu a centralidade de outrora. O papel unificador do sistema, tanto nos seus aspectos mais tradicionalmente civilísticos quanto naqueles de relevância publicista, é desempenhado de maneira cada vez mais incisiva pelo texto Constitucional".

[28] Ferreira (1998, p. 9), defende que se verifica "[...] que o nosso Código Civil, de concepção extremamente liberalista ou individual, deve ser relido à luz da Constituição Federal, que representa a mais alta manifestação da soberania popular. Nessa releitura, constata-se que os direitos fundamentais, previstos constitucionalmente, têm grande influência no direito privado e aplicação imediata".

[29] Na concepção de Santos, Eduardo, (2003, p. 108, grifo do autor) "atualmente, a ciência Jurídica [...] tem buscado cada vez mais a *funcionalização*, impondo certas restrições ao exercício dos direitos. Assim, como exemplos mais evidentes, o direito de propriedade e o direito contratual já não são mais considerados absolutos. O que se quer dizer é que tanto o direito de propriedade quanto o direito de contratar devem, para ser dignos de alguma tutela pelo direito, atender a uma função na sociedade. Essa função social, limita o exercício do direito, condicionando-o ao atendimento de certos requisitos".

4.2. Aplicabilidade e os efeitos limitadores da boa-fé nos Contratos

O Código Civil de 2002 estabelece em seu artigo 422 que "os contratantes são obrigados a guardar, assim na conclusão do contrato, como na sua execução, os princípios da probidade e da boa-fé" (BRASIL, 2012), sendo que estes são tidos como obrigações dos contratantes. Tal artigo trouxe a boa-fé como limitador fundamental da liberdade contratual.[30]

Tal conceito exige interpretação por parte dos contratantes por ser demasiadamente subjetivo e trazer uma acentuada carga de abstração.

> [...] *a boa-fé é*, antes de tudo, *uma diretriz principiológica de fundo ético e espectro eficacial jurídico.* Vale dizer, *a boa-fé se traduz em um princípio de substrato moral, que ganhou contornos e matiz de natureza jurídica cogente.* (Gagliano e Pamplona Filho, 2005, p. 72, grifos dos autores)

A análise da boa-fé é feita em dois aspectos, diferenciando-a em boa-fé objetiva e subjetiva para melhor compreensão deste princípio, a última consiste em uma situação psicológica, já a primeira que é tida como princípio, regra de comportamento e é exigível juridicamente. De acordo com Cavalieri Filho (2005, p. 178), a boa-fé objetiva ou normativa é a caracterizada pela "[...] conduta adequada, correta, leal e honesta que as pessoas devem empregar em todas as relações sociais".

Desta forma, segundo Barroso e Cruz (2005, p. 84), criou-se "uma nova ordem destinada a condicionar a autonomia privada e a liberdade contratual", para que o contrato garanta o equilíbrio econômico e social suscitado pelo momento em que perpassam as relações econômicas e ideológicas.[31]

O Estado intervém nas relações contratuais através da criação de leis que passam a ser aplicadas pelo poder judiciário, tal como ocorre atualmente com a boa-fé, com a função limitadora nas relações contratuais. A utilização em nossa jurisprudência mostra-se em escala crescente, pois já são vários os acórdãos do Tribunal de Justiça do Rio Grande do Sul e do Superior Tribunal de Justiça que elencam tal fundamento, o que será demonstrado em capítulo próprio.

---

[30] Afirma Rodrigues (2002, p. 60, grifo do autor) "que a boa-fé é um conceito ético, moldado nas ideias de proceder com correção, com dignidade, pautando sua atitude pelos princípios da honestidade, da boa intenção e no propósito de a ninguém prejudicar. Numa acepção genérica, derivada de sua própria etimologia, *bona fides,* a *fides* seria a honestidade, a confiança, a lealdade, a sinceridade que deve ser usada pelos homens em suas relações internegociais".

[31] Nesta senda, Mello, A., (2002, p. 36) defende a intervenção do Estado para garantir tal equilíbrio, ou seja, "[...] constata-se que o Estado legislador intervém na autonomia da vontade toda vez que vislumbra a ameaça de violação direta dos valores sociais consagrados em princípios maiores do ordenamento jurídico, manifestada pela dominação econômica de um contratante sobre os demais; ou quando esse poder econômico é capaz de ameaçar a economia popular, a livre concorrência, as liberdades e garantias individuais e sociais, a autonomia e a soberania do Estado".

4.3. A boa-fé dos contratos como uma forma de assegurar a justiça social

A boa-fé é interpretada no seu caráter objetivo, ou seja, a boa-fé objetiva caracteriza-se por uma atuação refletiva, uma atuação em que se considera o parceiro contratual, respeitando seus interesses legítimos, suas expectativas, seus direitos, agindo com lealdade, sem abuso, sem obstrução, sem causar lesão ou desvantagem excessiva, num esforço cooperativo para atingir a finalidade das obrigações, o cumprimento do objetivo contratual e a realização dos interesses das partes.

O princípio da boa-fé surgiu para proporcionar maior equilíbrio nas relações contratuais, aproximando-as do ideal de justiça social, através da concretização do princípio da dignidade da pessoa humana. Desta forma, o contrato tornou-se, segundo Nalin (2003, p. 255), uma "relação complexa solidária".

A pessoa humana é tida como figura central na Carta Magna impondo, portanto, a todas as demais normas jurídicas o respeito a tal hierarquia para a garantia de sua dignidade.[32]

Nesta senda, também Mattietto reforça o papel central do ser humano no ordenamento jurídico, ou seja, o Direito Constitucional garantiu às pessoas um papel supremo com relação aos demais fundamentos da República.

> A perspectiva que privilegia as situações subjetivas existenciais do ser humano, preconizada pelo direito civil constitucional, revela-se, logo, ainda mais interessante, na medida que, decorrendo da cláusula geral da tutela da personalidade humana, prevista na Constituição, coloca-se em nível superior no ordenamento, vocacionada a proteger a pessoa, qualquer que seja sua participação em uma relação contratual. (Mattietto, 2000, p. 181)

Seguindo nesta linha, Tepedino (2006, p. 16) defende que toda a situação jurídica subjetiva deve estar relacionada com os valores existenciais trazidos pela Constituição.[33]

Sendo o contrato o principal meio de relação jurídica entre as pessoas torna-se a forma mais eficaz e costumeira de garantir da justiça so-

---

[32] Soares e Barroso (2003, p. 52) defendem que "a pessoa humana, na dicção constitucional, é valorada mediante o espectro antropocêntrico que permeia a Ciência Jurídica no Estado Democrático de Direito, no qual é posta no vértice do prisma da hierarquia das normas jurídicas, juntamente com os demais princípios expostos no art. 1º [...], haja vista a consolidação da noção de que a justiça é o fundamento do direito, sendo o fundamento da justiça a dignidade da pessoa humana".

[33] Desta forma, "a interposição de princípios constitucionais nas vicissitudes das situações jurídicas subjetivas deve significar uma alteração valorativa que modifica o próprio conceito de ordem pública, tendo na dignidade da pessoa humana o valor maior, posto no ápice do ordenamento. Se a proteção aos valores existenciais configura momento culminante da nova ordem pública instaurada pela Constituição, não poderá haver situação jurídica subjetiva que não esteja comprometida com a realização do programa constitucional".

cial e, para tanto, segundo Lôbo, deve atender a nova ordem imposta pela Constituição Federal principalmente no que remete ao art. 170.

> A função exclusivamente individual do contrato é incompatível com o Estado social, caracterizado, sob o ponto de vista do direito [...] pela tutela explícita da ordem econômica e social da Constituição. O art. 170 da Constituição brasileira estabelece que toda a atividade econômica – e o contrato é o instrumento dela- está submetida à primazia da justiça social. (Lôbo, 2005, p.13)

Deve-se fazer uma análise jurídica abrangente partindo-se da sociedade, o todo, para somente depois alcançar os contratantes individualmente. "Neste contexto, um contratante depende do outro, devendo-se mutuamente solidariedade cooperativa a fim de que ambos sobrevivam em sociedade." (Timm, 2006, p.89)

O contrato é, modernamente, muito mais do que um simples acordo de vontades, mas sim, um meio de garantia de direitos e deveres a serem cumpridos em conformidade com os ditames legais e com uma finalidade solidária. O contrato, portanto, não é um assunto individual, mas sim uma instituição social que afeta o interesse de todos os contratantes e também do meio em que estão inseridos.

> De qualquer forma, importa é considerar que o contrato em hipótese alguma pode ser considerado indiferente à sociedade em cujo seio se insere. A nova teoria contratual impõe se compreenda como voltado à promoção de valores sociais e, mais, impõe se compreenda sua interferência na esfera alheia. (GODOY, 2004, P. 133)

A funcionalização do contrato dá-se de forma imperativa, no sentido de sintonizar a legislação contratual aos fatos sociais em busca de uma justiça social e da realização do princípio da dignidade da pessoa humana, centro de todo o ordenamento jurídico. Assim, o princípio da boa-fé "ocupa um lugar de destaque independente da espécie de relação jurídica que se estabeleça, [...]" (Marques, 2007, p. 214), sendo largamente utilizado como forma de mitigar a liberdade contratual e assegurar a justiça social.

4.4. A boa-fé nas relações econômicas e nos contratos envolvendo os Bancos

Todo o contrato possui uma função econômica, e esta é sua destinação natural. Segundo Theodoro Júnior (2003, p.99): "Contrato sem função econômica simplesmente não é contrato". E como meio de transmissão e circulação de riquezas passou a conter, segundo Wambier (2006, p. 29) "fator econômico e social", e perpassou os limites do Direito inserindo-se em diversas outras ciências, entre elas a economia.

Desde então, o termo contrato passou a ser corriqueiramente utilizado e estudado nos cursos de economia das Universidades, tornando-se um tema de grande importância nesta área. Segundo Azevedo, P. (2003, p. 21) o termo *contrato* que anteriormente era de uso restrito aos profissionais do Direito, "passou a ser uma figura central no pensamento econômico. Sua aplicação é variada, abrangendo praticamente todas as áreas da Economia, [...]". Isto ocorre porque o contrato é essencialmente patrimonialista e tem como base elementos econômicos.[34]

O contrato, nesta senda, tem papel de suma importância na sociedade moderna como meio de produção e distribuição de riquezas. As operações econômicas, que têm o contrato como seu instrumento jurídico, corroboram a ideia de que aquelas podem ser controladas pelo direito. Neste sentido, defende Mello, A. (2002, p. 35) que os contratos devem ser regulados por normas "destinadas a regulamentar operações econômicas, segundo interesse e valores prevalecentes em determinado momento histórico".

> [...] Nota-se que também decorre da boa-fé a proteção ao equilíbrio da relação jurídica obrigacional. A proteção deste equilíbrio revela-se no Código Civil de 2002 pela previsão de disposições em diversos setores. Assim, restam consagrados como defeitos do negócio jurídico a lesão e o estado de perigo, contendo em si, além de requisitos subjetivo específico, o requisito objetivo da desproporção das prestações. Igualmente em matéria contratual, o art. 317 – ao permitir a revisão do contrato em razão de desequilíbrio das prestações causado por circunstâncias imprevisíveis – e o art. 478, que prevê a possibilidade de resolução por onerosidade excessiva causada por acontecimentos imprevisíveis e extraordinários, têm por objetivo precípuo, igualmente, a manutenção do equilíbrio. (Marques, 2007, p.216)

Especificamente, com relação aos contratos bancários, pode-se afirmar que:

> O contrato bancário é um negócio jurídico bilateral que vem, no âmbito da Ciência Jurídica, sendo beneficiado por uma evolução de cunho positivo, em face de se buscar aperfeiçoar os seus efeitos, não só para gerar estável repercussão na sua consumação, como, também, para fazer com que ele ganhe absoluta confiança entre os agentes que, em seu curso, atuam como partes. (Delgado, 2007, p.5)

Tais contratos, como qualquer outro tipo de contrato no ordenamento jurídico brasileiro, estão vinculados obrigatoriamente aos seguintes princípios atualmente: autonomia da vontade; supremacia da ordem pública; obrigatoriedade de suas cláusulas; consensualismo; relatividade

---

[34] Barroso e Cruz (2005, p. 80) embasam tal fundamento defendendo que o contrato têm uma função econômica porque "[...] seu substrato é a patrimonialidade, melhor ainda, a economicidade, pois opera exclusivamente nas relações que têm por base o elemento econômico. Não obstante as partes sejam movidas por interesses subjetivos (ideal, moral, cultural) ao se obrigarem contratualmente, ainda assim o contrato terá que resultar objetivamente numa operação econômica. Sem transferência de riqueza não há que se falar em contrato, mesmo que exista entre as partes a convicção de se obrigarem legalmente".

de seus efeitos; tipicidade; probidade; da dignidade humana; da função social do contrato; da justiça contratual; e o da boa-fé.[35]

Neste mesmo sentido, Zanetti (2008, p. 71) conclui que "a boa-fé exerce três funções fundamentais no campo dos contratos, isto é, integra o conteúdo do negócio, cria deveres e limita o exercício de direitos".

Cabe também considerar a aplicação nestes contratos dos denominados subprincípios da autonomia privada: da liberdade de contratar; da liberdade contratual; da relatividade contratual ou do efeito relativo; da auto responsabilidade; da imutabilidade ou da intangibilidade (O contrato só pode ser alterado por mútuo acordo); da irretratabilidade (Celebrado o contrato, as partes não podem dele desistir, salvo situações excepcionais); e da obrigatoriedade do cumprimento de suas cláusulas. (Delgado, 2007)

Segundo Lima (2008, p. 429), "os contratos bancários merecem consideração à parte devido às características especiais das atividades bancárias [...]", as quais cumpre destacar:

> A pecuniariedade, uma vez que o objeto das operações bancárias é o dinheiro e o crédito; a homogeneidade, que reflete a contratação em massa para maior obtenção de lucros; a complexidade, devido à constante evolução técnica e comercial; a profissionalidade, que é a intermediação do crédito; e a comercialidade, pois o próprio Código Comercial (arts. 119 e 120), nesta parte revogado pelo atual Código Civil, considerava as atividades bancárias como atos de comércio, hoje pode ser perfeitamente enquadrado no conceito de empresário do art. 966 do CC. (Lima, 2008, p. 429)

Salienta-se, a necessidade de, na celebração e execução desse negócio jurídico bilateral, firmado entre as Instituições Financeiras e seus Clientes, ter-se o máximo de atenção para com a imperatividade de tais ditames, pouco importando que estejam explicitamente regrados ou que integrem o ordenamento jurídico de modo implícito.

Segundo Delgado (2007, p. 10), "o que deve ser assentado é a necessidade dos princípios contratuais serem rigorosamente obedecidos para o aprimoramento cada vez mais intenso da estabilidade dos pactos negociais celebrados".

Tendo em vista que o contrato representa a base das relações econômicas e é um eficaz instrumento de produção de riquezas, necessária se

---

[35] Segundo Delgado (2007, p. 6-9), a boa-fé "[...] pode ser objetiva ou subjetiva. A boa-fé subjetiva consiste 'em crenças internas, conhecimentos e desconhecimentos. Consiste, basicamente, no desconhecimento de situação adversa. Quem compra de quem não é dono, sem saber, age de boa-fé, no sentido subjetivo. A boa-fé objetiva baseia-se em fatos de ordem objetiva. Baseia-se na conduta das partes, que devem agir com correção e honestidade, correspondendo a confiança reciprocamente depositada. As partes devem ter motivos objetivos para confiar uma na outra' (César Fiúza, ob. cit., p. 410). O Código Civil de 2002, em inúmeros artigos, impõe a obrigatoriedade do princípio da boa-fé, embora sob o aspecto subjetivo: arts. 112, 221, 442, 490, 491, 510, 511, 514, 516, 549, 550, 551, 612, 619, 622, 933, 935, 968, 1.072, 1.272, 1.318, 1.321, 1.382, 1.404, 1.477 e 1.507) . Os princípios da confiança e o da transparência são considerados como subprincípios do princípio da boa-fé".

faz a utilização de meios capazes de regular e limitar seus efeitos frente aos interesses sociais. Dessa forma, o princípio da boa-fé, com sua função integradora, emerge como eficiente meio na limitação dos interesses particulares que atinjam de forma negativa os interesses sociais, servindo como instrumento de concretização da dignidade da pessoa humana e da justiça social.

Assim, cabe aos funcionários das Instituições Financeiras, tanto na negociação prévia, como na execução do contrato, deixar bem claro para o cliente quais as implicações e obrigações que estão sendo assumidas para que haja ciência plena e inequívoca das características de cada contrato para que não seja alegada judicialmente a falta de boa-fé contratual da Instituição.

Neste sentido, a advocacia preventiva cumpre um papel fundamental atualmente, prestando consultoria na elaboração de minutas contratuais e orientando as dependências nas dúvidas jurídicas que surgem no decorrer das negociações.

5. A aplicabilidade do princípio da boa-fé nas decisões dos Tribunais relativas às instituições financeiras

O princípio da boa-fé é largamente utilizado em decisões dos Tribunais Estaduais e também do Superior Tribunal de Justiça, órgão responsável pela unificação da jurisprudência nacional.[36]

Complementando o exposto, defende Aguiar Júnior (2004, p. 254) a aplicação da *suppressio* (princípio da boa-fé objetiva) em situações específicas nas quais a demora no exercício de um direito subjetivo acaba por inviabilizá-lo em face da expectativa gerada na outra parte, em decorrência, justamente, do não exercício anterior.

> Na *suppressio*, um direito não exercido durante determinado lapso de tempo não poderá mais sê-lo, por contrariar a boa-fé. O contrato de prestação duradoura que tiver permane-

---

[36] Nesse sentido, a Apelação Cível nº 70043981695, do Tribunal de Justiça do Rio Grande do Sul: Apelação CÍVEl. CONSÓRCIO DE BEM MÓVEL. EMBARGOS À EXECUÇÃO. FIANÇA. Contrato de consórcio. Dívida ilíquida. Precedentes do Superior Tribunal de Justiça. Necessidade, portanto, de notificação do fiador. Inércia injustificada da administradora de consórcio em postular o seu crédito ou executar a cláusula de alienação fiduciária e, ainda, em notificar o fiador acerca do inadimplemento da obrigação por parte do devedor principal. Omissão também em cientificar aquele da apreensão e leilão administrativo do bem. Tais circunstâncias ensejaram o aumento exorbitante da dívida e a perda da garantia real e, assim, impossibilitaram ao fiador a sub-rogação nos direitos e preferências que decorriam do contrato do consórcio (art. 838, II, do CC). Fiador desonerado do pagamento da dívida objeto de execução. Observância, ainda, da *suppressio* decorrente da boa-fé objetiva, pois o decurso de significativo lapso temporal sem o exercício do direito subjetivo acaba por impedir a concretização da pretensão (executar garantia fidejussória). APELO DO EMBARGANTE PROVIDO. APELO DA EMBARGADA PREJUDICADO. Apelação Cível nº 70043981695. TJ/RS. Relatora Desa. JUDITH DOS SANTOS MOTTECY, Porto Alegre, 15 de dezembro de 2011.

cido sem cumprimento durante longo tempo, por falta de iniciativa do credor, não pode ser motivo de nenhuma exigência, se o devedor teve motivo para pensar extinta a obrigação e programou sua vida nessa perspectiva. (Aguiar Júnior, 2004, p. 254)

Neste acórdão, o Tribunal de Justiça do Rio Grande do Sul negou provimento ao Recurso, pois a parte contratante do Seguro de Vida não agiu com boa-fé quando deixou de informar doença preexistente.

APELAÇÃO CÍVEL. EMBARGOS A EXECUÇÃO. SEGURO DE VIDA. DOENÇA PREEXISTENTE. COMPROVAÇÃO. INDENIZAÇÃO INDEVIDA. 1. O artigo 765 do CC, ao regular o pacto de seguro, exige que a conduta dos contratantes, tanto na celebração quanto na execução do contrato, seja pautada pela boa-fé. No caso, ao firmar o contrato de seguro, o *de cujus*, questionado acerca das suas condições de saúde, respondeu que estava em perfeitas condições de saúde. Todavia, as provas constantes dos autos demonstram que o falecido já tinha conhecimento de doença que o levou a óbito, menos de dois meses após a pactuação do seguro. 2. Ao omitir a informação quanto à doença preexistente, o falecido, inobservando a boa-fé contratual, agravou o risco do contrato, restando afastado, pois, o dever de indenizar da seguradora, nos termos dos artigos 766 e 768 do CC. Precedentes. RECURSO DESPROVIDO. (Apelação Cível nº 70055103279, Quinta Câmara Cível, Tribunal de Justiça do RS, Relator: Isabel Dias Almeida, Julgado em 31/07/2013)

No Agravo Interno 70054618129, a 11ª Câmara Cível do TJ/RS manteve os descontos em conta-corrente e os juros pactuados, pois estavam dentro da média de mercado pactuada pelo BACEN:

AGRAVO INTERNO. NEGÓCIOS JURÍDICOS BANCÁRIOS. CONTRATO DE EMPRÉSTIMO. DESCONTO EM CONTA CORRENTE. Não é lícita a alteração unilateral da cláusula contratual que autoriza os descontos em conta corrente, a qual deve ser tida como condição da própria contratação, visando à preservação *da pacta sunt servanda* e das cláusulas gerais da boa-fé objetiva e função social do contrato. Limitação dos descontos pelo valor incontroverso – Impossibilidade, uma vez que os juros pactuados ao ano estão dentro do estabelecido pelo Banco Central do Brasil. AGRAVO INTERNO DESPROVIDO. UNÂNIME. (Agravo nº 70054618129, Décima Primeira Câmara Cível, Tribunal de Justiça do RS, Relator: Antônio Maria Rodrigues de Freitas Iserhard, Julgado em 29/05/2013)

Na Apelação Cível nº 70047916127, o Tribunal de Justiça do RS utilizou-se do princípio da boa-fé observando conduta contraditória da parte autora quando a mesma ajuizou dois processos. No primeiro, postulou rescisão contratual em desfavor da ré, visando a rescisão do contrato por suposta dificuldade financeira. Contraditoriamente, ajuizou a outra demanda, postulando indenização por danos morais pelo descumprimento contratual por parte da ré ao exigir excessivamente diversos documento para retirada da carta de crédito, quando, na verdade, foi a própria autora quem ajuizou ação para rescisão do contrato por outros fundamentos. A conduta da requerente, ao requerer a rescisão do contrato por dificuldades financeiras e, depois, ajuizar ação indenizatória sob o argumento de que a ré descumpriu o contrato firmado, lesa a proibição ao comportamento contraditório (*nemo potesto venire contra factum proprium*), corolário do princípio da boa-fé objetiva, capitulado no artigo 422, do Código Civil. Dever de indenizar não configurado:

> RESPONSABILIDADE CIVIL. CONTRATO DE CONSÓRCIO. ANTERIOR AÇÃO DE RESCISÃO CONTRATUAL AJUIZADA PELA AUTORA. DEVOLUÇÃO DO VALOR PAGO. DESISTÊNCIA DO CONTRATO POR DIFICULDADES FINANCEIRAS. COMPORTAMENTO CONTRADITÓRIO. ALEGADO DESCUMPRIMENTO CONTRATUAL. LITIGÂNCIA DE MÁ-FÉ. REVOGAÇÃO DA ASSISTÊNCIA JUDICIÁRIA GRATUITA. 1. Nos autos de processo anterior, a parte autora ajuizou ação de rescisão contratual em desfavor da ré, visando a rescisão do contrato por suposta dificuldade financeira. 2. Contraditoriamente, a parte autora ajuizou a presente demanda, em que postula indenização por danos morais pelo descumprimento contratual por parte da ré ao exigir excessivamente diversos documentos para retirada da carta de crédito, quando, na verdade, foi a própria autora quem ajuizou ação para rescisão do contrato por outros fundamentos. 3. A conduta da requerente, ao requerer a rescisão do contrato por dificuldades financeiras e, depois, ajuizar ação indenizatória sob o argumento de que a ré descumpriu o contrato firmado, lesa a proibição ao comportamento contraditório (*nemo potesto venire contra factum proprium*), corolário do princípio da boa-fé objetiva, capitulado no artigo 422, do Código Civil. Dever de indenizar não configurado. 4. Reconhecimento da litigância de má-fé, com conseqüente aplicação das sanções processuais típicas. Inteligência dos arts. 17 e 18, do Código de Processo Civil. 5. Revogação da AJG. A litigância de má-fé é incompatível com o benefício da AJG, que deve ser revogado. Precedentes. APELO DESPROVIDO. DE OFÍCIO, RECONHECIDA A LITIGÂNCIA DE MÁ-FÉ E REVOGADO O BENEFÍCIO DA AJG. UNÂNIME. (Apelação Cível Nº 70047916127, Nona Câmara Cível, Tribunal de Justiça do RS, Relator: Iris Helena Medeiros Nogueira, Julgado em 18/07/2012)

O princípio da função social é usado em conjunto com o da boa-fé para corroborar as decisões em grau recursal. Como exemplo pode-se citar a Apelação Cível nº 70005753595, a qual trata de uma revisão contratual em que não foram respeitados tais princípios.[37]

Também o Tribunal de Justiça do Estado de São Paulo embasa suas decisões no princípio da boa-fé.[38]

Já neste Acórdão, o entendimento do Superior Tribunal de Justiça é no sentido de não ser possível o conhecimento de recurso especial interposto contra acórdão que entendeu pela possibilidade de inscrição do nome do devedor em cadastro de proteção ao crédito quando constatada mora no adimplemento de contrato bancário, pois o posicionamento

---

[37] APELAÇÃO CÍVEL. AÇÃO REVISIONAL. CONTRATO DE ARRENDAMENTO MERCANTIL. MANUTENÇÃO DA SENTENÇA. INTERPRETAÇÃO DE CLÁUSULA CONTRATUAL. *INCOMPATIBILIDADE COM OS PRINCÍPIOS GERAIS DA BOA-FÉ, DA FUNÇÃO SOCIAL DO CONTRATO.* [...] (Apelação Cível nº 70005753595, Segunda Câmara Especial Cível, Tribunal de Justiça do RS, Relator: Nereu José Giacomolli, Julgado em 25/03/2003).

[38] Compromisso de compra e venda. Regularização de débitos pendentes pela alienante. Compradora ciente e que nada reclamou quanto a esta pendência e do tempo para sua regularização. Inexigência, dado o interregno passado, da cláusula penal. *Princípio da boa-fé objetiva, em sua função de limitação do exercício de posições jurídicas.* Saldo a pagar. Honorários fixados sobre o valor da causa, improcedente o pedido. Sentença mantida. Recurso desprovido. Apelação nº 0010412- 25.2008.8.26.0126 TJ/SP. RELATOR: Claudio Godoy. São Paulo, 29 de novembro de 2011.

adotado se harmoniza com o firmado em recurso especial repetitivo no sentido de que, uma vez constatada a mora, correta a inscrição ou manutenção do nome do devedor em cadastro de inadimplentes, sendo aplicável a Súmula 83 do STJ.

> Não é possível o conhecimento de recurso especial quando desafia acórdão que entendeu pela possibilidade de capitalização de juros em contrato bancário firmado após a Medida Provisória 1.963-17/2000 e o recorrente alega a falta de pactuação sobre isso e a abusividade das cláusulas contratuais, pois a revisão do entendimento do Tribunal *a quo* implica reexame de fatos e provas e do contrato, o que atrai a incidência das Súmulas 7 e 5 do STJ, respectivamente. Não é abusiva a cláusula de contrato bancário que prevê juros a taxas superiores à estabelecida no Decreto 22.626/1933, pois, nos termos da Lei 4.595/1964 e da Súmula 596 do STF, as instituições financeiras podem celebrar contratos bancários prevendo juros a taxas superiores àquela prevista na Lei de Usura. .(AgRg no AREsp 279052 / RJ AGRAVO REGIMENTAL NO AGRAVO EM RECURSO ESPECIAL 2012/0275197-3 -Terceira Turma STJ, Relator Ministro SIDNEI BENETI (1137). Julgamento 11/04/2013. Publicação DJe 29/04/2013)

Também, não é possível a condenação da instituição financeira à devolução em dobro de valores pagos a título de encargos insertos em contrato bancário, ainda que haja decisão judicial reconhecendo a ilegalidade de cláusula a esse respeito e a repetição dos valores pagos a esse título, pois a devolução em dobro do indébito depende de constatação inequívoca de má-fé do fornecedor, a qual não se pode extrair da simples consecução dos termos contratados, considerando a obrigatoriedade dos contratos e a vinculação das partes contratantes ao acordo firmado:

> AGRAVO REGIMENTAL. AGRAVO EM RECURSO ESPECIAL. AÇÃO REVISIONAL DE CONTRATOS BANCÁRIOS. JUROS REMUNERATÓRIOS. CAPITALIZAÇÃO. REPETIÇÃO EM DOBRO. 1.- A jurisprudência desta Corte admite a capitalização dos juros quando pactuada e desde que haja legislação específica que a autorize. 2.- No que se refere aos juros remuneratórios, a egrégia Segunda Seção aprovou a Súmula 382 do Superior Tribunal de Justiça, decidindo que o fato de os juros excederem 12% ao ano, por si, não implica abusividade; impõe-se sua redução, tão somente, quando comprovado que discrepantes em relação à taxa de mercado para a operação. 3.- O reconhecimento de má-fé por esta Corte para concessão de repetição em dobro do indébito esbarra no óbice da Súmula 7/STJ. 4.- O recurso não trouxe nenhum argumento capaz de modificar a conclusão do julgado, a qual se mantém por seus próprios fundamentos. 5.- Agravo Regimental improvido.(AgRg no AREsp 279052 / RJ AGRAVO REGIMENTAL NO AGRAVO EM RECURSO ESPECIAL 2012/0275197-3 -Terceira Turma STJ , Relator Ministro SIDNEI BENETI (1137). Julgamento 11/04/2013. Publicação DJe 29/04/2013)

Constata-se, desde modo, que o princípio da boa-fé já vem embasando as decisões jurisprudenciais dos estados e dos Tribunais Superiores, especialmente o Superior Tribunal de Justiça,[39] primando pelo equilíbrio

---

[39] RECURSO EM MANDADO DE SEGURANÇA. ADMINISTRATIVO. APOSENTADORIA. REVISÃO PELA ADMINISTRAÇÃO PÚBLICA. ADEQUAÇÃO DOS PROVENTOS AO ÍNDICE BÁSICO ESTABELECIDO PELA LEI. VIOLAÇÃO AOS PRINCÍPIOS DA SEGURANÇA JURÍDICA

das relações contratuais e limitando os abusos ocasionados pelo uso extremado da autonomia da vontade.

5.1. A boa-fé e sua utilização pelo Poder Judiciário

Em março de 2013, a Coordenadoria de Editoria e Imprensa do STJ publicou um texto tratando especificamente do princípio da boa-fé e sua aplicação nas diversas áreas do Direito, consagrando tal princípio como fundamental ao direito privado.[40]

O princípio da boa-fé deve ser interpretado no contexto em que está inserido.

> O que se tem até aqui é um princípio de proibição ao comportamento contraditório que não deve ser entendido no sentido tradicional de um princípio geral de direito, de aplicação subsidiária e tão somente integrativa, mas como expressão da cláusula geral de boa-fé objetiva, e em especial como uma expressão na função de limitação ao exercício de situações jurídicas subjetivas. (Schreiber, 2012, p.120)

E BOA-FÉ OBJETIVA. NÃO OCORRÊNCIA. PODER-DEVER DA ADMINISTRAÇÃO PÚBLICA DE REVER SEUS PRÓPRIOS ATOS QUANDO PRATICADOS COM ILEGALIDADE. SÚMULA 473/STF. RECURSO A QUE SE NEGA PROVIMENTO. RECURSO EM MANDADO DE SEGURANÇA Nº 31.955 – MT (2010/0069535-1) RELATOR : MINISTRO TEORI ALBINO ZAVASCKI. Brasília, 28 de fevereiro de 2012. AGRAVO REGIMENTAL NO AGRAVO EM RECURSO ESPECIAL – AÇÃO REVISIONAL DE CONTRATO BANCÁRIO – EXIBIÇÃO DE DOCUMENTOS – DEVER DA INSTITUIÇÃO FINANCEIRA DE APRESENTAR DOCUMENTO COMUM ÀS PARTES – OBRIGAÇÃO DECORRENTE DE LEI – DEVER DE INFORMAÇÃO – PRINCÍPIO DA BOA-FÉ OBJETIVA – CONDICIONAMENTO OU RECUSA – IMPOSSIBILIDADE – AUSÊNCIA DE INTERESSE DE AGIR – INOVAÇÃO RECURSAL – ANÁLISE NESTA FASE PROCESSUAL – IMPOSSIBILIDADE – AGRAVO IMPROVIDO. AgRg no AGRAVO EM RECURSO ESPECIAL Nº 82.733 – SP (2011/0200834-5) RELATOR : MINISTRO MASSAMI UYEDA. Brasília, 28 de fevereiro de 2012 (data do julgamento). PROCESSUAL CIVIL. RECURSO ESPECIAL. REEXAME DE MATÉRIA FÁTICO PROBATÓRIA. PRINCÍPIO DA BOA-FÉ. CONTRATO DE SEGURO. DOENÇA PREEXISTENTE. 1.- A alegação de que o segurado agiu de má-fé ao ocultar a existência de doença preexistente no momento da contratação, encontra obstáculo na Súmula 7/STJ, pois o Tribunal de origem afirmou expressamente que ele, naquele momento, não tinha ciência da doença que o acometia. 2.- Agravo Regimental improvido. AgRg no RECURSO ESPECIAL Nº 1.280.503 – RJ (2011/0176705-9) RELATOR: MINISTRO SIDNEI BENETI. Brasília (DF), 07 de fevereiro de 2012(Data do Julgamento).

[40] [...] boa-fé objetiva, cuja função é estabelecer um padrão ético de conduta para as partes nas relações obrigacionais. No entanto, a boa-fé não se esgota nesse campo do direito, ecoando por todo o ordenamento jurídico. "Reconhecer a boa-fé não é tarefa fácil", resume o ministro do Superior Tribunal de Justiça (STJ) Humberto Martins. "Para concluir se o sujeito estava ou não de boa-fé, torna-se necessário analisar se o seu comportamento foi leal, ético, ou se havia justificativa amparada no direito", complete o magistrado. Mesmo antes de constar expressamente na legislação brasileira, o princípio da boa-fé objetiva já vinha sendo utilizado amplamente pela jurisprudência, inclusive do STJ, para solução de casos em diversos ramos do direito. A partir do Código de Defesa do Consumidor, em 1990, a boa-fé foi consagrada no sistema de direito privado brasileiro como um dos princípios fundamentais das relações de consumo e como cláusula geral para controle das cláusulas abusivas. No Código Civil de 2002 (CC/02), o princípio da boa-fé está expressamente contemplado. O ministro do STJ Paulo de Tarso Sanseverino, presidente da Terceira Turma, explica que "a boa-fé objetiva constitui um modelo de conduta social ou um padrão ético de comportamento, que impõe, concretamente, a todo cidadão que, nas suas relações, atue com honestidade, lealdade e probidade". (BRASIL, 2013. <http://www.stj.jus.br/portal_stj/publicacao/engine.wsp?tmp.area=398&tmp.texto=108925#>. Acesso em: 25 ago 2013).

De acordo com o texto encontrado no *site* do STJ, em muitas situações verifica-se um comportamento contraditório de um dos contratantes, subprincípio da boa-fé conhecido como *venire contra factum próprio*, o qual é considerado para a tomada de decisões pelo Tribunal:

> Ao julgar um recurso especial no ano passado (REsp 1.192.678), a Terceira Turma decidiu que a assinatura irregular escaneada em uma nota promissória, aposta pelo próprio emitente, constitui "vício que não pode ser invocado por quem lhe deu causa". O emitente sustentava que, para a validade do título, a assinatura deveria ser de próprio punho, conforme o que determina a legislação. Por maioria, a Turma, seguindo o voto do ministro Sanseverino, aplicou o entendimento segundo o qual "a ninguém é lícito fazer valer um direito em contradição com a sua conduta anterior ou posterior interpretada objetivamente, segundo a lei, os bons costumes e a boa-fé". É o chamado *venire contra factum proprium* (exercício de uma posição jurídica em contradição com o comportamento anterior do exercente). No caso, o próprio devedor confessou ter lançado a assinatura viciada na nota promissória. Por isso, a Turma também invocou a fórmula *tu quoque*, de modo a impedir que o emitente tivesse êxito mesmo agindo contra a lei e invocando-a depois em seu benefício (aquele que infringiu uma regra de conduta não pode postular que se recrimine em outrem o mesmo comportamento). (Brasil, 2013)

Percebe-se, pelo exposto, que os Tribunais vêm se utilizando largamente do princípio da boa-fé para embasar suas decisões, nem sempre favoravelmente às Instituições Financeiras. Tal fato enseja uma reflexão da postura tomada pelos Bancos atualmente e sobre o que pode ser aprimorado, principalmente com relação ao treinamento dos funcionários, às revisões permanentes das cláusulas dos contratos que pactuam e da utilização, cada vez maior e mais aprofundada, dos departamentos jurídicos como parte ativa na negociação, visando a minimizar as condenações judiciais e melhorar a imagem junto ao Poder Judiciário e à Sociedade.

6. Considerações finais

O presente trabalho teve como foco a análise da constitucionalização do Direito Civil, em especial com surgimento da moderna teoria contratualista e a utilização do princípio da boa-fé como um instrumento integrador da moderna teoria contratual e consagrador do princípio da dignidade humana e, em especial, concretizador da Justiça Social.

Neste sentido, a pesquisa projetou-se da necessidade de compreender que o contrato condicionado aos princípios estabelecidos pela Constituição Federal de 1988, em especial o da dignidade da pessoa humana, é a forma mais eficaz de assegurar a Justiça Social.

Partiu-se da apreciação das transformações do pensamento individualista e iluminista advindos da Revolução Francesa para uma visão mais intervencionista do Estado Social, tutelando anseios da população como um todo, e não apenas das classes dominantes.

A Constituição Federal de 1988 foi promulgada seguindo a linha dos movimentos constitucionais pós-modernos, sendo ela de caráter nitidamente intervencionista, colocando a dignidade da pessoa humana como fundamento basilar da República.

A alteração do paradigma do caráter estritamente patrimonialista para um caráter mais humanitário, com a valorização da pessoa humana, rompeu a divisão radical que existia entre o Direito Público e o Direito Privado, principalmente, pelo fato do Direito ter que situar o ser humano em relação a todos os demais socialmente considerados.

Havia uma demasiada preocupação com a segurança jurídica, sendo esta protegida pela crença de que aquele que é livre não pode, ao contratar, deixar de cumprir o pactuado, pois o contrato faz lei entre as partes *pacta sunt servanda*.

Já no Estado Liberal, o modelo contratual que via na autonomia da vontade a fonte máxima criadora de direitos e obrigações não corresponde à realidade vivida. O contrato, na sua visão contemporânea, passa por inúmeras alterações sociais e da massificação das relações pactuadas. O princípio da autonomia da vontade não mais configura algo absoluto, passando a conviver com os demais princípios igualitariamente para possibilitar uma interpretação mais justa e uma solução para os conflitos resultantes das relações contratuais.

Atualmente, as normas e cláusulas contratuais devem espelhar a normativa constitucional. Desta maneira, surgem novos princípios, entre eles o da função social, o da autonomia privada, o do equilíbrio das relações contratuais e o da boa-fé objetiva, sempre buscando uma igualdade material e o alcance da justiça contratual. Para tanto, faz-se imprescindível à busca de uma nova orientação sobre o direito contratual e seu papel na efetivação da justiça.

Através da hierarquização valorativa e principiológica do sistema como um todo, indispensável se faz uma releitura do ordenamento à luz da Constituição Federal. Segundo a perspectiva civil-constitucional, a aplicação ao contrato dos novos princípios contratuais levou à quebra da hegemonia que era atribuída à autonomia da vontade. Tais princípios encontram fundamento na Constituição Federal de 1988, seja como desdobramento do princípio da dignidade da pessoa humana, seja como princípios instrumentais da ótica solidarista, corolários da condição de princípios componentes da ordem econômica constitucional da qual o contrato é parte integrante.

Contudo, cabe ressaltar, que o que realmente importa, atualmente, não é a exigência pura e simples do cumprimento das cláusulas contratuais, pois o Estado intervencionista prima para que as relações sejam pautadas pela confiança, lealdade, boa-fé, sem que a parte mais forte economicamente abuse da mais vulnerável.

Desta forma, o contrato, além de desempenhar uma função econômica, como meio de circulação de riquezas, deve também, possuir uma função social, como meio de garantir a justiça contratual.

Com a releitura do Direito Civil e com ele, do direito contratual, através de sua constitucionalização, constata-se que a pessoa humana, atualmente, é o fim último do trabalho do jurista e todos os demais institutos, principalmente o contrato, deve respeitá-la, buscando um fim social. A flexibilização e a funcionalização do contrato, através da utilização do princípio da boa-fé, configuram imperativos, no sentido de a lei ter uma aplicação harmônica com o fato social, na busca da justiça e da concretização da dignidade da pessoa humana, cerne de todo o ordenamento jurídico brasileiro.

Por fim, a postura adotada pelas Instituições Financeiras, deve ser proativa, minimizando os riscos de uma condenação por falhas no atendimento, na contratação e na execução dos seus contratos. Para tanto, é de fundamental importância que os Departamentos Jurídicos participem ativamente das negociações, orientando, acompanhando e defendendo os interesses jurídicos e econômicos da Instituição a que estão vinculados, sem esquecer da clareza e da boa-fé.

Referências bibliográficas

AGUIAR JÚNIOR, Ruy Rosado de. *Extinção dos contratos por incumprimento do devedor*. AIDE Editora, Rio de Janeiro: 2004.

──. *Projeto do Código Civil – As Obrigações e os Contratos*. Revista do Tribunais, Brasília: Revista dos Tribunais, v. 775, maio 2000.

AMARAL, Francisco. *Direito Civil: introdução*. Rio de Janeiro: Renovar, 2003.

ARAÚJO, Francisco Rossal de. *A boa-fé no contrato de emprego*. São Paulo: LTr, 1996.

ASSOCIAÇÃO BRASILEIRA DE NORMAS TÉCNICAS. *NBR 6023*: informações e documentação: referências em documentos. Rio de Janeiro, 2002.

──. *NBR 10520*: informações e documentação: citações em documentos. Rio de Janeiro, 2002.

──. *NBR 14724*: informações e documentação: trabalhos acadêmicos. Rio de Janeiro, 2002.

AZEVEDO, Paulo Furquim. *Contratos – uma perspectiva econômica*. In: Direito & Economia- Análise Econômica do direito e Das Organizações. São Paulo: Elsevier, 2003.

BARROSO, Lucas Abreu. CRUZ, Andreza Soares da. *Funcionalização do Contrato: o direito privado e a organização econômico-social contemporânea*. Revista de Direito Privado, São Paulo: Editora Revista dos Tribunais, n.24, out/dez 2005.

BARROSO, Luís Roberto; BARCELLOS, Ana Paula de. O começo da história. A nova interpretação constitucional e o papel dos princípios no direito brasileiro. *Câmara Muni-*

cipal do Rio de Janeiro- Procuradoria Geral. Rio de Janeiro: Revista de Direito, Ano 2003. Disponível em: www.camara.rj.gov.br/setores/proc/ revistaproc/revproc2003/ arti_histdirbras.pdf. Acesso em 09 dez 2011.

BITTAR, Carlos Alberto. *Direito dos Contratos e Atos Unilaterais*. Rio de Janeiro: Forense Universitária, 2004.

BRASIL. *Código Civil*. São Paulo: Saraiva, 2012.

——. Constituição Federal da República Federativa do Brasil. Porto Alegre: Verbo Jurídico, 2012.

——. *Superior Tribunal de Justiça*. AgRg no AGRAVO EM RECURSO ESPECIAL Nº 82.733 – SP (2011/0200834-5). In: ——. Jurisprudências. Disponível em: <http://www.stj.jus.br/>. Acesso em: 29 abr. 2012.

——. *Superior Tribunal de Justiça*. AgRg no RECURSO ESPECIAL Nº 1.280.503 – RJ (2011/0176705-9). In: ——. Jurisprudências. Disponível em: <http://www.stj.jus.br/>. Acesso em: 29 abr. 2012.

——. *Superior Tribunal de Justiça*. AgRg no RECURSO ESPECIAL Nº 279052 / RJ (2012/0275197-3). In: _____. Jurisprudências. Disponível em: <http://www.stj.jus.br/>. Acesso em: 25 ago. 2012.

——. *Superior Tribunal de Justiça*. RECURSO EM MANDADO DE SEGURANÇA Nº 31.955 – MT (2010/0069535-1). In: ——. Jurisprudências. Disponível em: <http://www.stj.jus.br/>. Acesso em: 29 abr. 2012.

BRASIL. *Superior Tribunal de Justiça*. Princípio da boa-fé objetiva é consagrado pelo STJ em todas as áreas do direito. 2013. Disponível em: <http://www.stj.jus.br/portal_stj/publicacao/engine.wsp?tmp.area=398&tmp.texto=108925#>. Acesso em: 25 ago 2013.

CAVALIERI FILHO, Sérgio. *Programa de Responsabilidade Civil*. São Paulo: Malheiros, 2005.

COMPARATO, Fábio Konder. *A afirmação histórica dos Direitos Humanos*. São Paulo: Saraiva, 2004.

DELGADO, José Augusto. *Reflexões sobre contratos bancários*. 2007. Disponível em: <http://www.stj.jus.br/internet_docs/ministros/Discursos/0001105/REFLEX%C3%95ES%20SOBRE%20CONTRATOS%20BANC%C3%81RIOS.doc>. Acesso em: 25 ago. 2013.

DINIZ, Maria Helena. *Compêndio de introdução à ciência do direito*. São Paulo: Saraiva, 2001.

FERREIRA, Carlos Alberto Goulart. *Contrato: da função social*. Revista Jurídica, Porto Alegre: Revista Jurídica Editora., n 247, maio 1998.

GALGIANO, Pablo Stolze; PAMPLONA FILHO, Rodolfo. *Novo Curso de Direito Civil*. Parte Geral. São Paulo: Saraiva, 2004.

——. *Novo Curso de Direito Civil*. Contratos. São Paulo: Saraiva, 2005.

GODOY, Cláudio Luiz Bueno de. Função social do contrato: os novos princípios contratuais. São Paulo: Saraiva, 2004.

GONÇALVES, Carlos Roberto. *Direito Civil Brasileiro*. São Paulo: Saraiva, 2004.

HORA NETO, João. *O Princípio da Função Social do Contrato no Código Civil de 2002*. Revista de Direito Privado. São Paulo: Revista dos Tribunais, n.14, abr/jun 2003.

LIMA, Cintia Rosa Pereira de. *Contratos Bancários*. In: Direito dos Contratos. São Paulo: Editora Revista dos Tribunais, 2008.

LÔBO, Paulo Luiz Netto. Constitucionalização do Direito Civil . *Jus Navigandi*, Teresina, a. 3, n. 33, jul. 1999. Disponível em: <http://jus2.uol.com.br/doutrina/texto.asp?id=507>. Acesso em: 07 mar. 2006 .

―――. *Princípios dos Contratos e Mudanças Sociais*. Revista Jurídica. Porto Alegre: Notadez Informação LTDA, n.329, março 2005.

MANCEBO, Rafael Chagas. *A Função Social do contrato*. São Paulo: Editora Quartier Latin, 2005.

MARQUES, Claudia Lima. *A nova crise do contrato: estudos sobre a nova teoria contratual/* [org.] Claudia lima Marques. São Paulo: Editora Revista dos Tribunais, 2007.

MARTINS-COSTA, Judith; BRANCO, Gerson Luiz Carlos. *Diretrizes teóricas do novo Código Civil brasileiro*. São Paulo: Saraiva, 2002.

MATTIETTO, Leonardo. *O Direito Civil Constitucional e a Nova Teoria dos Contratos*. In: Problemas de Direito Civil-Constitucional. Rio de Janeiro: Renovar, 2000.

MELLO, Adriana Mandim Theodoro de. *A função social do contrato e o princípio da boa-fé no novo Código Civil Brasileiro*. Revista Jurídica, Porto Alegre: Nota Dez Informações. n.294- abril-2002.

MELLO, Heloísa Carpena Vieira de. *A boa-fé como parâmetro da abusividade no direito contratual*. In: Problemas de Direito Civil-Constitucional. Rio de Janeiro: Renovar, 2000.

MIRANDA, Pontes de. *Tratado de Direito Privado*. Parte Geral. Tomo 3. Campinas: Bookseller, 2000.

MORAES, Alexandre de. *Direito Constitucional*. São Paulo: Atlas, 2003.

NALIN, Paulo. *Do contrato: conceito pós-moderno*. Curitiba: Jurúa, 2001.

―――. *Do Contrato*: conceito pós moderno em busca de sua formulação na perspectiva civil-constitucional. Curitiba: Juruá, 2003.

NEVES, Gustavo Kloh Muller. *Os princípios entre a teoria geral do direito e o Direito Civil constitucional*. In: Diálogos sobre Direito Civil – Construindo a racionalidade contemporânea. Rio de Janeiro: Renovar, 2002.

PEREIRA, Caio Mário da Silva Pereira. *Instituições de Direito Civil*. Contratos. Declaração Unilateral de Vontade. Responsabilidade Civil. Rio de Janeiro: Forense, 2004.

PERLINGIERI, Pietro. *Perfis do DIREITO Civil*. Rio de Janeiro: Renovar, 1997.

PEZZINI, Ari. *O Código Civil de 2002 e o Crédito Rural*: teoria, jurisprudência e legislação. Ijuí: Editora Unijuí, 2005.

PINHEIRO, Waldomiro Vanelli. *Teoria Geral do Direito Civil*. Frederico Westphalen: Editora URI, 1997.

RIO GRANDE DO SUL. *Tribunal de Justiça do Estado do Rio Grande do Sul*. Agravo nº 70054618129. In: ―――. Jurisprudências. Disponível em: <http://www.tjrs.jus.br/>. Acesso em: 25 ago 2013.

―――. *Tribunal de Justiça do Estado do Rio Grande do Sul*. Apelação Cível nº 70005753595. In: Jurisprudências. Disponível em: <http://www.tjrs.jus.br/>. Acesso em: 29 abr. 2012.

―――. *Tribunal de Justiça do Estado do Rio Grande do Sul*. Apelação Cível nº 70043981695. In: Jurisprudências. Disponível em: <http://www.tjrs.jus.br/>. Acesso em: 29 abr. 2012.

―――. *Tribunal de Justiça do Estado do Rio Grande do Sul*. Apelação Cível nº 70047916127. In: Jurisprudências. Disponível em: <http://www.tjrs.jus.br/>. Acesso em: 25 ago 2013.

―――. *Tribunal de Justiça do Estado do Rio Grande do Sul*. Apelação Cível nº 70055103279. In: Jurisprudências. Disponível em: <http://www.tjrs.jus.br/>. Acesso em: 25 ago 2013.

RODRIGUES, Silvio. *Direito Civil*. Dos Contratos e das Declarações Unilaterais de Vontade. São Paulo: Saraiva, 2002.

ROUSSEAU, Jean-Jacques. *Do Contrato Social*. São Paulo: Editora Martin Claret, 2005.

SANTOS, Antonio Jeová. *Função Social do Contrato*. São Paulo: Editora Método, 2004.

SANTOS, Eduardo Sens dos. A Função Social do Contrato- elementos para uma conceituação. *Revista de Direito Privado*. São Paulo: Revista dos Tribunais, n.13, jan/mar, 2003.

SANTOS, Enoque Ribeiro. *A Função Social do Contrato e o Direito do Trabalho*. Revista Juris Síntese. São Paulo: Júris Síntese, n. 40 – MAR/ABR de 2003.

SÃO PAULO. *Tribunal de Justiça do Estado de São Paulo*. Apelação Cível n° 0010412-25.2008.8.26.0126. In: Jurisprudências. Disponível em: <http://www.tjsp.jus.br/>. Acesso em: 29 abr. 2012.

SARLET, Ingo Wolfgang. Dignidade da pessoa humana e direitos fundamentais na Constituição federal de 1988, Porto Alegre: Livraria do Advogado, 2002.

———. *A eficácia dos Direitos Fundamentais*. Porto Alegre: Livraria do Advogado, 2003.

SARTI, Amir José Finocchiaro. *A Constitucionalização do direito Civil*. Revista Jurídica. Porto Alegre: Notadez Informações. n. 312, outubro, 2003.

SCHREIBER, Anderson. *A proibição de comportamento contraditório*. Tutela da confiança e *venire contra factum proprium*. Rio de Janeiro: Renovar, 2012.

SILVA, José Afonso da. *Curso de Direito Constitucional Positivo*. São Paulo: Malheiros, 2002.

SILVA, Luis Renato Ferreira da. *A função social do contrato no novo Código Civil e sua conexão com a solidariedade social*. In: O novo Código Civil e a Constituição. Porto Alegre: Livraria do Advogado, 2003.

SOARES, Mário Lúcio Quintão; BARROSO, Lucas Abreu. *Os princípios informadores do novo Código civil e os princípios constitucionais fundamentais:* lineamentos de um conflito hermenêutico no ordenamento jurídico brasileiro. Revista de Direito Privado. São Paulo: Revista dos Tribunais, n.14, abr/jun, 2003.

SOTO, Paulo Neves. *Novos perfis do direito contratual*. In: Diálogos sobre Direito Civil – Construindo a racionalidade contemporânea. Rio de Janeiro: Renovar, 2002.

STEINMETZ, Wilson. A vinculação dos particulares a Direitos Fundamentais. São Paulo: Malheiros, 2004.

STRECK, Lenio Luiz. *Hermenêutica Jurídica e(m) Crise*. Uma exploração hermenêutica da construção do Direito. Porto Alegre: Livraria do Advogado, 2004.

TARTUCE, Flávio. A função social dos contratos: do Código de Defesa do Consumidor ao novo Código Civil. São Paulo: Editora Método, 2005.

TEPEDINO, Gustavo. *Premissas Metodológicas para a Constitucionalização do Direito Civil*. In: Temas de Direito Civil. Rio de Janeiro: Renovar, 2004.

———. A incorporação dos direitos fundamentais pelo ordenamento brasileiro: sua eficácia nas relações jurídicas privadas. *Revista Jurídica*, Porto Alegre: Fonte do Direito, n.341, março 2006.

THEODORO JÚNIOR, Humberto. *O contrato e sua função social*. Rio de Janeiro: Forense, 2003.

TIMM, Luciano Benetti. As origens do contrato no novo Código Civil: uma introdução á função social, ao Welfarismo e ao solidarismo contratual. Revista dos Tribunais, São Paulo: Revista dos Tribunais, v.844, fevereiro 2006.

VENOSA, Sílvio de Salvo. *Direito Civil*. Parte Geral. São Paulo: Atlas, 2003.

———. *Direito Civil*. Teoria Geral das Obrigações e Teoria Geral dos Contratos. São Paulo: Atlas, 2005.

WALD, Arnold. A função social e ética do contrato como instrumento jurídico de parcerias e o novo Código Civil de 2002. *Revista Forense*, Rio de Janeiro: Forense, v. 1- 1904, nov/dez 2002.

WAMBIER, Luiz Rodrigues. *Boa-fé objetiva e adimplemento da obrigação incontroversa* –notas sobre os arts. 49 e 50 da Lei 10.931/2004. Revista Jurídica, Porto Alegre: Editora Fonte do Direito, n.341, março 2006.

ZANETTI, Cristiano de Sousa. *Princípios*. In: Direito dos Contratos. São Paulo: Editora Revista dos Tribunais, 2008.

ZANZI, Clotilde Bernardete. *Revisão judicial dos contratos- Teoria da Lesão*. Revista Jurídica Consulex, Brasília: Consulex, n.111, 2001.

— 4 —

A recuperação judicial e os créditos bancários: participação dos bancos no processo de reorganização das empresas[1]

CAROLINE SCOPEL CECATTO[2]

Sumário: 1. Introdução; 2. O modelo de recuperação judicial introduzido pela Lei 11.101/2005; 2.1. Conceito e requisitos da recuperação judicial – A viabilidade econômico-financeira da empresa; 2.2. Natureza jurídica e princípios norteadores da recuperação judicial; 2.3. Credores sujeitos à recuperação judicial; 2.4. As instituições financeiras e a recuperação judicial; 3. O processamento da recuperação judicial; 3.1. O plano de recuperação judicial; 3.2. A participação dos credores e as Assembleias Gerais; 3.3. A aprovação do plano; 3.4. A contraposição de interesses; 4. Aspectos econômicos e sociais das medidas jurídicas introduzidas pela nova lei e a defesa dos interesses dos bancos; 4.1. A continuação da atividade empresarial; 4.2. A posição dos bancos e o tratamento conferido às empresas em recuperação; 4.3. A especialização como forma de aperfeiçoar o sistema; 4.4. A conciliação de interesses; 4. Considerações finais; Referências bibliográficas.

1. Introdução

Este artigo tem por objetivo abordar um assunto relativamente novo no direito brasileiro, porém de fundamental importância não só jurídica, mas também, econômica e social: a recuperação judicial de empresas.

O instituto da recuperação judicial de empresas foi introduzido no ordenamento jurídico brasileiro pela Lei 11.101, publicada em 09 de fevereiro de 2005, e, pelo fato de ser, conforme se mencionou, um assunto novo, definido por uma lei de publicação recente, ele ainda dá margem a várias discussões e questionamentos.

---

[1] O presente artigo foi apresentado no Programa de Ascensão Profissional da Diretoria Jurídica do Banco do Brasil, como requisito para a nomeação do cargo de Analista Jurídico B, atual Assessor Jurídico II, em dezembro de 2011.

[2] Especialista em Direito Processual Civil pela Universidade de Caxias do Sul (UCS) e em Direito Bancário pela Fundação Getúlio Vargas (FGV).

Um dos temas da nova lei mais questionados na atualidade é a efetividade da participação dos credores na recuperação judicial das empresas. A nova lei, ao contrário da anterior, vem se destacando por não apenas regulamentar as questões patrimoniais dos credores da empresa em dificuldade, mas por procurar defender sua função social, sua importância para a coletividade. A Lei 11.101/05 tem como pretensão, na verdade, conciliar os interesses das empresas que buscam manterem-se ativas no mercado com os interesses de seus credores, os quais, pelo espírito da lei, devem buscar auxiliar na manutenção da atividade empresarial ao mesmo tempo em que buscam preservar os direitos sobre seus haveres. Dentro dessa perspectiva dúplice da participação dos credores no processo de recuperação judicial é que será desenvolvido este trabalho, procurando analisar de que forma os credores podem auxiliar na recuperação da empresa, sem deixar de atingir aquele que por óbvio é o seu principal objetivo, qual seja, a recuperação de seus créditos.

Mais detidamente, ainda, será feita a análise da situação dos bancos como credores das empresas em recuperação judicial, até mesmo em face da proclamada prioridade que lhes foi conferida pela lei. Nesse sentido é dito que a nova lei deu especial atenção às instituições financeiras, seja atribuindo-lhes certas garantias ou preferências, seja confiando-lhes papel de auxiliar nas recuperações judiciais. No entanto, conforme se pretende demonstrar, não se trata de mero favorecimento, mas de ciência pelo legislador da importância que os bancos têm hoje para as empresas e que a continuidade do seu auxílio é fundamental para a recuperação daquelas que passam por dificuldades.

Assim, este trabalho irá procurar, dentro da ótica delimitada pela Lei 11.101/05 e sob a perspectiva dos credores da empresa em recuperação judicial, em especial dos credores bancários, verificar qual o alcance prático das medidas definidas pelo legislador. Buscar-se-á, em suma, analisar a posição dos credores e a sua participação na retomada dos negócios de uma empresa que passa por dificuldades econômico-financeiras.

Para o atendimento desses objetivos num primeiro momento buscar-se-á estudar as inovações introduzidas pela Lei 11.101/2005, a questão da viabilidade econômico-financeira e a posição das instituições financeiras na nova lei; em seguida, procurar-se-á vislumbrar as alternativas para a empresa buscar sua recuperação e a questão da elaboração e da aprovação do plano recuperacional; para, ao final, verificar as possibilidades de conciliarem-se os interesses da empresa em recuperação e de seus credores, inclusive partindo-se da análise de casos práticos, que possam servir como exemplos para o melhor desenvolvimento do tema.

Este estudo buscará, em resumo, desenvolver uma análise crítica do sistema de recuperação judicial de empresas no Brasil, sem limitar-se a defender os interesses de uma ou de outra parte, mas buscando vislumbrar alternativas capazes de aperfeiçoar ou melhorar a sua utilização, preservando a empresa e a sua função social, mas também, resguardando o interesse dos credores e, de certa forma, colaborando para a confiabilidade de todo o sistema jurídico e econômico.

2. O modelo de recuperação judicial introduzido pela Lei 11.101/2005

A recuperação judicial de empresas é um instituto novo no ordenamento jurídico brasileiro, sendo introduzido somente em 2005, quando da publicação da Lei 11.101, em 09 de fevereiro, a chamada Lei de falência e recuperação de empresas (LFR). Essa lei, que iniciou sua vigência em 10 de junho de 2005, após tramitar durante onze anos no Congresso Nacional, veio substituir o Decreto-Lei 7.661/45, conhecido como Lei de falências e concordatas ou Lei de quebras. A nova lei surgiu como uma medida de apoio à sobrevivência das empresas no mercado, trazendo a ideia de que empresas viáveis que passam por crises econômicas, tendo condições de superá-las, devem ter a possibilidade de fazê-lo.

O Decreto-Lei 7.661/45 era muito criticado por estar defasado e distante da contemporânea realidade econômica e social brasileira. Seus dispositivos tratavam da falência e da antiga concordata tão somente como questões patrimoniais, e os resultados que alcançavam não agradavam nem aos credores, que não conseguiam recuperar seus créditos, nem aos empresários, que tinham mínimas possibilidades de seguirem com seus negócios, e nem atendia aos interesses sociais, que se vinculam à manutenção da atividade empresarial, dos empregos e da solvabilidade da economia.

Em face disso, a publicação da nova lei, mesmo criticada em alguns pontos, foi exaltada pela mudança de paradigmas que trouxe para o sistema falimentar. O direito, não estando desassociado dos demais ramos, não pode ignorar que, muitas vezes, é social e economicamente mais importante recuperar uma empresa, do que simplesmente garantir o pagamento de alguns de seus credores. Assim, faz-se sentir o proclamado princípio da função social da empresa, trazido à tona pela atual Constituição Federal, publicada em 05 de outubro de 1988, e pelo novo Código Civil, publicado em 10 de janeiro de 2002.

Nesse sentido, é o comentário de Fazzio Júnior:[3]

> A recuperação judicial não se restringe à satisfação dos credores nem ao mero saneamento da crise econômico-financeira em que se encontra a empresa destinatária. Alimenta a pretensão de conservar a fonte produtora e resguardar o emprego, ensejando a realização da função social da empresa, que, afinal de contas, é mandamento constitucional.

A nova lei introduziu, na verdade, uma nova perspectiva ao mercado quando substituiu a antiga concordata pela recuperação judicial, pois passou a analisar também os interesses da empresa, ao invés de proteger somente os interesses de seus credores.

O princípio da preservação da empresa introduzido pela nova lei permite a continuidade dos negócios da empresa, a manutenção dos empregos e, indiretamente, a busca por beneficiar toda a economia do país.

Negrão[4] destaca ainda outras inovações trazidas pela LFR:

> Distancia-se a legislação de 2005 de todas as revogadas em alguns pontos essenciais: (a) ampliação do universo de credores, até então limitado aos credores quirografários; (b) não limitação dos meios recuperatórios; (c) criação de ambiente próprio à negociação entre credores e devedor; (d) clara definição da finalidade do processo recuperatório.

Essas inovações são vistas como positivas para o ordenamento jurídico e, principalmente, para a economia nacional, por servirem como facilitadores para a efetiva recuperação das empresas. Além disso, estão em consonância com o conteúdo social das empresas e com o interesse coletivo.

A Lei 11.101/05 definiu três modalidades de recuperação: a recuperação judicial; a recuperação especial destinada às microempresas e empresas de pequeno porte; e a recuperação extrajudicial. Este trabalho, para melhor aprofundar o tema proposto, deter-se-á apenas no estudo da recuperação judicial conhecida como ordinária, por ser essa modalidade a mais comum dentre as introduzidas pela nova lei. Ressalta-se, porém, que há várias semelhanças entre as modalidades de recuperação, que terão, por exemplo, pressupostos comuns para sua aplicação. Entretanto, as outras duas modalidades apresentam particularidades, seja por destinarem-se a públicos específicos (pequenas e microempresas), seja por poderem prescindir do judiciário.

Por fim, neste espaço introdutório, é importante esclarecer que a recuperação judicial aplica-se ao empresário e à sociedade empresária, sendo que, por expressa disposição legal (artigo 2°), não estão sujeitas à recuperação judicial as empresas públicas, sociedades de economia

---

[3] FAZZIO JÚNIOR, Waldo. *Nova lei de falência e recuperação de empresas.* 3.ed. rev. e ampl. São Paulo: Atlas, 2006, pág. 125.

[4] NEGRÃO, Ricardo. *A eficiência do processo judicial na recuperação de empresa.* São Paulo: Saraiva, 2010, p. 36.

mista, instituições financeiras públicas ou privadas, cooperativas de crédito, consórcios, entidades de previdência complementar, sociedades operadoras de plano de assistência à saúde, sociedades seguradoras, sociedades de capitalização e outras entidades legalmente equiparadas às anteriores.

2.1. Conceito e requisitos da recuperação judicial – A viabilidade econômico-financeira da empresa

Na definição de Bertoldi,[5] conceitua-se recuperação judicial como sendo:

> [...] a possibilidade de o empresário buscar seu reequilíbrio financeiro e econômico por meio da implementação de uma série de procedimentos que compreenderão a interferência de um administrador judicial e a participação dos credores na administração do empreendimento.

Já Almeida[6] destaca o fato de o recuperação buscar a preservação da empresa como instituição social:

> O conceito põe em relevo a preocupação de preservar a empresa, vista esta como verdadeira instituição social para a qual se conjugam interesses diversos: o lucro do titular da empresa (empresário ou sociedade empresária); os salários (de manifesta natureza alimentar) dos trabalhadores; os créditos dos fornecedores; os tributos do Poder Público.

A recuperação judicial é, na verdade, um instituto jurídico que serve como alternativa para o devedor empresário superar uma situação de crise econômico-financeira, utilizando-se de meios legais, com a finalidade de permitir a manutenção do empreendimento. O artigo 47 da lei de regência revela este primordial objetivo da recuperação judicial.

> Art. 47. A recuperação judicial tem por objetivo viabilizar a superação da situação de crise econômico-financeira do devedor, a fim de permitir a manutenção da fonte produtora, do emprego dos trabalhadores e dos interesses dos credores, promovendo, assim, a preservação da empresa, sua função social e o estímulo à atividade econômica.

A análise de sua viabilidade econômico-financeira, conforme pode-se observar com a leitura desse dispositivo, é um dos pressupostos para a empresa valer-se da recuperação judicial, sendo que o conceito de viabilidade está atrelado aos princípios da continuidade e da preservação da empresa e da sua função social e econômica.

Segundo Fazzio Junior,[7] os parâmetros para analisar-se a viabilidade da empresa devem ser aferidos de modo objetivo. Ele destaca cinco

---

[5] BERTOLDI, Marcelo M.; RIBEIRO, Márcia Carla Pereira. *Curso avançado de direito comercial.* 5.ed. rev. e atual. São Paulo: Revista dos Tribunais, 2009, p. 472.

[6] ALMEIDA, Amador Paes. *Curso de falência e recuperação de empresa:* de acordo com a Lei 11.101/2005. 24.ed.rev. e atual. São Paulo: Saraiva, 2008, p. 304.

[7] FAZZIO JÚNIOR, Waldo. *Nova lei de falência e recuperação de empresas.*

elementos de análise que devem ser verificados de forma conjunta: importância social e econômica da atividade do devedor no contexto local, regional ou nacional; mão de obra e tecnologia empregadas; volume do ativo e do passivo; tempo de constituição e funcionamento do negócio; e faturamento anual e nível de endividamento da empresa. É importante, neste ponto, esclarecer que a recuperação judicial é uma medida de exceção, somente aplicável àquelas empresas que estão atravessando um período de crise, mas que apresentam condições de prosseguirem com sua atividade.

Coelho[8] ressalta a importância de o Judiciário analisar os aspectos mencionados no parágrafo anterior ao deferir uma recuperação e enfatiza o caráter de exceção que essa medida apresenta:

> Nem toda empresa merece ou deve ser recuperada. A reorganização de atividade econômica é custosa. Alguém há de pagar pela recuperação, seja na forma de investimentos no negócio em crise, seja na de perdas parciais ou totais de crédito. Em última análise, como os principais agentes econômicos acabam repassando aos seus respectivos preços as taxas de riscos associadas à recuperação judicial ou extrajudicial do devedor, o ônus da recuperação das empresas no Brasil recai na sociedade brasileira como um todo. [...] Não se pode erigir a recuperação de empresas em um valor absoluto. Não é qualquer empresa que deve ser salva a qualquer custo. Na maioria dos casos, se a crise não encontrou uma solução de mercado, o melhor para todos é a falência, com a realocação em outras atividades econômicas produtivas dos recursos materiais e humanos anteriormente empregados na da falida.

A análise da viabilidade econômica da empresa, portanto, é um pressuposto fundamental a ser verificado no deferimento de uma recuperação, não só para que se possa alcançar a efetiva reorganização da empresa em dificuldades, mas também, para a efetividade e a manutenção do próprio instituto. Afinal, investir em empresas que estão fadadas à falência, conforme assinalou Coelho, é prejudicial para a própria credibilidade do sistema criado pela nova lei, o qual, se não for empregado como uma boa alternativa para reabilitar empresas, somente trará prejuízos para a sociedade que, como já foi dito, acaba arcando com os custos, direta ou indiretamente, da aplicação das medidas recuperatórias.

Os demais pressupostos a serem observados pelo devedor em crise que pretende valer-se dos instrumentos de recuperação em juízo, além da viabilidade econômico-financeira da empresa, estão descritos no artigo 48 da lei e são os seguintes: exercício regular da atividade empresarial há mais de dois anos; não ser falido e, se o foi, estejam declaradas extintas, por sentença transitada em julgado, as responsabilidades daí decorrentes; não ter, há menos de cinco anos, obtido concessão de recuperação judicial; não ter, há menos de oito anos, obtido concessão de recuperação

---

[8] COELHO, Fabio Ulhoa. *Manual de direito comercial:* direito de empresa. 22.ed. São Paulo: Saraiva, 2010, p. 373.

judicial com base no plano especial de que trata a Seção V do Capítulo III da lei (Plano de recuperação judicial para microempresas e empresas de pequeno porte); não ter sido condenado ou não ter, como administrador ou sócio controlador, pessoa condenada por qualquer dos crimes previstos na lei.

Esses pressupostos, conforme ressalva feita no próprio artigo 48, devem ser cumulativos, ou seja, a empresa, especialmente para pedir a recuperação judicial, deverá atender a todos eles.

É importante destacar-se o primeiro dos pressupostos elencados pelo artigo 48, que é o exercício regular de atividade empresarial há mais de dois anos. Esse requisito afasta da possibilidade de recuperação as empresas irregulares, sem inscrição no órgão de Registro Público de Empresa, o que acaba funcionando como um incentivo ao mercado formal, ao mesmo tempo em que não compactua com as aventuras do mercado, isto é, empresas recém-constituídas (ou com prazo inferior a dois anos) e que, em regra, sofrem de vícios de origem, como falta de planejamento ou de conhecimento administrativo e negocial de seus fundadores.

Os demais requisitos ou pressupostos do artigo 48 são tidos como de natureza pessoal, visto referirem-se à idoneidade econômico-financeira da empresa e a sua conduta social.

2.2. Natureza jurídica e princípios norteadores da recuperação judicial

Sobre a natureza da recuperação judicial, Almeida[9] escreve que:

> A recuperação judicial pressupondo manifestação prévia de credores, inclusive a aprovação, por devedor e credor, de plano alternativo, tem, a nosso ver, nítida natureza contratual – um contrato entre o devedor e a coletividade dos credores. A sentença que concede a recuperação é de natureza constitutiva.

A natureza contratualista da recuperação judicial é revelada pela efetiva participação dos credores no processo, os quais têm o poder de aprovar ou não o plano apresentado pelo devedor. Assim, mesmo sabendo-se que a condução do processo é do juiz competente, tem-se por fundamental a participação dos credores, o que confere à recuperação essa característica de contrato entre o devedor e seus credores.

Negrão,[10] quando trata da natureza jurídica do instituto da recuperação, destaca, ainda, seu caráter judicial de solução de conflitos privados:

---

[9] ALMEIDA, Amador Paes. *Curso de falência e recuperação de empresa:* de acordo com a Lei 11.101/2005, p. 347.
[10] NEGRÃO, Ricardo. *A eficiência do processo judicial na recuperação de empresa,* p. 132.

O processo de recuperação é, no plano das relações privadas, instrumento judicial de solução de conflitos entre a empresa em crise econômico-financeira e seus credores, detentores de títulos de distintas categorias que lhes permitem obter, por coação judicial própria, sua satisfação em juízo. A relação jurídica que se subordina ao objetivo maior de recuperar empresa em crise econômico-financeira envolve, pois, de um lado, credores que dispõem de título suficientes à satisfação de seus créditos, na medida do contrato ou da lei que os criou e a resistência da empresa resumida na pretensão de modificar o valor ou as condições originais de pagamento desses créditos.

Já a ação da recuperação judicial, de acordo com o assinalado por Almeida, é uma demanda constitutiva, que visa a alcançar uma situação jurídica nova ao devedor e, também, aos credores envolvidos. E, vale ressaltar, é um processo judicial e, como tal, sofre influência direta do Estado, o que é justificável pela importância econômica alcançada pelas empresas na sociedade. Ainda, enfatiza-se que a iniciativa para o processo de recuperação é exclusiva do devedor, não comportando sua deflagração a pedido de qualquer credor ou interessado.

A empresa busca através da ação de recuperação constituir uma nova realidade nas suas relações com credores e empregados. Ela busca a construção de uma relação plurilateral, a qual somente é possível com o deferimento pelo Poder Judiciário de sua pretensão recuperatória. A empresa pretende, ainda, um tratamento especial introduzido pela lei o que faz com que seja, também, atribuída ao processo de recuperação uma natureza de favor legal. No entanto, não se trata de favor, pois o deferimento da recuperação não é mera liberalidade do Judiciário, visto que está condicionado à observância de uma série de requisitos pela empresa conforme será demonstrado em vários pontos deste trabalho.

Domingos[11] atribui, ainda, natureza mandamental à recuperação judicial que é concedida pelo juiz mesmo quando o plano é indeferido pela assembleia geral de credores, que é a hipótese prevista no § 1º do artigo 58 da Lei 11.101/05 e que será abordada no próximo capítulo.

Ainda, com relação ao procedimento da recuperação, Fazzio Júnior[12] destaca que na ação de recuperação judicial o objeto mediato é a salvação da atividade empresarial em risco, e o objeto imediato é a satisfação, ainda que impontual, dos credores, dos empregados, do Poder Público e, também, dos consumidores. Assim, em um mesmo processo, o empresário busca reorganizar sua atividade e evitar a falência, e os credores buscam a satisfação de seus créditos. Aliás, a recuperação judicial somente poderá ser realmente efetiva se buscar atingir esses dois interes-

---

[11] DOMINGOS, Carlos Eduardo Quadros. *As fases da recuperação judicial*. Curitiba: J.M. Livraria Jurídica, 2009.

[12] FAZZIO JÚNIOR, Waldo. *Nova lei de falência e recuperação de empresas*.

ses principais, entre outros que também tutela, como da coletividade e do próprio Estado, instituidor do procedimento.

Quanto aos princípios que orientam o sistema de recuperação introduzido pela Lei 11.101/05, Negrão[13] elenca aqueles que considera mais importantes:

– supremacia da recuperação da empresa sobre o interesse do sujeito da atividade: a nova lei, em oposição às legislações anteriores, definiu a preservação da empresa como prioridade, assim, caso necessário, serão afastados o empresário ou os administradores da empresa que puderem vir a prejudicar a sua reorganização;

– manutenção da fonte produtora e do emprego dos trabalhadores: esse princípio revela-se como um verdadeiro objetivo da nova lei, estampado em inúmeras regras, como a que impede a alienação do ativo permanente da empresa ou a retirada de bens durante o período definido como de suspensão, as quais buscam garantir que a empresa mantenha-se em atividade;

– incentivo à manutenção de meios produtivos à empresa: esse princípio é destinado aos credores, os quais são estimulados pela lei a continuar operando com a empresa em recuperação judicial;

– manutenção dos interesses dos credores: a nova lei certamente atribuiu fundamental importância a participação dos credores no processo de recuperação judicial e, em muitas oportunidades, permitiu que os mesmos atuassem como fiscais na defesa de seus créditos e na preservação de seus interesses;

– observação dos princípios da unidade, universalidade do concurso e igualdade de tratamento dos credores: esses são princípios comuns aos institutos da recuperação de empresas e da falência e buscam preservar as relações patrimoniais envolvidas nos processos.

Além desses, Coelho[14] destaca o princípio da função social da empresa, o qual é aplicado a todo o direito comercial e, segundo ele, é um princípio constitucional implícito, derivado da função social da propriedade. O autor o define da seguinte forma:

Cumpre sua função social a empresa que gera empregos, tributos e riqueza, contribui para o desenvolvimento econômico, social e cultural da comunidade em que atua, de sua região ou do país, adota práticas empresariais sustentáveis visando à proteção do meio ambiente e ao respeito aos direitos dos consumidores. Se sua atuação é consentânea com estes objetivos, e se desenvolve com estrita obediência às leis a que se encontra sujeita, a empresa está cumprindo sua função social; isto é, os bens de produção reunidos pelo empresário na organização do estabelecimento empresarial estão tendo o emprego determinado pela Constituição Federal.

Todos os princípios acima citados, certamente, voltarão a ser abordados de forma direta ou indireta no decorrer deste trabalho, visto que

---

[13] NEGRÃO, Ricardo. *Manual de direito comercial e de empresa*. Vol. 3 – Recuperação de empresas e falência. 6.ed. São Paulo: Saraiva, 2011.

[14] COELHO, Fabio Ulhoa. *Princípios do direito comercial:* com anotações ao projeto de código comercial. São Paulo: Saraiva, 2012, p. 37.

eles norteiam várias das regras que serão estudadas e que fazem parte do processo recuperatório.

2.3. Credores sujeitos à recuperação judicial

O juízo da recuperação judicial é universal, ou seja, para ele são atraídas todas as ações e todos os processos envolvendo a empresa em recuperação. Além disso, o juízo da recuperação é também único, visto que prevê um único processo para um mesmo devedor. Essas características visam a garantir a eficiência e a otimização do processo, evitar a repetição de atos e facilitar tanto o processo de reorganização da empresa, quanto o de recuperação dos créditos por parte dos credores.

A Lei 11.101/05 estende os efeitos da recuperação judicial a todos os créditos existentes na data do pedido, ainda que não vencidos (artigo 49). Assim, a princípio, são atraídos para o juízo universal da recuperação todos os credores da empresa em dificuldades, salvo exceções previstas na própria lei. Configuram exceções, também, os credores que não tiverem ainda seus créditos declarados como líquidos e certos, pois as ações que demandarem quantias ilíquidas prosseguirão no juízo em que se processarem.

A referência feita pela lei à data do pedido, segundo Pacheco,[15] deve-se ao fato de que o devedor, no momento em que seu advogado elabora a petição inicial, já programa todos os créditos que se sujeitam à recuperação judicial pleiteada junto ao Poder Judiciário. Assim, mesmo os credores ignorando a existência do processo de recuperação, sendo o pedido deferido, a ela já estarão sujeitos desde a data em que a mesma foi solicitada judicialmente.

São afastados da recuperação judicial os credores titulares de posição de proprietário fiduciário de bens móveis ou imóveis, de arrendador mercantil, de proprietário ou promitente vendedor de imóvel cujos respectivos contratos contenham cláusula de irrevogabilidade ou irretratabilidade, inclusive em incorporações imobiliárias, ou de proprietário em contrato de venda com reserva de domínio (artigo 49, § 3º). Nessas hipóteses prevalecem os direitos de propriedade sobre a coisa e as condições contratuais. A única restrição a ser respeitada aqui é o prazo de cento e oitenta dias, no qual não se admite a venda ou retirada da empresa dos bens gravados com os ônus referidos.

Além deles, é afastado ainda o credor titular de importância entregue ao devedor em moeda corrente nacional, decorrente de adiantamen-

---

[15] PACHECO, José da Silva. *Processo de recuperação judicial, extrajudicial e falência:* em conformidade com a Lei 11.101/05 e a alteração da Lei 11.127/05. Rio de Janeiro: Forense, 2006.

to a contrato de câmbio para exportação (artigo 49, § 4º, e artigo 86, inciso II). Esses créditos devem ser restituídos em dinheiro.

Com relação aos créditos afastados do processo de recuperação, encontram-se, também, os tributários. Esses, por expressa determinação (artigo 6º, § 7º), não estão sujeitos ao regime de recuperação judicial. Aliás, é requisito para o pedido de recuperação judicial a apresentação de certidões negativas, ou seja, o empresário precisa para o processamento da recuperação estar em dia com as obrigações fiscais e tributárias. A alternativa, neste caso, oferecida pela própria lei, é o devedor efetuar, previamente ao pedido de recuperação, um parcelamento tributário e, assim, apresentar uma certidão positiva com efeito de negativa.

Os créditos constituídos após o pedido de recuperação a ela também não se sujeitam. Esses créditos devem ser pagos nas datas aprazadas para o seu vencimento, da mesma forma que os créditos de fornecedores concedidos após o pedido de recuperação.

É importante ressaltar que o artigo 49 e seus §§ 1º e 2º da lei[16] estabelecem a manutenção dos credores, que a princípio, isto é, salvo disposição em contrário, mantém as condições originalmente contratadas.

Por fim, é válido lembrar que a suspensão das ações e execuções não excederá o prazo de cento e oitenta dias, contados do deferimento do pedido de recuperação judicial. Após esse prazo, de acordo com o artigo 6º, § 4º, da legislação de regência[17] são restabelecidos os direitos dos credores.

No entanto, mesmo sujeitos a recuperação judicial, os credores do devedor conservam seus direitos e privilégios contra os coobrigados, os fiadores e os obrigados de regresso. Dessa forma, os credores podem acionar aqueles que assumiram conjunta e solidariamente com o devedor a obrigação ou se responsabilizaram pelo seu pagamento, a não ser no caso de cláusula específica quanto a este ponto, no plano de recuperação judicial.

---

[16] Art. 49. Estão sujeitos à recuperação judicial todos os créditos existentes na data do pedido, ainda que não vencidos. § 1º Os credores do devedor em recuperação judicial conservam seus direitos e privilégios contra os coobrigados, fiadores e obrigados de regresso. § 2º As obrigações anteriores à recuperação judicial observarão as condições originalmente contratadas ou definidas em lei, inclusive no que diz respeito aos encargos, salvo se de modo diverso ficar estabelecido no plano de recuperação judicial.

[17] Art. 6º A decretação da falência ou o deferimento do processamento da recuperação judicial suspende o curso da prescrição e de todas as ações e execuções em face do devedor, inclusive aquelas dos credores particulares do sócio solidário. [...]§ 4º Na recuperação judicial, a suspensão de que trata o *caput* deste artigo em hipótese nenhuma excederá o prazo improrrogável de 180 (cento e oitenta) dias contado do deferimento do processamento da recuperação, restabelecendo-se, após o decurso do prazo, o direito dos credores de iniciar ou continuar suas ações e execuções, independentemente de pronunciamento judicial.

2.4. As instituições financeiras e a recuperação judicial

A nova lei surgiu como uma lei favorável às instituições financeiras. Desde a sua publicação, falou-se muito dos benefícios alcançados por essas instituições, principalmente no tocante à ordem de preferência nos pagamentos em caso de falência da empresa. Isso porque, com a nova lei, os créditos bancários ou não com garantias reais estão à frente dos créditos tributários na ordem de pagamentos, o que representa uma grande conquista para essas instituições, ao mesmo tempo em que funciona como um incentivo para que elas possam continuar concedendo crédito mesmo para as empresas em dificuldades.

Nesse sentido Bezerra Filho[18] chega a denominar a Lei 11.101/05 de "Lei de Recuperação do Crédito Bancário" ou "Lei de Recuperação do Capital Financeiro". O escritor afirma que a pressão do setor dos banqueiros foi decisiva na formatação da lei na maneira como ela foi publicada, em especial no que diz respeito aos créditos excluídos da recuperação judicial e na ordem de preferência dos créditos falimentares.

As instituições financeiras são regulamentadas pela Lei 4.595, de 31 de dezembro de 1964, a qual, em seu artigo 17, as define da seguinte forma:

> Art. 17. Consideram-se instituições financeiras, para os efeitos da legislação em vigor, as pessoas jurídicas públicas ou privadas, que tenham como atividade principal ou acessória a coleta, intermediação ou aplicação de recursos financeiros próprios ou de terceiros, em moeda nacional ou estrangeira, e a custódia de valor de propriedade de terceiros.

As instituições financeiras exercem um papel fundamental na economia de qualquer país desenvolvido ou em desenvolvimento. São elas responsáveis por fomentar o crescimento econômico, propiciando uma maior circulação das riquezas produzidas e servindo como intermediárias nas negociações financeiras.

Nessa mesma linha, Abrão[19] ressalta a relevância dessas instituições:

> A mobilização dos recursos, as respectivas aplicações e o direcionamento das importâncias para uma pulverização acentuada explicam em parte a relevância social que identifica as instituições financeiras, donde subministra a preponderância do público sobre o privado, nessa multissecular relação diagnosticada entre o consumidor e a atividade desenvolvida pelo banqueiro.

É em face dessa importância que, dificilmente, alguma empresa cresce sem contar com o apoio direto ou indireto de uma instituição

---

[18] BEZERRA FILHO, Manoel Justino. *Lei de recuperação de empresas e falências:* comentada. 5.ed. rev., atual. e ampla. São Paulo: Revista dos Tribunais, 2008.

[19] ABRÃO, Nelson. *Direito bancário.* 11.ed. rev., ampl. e atual. de acordo com o Código Civil e o Código de Defesa do Consumidor, por Carlos Henrique Abrão. São Paulo: Saraiva, 2008, p. 23.

financeira, bem como, dificilmente uma empresa que entra com um pedido de recuperação judicial não terá algum tipo de dívida contraída com algum ou com vários bancos.

Dessa forma, constata-se que, independente da lei ter favorecido em alguns pontos as instituições financeiras, elas têm papel fundamental na recuperação de qualquer empresa. Almeida[20] destaca que: "A recuperação de qualquer empresa está diretamente ligada aos financiamentos bancários e ao fornecimento de mercadorias, sem o que se tornará inviável a manutenção das atividades empresariais".

Na verdade, hoje o entendimento é de que a nova lei surgiu não apenas para favorecer as instituições financeiras, mas sim como uma forma de incentivar a participação dos bancos e dos grandes fornecedores na recuperação das empresas. Essas instituições, como incentivo, em contrapartida, ganharam o privilégio no recebimento de seus créditos.

Oliveira,[21] ao estudar esse aspecto, descreve sua expectativa de que os privilégios concedidos aos bancos se transformem em auxílio para as empresas:

> Com a aprovação da nova legislação falimentar (Lei nº 11.101 e Lei Complementar nº 118, ambas de 9.2.2005), a expectativa é de uma grande mudança no papel dos bancos no processo falimentar, no sentido de uma maior participação e governança nos processos de recuperação de empresas e no saneamento do sistema empresarial. Como intermediários financeiros, os bancos costumam ter departamentos de crédito que fazem, como parte de suas atividades normais, o acompanhamento da saúde financeira das empresas tomadoras. No mundo inteiro, em razão dessa especialização, os bancos são os principais agentes dos processos de salvamento de empresas, avaliando a viabilidade dos planos de recuperação. Mas são também os agentes que costumam encaminhar à falência as empresas inviáveis, saneando o sistema econômico.

O sucesso da recuperação judicial e da própria lei, na verdade, estão diretamente ligados à efetiva participação dos credores no processo judicial. Sem a participação dos credores, em especial os credores bancários, a empresa terá dificuldades em aprovar e em fazer cumprir o seu plano. Sem os financiamentos bancários a empresa terá dificuldades em continuar trabalhando, pois sem capital de giro para seus negócios, ou sem financiamento para continuar investindo, seja em novos equipamentos, reparação dos antigos, seja em mercadorias, será difícil para ela manter-se ativa no mercado e conseguir o lucro que precisa obter para honrar o plano recuperacional e, assim, reerguer-se econômica e financeiramente.

---

[20] ALMEIDA, Amador Paes. *Curso de falência e recuperação de empresa:* de acordo com a Lei 11.101/2005, p. 321.
[21] OLIVEIRA, Fátima Bayma de Oliveira (org.). *Recuperação de empresas:* uma múltipla visão da nova lei: Lei nº 11.101/05 de 09.02.2005. São Paulo: Pearson Prentice Hall, 2006, p. 65.

3. O processamento da recuperação judicial

Pacheco[22] aponta a existência de três fases no processo de recuperação judicial. A primeira fase é a postulatória, que vai desde o protocolo da petição inicial até o deferimento da recuperação judicial e está expressa nos artigos 51 e 52 da LFR. A segunda fase é a instrutória ou deliberativa e desenvolve-se até quando o juiz, verificando o cumprimento das exigências legais, concede a recuperação judicial por sentença. Essa é a fase do plano de recuperação, prevista nos artigos 53 e 54 da LFR, iniciando-se com o despacho que manda processar a recuperação e concluindo-se com a decisão que concede o benefício. Já a terceira fase, chamada executiva, perdura até que se cumpram todas as obrigações previstas no plano, que se vencerem até dois anos depois da sentença concessiva da recuperação e aparece, dentre outros, nos artigos 55 a 69 da LFR. Essa última fase é a de fiscalização do cumprimento do plano aprovado, terminando com a sentença de encerramento do processo.

Conforme já referido acima, a recuperação é um processo judicial, tendo início, assim, com a petição inicial da empresa, a qual deve atender a todos os requisitos do artigo 51 da LRF, devendo ser feita uma exposição das causas concretas da situação patrimonial e as razões da crise econômico-financeira da empresa, as quais configuram a causa de pedir da ação.

Lazzarini[23] enfatiza a importância e a utilidade da petição inicial num pedido de recuperação:

> O cumprimento do disposto no art. 51 da Lei 11.101/2005 não representa um formalismo excessivo, mas a necessidade de a empresa, que busca a renegociação de sua dívida, apresentar aos seus credores a sua situação real, dando elementos para a análise da substância real e efetiva do plano de recuperação judicial, evitando a simples retórica técnica utilizada para protelar uma decretação da falência, como costumeiramente se fazia na concordata.

Caso esteja em termos o pedido e a documentação, o juiz deferirá o processamento da recuperação da empresa. Essa decisão judicial é baseada em questões jurídicas, pois, preliminarmente, o que é analisado é a observância dos requisitos da Lei. Nessa primeira fase, o magistrado fará, portanto, um exame meramente formal do pedido.

Na decisão que defere o processamento da recuperação, de acordo com o artigo 52 da lei, o juiz deverá nomear o administrador judicial; de-

---

[22] PACHECO, José da Silva. *Processo de recuperação judicial, extrajudicial e falência*: em conformidade com a Lei 11.101/05 e a alteração da Lei 11.127/05.

[23] LAZZARINI, Alexandre Alves. A recuperação judicial de empresas: alguns problemas na sua execução. *Revista de Direito Bancário e do Mercado de Capitais*, São Paulo, ano 10, n. 36, p. 93-106, abr./jun. 2007, p. 99.

terminar a dispensa da apresentação de certidões negativas pelo empresário no exercício de sua atividade (salvo para contratação com o Poder Público); determinar a suspensão das ações ou execuções existentes contra o devedor, exceto aquelas anteriormente mencionadas; determinar a apresentação de demonstrativos mensais pelo empresário, enquanto perdurar o regime de recuperação; ordenar a intimação do Ministério Público e a comunicação às Fazendas Públicas onde o devedor tiver estabelecimento.

O administrador judicial é escolhido e nomeado pelo juiz. Essa função, pelo artigo 21 da lei, deve ser exercida por um profissional idôneo, preferencialmente advogado, economista, administrador de empresas ou contador, ou pessoa jurídica especializada. O administrador, na concepção da lei, não é apenas o representante dos credores, mas também um defensor do interesse público. As atribuições do administrador judicial estão descritas no artigo 22 da LFR. Destaca-se que, no caso do juiz ter afastado os diretores ou administradores da sociedade empresária, caberá ao administrador gerenciar e representar a sociedade enquanto não for eleito o gestor judicial pela assembleia geral de credores.

O juiz, ao deferir o processamento da recuperação judicial, determinará, ainda, a expedição de um edital, nos termos do § 1º do artigo 52.[24]

O edital, que deverá ser publicado pelo administrador judicial, tem por objetivo a divulgação do pedido de recuperação e do deferimento de seu processamento, por isso a publicação deve ser em órgão oficial e deve conter todas as informações necessárias a ciência dos interessados. Esse edital, conforme destacado nos incisos acima transcritos, deverá conter a relação nominal de credores com o valor e a classificação do crédito e, ainda, deverá advertir os credores acerca dos prazos para habilitarem seus créditos e para apresentarem objeção ao plano de recuperação judicial.

Esses prazos têm início com a decisão de processamento da recuperação judicial. É também da decisão de processamos que os credores poderão requerer a convocação de assembleia geral para a constituição do comitê de credores que irá atuar durante o regime da recuperação judicial. A partir desse momento, as decisões tomadas pelo magistrado e, também, pelos credores passam a ter predominantemente fundamento econômico.

---

[24] Art. 52. Estando em termos a documentação exigida no art. 51 desta Lei, o juiz deferirá o processamento da recuperação judicial e, no mesmo ato: [...] § 1º O juiz ordenará a expedição de edital, para publicação no órgão oficial, que conterá: I – o resumo do pedido do devedor e da decisão que defere o processamento da recuperação judicial; II – a relação nominal de credores, em que se discrimine o valor atualizado e a classificação de cada crédito; III – a advertência acerca dos prazos para habilitação dos créditos, na forma do art. 7º, § 1º, desta Lei, e para que os credores apresentem objeção ao plano de recuperação judicial apresentado pelo devedor nos termos do art. 55 desta Lei.

O devedor não poderá desistir do pedido de recuperação judicial após ser deferido o seu processamento, salvo se obtiver aprovação de sua desistência na assembleia geral de credores. Nesse aspecto, a lei privilegiou os interesses privados, deixando que as partes acordassem sobre o fim do processo, sem maiores dificuldades.

Caso o pedido de processamento da recuperação judicial seja denegado, resta ao devedor a alternativa de requerimento de autofalência, ou a opção pela recuperação extrajudicial.

A sentença concessiva da recuperação, que delimita a segunda fase do processo recuperacional e não se confunde com o despacho que defere o processamento do pedido, é título executivo judicial e, assim, dá ensejo a uma ação executiva, se descumpridas as obrigações do respectivo plano.

O plano de recuperação, que será melhor analisado no próximo item, deverá ser apresentado em até sessenta dias da publicação da decisão que deferir o processamento da recuperação judicial.

Por fim, cumpridas as obrigações e passado o prazo de dois anos da concessão da recuperação judicial, o juiz decretará, por sentença, o encerramento da recuperação. No entanto, caso o devedor descumpra qualquer obrigação integrante do plano aprovado, poderá ter sua falência decretada.

3.1. O plano de recuperação judicial

A apresentação do plano é fundamental dentro do processo de recuperação judicial. Somente um plano de viável realização é capaz de reabilitar uma empresa em dificuldades financeiras. Em face disso, a fase de elaboração do plano não pode ser menosprezada dentro do processo judicial, pelo contrário, nessa fase é fundamental o intercâmbio de forças entre o empresário e os credores, de modo a criar um plano exequível e que, dentro do possível, atenda aos interesses da empresa, que busca manter-se atuante no mercado, e dos credores, que buscam receber seus créditos nas melhores condições possíveis.

Coelho[25] enaltece a importância do plano dentro do processo recuperacional:

> A mais importante peça do processo de recuperação judicial é o plano de recuperação judicial (ou de "reorganização da empresa"). Depende exclusivamente dele a realização ou não dos objetivos associados ao instituto, quais sejam, a preservação da atividade econômica e o cumprimento de sua função social. Se o plano de recuperação é consistente, há chances de a empresa se reestruturar e superar a crise em que mergulhara. Terá,

---

[25] COELHO, Fabio Ulhoa. *Manual de direito comercial:* direito de empresa, p. 386.

nesse caso, valido a pena o sacrifício imposto diretamente aos credores e, indiretamente, a toda a sociedade brasileira. Mas se o plano for inconsistente, limitar-se a um papelório destinado a cumprir mera formalidade processual, então o futuro do instituto é a completa desmoralização.

Os meios de recuperação das empresas estão previstos no artigo 50 da lei, o qual traz dezesseis possibilidades ou alternativas de procedimentos. Esses meios, no entanto, são apenas sugestivos para as empresas, as quais têm liberdade para a elaboração do plano de recuperação judicial, desde que sejam observadas as vedações expressas na lei e garantidos os direitos mínimos atribuídos aos seus credores.

Negrão[26] classifica os meios de recuperação do artigo 50 em seis categorias: dilatório ou misto; meramente remissório; com preponderante influência sobre o perfil subjetivo da empresa; com preponderante influência sobre o perfil objetivo da empresa; com preponderante influência sobre o perfil funcional da empresa; com preponderante influência sobre o perfil corporativo da empresa. Os meios dilatórios são os que envolvem a concessão de prazos e condições especiais para pagamento das prestações vencidas ou vincendas. Os meios remissórios envolvem a equalização de encargos financeiros. Os relacionados aos aspectos subjetivos da empresa dizem respeito às possibilidades de alteração em sua estrutura, caso da cisão, incorporação, fusão ou transformação de sociedades. Os aspectos objetivos estão relacionados ao aumento de capital social, à dação em pagamento, à emissão de valores mobiliários e a outras alternativas de caráter estritamente patrimonial. Os aspectos funcionais dizem respeito à alteração na dinâmica da empresa, caso da substituição de administradores, modificação de seus órgãos administrativo, do usufruto da empresa ou da administração compartilhada. Por fim, os aspectos corporativos ou institucionais da empresa, dizem respeito às medidas que afetam as relações entre empresário e seus colaboradores, como a redução salarial e de jornada de trabalho.

O plano, além da exposição de quais os meios da recuperação serão utilizados dentre os acima descritos, deve ainda conter a demonstração da viabilidade da empresa e um laudo econômico-financeiro e de avaliação dos bens do ativo do devedor.

A elaboração do plano é praticamente de livre formulação da empresa e seu administrador, servindo os meios do artigo 50 apenas como sugestões. As principais limitações a ele impostas constam no artigo 54 da lei. O *caput* do artigo dispõe que os créditos vencidos, derivados da legislação do trabalho ou decorrentes de acidentes de trabalho, devem ser pagos em no máximo um ano, e o seu parágrafo único impõe que os

---

[26] NEGRÃO, Ricardo. *Aspectos objetivos da lei de recuperação de empresas e de falências:* Lei n. 11.101, de 9 de fevereiro de 2005. 2. ed. rev. e atual. São Paulo: Saraiva, 2008.

créditos de natureza estritamente salarial, no teto de até cinco salários mínimos, vencidos nos três meses anteriores ao pedido de recuperação judicial, deverão ser pagos em até trinta dias. Além dessas balizas, recomenda-se que a empresa busque o parcelamento do crédito fiscal, de acordo com as disposições do Código Tributário Nacional, e que busque a autorização dos credores que terão bens a eles onerados alienados como medida de recuperação constante do plano.

Qualquer credor, em conformidade com o artigo 55, possui o prazo de 30 dias para apresentar objeções ao plano, contados da publicação da relação de credores. A inércia do credor é entendida como concordância tácita com o plano apresentado.

Na ocorrência de objeção, o juiz convocará a assembleia geral de credores para que delibere sobre o plano. A assembleia convocada poderá aprovar o plano, rejeitá-lo ou apresentar plano alternativo.

No tocante aos prazos, Pacheco[27] resume as disposições legais:

> Em síntese, pois, insta ressaltar: 1º) o prazo para os credores apresentarem as suas objeções ao plano de recuperação judicial é de trinta dias, a partir da publicação da relação de credores que o administrador judicial deve fazer, nos quarenta e cinco dias subsequentes ao prazo de quinze dias, decorrentes do edital a que se refere o § 1º do art. 52; 2º) se o aviso previsto no art. 53, parágrafo único, desta lei for posterior à relação de credores publicada pelo administrador judicial, o prazo de trinta dias para a manifestação de objeção, pelos credores, ao plano de recuperação deve ser contado a partir do edital previsto no parágrafo único do art. 53.

Aprovado o plano, seja porque não foram apresentadas objeções, seja porque a assembleia geral de credores o tenha aprovado com *quorum* qualificado (artigo 45), o juiz concederá a recuperação judicial. O juiz pode, ainda, conceder a recuperação na hipótese do plano ter sido aprovado com os percentuais do artigo 58, desde que a execução do plano não implique tratamento diferenciado para os credores que o rejeitaram.

É válido destacar que aprovado o plano e concedida a recuperação pelo juiz, ocorre a novação das dívidas anteriores ao pedido.

Por fim, aprovado o plano, a empresa deve ater-se fielmente ao que foi nele pactuado, salvo raras exceções provocadas por mudanças de cenário, que precisem originar pequenas alterações no plano, o que acaba sendo necessário diante do dinamismo do mercado.

3.2. A participação dos credores e as Assembleias Gerais

A nova lei deu ênfase à colaboração dos credores no processo de recuperação judicial, ressaltando a importância de sua efetiva participação

---

[27] PACHECO, José da Silva. *Processo de recuperação judicial, extrajudicial e falência:* em conformidade com a Lei 11.101/05 e a alteração da Lei 11.127/05, p. 151.

e oportunizando que ela aconteça durante todo o processo de reerguimento da atividade empresarial. Nesse sentido Bertoldi[28] escreve:

> A LRE dá um novo destaque à participação dos credores na condução da falência e da recuperação judicial, por isso a previsão do Comitê de Credores e da realização de Assembleia Geral de credores. A ideia norteadora é de que a recuperação judicial possibilitará os melhores resultados mediante a conjugação do interesse público, expresso na figura do juiz, do interesse na condução administrativa mais eficiente nos termos da lei, encabeçada pelo empresário e pelo administrador judicial, e do interesse dos credores, manifestado pelo Comitê e pela Assembleia.

Assim, a assembleia geral de credores tem fundamental importância nos processos de recuperação judicial.

A assembleia é um órgão colegiado e deliberativo responsável pela representação da vontade dos credores. Ela será convocada pelo juiz por edital, ou a pedido de credores que representem no mínimo 25% do valor total dos créditos de uma determinada classe. O anúncio da convocação da assembleia deve ser publicado no Diário Oficial e em jornal de grande circulação, com antecedência mínima de quinze dias da data de sua realização.

São atribuições da assembleia, segundo o artigo 35 da Lei 11.101/05: aprovar, rejeitar e revisar o plano de recuperação judicial; aprovar a instalação do comitê de credores e eleger seus membros; manifestar-se sobre o pedido de desistência da recuperação judicial; eleger o gestor judicial, quando afastados os diretores da sociedade empresária requerente; e deliberar sobre qualquer outra matéria de interesse dos credores.

A assembleia geral de credores será convocada, conforme colocado, na hipótese de afastamento dos administradores da empresa, para deliberar sobre o nome do gestor judicial. Entretanto, enquanto o gestor escolhido na assembleia não assumir o encargo, exerce-o o administrador judicial. Cabe ao gestor nomeado orientar a administração da empresa, que continua representada pela sua diretoria, para que dê cumprimento ao plano aprovado.

De acordo com o artigo 37, a assembleia será presidida pelo administrador judicial e secretariada por um credor. Ela instala-se em primeira convocação com a presença de credores titulares de mais da metade dos créditos de cada classe, admitindo-se a representação por procurador e, no caso de créditos trabalhistas, por sindicatos. Em segunda convocação, que deve observar o intervalo mínimo de cinco dias, os trabalhos da assembleia se instalam com qualquer número de credores presentes.

---

[28] BERTOLDI, Marcelo M.; RIBEIRO, Márcia Carla Pereira. *Curso avançado de direito comercial*, p. 491.

Todos os credores admitidos na recuperação, a princípio, têm direito a voto na assembleia. Coelho[29] dispõe que tem direito à voz e ao voto em assembleia os credores que se encontram na última lista publicada. Essa lista pode ser a apresentada pela empresa com a petição inicial, a organizada pelo administrador ou a do quadro-geral de credores.

Essa questão revela um detalhe importante para assegurar a participação dos credores, que é a inclusão de seu nome no rol de passivos da empresa, pois é somente a partir da ocorrência disso que o credor poderá manifestar-se, participando das deliberações e promovendo a defesa de seus interesses. A lei beneficia o credor diligente, dando-lhe a oportunidade de participar da recuperação da empresa e, principalmente, dando-lhe oportunidade para manifestar-se nas assembleias.

Não terão direito de voto, no entanto, os possuidores de créditos afastados do regime de recuperação judicial, que são os listados no artigo 49, §§ 3º e 4º, da LFR.

Os credores participam, também, do processo de recuperação judicial através do comitê de credores. O comitê de credores, que é também uma inovação trazida pela Lei 11.101/05, tem natureza fiscalizatória, e sua instalação é facultativa. Em geral, ele é criado em recuperações de grandes empresas, que precisam de uma maior atenção e que, por outro lado, são capazes de absorver as despesas com o órgão. A decisão sobre a instalação desse órgão é dos credores, sendo que o comitê é mais uma forma de participação ativa dos mesmos, visto que ele é composto por representantes de cada uma das classes de credores.

Na verdade, é fundamental o papel desempenhado pelos credores na recuperação de uma empresa, e isso não se resume à aprovação do plano, ou ao comparecimento nas assembleias, mas deve manifestar-se por um efetivo acompanhamento durante todo o processo recuperacional.

Nesse sentido, Silva[30] escreve:

> Porém, aos credores não está reservado apenas o papel passivo de aprovar o plano apresentado ou decretar a quebra da empresa, prejudicial para todos. Aos credores está reservado o papel fundamental de contribuir para que o plano de recuperação, verdadeiro plano de negócios da recuperanda, seja aperfeiçoado, de modo a aumentar as chances de uma recuperação bem-sucedida de uma empresa insolvente e com graves dificuldades de crédito.

Em suma, pode-se dizer que é essencial para o sucesso da recuperação que os credores, além de participarem da fase de aprovação do plano, acompanham também a sua execução.

---

[29] COELHO, Fabio Ulhoa. *Manual de direito comercial:* direito de empresa.

[30] SILVA, Rodrigo Alberto Correia da. Credores precisam ser atuantes em recuperação. *Consultor Jurídico*, São Paulo, fev. 2010. Revista Consultor Jurídico. Disponível em: <http://www.conjur.com.br/2010-fev-25/credores-atuantes-recuperacao-judicial-empresas>. Acesso em 03 out. 2011.

3.3. A aprovação do plano

São três as formas de aprovação de um plano de recuperação judicial: aprovação tácita, se decorrido o prazo de trinta dias da publicação do aviso ou do edital não houver objeções por parte dos credores ou do Ministério Público; aprovação assemblear, por deliberação da assembleia geral de credores; e aprovação assemblear-judicial, que é a feita pelo juiz em substituição à decisão da assembleia.

O artigo 45 da LFR trata da deliberação sobre o plano de recuperação judicial pela assembleia geral dos credores.

A assembleia, como representante dos credores, é o órgão responsável por aprovar o plano recuperacional da empresa. A ela cabe, na verdade, aprovar o plano, rejeitá-lo ou, ainda, apresentar um plano alternativo.

Nas deliberações da assembleia sobre o plano de recuperação todas as classes de credores deverão aprovar a proposta. As classes de credores estão descritas no artigo 41 da LRF e são as seguintes: I – credores trabalhistas e titulares de créditos decorrentes de acidentes de trabalho; II – credores com garantia real; e III – credores quirografários, com privilégio especial, com privilégio geral ou subordinados.

Exige-se, ainda, *quorum* qualificado para a aprovação do plano de recuperação, por isso cada uma das classes de créditos com garantia real e dos créditos quirografários, para aprovar a proposta, tem de representar mais da metade do valor dos créditos presentes à assembleia e cumulativamente, deve haver maioria simples dos credores presentes. Os credores trabalhistas decidem por maioria simples dos credores presentes, independentemente do valor de seus créditos.

Coelho[31] exemplifica as disposições da lei no tocante à aprovação do plano:

> Estabelece a lei um quorum de deliberação para a votação do plano de recuperação. Ele deve ser aprovado nas três instâncias classistas. Na classe dos empregados, pelo voto favorável de mais da metade dos credores, desprezado o valor de seus créditos; nas demais, pelo voto favorável de mais da metade da totalidade dos créditos correspondentes e também pela maioria dos credores presentes ao evento.

O fato de os credores serem os responsáveis pela aprovação do plano decorre do entendimento do legislador de que são eles os maiores interessados no sucesso do mesmo, o que irá garantir a continuidade da atividade empresarial e, principalmente, a recuperação de seus créditos e a manutenção de um parceiro nos negócios. É com base nesse entendimento que se presume que o plano aprovado pelos credores seja consis-

---

[31] COELHO, Fabio Ulhoa. *Comentários à lei de falências e de recuperação de empresas.* 8.ed. São Paulo: Saraiva, 2011, p. 168.

tente e capaz de ser executado. No entanto, infelizmente, na realidade, sabe-se que nem sempre a participação dos credores é ativa nos processos de recuperação judicial e especialmente nas assembleias.

Segundo Taddei,[32] em oposição ao esperado com a publicação da nova lei, em alguns casos, a atuação dos credores acaba se apresentando como um obstáculo ao êxito na recuperação judicial. Ele argumenta que "a simples omissão dos credores em participar das assembleias gerais permite ajustes nos planos por aqueles credores que conduzem a recuperação segundo os seus próprios interesses".

Na interpretação de Coelho[33] há um certo desinteresse dos credores com os processos recuperacionais e isso se revela pelo alto índice de abstenção nas assembleias. Um dos motivos apontados para esse desinteresse é a falta de informações necessárias para os credores analisarem a consistência do plano ou até mesmo para elaborarem um plano alternativo. Além disso, o autor destaca que o fato da lei vincular o indeferimento da recuperação judicial à decretação da falência, faz com que os credores acabem optando pela aprovação de qualquer plano, sem uma análise mais aprofundada, para não amargar os prejuízos resultantes da falência da empresa.

De qualquer modo, apesar do exposto, sendo a assembleia de credores responsável pela aprovação do plano de recuperação da empresa não se pode afastar a sua importância. Pelo contrário, o que se espera é que as experiências práticas e um maior debate sobre a nova lei, acabem por valorizar ainda mais a participação dos credores e, principalmente, fazer com que seja por eles percebida a importância de sua atuação para a empresa e mesmo para a coletividade que a rodeia.

Afinal, a decisão da assembleia sobre o plano é a que deve prevalecer. A única limitação é a já referida possibilidade de aprovação assemblear-judicial do plano. Isso porque o juiz pode deferir a recuperação judicial ainda que o plano não tenha sido aprovado com os percentuais do artigo 45, bastando sua aprovação com os índices indicados no artigo 58. Agora, rejeitado o plano pela assembleia e não tendo havido a chamada aprovação simples com os índices do artigo 58, o juiz deverá decretar a falência da empresa.

Aliás, a soberania da assembleia de credores é destacada por Negrão.[34] O autor revela que até mesmo as limitações legais do artigo 54,

---

[32] TADDEI, Marcelo Gazzi. Os primeiros cinco anos da recuperação judicial no país: dificuldades e controvérsias. *Jus Navigandi*, Teresina, ano 16, n. 2770, 31 jan. 2011. Disponível em: <http://jus.uol.com.br/revista/texto/18380>. Acesso em: 03 out. 2011.

[33] COELHO, Fabio Ulhoa. *Comentários à lei de falências e de recuperação de empresas*.

[34] NEGRÃO, Ricardo. *Aspectos objetivos da lei de recuperação de empresas e de falências:* Lei n. 11.101, de 9 de fevereiro de 2005, p. 190.

que prevê o prazo máximo de um ano para o pagamento de créditos trabalhistas ou decorrentes de acidentes de trabalho, já foram afastadas pela assembleia de credores com a conivência do Poder Judiciário. O autor cita como exemplo o caso da aprovação do plano de recuperação judicial da VASP, julgado no Agravo de Instrumento 473.877-4/1 do Tribunal de Justiça do Estado de São Paulo, no qual se entendeu que os créditos trabalhistas são disponíveis e, por isso, podem ser objeto de negociação ou transação pela sua classe representativa na assembleia geral de credores.

3.4. A contraposição de interesses

Conforme salientado desde o início do trabalho, a participação dos credores no processo de recuperação das empresas tem natureza dúplice, pois se espera que eles colaborem com a preservação da empresa ao mesmo tempo em que possam buscar resguardar da melhor forma possível os seus interesses.

Essa natureza dúplice é sentida especialmente pelos credores bancários e pelos fornecedores da empresa, pois o legislador deixou transparecer claramente a esperança de que esses credores continuem operando com a empresa que entra em processo recuperatório, de modo a permitir que a mesma continue trabalhando e possa, assim, efetivamente, lucrar com sua atividade e alcançar a sua almejada reestruturação.

Espera-se, em suma, que os fornecedores continuem a fornecer a matéria-prima para a empresa continuar trabalhando e que os bancos não lhe tranquem as linhas de crédito porventura existentes, ou seja, não deixem de lhe permitir o acesso a linhas de capital de giro ou de investimento necessárias ao pleno desenvolvimento da atividade empresarial, extremamente importantes para garantir a superação de uma situação de crise econômico-financeira.

No entanto, é sabido que os bancos, e a ele restringiremos esta análise em face do objeto do trabalho, buscam sempre alcançar lucros e minimizar perdas. Assim, somente irão continuar trabalhando com uma empresa se, realmente, perceberem que a mesma é viável e que sua continuidade não irá comprometer o recebimento dos créditos já investidos.

Nesse ponto, Fazzio Júnior[35] destaca que:

> O mínimo que se espera de um plano de recuperação judicial é que, conservando a empresa em atividade, assegure aos credores a recepção de valores, no mínimo, equivalentes ao que receberiam em caso de falência do devedor.

---

[35] FAZZIO JÚNIOR, Waldo. Nova lei de falência e recuperação de empresas, p. 141.

Essa passagem revela uma primeira constatação que é fundamental na análise prévia que será feita por um credor da viabilidade do plano de recuperação de uma empresa, pois, ele somente será interessante para o credor se, no mínimo, lhe garantir os mesmos retornos que um eventual processo falimentar. Caso contrário, será mais conveniente ao credor rejeitar o plano apresentado e esperar que seja decretada a falência da empresa.

Essa é, certamente, a análise feita pelos credores da empresa, em especial, pelos bancos, os quais, mais do que realizar a função social da empresa, precisam manter suas atividades rentáveis, recuperando os créditos investidos e evitando apostar em empresas com risco acentuado. Essa é a lógica do mercado capitalista e que não pode ser ignorada quando se analisa, na prática, a aplicação da Lei 11.101/05.

A lógica apresentada pode parecer cruel para com a empresa em dificuldades, mas, na verdade, acaba por buscar a preservação de todo o sistema econômico, pois, retomando os conceitos analisados no início do trabalho sobre a viabilidade econômico-financeira da empresa, toda a sociedade, direta ou indiretamente, acaba arcando com os custos de uma recuperação judicial e esses custos certamente são ainda maiores no caso de tentativa de recuperação de uma empresa inviável e fadada à falência.

Assim, não é possível pretender que os bancos deixem seus interesses em um segundo plano ou que abandonem seus sistemas de análise de riscos, pois isso é fundamental para a própria solvabilidade da economia. O que o legislador buscou com a importância atribuída às instituições financeiras é que elas participem mais ativamente dos processos de recuperação judicial e que, sem abdicar de suas premissas, colaborem de forma efetiva com a reorganização das empresas, seja envolvendo-se na elaboração de seus planos, seja acompanhando a sua recuperação com a manutenção do apoio financeiro.

Por fim, outra questão que precisa ser abordada é a contraposição de interesses existente entre os próprios credores. Afinal, em uma recuperação judicial todos sabem que terão que enfrentar algumas perdas, mas, mesmo assim, todos irão procurar evitá-las ao máximo.

Nesse sentido, Coelho[36] destaca:

> Na recuperação judicial, cada classe de credores deve arcar com parcela do "prejuízo" que lhes é imposto forçosamente, para que se criem condições para o reerguimento da empresa. Em que medida se pode distribuir com justiça o prejuízo entre as classes é assunto em que os interesses dos credores certamente divergem. Todos os credores têm interessem em que o devedor se recupere e pague suas dívidas, mas cada um quer empurrar para os demais a conta da recuperação judicial.

---

[36] COELHO, Fabio Ulhoa. Comentários à lei de falências e de recuperação de empresas, p. 140.

No caso de divergências, caberá ao administrador judicial, à assembleia de credores e, em alguns casos, ao juiz, a tarefa de conciliar os interesses dos credores, buscando interpretar a vontade da maioria e adotando medidas que possam atender melhor o objetivo da recuperação da empresa em dificuldades.

4. Aspectos econômicos e sociais das medidas jurídicas introduzidas pela nova lei e a defesa dos interesses dos bancos

As alterações e as inovações trazidas pela nova lei, conforme já destacado neste artigo, buscam valorizar a função social da empresa e resgatar a sua importância econômica para a sociedade como um todo.

Assim, a nova lei mais do que regular juridicamente o processo de recuperação judicial, veio com a pretensão política de melhorar o cenário empresarial brasileiro, sob os aspectos social e econômico.

A instituição da recuperação judicial, por exemplo, como apontam Bezerra Filho[37] e Negrão,[38] buscou alcançar uma expansão nos créditos oferecidos no mercado, em face da maior garantia de recuperação das empresas, ao mesmo tempo em que tinha por objetivo econômico estimular a diminuição das taxas de juros em decorrência da redução dos riscos. Esses dois pontos, aumento do crédito e redução da taxa de juros, são tidos como fundamentais para o desenvolvimento econômico de um país e, se bem incentivados, podem acarretar benefícios sociais para toda a coletividade.

Além disso, as possibilidades das empresas, mesmo enfrentando situações adversas, recuperarem-se, certamente, busca conferir maior segurança jurídica ao mercado e às relações comerciais, podendo servir como um incentivo para aplicação de novos recursos financeiros.

Em consonância com esses objetivos políticos, a nova lei atribuiu, como já referido, um importante papel aos credores das empresas, especialmente aos bancos. O espírito da lei revela-se como tendente a buscar que a efetiva participação dos bancos nos processos recuperacionais venha a garantir a reorganização da empresa e, consequentemente, o atendimento aos objetivos da lei, sejam eles de ordem jurídica, social ou econômica.

É em decorrência desses objetivos que a LFR concedeu aos bancos certos privilégios, como prioridade nos pagamentos em caso de falência

---

[37] BEZERRA FILHO, Manoel Justino. *Lei de recuperação de empresas e falências:* comentada.
[38] NEGRÃO, Ricardo. *A eficiência do processo judicial na recuperação de empresa.*

da empresa recuperanda. Em contrapartida, o esperado é que os bancos continuem a operar com as empresas em recuperação, para facilitar a retomada de seus lucros.

Saddi,[39] compartilhando desse entendimento, destaca:

> Por isso, no intuito de propiciar maior interação dos bancos ao processo de recuperação judicial, não somente no fornecimento de novos empréstimos como também na tomada das decisões cabíveis, o legislador separou uma classe exclusiva para os possuidores de crédito com garantia real. Hoje, é notória a necessidade dos empréstimos oferecidos pelos bancos para a manutenção das atividades empresariais. Além disso, esta chamada *proteção* representa maior incentivo ao investidor, maior probabilidade de diminuição do *spread* bancário e conseqüente redução da taxa de juros para todo o mercado. Sendo hoje, os bens patrimoniais a principal garantia de crédito das instituições financeiras, e não a confiança pessoal, a segunda classe destina-se, basicamente, aos credores bancários.

Ainda como incentivo para que as instituições financeiras continuem operando com as empresas em recuperação judicial, o artigo 67 da LFR garante que novos financiamentos e empréstimos concedidos à empresa durante sua recuperação judicial serão considerados extraconcursais no caso de falência, não se submetendo à ordem de preferência no pagamento dos credores.

Além disso, os credores quirografários anteriores à recuperação judicial serão reclassificados como privilegiados, desde que continuem a conceder crédito à empresa em dificuldades. Isso aumenta a segurança dos fornecedores e dos agentes econômicos, em especial dos bancos, e os encoraja a continuarem a trabalhar com empresas em crise, o que os torna importantes fontes de recursos para essas empresas manterem-se em atividade e procurarem melhorar seu desempenho.

Nesse sentido, Coelho[40] dispõe que:

> A reclassificação dos créditos constituídos após a distribuição do pedido de recuperação judicial deve-se à importância deles para os objetivos desta. Mesmo frustrados esses – com a falta ou o insucesso do plano e a consequente decretação da falência –, há que se reconhecer que esses credores, ao abrirem crédito a empresário declaradamente em crise, deram decisiva colaboração para a tentativa de superação desta, assumindo riscos consideráveis. Sua atitude, em essência, iria favorecer todos os credores, caso vingasse a recuperação judicial.

Aliás, sobre os incentivos concedidos às instituições financeiras, Toledo,[41] relator do projeto da lei de recuperação de empresas em crise, de-

---

[39] SADDI, Jairo. Assembleia de Credores: um ano de experiência da nova Lei de Falências. Uma avaliação. *Revista de Direito Bancário e do Mercado de Capitais*, São Paulo, ano 10, n. 36, p. 214-223, abr./jun. 2007, p. 220.
[40] COELHO, Fabio Ulhoa. *Comentários à lei de falências e de recuperação de empresas*, p. 261.
[41] TOLEDO, Paulo F. C. Salles de; ABRÃO, Carlos Henrique (coord.). *Lei de Recuperação de Empresas e Falências*. 3.ed. rev. e atual. São Paulo: Saraiva, 2009, p. XLII.

monstra entusiasmo, destacando-os como fundamentais para o sucesso do instituto:

> Com esta revolução e o espírito da nova lei em vigor, as empresas que se encontrarem em recuperação judicial poderão gozar de crédito com mais certeza na devolução desses valores e adimplir, com isto, suas obrigações com mais segurança. Isto tudo representa, indubitavelmente, mais facilidade de recuperação.Dentro desse quadro, não emerge dúvida ou desconfiança de que será bem mais fácil carrear recursos no mercado a taxas de juros compatíveis com a crise e desenvolver a política de acesso sem tantas formalidades.

Por fim, outro incentivo conferido pela nova lei aos bancos é a proteção conferida aos créditos com garantia real. Esses, no caso de eventual falência, têm prioridade no pagamento. Essa é, sem dúvida, também, uma medida que procura estimular as instituições financeiras a concederem mais créditos independentemente da situação de crise da empresa.

No entanto, conforme passará a se demonstrar, na prática, esses incentivos não têm estimulado os bancos a continuarem a operar com empresas que tem o seu pedido de recuperação judicial deferido.

As empresas em recuperação ainda enfrentam muitas dificuldades para continuarem trabalhando e, especificamente, ainda sofrem muitas restrições para a realização de transações comerciais, tendo, em regra, negado o acesso a novos créditos.

4.1. A continuação da atividade empresarial

O espírito da nova lei, como já destacado em vários pontos deste trabalho, ao instituir a recuperação judicial, foi permitir que empresas viáveis pudessem superar situações de crise econômica ou financeira e manterem-se ativas no mercado.

Nesse sentido, Perin Junior,[42] no livro que escreveu sobre a preservação das empresas, destacou:

> Ao direito falimentar (de caráter eminentemente recuperatório) moderno compete, em um primeiro momento, a tarefa de regular juridicamente a eliminação ou a reorganização econômico-financeira de uma empresa segundo uma lógica de mercado, desenvolvendo o papel central aos credores, convertidos, por força da insolvência, em seus proprietários econômicos, e, mais importante, a busca da superação desse estado de desequilíbrio por sua humanização.

De certa forma, retomando o que já foi antes trabalhado, primeiramente, é preciso ressaltar que a lei não busca ser a salvação para todas as atividades empresariais que passam por dificuldades. Pelo contrário, antes de sua aplicação, deve ser feito um exame para verificar a real possibilidade de a empresa recuperar-se, bem como, previamente, deve-se

---

[42] PERIN JUNIOR, Ecio. *Preservação da empresa na Lei de Falências*. São Paulo: Saraiva, 2009, p. 142.

analisar se aquela empresa merece receber as benesses da lei para continuar operando. O processo de recuperação não tem natureza assistencialista, mas, como define Oliveira[43] "é um processo de minimização de perdas", em que tanto a empresa, como seus credores precisam ceder em alguns pontos em busca de um objetivo comum.

Somente depois desse exame de viabilidade, constatando-se ser o caso de aplicação da nova lei, é que se deve, daí sim, envidar esforços para que a empresa possa continuar operando, possa manter ou até mesmo gerar novos empregos e possa ser uma fonte de desenvolvimento para aqueles que com ela negociam.

A ideia da lei, desse modo, é promover uma intervenção na empresa logo nos primeiros sinais de crise, para evitar que o agravamento da situação possa levar a sua falência. Assim, busca-se sanear a situação econômica da empresa, preservando sua produção, mantendo os empregos que ela gera e garantindo o pagamento de todos os seus credores, mesmo que esses tenham que fazer algumas concessões, como por exemplo, conceder abatimentos, descontos nas taxas de juros, ou permitir o alongamento das dívidas, com a outorga de mais prazo para o seu pagamento.

Assim, para sanear a situação da empresa, espera-se a colaboração dos credores, em particular dos bancos. Abrão[44] destaca ser imprescindível a conjunção de esforços entre essas duas partes:

> Diante de tudo isso, razoável supor que sem investimentos e alocação de recursos, mediante a participação do setor bancário, as recuperações de grandes empresas apresentam dificuldades enormes e o risco de se internacionalizarem por força de fundos estrangeiros aportados. Fundamental, dentro desse pensamento, sinalizar a viabilidade de o sistema não impor riscos à preservação da empresa, quer na assembleia, quer por meio de medidas efetivas que implementem uma política de crédito capaz de alimentar os segmentos vitais da empresa. Elementar constatar que os investimentos de credores ou mesmo de bancos parceiros das empresas em crise com descontos de títulos, antecipações, e outras operações, todos esses fatores são preponderantes ao fluxo de caixa e formação do capital de giro indispensável à recuperação eficaz.

Nessa seara, Domingos,[45] quando trata dos princípios da recuperação judicial, evidencia que a continuidade da atividade empresarial foi o intento máximo do legislador, nestes termos:

> [...] editar um regramento que vise a real possibilidade do empresário ou da sociedade empresária em dificuldade de não se deixarem cair em bancarrota sem terem uma única chance de suspirarem e acreditarem numa legislação que os beneficiem e os ajudem.

---

[43] OLIVEIRA, Fátima Bayma de Oliveira (org.). *Recuperação de empresas:* uma múltipla visão da nova lei: Lei nº 11.101/05, de 09.02.2005.
[44] ABRÃO, Nelson. *Direito bancário*, p. 560.
[45] DOMINGOS, Carlos Eduardo Quadros. *As fases da recuperação judicial*, p. 78.

Assim, tendo a Lei 11.101/05 conferido maior importância à recuperação da empresa do que à recuperação dos créditos, por óbvio, esperou o legislador contar com a colaboração dos credores, que devem estar dispostos a fazer algumas concessões e, também, devem estar preparados para agir rapidamente, para prontamente responderem às questões recuperacionais de modo a atender às urgentes necessidades das empresas em dificuldades.

Abrão,[46] ao prosseguir no seu estudo sobre a nova lei, nesse ponto, afirma que sem o auxílio dos bancos e do poder econômico, os comandos jurídicos da legislação recuperacional ficam sem sentido:

> De nada adianta mirabolantemente prever a constituição de fundos, emissão de debêntures, ou dissimular o real estado da empresa, sem a entrada de recursos imediatos que estabilizem sua posição e normalizem as atividades, principalmente pagamento da folha salarial, dos fornecedores e demais encargos fundados na sobrevida da atividade.

Dessa forma, retoma-se a necessidade de encontrar-se um equilíbrio entre o interesse dos bancos em defenderem seus créditos e a dependência das empresas em recuperação do sistema bancário. Igualmente, pelo exposto, constata-se ser imprescindível que, além da empresa realizar um plano de recuperação exequível, ela possa continuar recebendo investimentos e recursos para prosseguir com sua plena atividade.

4.2. A posição dos bancos e o tratamento conferido às empresas em recuperação

Até o presente ponto, este trabalho procurou discorrer sobre as regras da Lei 11.101/05 no tocante ao processamento de uma recuperação judicial e, também sobre o seu espírito, ou melhor, sobre seus princípios e objetivos, quais sejam, efetivo reerguimento da empresa em dificuldade, manutenção dos empregos e satisfação dos credores. Agora, deixando em segundo plano os anseios da LFR, ver-se-á como, em regra, os bancos encaram as empresas em recuperação.

Os bancos são tidos como grandes apoiadores do desenvolvimento das empresas brasileiras, em especial das micro e pequenas empresas. Entretanto, suas sistemáticas de gestão de riscos também merecem destaque, fazendo com que, mesmo em épocas de crise, auxiliem na busca da estabilidade econômico-financeira nacional, em especial, auxiliando no controle dos índices de inadimplência do mercado.

Assim, apresenta-se uma aparente contradição, representada pela possibilidade de apoio às empresas em recuperação, com a manutenção

---
[46] ABRÃO, Nelson. *Direito bancário*, p. 562.

ou a concessão de novos créditos, em contraponto ao alto risco de perdas que esse negócio pode representar.

Essa contradição está envolta em vários fatores, entre os quais merecem destaque: o fato da política de crédito da maioria dos bancos ser bastante conservadora; o fato de a legislação sobre recuperação judicial ser recente e, por isso, ainda ter alguns resultados incertos; a dificuldade em analisar-se individualmente a situação de cada empresa, dentro de um universo com milhares de clientes; a ausência de funcionários especializados para tratar de todos os processos recuperacionais; e os prazos exíguos da LRF, que impedem, muitas vezes, uma análise mais aprofundada, ao menos, no momento inicial do processo.

A postura conservadora dos bancos no tratamento das empresas em recuperação justifica-se, ao menos inicialmente. Isso porque no momento da notícia da recuperação não há, ainda, via de regra, conhecimento pelos bancos da real situação da empresa e, principalmente, da viabilidade de sua recuperação.

Com relação aos demais fatores, que revelam questões técnicas, de análise da empresa e mesmo de acompanhamento de sua recuperação, algumas dificuldades existentes prejudicam não somente a possibilidade de auxiliar a empresa recuperanda, mas, especialmente, acabam por prejudicar a própria recuperação do capital investido pelos bancos. Isso se dá pelas dimensões da maioria das instituições bancárias brasileiras, as quais, mesmo com um grande número de funcionários, não conseguem manter equipes especializadas em todos os lugares em que uma empresa poderá vir a ingressar com um pedido de recuperação. Assim, muitas vezes, salvo casos de maior expressividade financeira, as análises feitas pelos bancários são superficiais, pela ausência de um conhecimento mais profundo sobre questões jurídicas, econômico-financeiras, contábeis ou administrativas.

Essa dificuldade acaba sendo comum a todas as grandes corporações bancárias, as quais, como dito, pelas suas dimensões, têm problemas para atender de forma individualizada cada caso concreto.

Os bancos precisariam, para suprir essa situação, adequar seus sistemas para serem capazes de, em tempo hábil, analisar cada caso concreto, estudar o histórico da empresa e verificar os motivos que a levaram à situação de crise, para, então, poder decidir por apoiar ou não a sua continuidade, em face dos resultados obtidos no estudo de sua viabilidade. Além disso, seria necessário o acompanhamento da empresa durante a execução do plano, que é, também, o período em que os bancos estão recebendo os pagamentos pelos créditos incluídos na recuperação judicial.

Nesse ponto, destaca-se, ainda, que a multi-disciplinaridade de conhecimentos exigível pela lei é difícil de ser encontrada até mesmo entre os profissionais que atuam na área falimentar. Bezerra Filho,[47] tratando desse tema, observa que:

> Também no sistema da nova Lei, a recuperação, apesar de se tratar de um procedimento judicial, ainda assim tem um substrato de caráter marcadamente econômico, mais que jurídico. Tanto é assim que a própria OAB está se preparando para rever suas recomendações e passar a permitir que escritórios de advocacia tenham, entre seus componentes, economistas e administradores, sem o que não haverá condições de se conduzir um procedimento de recuperação.

No mesmo sentido, Negrão[48] descreve que o próprio judiciário precisa adequar-se às exigências técnicas trazidas pela nova lei:

> Tal qual se dava nos pedidos de concordata preventiva, a demora na tramitação é uma realidade previsível, mercê das deficiências próprias da organização judiciária brasileira e das dificuldades em prover técnica e tecnologicamente os tribunais competentes para o conhecimento de causas falimentares.

Na verdade, conforme exposto pelos autores, para analisar a viabilidade de uma empresa recuperar-se e mesmo para poder acompanhar a elaboração e a execução de um plano recuperacional, o indicado seria conjugarem-se conhecimentos jurídicos com conhecimentos de economia e administração de empresa, além de experiências referentes ao mercado e sua conjuntura.

Por fim, até mesmo as dificuldades em ter acesso aos documentos da empresa, ou à falta ou coerência das informações por ela divulgadas, são prejudiciais à participação dos bancos nos processos. Os quais, além disso, como os demais credores, têm prazos exíguos para manifestarem-se, sob pena de ter que se habilitar como credores retardatários e sofrer as consequências desse fato, como não poderem participar das assembleias gerais. O prazo de quinze dias para manifestações ao administrador judicial ou de dez dias para impugnações à relação de credores são certamente escassos para as análises sobre todos os aspectos envolvidos em uma recuperação judicial, principalmente quando não se possui todos os elementos necessários ou quando não se tem um conhecimento mais aprofundado sobre o assunto.

Em suma, pode-se concluir dizendo que os fatores apontados dificultam uma análise rápida e aprofundada de uma recuperação judicial por parte dos bancos, os quais, nos prazos da lei, precisam ter acesso aos documentos da empresa e do processo, analisar sua situação econômico-financeira, verificar a viabilidade de execução do plano proposto, cogitar a possibilidade de propor alterações nesse plano, ou mesmo de

---

[47] BEZERRA FILHO, Manoel Justino. *Lei de recuperação de empresas e falências:* comentada, p. 42.
[48] NEGRÃO, Ricardo. *A eficiência do processo judicial na recuperação de empresa,* p. 198.

apresentar plano alternativo e, logicamente, definir estratégias para a recuperação de seus créditos, propondo eventuais medidas administrativas ou judiciais.

Assim, com todos esses afazeres, passa a ser lógico que os esforços dos funcionários dos bancos concentrem-se muito mais nas tentativas de recuperar ou preservar seus haveres, do que propriamente no apoio à atividade empresarial em crise.

4.3. A especialização como forma de aperfeiçoar o sistema

A principal alternativa para superar essa contraposição de interesses entre empresas em recuperação e credores bancários parece ser uma especialização do sistema, isto é, um maior desenvolvimento do instituto da recuperação judicial, que possa fazer com que agentes especializados no acompanhamento de casos práticos possam vislumbrar soluções capazes de auxiliar tanto às empresas a superarem suas dificuldades, quanto aos bancos a investirem com menor risco.

Dessa forma, por exemplo, seria importante que os bancos mantivessem equipes especializadas em acompanhar processos de recuperação judicial de forma mais direta. Não agindo apenas de forma reativa, mas estando em contato constante com a empresa e seus administradores, se possível, desde os primeiros sinais de crise, antes mesmo do ajuizamento da recuperação. Essas equipes poderiam, trabalhando ao lado das empresas, auxiliá-las nas análises sobre cenário econômico-financeiro, sobre as formas de sua atuação e mesmo sobre a sua viabilidade.

Oliveira,[49] estudando essa questão sobre um outro aspecto, argumenta que os bancos detêm formas de auxiliar as empresa, inclusive, a evitarem dificuldades:

> Os bancos credores são igualmente agentes desse processo e exercem um papel de extrema importância na prevenção e na solução dos problemas que se impõem para as empresas suas clientes. Possuem um corpo profissional especializado e mais bem preparado na identificação dos sinais de alerta. Podem ajudar muito na prevenção de problemas, interagindo com seus clientes de forma proativa, exigindo das empresas-clientes a confecção periódica de diagnósticos independentes.

No entanto, apesar de em sua estrutura técnica e econômica os bancos terem condições de melhor auxiliar as empresas em recuperação judicial, ou mesmo de melhor avaliar seus planos, até mesmo para a defesa de seus próprios interesses, esses mecanismos nem sempre são utilizados e dificilmente estão ao alcance dos funcionários das bases, que são aqueles que lidam com empresas consideradas de menor porte, mas que

---

[49] OLIVEIRA, Fátima Bayma de Oliveira (org.). *Recuperação de empresas:* uma múltipla visão da nova lei: Lei nº 11.101/05 de 09.02.2005, p. 16.

também desempenham papel importante na economia brasileira e, claro, no próprio resultado dos bancos.

Assim, seria necessário qualificar um maior número de funcionários, disseminando a cultura de preservação da atividade empresarial introduzida pela nova lei de recuperação e facilitando o rápido atendimento e tratamento conferido às empresas clientes que ingressam com pedidos de recuperação. Esse atendimento, certamente, além de auxiliar as empresas, permitiria uma melhor recuperação dos créditos investidos pelos bancos.

No que concerne à defesa dos interesses das instituições financeiras, equipes especializadas poderiam articular-se desde o início com o administrador judicial para que os créditos dos bancos fossem devidamente listados já nas primeiras publicações, seja quanto aos seus valores, seja quanto à sua classificação. Afinal, a correta discriminação dos créditos evitaria a promoção de medidas judiciais, como as habilitações ou as divergências de crédito e as impugnações ao plano de recuperação ou ao quadro de credores.

Da mesma forma, uma rápida e pontual intervenção dos bancos, evitaria que fosse proposta uma habilitação retardatária, que é aquela feita após os prazos previstos pela LRF. Nesse ponto, Negrão[50] ressalta que o credor que promove sua habilitação de forma retardatária é prejudicado, sofrendo vedações de ordem política e fiscal. O efeito político é decorrência da vedação ao exercício do direito de voto na assembleia geral de credores, até que seu crédito seja incluído no quadro-geral de credores (artigo 10, § 1º). Já o efeito fiscal refere-se à obrigação do credor retardatário recolher as custas judiciais da ação incidental de habilitação de crédito (artigo 10, § 3º).

A especialização, entretanto, não deve ser restrita aos bancos. Seria interessante, também, que as empresas estivessem bem assessoradas quanto ao procedimento da recuperação e que respeitassem os seus princípios. Os diretores ou representantes da empresa deveriam, por exemplo, ao ingressar com o pedido de recuperação ter total consciência de sua situação, ter convicção de que tem condições de, passando por um processo de reorganização, manterem-se atuantes e, também, terem desde já uma projeção do plano que pretendem apresentar e da existência de boas probabilidades de que o mesmo possa vir a ser cumprido.

É fundamental, ainda, que as empresas possibilitem aos credores participarem de sua recuperação, fazendo com que o processo venha a ser conhecido por todos os interessados.

---

[50] NEGRÃO, Ricardo. *Manual de direito comercial e de empresa.*

Nesse sentido, Negrão[51] critica o fato de as empresas não apresentarem relatórios detalhados de sua real situação econômico-financeira quando do pedido da recuperação, o que dificulta a análise dos credores sobre a sua viabilidade:

> Não há no direito brasileiro um procedimento de verificação do real estado dos negócios do devedor, nem se exige apresentação de um relatório circunstanciado do administrador judicial ou outro documento idôneo, imparcial, que forneça aos credores informação indispensáveis às deliberações que se seguirem acerca dos destinos da empresa devedora.

Na verdade, segundo o autor, a lei brasileira não incentiva o fornecimento de adequada informação aos credores, os quais, se desejarem aprofundar-se no exame da situação econômico-financeira do devedor e da viabilidade de seu plano de recuperação, e seria aconselhável que o fizessem, somente o farão com elevados custos individuais.

A ausência dessas informações impede, por exemplo, a apresentação pelos credores de plano alternativo de recuperação judicial, uma faculdade que lhes é aberta pela LRF e que, pela falta de informações, é muito pouco utilizada.

Por fim, como já comentado anteriormente, a necessidade de maior especialização para o acompanhamento de processos recuperacionais atinge, também, os advogados que atuam nessa área, e o Judiciário, que já vem criando em algumas cidades, poucas ainda, varas especializadas em falência e recuperação.

4.4. A conciliação de interesses

No entanto, apesar de todas as dificuldades apontadas, acredita-se que é possível sim conciliar os interesses dos empresários e de seus credores e, mais do que isso, que é possível que, com a aplicação da lei a um maior número de casos concretos que provoquem um maior debate sobre sua utilização, o próprio instituto da recuperação possa vir a ser reconhecido como válido, eficaz e importante para o cenário jurídico e econômico brasileiro.

Essa conquista, conforme escreve Saddi,[52] no entanto, passa por uma mudança cultural:

> Não será fácil mudar anos de cultura contrária ao consenso. A sociedade brasileira ainda é um produto do sistema capitalista em desenvolvimento, no qual a visão individualista deturpa a necessidade coletiva, que muitas vezes é superior, em termos de resultado e valor ao negócio. O fato de inexistir um denominador comum entre as soluções e deci-

---

[51] NEGRÃO, Ricardo. A eficiência do processo judicial na recuperação de empresa, p. 153.

[52] SADDI, Jairo. Assembleia de Credores: um ano de experiência da nova Lei de Falências. Uma avaliação. *Revista de Direito Bancário e dô Mercado de Capitais*, São Paulo, ano 10, n. 36, p. 214-223, abr./jun. 2007, p. 223.

sões ditadas pelos credores presentes é a maior lição que se pode depreender da lei, que agora comemora um ano: Oxalá possamos aprender, nos anos que ainda virão da prática da atual lei, a transigir mais, a ceder e negociar mais para podermos encontrar o melhor resultado.

É lógico que mudanças culturais não acontecem de uma hora para outra, nem são produzidas apenas com a publicação de uma lei. Assim, a mudança de paradigmas trazida pela Lei 11.101/05 apenas começou com a sua entrada em vigência, visto que as mudanças práticas mais abrangentes, como a que alterou o foco do processo falimentar da análise do interesse privado do credor, para o interesse coletivo da empresa e sua função social, estão sendo construídos diariamente, com o trabalho dos estudiosos e dos aplicadores do Direito e, claro, da classe empresarial.

Além disso, para o sucesso da nova lei, é preciso, também, buscar-se a já proclamada neste trabalho comunhão ou conjunção de esforços em torno da recuperação da empresa. Nas palavras de Abrão:[53]

> Efetivamente a atual legislação que destaca a viabilidade da empresa deve ter uma solidariedade maior do interesse público na sua salvaguarda, daí por que seus credores, especificamente os bancos, não podem exercer pressão para simples recebimento ou provisionamento dos créditos, mas visar manutenção dos empregos, da fonte produtora, da arrecadação e sobretudo da permanência da atividade empresarial.

Esse é o ideal buscado pela Lei 11.101/05, evitar a dissolução de empresas viáveis com a colaboração de seus credores. No entanto, o incentivo para uma maior participação dos credores, principalmente os bancários, ainda depende de uma maior aplicação prática da lei. Afinal, apesar de sua difusão, várias questões sobre a lei ainda estão em aberto nos tribunais, bem como, conforme se demonstrou, ainda não há nos Bancos um número suficiente de funcionários especializados no acompanhamento dos processos recuperacionais.

Uma das questões ainda muito debatidas da nova lei e que demonstra a necessidade de conciliarem-se os interesses da empresa e dos bancos é a celeuma em torno da chamada trava bancária, a qual é destacada por Perin Junior.[54]

A trava bancária é a indisponibilidade de valores da empresa devedora em recuperação judicial em uma conta que é administrada pela instituição financeira credora, com base em um contrato firmado anteriormente ao pedido de recuperação. Os bancos buscam afastar os valores dessa conta dos efeitos da recuperação judicial por força do § 3º do artigo 49 da LRF, que exclui da recuperação os créditos do proprietário

---

[53] ABRÃO, Nelson. *Direito bancário*, p. 558.
[54] PERIN JUNIOR, Ecio. A polêmica trava bancária e a Lei de Falências. *Valor econômico*. São Paulo, 07/07/2011. Disponível em: <http://www.valor.com.br/arquivo/897133/polemica-trava-bancaria-e-lei-de-falencias>. Acesso em 03 out. 2011.

fiduciário de bens móveis. Por outro lado, os empresários entendem que sem esses recursos não têm condições de superar a situação de crise, pois eles representam parte significativa do fluxo de caixa das empresas.

Trata-se de uma situação que claramente coloca empresa e bancos em lados opostos e que, como ainda não está pacificada na jurisprudência, tem dado margem a muitas discussões. O que se pode esperar é que nesse caso, assim como em outros similares, o Poder Judiciário possa conciliar os interesses das partes, ao mesmo tempo em que as partes também possam fazer algumas concessões para encontrar um equilíbrio que acabe sendo vantajoso para elas e, também, para toda coletividade.

Assim, acredita-se que, com o tempo, a própria prática demonstre ser possível a mudança cultural almejada pela lei, com a confirmação de que é viável recuperar-se empresas em crise com a colaboração dos credores e que isso não necessariamente importa em perdas para os mesmos. Pelo contrário, o que os bancos principalmente almejam é que o instituto da recuperação judicial funcione como uma forma eficaz de recuperarem seus créditos e, também, de manterem um cliente ativo, um parceiro nos negócios atuando no mercado e, de forma indireta, colaborando para a solidez de toda a economia nacional.

É importante destacar, por fim, que apesar das dificuldades, a nova lei já fez com que o número de pedidos deferidos de recuperações judiciais venha crescendo, enquanto o número de falências decretadas venha diminuindo, conforme dados do Serasa Experian.[55] Mesmo assim, os números de pedidos de recuperação judicial no Brasil ainda são pequenos, diante do que poderia ser esperado quando da publicação da lei e, também, ainda se concentram nos grandes centros, que são, justamente, aqueles aonde existem varas especializadas, o que é um fator facilitador do desenvolvimento desses processos e deve ter sua ampliação incentivada.

De qualquer forma, a aplicação da lei, nos poucos casos em que já foi possível acompanhar o prazo de execução do plano, mostrou ser possível efetivamente recuperar-se uma empresa. Esses primeiros exemplos, certamente, podem servir como incentivo para que outras empresas optem por essa solução em casos de crises econômicas e, também, para que os credores acreditem na sua possibilidade real de recuperação.

4. Considerações finais

A introdução do instituto da recuperação judicial no ordenamento jurídico brasileiro pela Lei 11.101/05 representou um avanço no direito

---

[55] SERASA, *IndicadorSERASA Experian de falências e recuperações*. Disponível em: <http://www.serasaexperian.com.br/release/indicadores?falencias_concordatas.htm>. Acesso em 20 ago. 2011.

falimentar por trazer uma nova maneira de vislumbrar e de tratar as empresas em dificuldades. A nova lei inseriu uma verdadeira mudança de paradigmas a partir do momento que, em consonância com os princípios introduzidos pela Constituição Federal de 1988 e pelo novo Código Civil, deu preponderância à recuperação e manutenção da atividade empresarial em detrimento a simples recuperação de créditos ou à defesa de interesses privados.

A nova lei trouxe como ideais a preservação da empresa, a manutenção e a geração de empregos e a continuidade de situações que beneficiem a uma determinada comunidade. Além disso, a LRF permitiu aos credores acompanharem e participarem de todo o processo de recuperação da empresa, como forma de auxiliar na efetividade desse processo e, também, como forma de lhes possibilitar a retomada dos valores investidos.

Do ponto de vista prático, a nova lei, para alcançar seus objetivos, definiu uma série de medidas, normatizando o procedimento recuperacional desde o seu pedido pela empresa, passando pela elaboração do plano, com a descrição de meios sugestivos para serem utilizados como formas de possibilitar a reestruturação da atividade, chegando até a fase de execução do plano, a qual permite que, ao seu final, seja a empresa declarada como realmente recuperada.

Em todos esses procedimentos, a LRF, como já referido, incentivou a participação dos credores. Os legisladores, certamente, já sabiam que sem a colaboração efetiva dos credores, em especial dos fornecedores e dos bancos, a empresa terá muitas dificuldades em continuar operando e, assim, conseguir reencontrar o equilíbrio necessário para sobreviver no mercado.

Nesse ponto, foram destacados no presente trabalho os incentivos concedidos pela nova lei especialmente aos credores bancários, fundamentais para o crescimento e para a sobrevivência de qualquer atividade comercial.

Além disso, ressaltou-se que, mesmo priorizando a função social da empresa e a necessidade dos credores bancários colaborarem com sua preservação, a lei não ignorou o fato de que os bancos exercem atividades lucrativas e, por isso mesmo, necessitam, em primeiro lugar, evitar prejuízos e recuperar eventuais perdas.

Assim, essa situação coloca-se como central da nova lei, no momento em que define de um lado as empresas que buscam recuperar-se e, de outro, os bancos que procuram reaver os valores emprestados. No entanto, os objetivos maiores da lei são os de resolver essa aparente contraposição e conciliar esses interesses que não são opostos, mas que precisam, na verdade, se complementar.

Afinal, interessa aos bancos recuperar os valores investidos, mas interessa, também, manter as empresas como parceiras de negócios, aptas a movimentar a economia e a auxiliar no desenvolvimento econômico do país.

Isso porque, como apontado no decorrer do presente trabalho, o que se deve é buscar alcançar um ponto de equilíbrio entre os interesses da empresa em recuperação, com a aplicação dos princípios introduzidos pela LRF, e os interesses dos bancos em recuperar seus créditos e conferirem, dessa forma, maior solidez e confiabilidade ao mercado de crédito bancário.

Devido à complexidade do tema proposto, o escopo do presente estudo não foi o de encontrar uma solução para a questão proposta, nem o de encerrar o assunto. A proposta, que se espera tenha conseguido alcançar, foi a de realizar um estudo sobre o instituto da recuperação judicial, em especial na parte relacionada à efetividade da participação dos credores no seu acompanhamento e desenvolvimento.

Como já expresso, qualquer pretensão conclusiva sobre o assunto não seria possível, mas se abre caminho para novos estudos, os quais poderão, por exemplo, abordar a questão sob um aspecto mais prático, ao passo que novas questões estão surgindo e passam a, cada vez mais, movimentar os tribunais brasileiros.

Por fim, como mensagem final, o que já está claro e pode ter aplicação imediata é o desejo da lei de, por meio da aplicação de normas jurídicas, ver a conjunção de esforços entre empresa e bancos tornar-se efetiva e possibilitar um crescimento econômico, com reflexos políticos e sociais para toda a coletividade.

Referências bibliográficas

ABRÃO, Nelson. *Direito bancário*. 11.ed. rev., ampl. e atual. de acordo com o Código Civil e o Código de Defesa do Consumidor, por Carlos Henrique Abrão. São Paulo: Saraiva, 2008.

ALMEIDA, Amador Paes. *Curso de falência e recuperação de empresa*: de acordo com a Lei 11.101/2005. 24.ed.rev. e atual. São Paulo: Saraiva, 2008.

BERTOLDI, Marcelo M.; RIBEIRO, Márcia Carla Pereira. *Curso avançado de direito comercial*. 5.ed. rev. e atual. São Paulo: Revista dos Tribunais, 2009.

BEZERRA FILHO, Manoel Justino. *Lei de recuperação de empresas e falências:* comentada. 6.ed. rev. e atual. São Paulo: Revista dos Tribunais, 2009.

BRASIL. Congresso Nacional. Constituição Federal, de 05 de outubro de 1988. *Diário Oficial da União*, Brasília, DF, 05 out. 1988. Disponível em: <http://www.planalto.gov.br/ccivil_03/constituicao/constituicao.htm>. Acesso em: 22 jun. 2011.

———. Congresso Nacional. Decreto-Lei nº 7.661, de 21 de junho de 1945. *Diário Oficial da União*, Brasília, DF, 31 jun. 1945. Disponível em: http://www.planalto.gov.br/ccivil_03/Decreto-Lei/Del7661.htm. Acesso em: 22 jun. 2011.

———. Congresso Nacional. Lei nº 4.595, de 31 de dezembro de 1964. *Diário Oficial da União*, Brasília, DF, 31 jan. 1965. Disponível em: < http://www.planalto.gov.br/ccivil_03/leis/L4595.htm>. Acesso em: 26 out. 2011.

———. Congresso Nacional. Lei nº 11.101, de 09 de fevereiro de 2005. *Diário Oficial da União*, Brasília, DF, 09 fev. 2005. Disponível em: < http://www.planalto.gov.br/ccivil_03/_ato2004-2006/2005/lei/l11101.htm>. Acesso em: 22 jun. 2011.

COELHO, Fabio Ulhoa. Comentários à lei de falências e de recuperação de empresas. 8.ed. São Paulo: Saraiva, 2011.

———. *Princípios do direito comercial:* com anotações ao projeto de código comercial. São Paulo: Saraiva, 2012.

———. *Manual de direito comercial:* direito de empresa. 22.ed. São Paulo: Saraiva, 2010.

DOMINGOS, Carlos Eduardo Quadros. *As fases da recuperação judicial.* Curitiba: J.M. Livraria Jurídica, 2009.

FAZZIO JÚNIOR, Waldo. *Nova lei de falência e recuperação de empresas.* 3.ed. rev. e ampl. São Paulo: Atlas, 2006.

LAZZARINI, Alexandre Alves. A recuperação judicial de empresas: alguns problemas na sua execução. *Revista de Direito Bancário e do Mercado de Capitais*, São Paulo, ano 10, n. 36, p. 93-106, abr./jun. 2007.

MACHADO, Rubens Approbato (coord.). *Comentários à Nova Lei de Falências e Recuperação de Empresas.* São Paulo: Quartier Latin, 2005.

NEGRÃO, Ricardo. A eficiência do processo judicial na recuperação de empresa. São Paulo: Saraiva, 2010.

———. *Aspectos objetivos da lei de recuperação de empresas e de falências:* Lei n. 11.101, de 9 de fevereiro de 2005. 2.ed. rev. e atual. São Paulo: Saraiva, 2008.

———. *Manual de direito comercial e de empresa.* Vol. 3 – Recuperação de empresas e falência. 6.ed. São Paulo: Saraiva, 2011.

OLIVEIRA, Fátima Bayma de Oliveira (org.). *Recuperação de empresas:* uma múltipla visão da nova lei: Lei nº 11.101/05 de 09.02.2005. São Paulo: Pearson Prentice Hall, 2006.

PACHECO, José da Silva. *Processo de recuperação judicial, extrajudicial e falência:* em conformidade com a Lei 11.101/05 e a alteração da Lei 11.127/05. Rio de Janeiro: Forense, 2006.

PERIN JUNIOR, Ecio. A polêmica trava bancária e a Lei de Falências. *Valor econômico.* São Paulo, 07/07/2011. Disponível em: <http://www.valor.com.br/arquivo/897133/polemica-trava-bancaria-e-lei-de-falencias>. Acesso em 03 out. 2011.

———. Preservação da empresa na Lei de Falências. São Paulo: Saraiva, 2009.

SADDI, Jairo. Assembleia de Credores: um ano de experiência da nova Lei de Falências. Uma avaliação. *Revista de Direito Bancário e do Mercado de Capitais*, São Paulo, ano 10, n. 36, p. 214-223, abr./jun. 2007.

SERASA, *IndicadorSERASA Experian de falências e recuperações.* Disponível em: <http://www.serasaexperian.com.br/release/indicadores?falencias_concordatas.htm>. Acesso em 20 ago. 2011.

SILVA, Rodrigo Alberto Correia da. Credores precisam ser atuantes em recuperação. *Consultor Jurídico*, São Paulo, fev. 2010. Revista Consultor Jurídico. Disponível em: <http://www.conjur.com.br/2010-fev-25/credores-atuantes-recuperacao-judicial-empresas>. Acesso em 03 out. 2011.

TADDEI, Marcelo Gazzi. Os primeiros cinco anos da recuperação judicial no país: dificuldades e controvérsias. *Jus Navigandi*, Teresina, ano 16, n. 2770, 31 jan. 2011. Disponível em: <http://jus.uol.com.br/revista/texto/18380>. Acesso em: 03 out. 2011.

TOLEDO, Paulo F. C. Salles de; ABRÃO, Carlos Henrique (coord.). *Lei de Recuperação de Empresas e Falências*. 3.ed. rev. e atual. São Paulo: Saraiva, 2009.

— 5 —

As instituições financeiras e o meio ambiente: a corresponsabilidade civil por danos ambientais e a adequação dos contratos bancários ao direito ambiental[1]

CAROLINA PRADO DA HORA[2]

Sumário: 1. Introdução; 2. Da responsabilidade civil ambiental; 2.1. Escorço histórico da responsabilidade civil ambiental; 2.2. Do dano ambiental; 2.3. Aspectos gerais da responsabilidade civil ambiental; 2.4. Teorias do risco; 3. Da corresponsabilidade civil das instituições financeiras por danos ambientais; 3.1. Fundamentos legais; 3.2. Limites da responsabilidade; 3.3. Instrumentos processuais; 4. Da adequação dos contratos bancários ao direito ambiental; 4.1. Resolução do conflito aparente de direitos fundamentais: binômio meio ambiente e economia; 4.2. Influência das políticas públicas ambientais nos contratos; 4.2.1. Protocolo verde; 4.2.2. Princípios do Equador; 4.3. Variável ambiental como balizadora dos contratos; 4.4. Aplicação da variável ambiental nos contratos; 5. Considerações finais; Referências bibliográficas.

1. Introdução

Em um mundo onde a poluição e a degradação ambiental são tristes e alarmantes realidades, e suas consequências podem ser sentidas nos mais diversos recantos do planeta e das mais diversificadas formas, este trabalho vem colaborar com aqueles que lutam pelo meio ambiente ecologicamente equilibrado e saudável, trazendo à luz dos estudos acadêmicos um tema pouco explorado pela doutrina e jurisprudência pátria. Trata-se da corresponsabilidade civil das instituições financeiras por danos ambientais e a adequação dos contratos bancários ao Direito Ambiental.

Importa, primeiramente, informar que neste trabalho a expressão "contrato" é utilizada como qualquer espécie de instrumento de crédito/financiamento.

---

[1] O presente artigo foi apresentado no Programa de Ascensão Profissional da Diretoria Jurídica do Banco do Brasil, como requisito para a nomeação do cargo de Analista Jurídico B, atual Assessor Jurídico II, em junho de 2013.

[2] Advogada. Especialista em Direito Público pelo IMED/ESMAFE.

Com o objetivo de elucidar o tema, este estudo aborda questões atinentes à responsabilidade civil, danos ambientais, proteção ao meio ambiente, além dos diversos outros pontos relativos ao Direito Civil, Administrativo e Constitucional.

A partir de pesquisas baseadas em doutrina, jurisprudência, legislação, documentos da Internet, relatórios, informações e normativos bancários, é analisada a matéria de modo a demonstrar a possibilidade de responsabilização civil dos bancos por danos ambientais causados por seus financiamentos, bem como os limites dessa responsabilidade, os instrumentos processuais e legitimidade para apurá-la, desvendar as teorias do risco, estudar e identificar conceitos relevantes ao tema, além de ressaltar a importância da prevenção do ambiente natural, o papel dos bancos nesse diapasão, como agentes das políticas públicas e a possibilidade da celebração de contratos que prevejam e exijam estudos ambientais em suas cláusulas como prevenção a possíveis danos.

A relevância do tema está não apenas na simples pesquisa acadêmica. Vai muito além, haja vista que a garantia de um *habitat* saudável para as diversas formas de vida do planeta representa a continuidade dessas vidas presentes e a possibilidade das futuras, e também a garantia da existência do próprio planeta.

A Carta Magna não deixa dúvidas quanto ao dever da coletividade de preservar o meio ambiente e de primar pela conservação da vida. Ademais, coloca em destaque o papel da educação ambiental como meio mais eficaz de mudança de mentalidade dos povos, criando uma cultura social que valorize e preserve o meio ambiente.

Muitos foram os anos nos quais a natureza foi vista como fonte inesgotável de recursos para os desejos humanos. Uma ideologia capitalista dominava a sociedade, no qual o importante era o lucro em detrimento de todo resto. Embora a preocupação ambiental date dos primórdios da humanidade, há pouco se tomou consciência do papel essencial do meio ambiente na vida humana, e de que seu uso inadequado causa danos irreversíveis.

Aos poucos, a consciência ecológica vem ganhando campo nos estudos econômicos e jurídicos. A interdisciplinaridade e o acesso às mais modernas descobertas e informações fazem com que as pessoas fiquem mais esclarecidas da necessidade de se substituir o modelo de desenvolvimento puramente capitalista por um modelo ambientalmente correto.

Nesse contexto sociocultural de profundas mudanças ideológicas, esta análise desenvolve tema de vital importância, pois ao se discutir a responsabilidade civil das instituições financeiras por danos ambientais causados por terceiros por ela financiados e a adequação ambiental dos contratos, colabora para alertar acerca do grande problema ambiental mundial, reforçando a imagem dos bancos como instrumentos de fiscalização da lei e agentes de preservação ambiental.

Portanto, a mudança precisa vir de todos os setores sociais. Como não podia ser diferente, o setor financeiro, responsável pelos rumos da economia, além de poder ser responsabilizado por projetos financiados ao arrepio da lei e das normas ambientais, cumpre uma importante função de fomentador dos projetos ambientalmente corretos, colaborando para que se alcance o tão almejado desenvolvimento sustentável. Além disso, implantou-se no mercado financeiro a premissa da responsabilidade socioambiental e a preocupação de manter com seu público interno e externo relações ecologicamente equilibradas.

O desenvolvimento sustentável, indubitavelmente, deve pautar a conduta da sociedade contemporânea para a garantia de um planeta melhor no presente e a possibilidade de existência futura.

Por todas as razões acima apresentadas, o tema foco desse trabalho tem vital importância para toda a sociedade, uma vez que esta é incumbida constitucionalmente de preservar o meio ambiente e fiscalizar a aplicação da legislação ambiental.

2. Da responsabilidade civil ambiental

2.1. Escorço histórico da responsabilidade civil ambiental

A preservação do meio ambiente não é um assunto atual. Desde os mais remotos tempos, o homem preocupa-se com os assuntos ambientais, pois a garantia da vida depende do equilíbrio ambiental.

Assim, a responsabilidade civil ambiental está intimamente ligada à necessidade de resguardar o meio ambiente do crescimento e desenvolvimento das atividades humanas, possibilitando a sadia qualidade de vida presente e futura.

Entretanto, embora já houvesse a preocupação, o homem não entendia e não conseguia enxergar os danos que a utilização irracional dos recursos naturais podia trazer. Era a época da Revolução Industrial, quando houve o desenvolvimento de tecnologia para produção em massa, a sociedade do lucro e do capital. O capitalismo recém-criado não tinha freios, e a ciência ainda incipiente não tinha subsídios para embasar suas pesquisas.

Mesmo com o passar de séculos, o pensamento liberal advindo do capitalismo não levava em consideração a questão ambiental. O desenvolvimento econômico falava mais alto. A teoria do Estado mínimo impedia que este tivesse uma posição mais firme perante os danos. Acrescente-se, ainda, ao trágico quadro, a defesa incondicional da propriedade privada. A legislação e a jurisprudência eram completamente desprovidas de consciência ambiental.

A consequência de tudo isso foi uma grande degradação ambiental em termos mundiais. A situação era tão grave que se tomou consciência da necessidade de responsabilizar os causadores dos danos, para que estes pudessem ser reparados o mais rapidamente possível, de modo adequado e integral, pois se temia pela irreversibilidade da situação que comprometeria a vida na Terra. No Brasil não foi diferente. Houve um imenso período em que se deixou de lado o problema ambiental em nome do progresso econômico. O quase desaparecimento de espécies nativas, da Mata Atlântica, a quase extinção de alguns animais e os problemas advindos do crescimento urbano descontrolado alertou para uma urgente intervenção do Estado na área, criando leis que regulassem o uso dos recursos naturais e desse à propriedade privada uma função social. Assim, em um curto período de tempo, o Brasil, procurando compensar a grande permissividade quanto à questão ambiental, saiu da completa falta de previsão na legislação para um sistema legal de proteção ambiental que é um dos mais evoluídos do mundo.

Dessa forma, a proteção ao meio ambiente foi internalizada por diversas leis, instituindo a responsabilidade tríplice em relação aos danos ambientais, isto é, o poluidor responde nas esferas civil, penal e administrativa, cumulativamente.

2.2. Do dano ambiental

O dano é pressuposto fundamental da responsabilidade civil, uma vez que não há o que se indenizar se não houver prejuízo. Logo, pode ser definido como lesão originada por certo evento, a um bem ou interesse jurídico de outrem, com ou sem valor econômico.

O dano ambiental tem características que o distinguem das outras espécies de danos do Direito brasileiro, por isso o legislador preferiu não conceituá-lo. Trata-se de um conceito muito mais amplo, que afeta toda a coletividade, suas consequências ultrapassam os limites das relações jurídicas de direito privado, pois não há vítimas isoladas, e sim difusas, assim como as origens danosas. Ocorre quando se extrapola o padrão de segurança, havendo lesão do equilíbrio natural.

Outras características peculiares do dano ambiental referem-se à difícil reparação, pois na maioria dos casos é impossível atingir ao *status quo ante* e a mera reparação pecuniária não é suficiente para recompor o dano; e à difícil valoração, que por si só já é uma consequência da característica anterior, uma vez que é tarefa árdua estabelecer financeiramente o valor e a extensão do dano.

A Lei da Política Nacional do Meio Ambiente (Lei nº 9.638/81) traz, apenas, em seu art. 3º, no inciso III, a definição de degradação e poluição, ou seja, a alteração adversa das características do meio ambiente. Por conseguinte, a degradação e a poluição fazem parte do dano.

O pressuposto básico é a gravidade do ato, que pode trazer prejuízos patrimoniais ou extrapatrimoniais, não importando se o risco é permanente ou não. Todavia, cabe ressaltar que o dano é uno, sendo essa natureza patrimonial ou não um apenas de seus efeitos.

Para fins de compreensão podemos classificar o dano ambiental sob três prismas: quanto à amplitude do bem protegido, quanto ao titular da reparação e aos interesses jurídicos protegidos e quanto à extensão e ao interesse objetivado.

Quanto à amplitude do bem protegido temos: o dano ecológico, que é aquele que atinge somente alguns elementos do ecossistema; o dano ambiental, que consiste em todo aquele que atinge os elementos naturais como também o patrimônio cultural e artificial, formadores do meio ambiente; e o dano individual ambiental, reflexo ou ricochete, que recai sobre o patrimônio ambiental, atingindo indiretamente interesses individuais.

No que se refere ao titular da reparação dos danos, pode ser destinada tanto a um particular, que sofreu com o dano indireto, quanto à coletividade. Quando recair sobre interesses individuais, a ação é de indenização por perdas e danos. Atingindo interesses difusos e coletivos, caberá a propositura de Ação Civil Pública, conforme disposto no art. 1º da Lei 7.347/85, sendo legitimados o Ministério Público, as autarquias, as empresas públicas, as fundações, as sociedades de economia mista e algumas associações. Também ao cidadão cabe interpor Ação Popular.

No que tange à extensão, o dano ambiental poderá ser patrimonial ou extrapatrimonial.

Como principais características do dano ambiental pode-se citar, portanto:

a) a pulverização de vítimas, pois atinge um numero indeterminado de pessoas, "mesmo quando alguns aspectos particulares de sua danosidade atingem individualmente certos sujeitos".[3]

---

[3] MILARÉ, Edis *apud* GUIMARÃES, Simone de Almeida. O Dano Ambiental. *Jus Navigandi*. Teresina, ano 6, nº 58, ago. 2002. Disponível em: <http://jus2.uol.com.br/doutrina/texto.asp?id=3055. Acesso em 20 ago. 2007.

b) difícil reparação, uma vez que na maioria dos casos a reparação não consegue atingir o *status quo ante* e a mera indenização pecuniária não satisfaz os interesses atingidos e é incapaz de recompor o dano.

2.3. Aspectos gerais da responsabilidade civil ambiental

A Lei 6.938/81 impõe ao poluidor a obrigação de recuperar e/ou indenizar os danos causados independente da existência de culpa. Esta lei foi recepcionada pela Constituição Federal de 1988, que consolida ainda mais essa ideia em seu art. 225, § 3º, *in verbis:*[4]

> Art. 225. Todos têm direito ao meio ambiente ecologicamente equilibrado, bem de uso comum do povo e essencial à sadia qualidade de vida, impondo-se ao Poder Público e à coletividade o dever de defendê-lo e preservá-lo para as presentes e futuras gerações.
>
> [...] § 3º As condutas e atividades consideradas lesivas ao meio ambiente sujeitarão os infratores, pessoas físicas ou jurídicas, a sanções penais e administrativas, independente da obrigação de reparar os danos causados.

Como se pode observar, a responsabilidade civil ambiental é objetiva, isto é, não se analisa subjetivamente a conduta do autor, mas a ocorrência do dano. Existindo o dano, não se discute o fator culpa. Essa teoria objetiva foi acertadamente escolhida pelo legislador pátrio devido à relevância do bem jurídico tutelado, pois o meio ambiente como bem comum do povo deve ser preservado acima de qualquer outro interesse particular, uma vez que em nosso sistema jurídico o coletivo se sobrepõe ao privado. Logo, a atividade poluidora acaba sendo um atentado ao direito fundamental à sadia qualidade de vida e ao meio ambiente ecologicamente equilibrado.

A responsabilidade objetiva ambiental, através dos princípios do poluidor-pagador e da reparação,[5] imputa, a quem danificou, a obrigação de reparar e quando possível, voltar ao *status quo ante*. Não se discute como se deu o ato prejudicial, pois não é levado em consideração se a atividade desenvolvida era ou não perigosa, se apresentava ou não risco. A intenção é justamente evitar o enriquecimento ou o lucro às custas de degradação ambiental. Por isso, facilita-se a obtenção da prova, não necessitando comprovar a intenção, negligência, imprudência ou imperícia do autor, para que possa tutelar adequadamente um bem que, se afetado, implica dano para todas as formas de vida do planeta. Quem

---

[4] BRASIL. *Constituição da República Federativa do Brasil*. 31. ed. São Paulo: Saraiva. 2003, p. 139.

[5] O princípio do poluidor-pagador afirma que o poluidor é obrigado a pagar a poluição que pode ser causada ou que já foi causada. Possui duas órbitas distintas, que são evitar a ocorrência do dano, atuando como influência negativa para aquele que é poluidor em potencial, em caráter preventivo; e reparar a poluição já causada, em caráter repressivo. O princípio da reparação impõe a obrigação de trazer o meio ambiente ao *status quo ante*.

explora a atividade econômica através do uso de recursos ambientais tem o papel de garantir o equilíbrio ecológico. Nas palavras de Maria Helena Diniz:[6]

> A responsabilidade objetiva funda-se num princípio de equidade, existente desde o direito romano: aquele que lucra com uma situação deve responder pelo risco ou pelas desvantagens dela resultantes (*ubi emolimentum, ibi ônus; ubi commoda, ibi incommoda*).

Por conseguinte, quem cria o perigo é responsável por ele. Entretanto, os danos ambientais são raramente reparáveis, sendo irreversível a situação. Dessa maneira, a responsabilidade ambiental imputa o dever de indenizar não só os danos ocorridos como aqueles em potencial. Consequentemente, pelo Princípio da Prevenção e da Precaução,[7] rompe-se com uma premissa básica da responsabilidade civil tradicional, que é a exigência de que o dano seja certo e atual, para instituir a reparação de prejuízos ainda não ocorridos, que podem advir do futuro. Inferem-se dessa circunstância as duas funções primordiais da responsabilidade em tela: a função preventiva, corroborada pelos princípios da prevenção e precaução, que se dá através da procura de mecanismos eficazes de evitar o dano; e a função reparadora, que consiste em reconstituir a natureza ao estado anterior e/ou indenizar quando o dano não é passível de reparação.

Ainda existem as medidas compensatórias, que dizem respeito ao princípio da compensação e a do poluidor-pagador, diante da impossibilidade de recuperação total de bens ambientais lesados, como forma de reparação civil pelo dano causado. Almeja-se mitigar os danos com medidas que possam contrabalançar o infortúnio com ações positivas de preservação, em outras palavras, transformar penalidades pecuniárias em obrigações de fazer medidas de proteção ambiental, substituindo as indenizações e tornando a reparação mais eficiente.

A medida compensatória está prevista no art. 3º da Lei nº 7.347/85, ao preceituar que a ação civil pública poderá ter por objeto o cumprimento de obrigação de fazer ou não fazer, que inclui a recuperação específica, e a reparação por equivalente, nos demais casos. Ademais, a Convenção da Biodiversidade (Rio/92), ratificada no Brasil pelo Decreto Legislativo nº 02, de 03/02/1994, prevê a compensação como instituto de proteção ambiental. Ressalte-se que a responsabilidade ambiental, além de objetiva, é solidária, pois no texto do art. 14, § 1º, da Lei de Política Nacional

---

[6] DINIZ, Maria Helena. *Curso de Direito Civil Brasileiro*. 7º v. 19 ed. São Paulo: Saraiva 2005, p. 56.

[7] Pelo princípio da prevenção, devem ser tomadas medidas para evitar que os danos ambientais aconteçam, haja vista que a reparação muitas vezes é impossível ou inviável. Já a precaução é a cautela antecipada. O princípio da precaução determina que se deva abster de condutas quando há incertezas ou o conhecimento científico é colocado em questão. Caracteriza-se, portanto, pela ação antecipada frente ao risco.

de Meio Ambiente, tem a obrigação de reparar o poluidor direto e indireto.[8] Assim, todos aqueles que de alguma forma contribuíram para a existência da conduta danosa são responsáveis pela reparação. Também são considerados corresponsáveis aqueles que desempenham atividade poluente em um mesmo local, como por exemplo, num distrito industrial, onde fica difícil apontar entre todas as fontes poluidoras, qual tenha de fato causado o prejuízo. Ademais, pode ser o dano uma sinergia de vários fatores poluentes, indivisíveis, portanto.

Conforme explicitado acima, para haver a imputação da responsabilidade basta a existência de um dano ou sua possibilidade e o nexo causal, que une a conduta ao dano em si, não se exigindo que o ato praticado seja ilícito. O nexo causal é a relação entre a conduta e o dano. Conforme ensina Maria Helena Diniz:[9]

> Tal nexo representa, portanto, uma relação necessária entre o evento danoso e a ação que o produziu, de tal sorte que esta é considerada sua causa. Todavia, não será necessário que o dano resulte apenas imediatamente do fato que o produziu. Bastará que se verifique que o dano não ocorreria se o fato não tivesse acontecido.

Entretanto, a doutrina e a jurisprudência não são unânimes na caracterização desse nexo, havendo duas teorias que explicam esse liame: a teoria do risco integral e a teoria do risco criado.

> De um lado, a teoria do risco integral, mediante a qual todo e qualquer risco conexo ao empreendimento deverá ser integralmente internalizado pelo processo produtivo, devendo o responsável reparar quaisquer danos que tenham conexão com a sua atividade; e de outro lado à teoria do risco criado, a qual procura vislumbrar, dentre outros fatores de risco, apenas aquele que, por apresentar periculosidade, é efetivamente apto a gerar as situações lesivas, para fins de imposição da responsabilização.[10]

Estas teorias apresentam diferença significativa entre elas e por isso serão discutidas separadamente, para que se possa chegar a uma posterior conclusão de qual delas é a mais adequada para o tema em voga no presente estudo.

---

[8] Art. 14. Sem prejuízo das penalidades definidas pela legislação federal, estadual e municipal, o não cumprimento das medidas necessárias à preservação ou correção dos inconvenientes e danos causados pela degradação da qualidade ambiental sujeitará os transgressores: [...] § 1º Sem obstar a aplicação das penalidades previstas neste artigo, é o poluidor obrigado, independentemente da existência de culpa, a indenizar ou reparar os danos causados ao meio ambiente e a terceiros, afetados por sua atividade. O Ministério Público da União e dos Estados terá legitimidade para propor ação de responsabilidade civil e criminal, por danos causados ao meio ambiente.

[9] DINIZ, Maria Helena. Op. Cit. 2005, p. 109.

[10] HENKES. Silvana Lúcia *et.al. apud* STEIGLEDER, Annelise Monteiro. Da (im)possibilidade de responsabilização civil pelo dano ambiental causado por empreendimento operante em conformidade com a licença ambiental obtida. *Jus Navigandi*. Teresina, ano 9. n. 813, set. 2005. Disponível em: <http://jus2.uol.com.br/doutrina/texto.asp?id=7329>. Acesso em: 13 nov. 2008.

2.4. Teorias do risco

A teoria do risco integral tem por fundamento que o simples risco assumido pela atividade potencialmente danosa é o suficiente para impor a responsabilidade e a obrigatoriedade de reparação, independente da comprovação do nexo de causalidade, ou seja, quem estiver obtendo vantagens e criando o risco deve arcar com as consequências de seus atos, não sendo necessário que se prove nenhum liame entre a atividade e o dano. É a aplicação da teoria *conditio sine qua non*, que flexibiliza o rigorismo do nexo causal frente ao grande risco que a atividade representa.

É a teoria mais extremada da responsabilidade objetiva, não admitindo as excludentes da responsabilidade, isto é, caso fortuito, força maior, culpa exclusiva da vítima e fato de terceiro, pois considera irrelevante para a apuração da responsabilidade. Além disso, não limita a indenização a um *quantum*, significando que o dano deve ser reparado de forma total, condizente com o prejuízo causado.

Os defensores dessa teoria afirmam que a lei, ao dispensar a análise da culpa não exige, tampouco, a análise do nexo, bastando a comprovação do prejuízo. Além disso, também afirmam que é irrelevante a licitude da atividade poluente, já que o dever de reparar advém do próprio risco gerado, que deve ser internalizado no custo da atividade.

Destarte, quando houver mais de uma causa provável para o infortúnio, a própria existência da atividade é considerada causa do evento danoso, isto é, presume-se que todas as condições concorram para o dano; e se vários são os exploradores da atividade danosa no local, todos serão considerados responsáveis solidariamente.

Essa teoria entende que essa responsabilização integral seria a mais adequada para a preservação ambiental e prevenção dos danos. O meio ambiente é a fonte primordial da vida e deve ser preservado a qualquer custo. Tal teoria viria a minimizar os problemas oriundos dos dispendiosos processos para apurar o nexo quando a causalidade é difusa, levando-se anos para que o responsável fosse declarado e indenizasse pelo prejuízo causado, evitando, portanto, que a morosidade judicial impedisse ou retardasse a reparação ambiental.

Embora se vislumbre mais adeptos dessa teoria na doutrina, a jurisprudência pátria já se posicionou algumas vezes nesse sentido, como no julgado abaixo:

PROCESSUAL CIVIL E AMBIENTAL. AÇÃO CIVIL PÚBLICA. AUSÊNCIA DE PREQUESTIONAMENTO. INCIDÊNCIA, POR ANALOGIA, DA SÚMULA 282 DO STF. FUNÇÃO SOCIAL E FUNÇÃO ECOLÓGICA DA PROPRIEDADE E DA POSSE. ÁREAS DE PRESERVAÇÃO PERMANENTE. RESERVA LEGAL. RESPONSABILIDADE OBJETIVA

PELO DANO AMBIENTAL. OBRIGAÇÃO *PROPTER REM.* DIREITO ADQUIRIDO DE POLUIR.
[...]
6. *Descabe falar em culpa ou nexo causal, como fatores determinantes do dever de recuperar a vegetação nativa e averbar a Reserva Legal* por parte do proprietário ou possuidor, antigo ou novo, mesmo se o imóvel já estava desmatado quando de sua aquisição. Sendo a hipótese de obrigação *propter rem*, desarrazoado perquirir quem causou o dano ambiental *in casu*, se o atual proprietário ou os anteriores, ou a culpabilidade de quem o fez ou deixou de fazer. Precedentes do STJ.
7. Recurso Especial parcialmente conhecido e, nessa parte, não provido.[11]

A contrario sensu encontra-se a teoria do risco criado, que em poucas palavras, resume-se por afirmar que aquele que em função de sua atividade ou profissão enseja perigo deve reparar o possível dano, salvo se ocorrerem alguma das excludentes da responsabilidade. A principal diferença para a anterior é exatamente a admissão das excludentes da responsabilidade, afirmando ser necessário o exame do nexo causal para a imputação da responsabilidade.

Por essa teoria, a responsabilização depende da identificação dos fatores que concorreram para o dano, ou seja, este deverá estar relacionado diretamente à atividade econômica do poluidor, devendo-se comprovar a relação entre o dano e a conduta do agente.

As excludentes da responsabilidade são admitidas, pois se entende que há uma ruptura na relação dano/conduta, ou seja, não há nexo que ligue o fato danoso à atividade desenvolvida. Entretanto, cabe ressaltar que a existência de licenciamento ambiental e a gama de agentes envolvidos não são, por si só, passíveis de exclusão da responsabilidade. Havendo pluralidade de agentes a responsabilidade é solidária, como na teoria anterior.

Quanto às excludentes admitidas, a culpa exclusiva da vítima será caracterizada quando o dano for causado pela própria vítima, e excluirá qualquer responsabilidade do causador do dano, pois este é apenas um instrumento do acidente, não havendo nexo entre a ação e a lesão. Ocorre principalmente nos danos ambientais privados, ou seja, aqueles que atingem um bem que está sob domínio particular.

No caso de culpa concorrente da vítima e do agente ocorrerá a divisão da responsabilidade na proporção da participação de cada um no evento. Assim também se dá quando há concorrência do agente com um terceiro.

---

[11] BRASIL. Superior Tribunal de Justiça. Recurso Especial n. 948921/SP. Segunda Turma. Relator Min. Herman Benjamin. Brasília, DF, 23 out. 2011. *Diário da Justiça*, Brasília: 11 nov. 2011.

No tocante a fato de terceiro, ocorre quando uma terceira pessoa, além da vítima e do agente, foi a causadora do dano, sendo o terceiro o único responsável.

A força maior e caso fortuito são excludentes da culpabilidade, ante a sua inevitabilidade, logo não geram responsabilidade. No que se refere ao caso fortuito, o evento se deu por força da natureza, sendo conhecida, portanto, a causa. Contudo, na força maior cabe ao agente demonstrar que o dano se originou de fato externo, imprevisível e irresistível, superior a suas forças.

Essa teoria é a mais adotada pela jurisprudência nacional, mormente pelo STJ, conforme os julgados abaixo expostos.

PROCESSUAL CIVIL E AMBIENTAL. QUEIMADA. MULTA ADMINISTRATIVA.

RESPONSABILIDADE OBJETIVA. ART. 14, § 1º, DA LEI N. 6.398/1981. DANO AO MEIO AMBIENTE. NEXO CAUSAL. VERIFICAÇÃO. REEXAME DE PROVA. SÚMULA N. 7/STJ.

1. A responsabilidade é objetiva; dispensa-se portanto a comprovação de culpa, entretanto há de se constatar o nexo causal entre a ação ou omissão e o dano causado, para configurar a responsabilidade.

2. A Corte de origem, com espeque no contexto fático dos autos, afastou a multa administrativa. Incidência da Súmula 7/STJ.

Agravo regimental improvido.[12]

Note-se, portanto, que o STJ, no julgado acima, ressalta a necessidade do nexo de causal para a imputação da responsabilidade.

DANO AMBIENTAL. CORTE DE ÁRVORES NATIVAS EM ÁREA DE PROTEÇÃO AMBIENTAL. RESPONSABILIDADE OBJETIVA.

1. Controvérsia adstrita à legalidade da imposição de multa, por *danos* causados ao meio ambiente, com respaldo na responsabilidade objetiva, consubstanciada no corte de árvores nativas.

2. A Lei de Política Nacional do Meio Ambiente (Lei 6.938/81) adotou a sistemática da responsabilidade civil objetiva (art.14, § 1º.) e foi integralmente recepcionada pela ordem jurídica atual, de sorte que é irrelevante e impertinente a discussão da conduta do agente (culpa ou dolo) para atribuição do dever de indenizar.

3. A adoção pela lei da responsabilidade civil objetiva, significou apreciável avanço no combate à devastação do meio ambiente, uma vez que, sob esse sistema, não se leva em conta, subjetivamente, a conduta do causador do dano, mas a ocorrência do resultado prejudicial ao homem e ao ambiente. *Assim sendo, para que se observe a obrigatoriedade da reparação do dano é suficiente, apenas, que se demonstre o nexo causal entre a lesão infligida ao meio ambiente e a ação ou omissão do responsável pelo dano.*

---

[12] BRASIL. Superior Tribunal de Justiça. Agravo Regimental no Agravo em Recurso Especial nº 165201/MT. Segunda Turma. Relator Min. Humberto Martins. Brasília, DF, 19 jun. 2012. *Diário de Justiça*: Brasília, 22 jun. 2012.

4. O art. 4º, VII, da Lei nº. 6.938/81 prevê expressamente dever do poluidor ou predador de recuperar e/ou indenizar os *danos* causados, além de possibilitar reconhecimento da responsabilidade, repise-se, objetiva, do poluidor em indenizar ou reparar os *danos* causados ao meio ambiente ou aos terceiros afetados por sua atividade, como dito, independentemente da existência de culpa, consoante se infere do art. 14, § 1º, da citada lei.

6. A aplicação de multa, na hipótese de *dano ambiental*, decorre do poder de polícia – mecanismo de frenagem de que dispõe a Administração Pública para conter ou coibir atividades dos particulares que se revelarem nocivas, inconvenientes ao bem-estar social, ao desenvolvimento e à segurança nacional, como sói acontecer na degradação *ambiental*.

7. Recurso especial provido.[13]

Nesse julgado, a Primeira Turma do STJ deixa clara sua posição quanto à exigibilidade do nexo de causalidade para imputação de responsabilidade do poluidor.

Também o Tribunal de Justiça do Rio Grande do Sul se posiciona dessa forma:

EMBARGOS DE DECLARAÇÃO. AGRAVO DE INSTRUMENTO. AÇÃO CIVIL PÚBLICA. DANO AMBIENTAL. LEGITIMIDADE. PRESCRIÇÃO. NEXO DE CAUSALIDADE. INÉPCIA DA INICIAL. O julgado não é omisso. Não há prescrição da ação civil pública de responsabilidade por danos ambientais porque o dano se renova dia a dia. Evidente a legitimidade do Ministério Público para promover a ação de acordo com o art. 1º, I, da Lei n. 7.347/1985. A empresa recorrente é apontada como a responsável pela construção dos dutos onde se deu o derramamento de óleo que provocou o dano ambiental que a demanda pretende reprimir. Legitimidade para figurar no pólo passivo da ação civil pública. Responsabilidade que somente pode ser afastada quando da coleta da prova. *Existência de nexo causal entre o noticiado dano e a conduta da recorrente.* Pedido que aponta com precisão a causa de pedir (dano ambiental consistente em derrame óleo cru) e pedido (indenização dos agentes poluidores). Possibilidade do pedido e descabimento do chamamento ao processo do Município de Tramandaí e seu órgão ambiental. Embargos rejeitados.[14]

REEXAME NECESSÁRIO. PROCESSUAL CIVIL. AÇÃO CIVIL PÚBLICA. DANO AMBIENTAL. RESPONSABILIDADE OBJETIVA. A demanda envolve a defesa do meio ambiente equilibrado e saudável aos munícipes, interesse difuso e de natureza fundamental. Presente a verossimilhança das alegações, cabe a inversão do ônus da prova, sendo, ademais, objetiva a responsabilidade do Município de Canguçu. *Comprovado o nexo causal entre a conduta do réu e o dano ambiental consumado.* Procedência na origem. Sentença confirmada em reexame necessário.[15]

---

[13] BRASIL. Superior Tribunal de Justiça. Recurso Especial nº 578797/RS, Primeira Turma. Relator: Min. Luiz Fux. Brasília, DF, 05 ago. 2004. *Diário da Justiça*, Brasília, 20 set.2004.

[14] RIO GRANDE DO SUL. Tribunal de Justiça. Embargos de Declaração nº 70048046544, Vigésima Primeira Câmara Cível. Relator: Marco Aurélio Heinz. Porto Alegre, RS 16 mai. 2012. *Diário da Justiça*, Porto Alegre, 05 jun. 2012.

[15] RIO GRANDE DO SUL. Tribunal de Justiça. Reexame Necessário nº 70015766066, Quarta Câmara Cível. Relator: Jaime Piterman. Porto Alegre, RS, 25 out. 2006. *Diário da Justiça*, Porto Alegre, 20 nov. 2006.

Realizada esta análise geral da responsabilidade civil ambiental, passa-se ao estudo da corresponsabilidade das instituições financeiras, que será desenvolvido no próximo Capítulo.

3. Da corresponsabilidade civil das instituições financeiras por danos ambientais

Para buscar a corresponsabilidade das instituições financeiras, o presente trabalho faz uma análise lógico-sistemática da legislação nacional, uma vez que somente o estudo das normas como um corpo único permite uma correta interpretação e aplicação da lei. Não obstante o tema ambiental estar em voga nos últimos anos, pouca é a doutrina específica e mais raro ainda os julgados nos quais constem instituições financeiras no polo passivo.

De plano, cabe salientar que nesta monografia as instituições financeiras são entendidas como todas as entidades de financiamento, compreendendo não só os bancos tradicionais, como os múltiplos, de investimento, cooperativas, autarquias, sociedades de economia mista e fundos de pensão. Todos estes entes financeiros também são nesse texto simplesmente denominados "banco".

3.1. Fundamentos legais

O art. 225 da Constituição Federal imputa ao Poder Público e à coletividade o dever de defender e preservar o meio ambiente para a presente e futuras gerações. Com isso, diz-se que todos são responsáveis pelo cuidado, defesa e preservação da natureza, evitando danos reais e potenciais. O Estado se reserva o dever de vigilância através da concessão de licenciamentos ambientais. Essas licenças definirão a forma que os empreendimentos ou atividades deverão operar e as medidas atenuantes, compensatórias e preventivas aos danos ambientais.

Também no art. 192,[16] a Carta Magna fala que o Sistema Financeiro Nacional deve servir aos interesses coletivos. Portanto, o dinheiro, quer público, quer privado, injetado na sociedade e principalmente no setor produtivo deve ser liberado de acordo com a legalidade e moralidade dos bens financiados. Não é permitido que o objeto financiado seja fator de poluição ou degradação ambiental, colocando-se o interesse público sobre o privado, sobrepondo o bem estar coletivo ao lucro.

---

[16] Art. 192. O sistema financeiro nacional, estruturado de forma a promover o desenvolvimento equilibrado do País e a servir aos interesses da coletividade, em todas as partes que o compõem, abrangendo as cooperativas de crédito, será regulado por leis complementares que disporão, inclusive, sobre a participação do capital estrangeiro nas instituições que o integram.

O Conselho Monetário Nacional, órgão colegiado responsável pelas políticas econômicas brasileiras, tem como função designada na Lei 4.595/64, controlar e designar taxas de juros favoráveis a investimentos que promovam a recuperação e fertilização do solo, reflorestamento, combate a epizootias e pragas nas atividades rurais e irrigação. Ademais, cumpre ao CMN orientar a política de investimentos dos bancos para aplicação em atividades que propiciem o desenvolvimento harmônico da economia nacional, que implica necessariamente a diminuição das desigualdades regionais e desenvolvimento sustentável. Nesse contexto, infere-se que o CMN, muito mais que delinear linhas da política econômica nacional, tem o condão de determinar, na área ambiental, regras para que o mercado se ajuste de forma social e ambientalmente correta.

O Banco Central do Brasil tem função de controlar o sistema financeiro nacional, aplicando as normas do CMN, além de toda a legislação pátria que tenha reflexo no sistema financeiro, como por exemplo, a Lei de Política Nacional do Meio Ambiente. Pelo art. 12 da Lei 6.938/81,[17] os bancos devem tomar conhecimento de quais atividades exige-se legalmente licenciamento e qual órgão da Administração é responsável por licenciá-las, pois são obrigados a exigir licenciamento ambiental dos projetos de financiamento, bem como exigir que as normas, critérios e padrões do Conselho Nacional de Meio Ambiente – CONAMA – sejam cumpridos.

Além disso, como algumas das licenças contêm exigências com prazos para serem cumpridos, os financiadores deverão aguardar a expedição da licença para a decisão da concessão ou não do crédito. Assim, instituições financeiras, públicas e privadas, são equiparadas ao conceito de coletividade da Carta Magna, e os financiamentos assumem um papel de instrumento de controle da legislação ambiental, firmando uma parceria entre os bancos e os órgãos ambientais. Reputa-se aos bancos uma atuação preventiva aos danos ambientais causados por seus financiamentos, que são analisados tanto na sua viabilidade econômica quanto ambiental, de acordo com as políticas socioambientais de cada instituição, buscando-se o desenvolvimento sustentável e a sadia qualidade de vida, direitos fundamentais consolidados constitucionalmente. Nesse sentido pondera Machado:[18]

> Nos casos da aplicação do art. 12 da Lei 6.938/81, ainda que a co-responsabilidade *(sic)* dos bancos não esteja expressamente definida nessa lei, parece-nos que ela está implícita. A alocação de recursos do financiador para o financiado, com a transgressão induvido-

---

[17] Art 12. As entidades e órgãos de financiamento e incentivos governamentais condicionarão a aprovação de projetos habilitados a esses benefícios ao licenciamento, na forma desta Lei, e ao cumprimento das normas, dos critérios e dos padrões expedidos pelo CONAMA.

[18] MACHADO, Paulo Affonso Leme. *Direito Ambiental Brasileiro*. 14. ed. São Paulo: Malheiros, 2006, p. 328.

sa da lei, coloca o financiador numa atividade de cooperação ou de co-autoria *(sic)* com o financiado em todos os atos lesivos ambientais que ele fizer, por ação ou omissão.

Para garantir a qualidade e segurança de seus financiamentos, os bancos devem ter equipes qualificadas em seus quadros funcionais, haja vista a necessidade de se comprovar a adequação da licença apresentada ao projeto financiado, além da correta interpretação dos normativos do CONAMA que versem sobre os Estudos de Impacto Ambiental e as Audiências Públicas, mormente quando os órgãos ambientais regionais dispensaram essas medidas, primando pela maior cautela, de modo a evitar futuras responsabilizações.

O financiador deve ainda adotar atitudes conhecidas no mercado bancário como pós-venda. Isto significa que o dever de monitorar a aplicação dos recursos disponibilizados ao longo do financiamento, caso contrário, tal operação de crédito pode ser considerada ilegal, ou porque os recursos foram aplicados em desacordo com a legislação ambiental ou porque a instituição financeira não está cumprindo adequadamente seu papel no sistema financeiro. Saliente-se que se por ventura o financiado não cumprir o cronograma de implantação da obra ou se não se aparelhar com todos os equipamentos necessários para o controle ambiental acordados no contrato ou obrigatórios por lei, o banco deve imediatamente suspender o financiamento em razão da ilicitude do objeto, que terá condão de nulificar o negócio.

Corrobora essa necessidade da licença válida para a obtenção de financiamento o art. 23 do Decreto 99.274/90, *in verbis*.

> Art. 23. As entidades governamentais de financiamento ou gestoras de incentivos condicionarão a sua concessão à comprovação do licenciamento previsto neste decreto.

Contudo o escopo da legislação não é onerar as instituições financeiras com o papel de executarem sozinhas o controle ambiental dos financiamentos e nem exercer nenhuma ingerência no trabalho dos órgãos ambientais. Busca-se apenas a efetividade da legislação ambiental.

Nesse diapasão, o art. 3º da Lei 6.938/81[19] contém um conceito muito amplo de poluidor, e inclui não só o poluidor direto – aquele que realizou a ação – bem como aqueles que contribuíram, facilitaram ou viabilizaram a existência do prejuízo, como, por exemplo, os bancos.

Além disso, o art. 14 da mesma lei traz a responsabilidade civil objetiva na seara do Direito Ambiental, prevendo que o poluidor tem que reparar os danos independentemente da apuração da culpa, conforme foi discutido no capítulo anterior deste estudo.

---

[19] Art. 3º. Para os fins previstos nesta Lei, entende-se por: [...] IV – poluidor, a pessoa física ou jurídica, de direito público ou privado, responsável, direta ou indiretamente, por atividade causadora de degradação ambiental.

Assim, nas palavras de Grizzi et al.[20]

> Dessa forma, ao traçarmos um paralelo entre os art. 3º, IV e 14, §1º, da Lei nº 6.938/81, concluímos que a legislação ambiental em vigor indica que a pessoa física ou jurídica pode ser responsabilizada por dano ambiental causado por atividade desenvolvida por um terceiro, independente da existência de culpa, desde que haja, obviamente, o nexo de causalidade entre o dano ambiental e aquele que, ainda de forma indireta, tenha contribuído para a sua ocorrência.

Portanto, irrefutável está a responsabilidade das instituições financeiras por danos ambientais causados por terceiros por elas financiados. Serão consideradas poluidoras indiretas e responsáveis solidariamente pelo dano, podendo ser acionadas em litisconsórcio facultativo ou isoladamente, caso reste comprovado que o financiamento foi instrumento para a concretização do dano, ou seja, se o financiamento não tivesse sido liberado, o empreendedor não poderia realizar a atividade e o dano seria evitado. Assim o é porque se entende que, se o banco lucrou com a situação, tem o dever de responder pelo risco daquilo que financiou. Também está explícito neste caso a aplicação da teoria do risco criado, haja vista que se faz necessário que se verifique o nexo causal entre o financiamento concedido e o dano ambiental. Para tal é necessário que o dinheiro injetado no projeto tenha fins de investimento, ou seja, seja liberado exatamente para operações que tenham por escopo fomentar ou incrementar uma atividade poluidora.

Dessa forma, as operações que apenas financiam capitais e não empreendimentos, não têm, a princípio, o condão de responsabilizar o banco, pois não se forma um nexo de causalidade entre a atividade poluidora e o capital liberado, servindo, tais operações, basicamente para melhorar o fluxo de caixa dos clientes, compatibilizando pagamentos e recebimentos. Em outras palavras, Grizzi et al.[21] mostram exatamente esse liame de causalidade:

> O financiamento deve ser imprescindível para o desenvolvimento da atividade degradante. O empreendedor não desenvolveria a atividade se não conseguisse o financiamento e, conseqüentemente (sic), não causaria danos ambientais.

Saliente-se que o financiador pode ser qualquer instituição financeira, pública ou privada, nacional ou estrangeira, pois todas são agentes do setor financeiro nacional, dispostas às mesmas leis e regradas pelo Banco Central do Brasil.

Neste sentido já expressamente se posicionou o STJ em julgamento de Recurso Especial:

---

[20] GRIZZI, Ana Luci Esteves et al. *Responsabilidade Civil Ambiental dos Financiadores*. Rio de Janeiro: Lúmen Júris, 2003, p. 35.
[21] Idem, p. 51.

PROCESSUAL CIVIL. ADMINISTRATIVO. DANOS AMBIENTAIS. AÇÃO CIVIL PÚBLICA. RESPONSABILIDADE DO ADQUIRENTE. TERRAS RURAIS. RECOMPOSIÇÃO. MATAS. *TEMPUS REGIT ACTUM.* AVERBAÇÃO PERCENTUAL DE 20%. SÚMULA 07 STJ.

1. A responsabilidade pelo dano ambiental é objetiva, ante a *ratio essendi* da Lei 6.938/81, que em seu art. 14, § 1º, determina que o poluidor seja obrigado a indenizar ou reparar os danos ao meio-ambiente e, quanto ao terceiro, preceitua que a obrigação persiste, mesmo sem culpa. Precedentes do STJ:RESP 826976/PR, Relator Ministro Castro Meira, DJ de 01.09.2006; AgRg no REsp 504626/PR, Relator Ministro Francisco Falcão, DJ de 17.05.2004; RESP 263383/PR, Relator Ministro João Otávio de Noronha, DJ de 22.08.2005 e EDcl no AgRg no RESP 255170/SP, desta relatoria, DJ de 22.04.2003.

2. A obrigação de reparação dos danos ambientais é *propter rem*, por isso que a Lei 8.171/91 vigora para todos os proprietários rurais, ainda que não sejam eles os responsáveis por eventuais desmatamentos anteriores, máxime porque a referida norma referendou o próprio Código Florestal (Lei 4.771/65) que estabelecia uma limitação administrativa às propriedades rurais, obrigando os seus proprietários a instituírem áreas de reservas legais, de no mínimo 20% de cada propriedade, em prol do interesse coletivo. Precedente do STJ: RESP 343.741/PR, Relator Ministro Franciulli Netto, DJ de 07.10.2002.

3. Consoante bem pontuado pelo Ministro Herman Benjamin, no REsp nº 650728/SC, 2ª Turma, unânime: "(...) 11. É incompatível com o Direito brasileiro a chamada desafetação ou desclassificação jurídica tácita em razão do fato consumado. 12. As obrigações ambientais derivadas do depósito ilegal de lixo ou resíduos no solo são de natureza propter rem, o que significa dizer que aderem ao título e se transferem ao futuro proprietário, prescindindo-se de debate sobre a boa ou má-fé do adquirente, pois não se está no âmbito da responsabilidade subjetiva, baseada em culpa. *13. Para o fim de apuração do nexo de causalidade no dano ambiental, equiparam-se quem faz, quem não faz quando deveria fazer, quem deixa fazer, quem não se importa que façam, quem financia para que façam, e quem se beneficia quando outros fazem. 14. Constatado o nexo causal entre a ação e a omissão das recorrentes com o dano ambiental em questão, surge, objetivamente, o dever de promover a recuperação da área afetada e indenizar eventuais danos remanescentes, na forma do art. 14, § 1°, da Lei 6.938/81.(...)".* DJ 02/12/2009.

[...]

12. Recurso parcialmente conhecido e, nesta parte, desprovido.[22] [Grifo não constante no original]

3.2. Limites da responsabilidade

Quanto ao limite temporal dessa responsabilidade dos bancos, pela teoria do risco criado, que se entende mais correta para aplicação ao caso, não resta dúvida que, se para a concessão do financiamento foram obedecidas todas as etapas do projeto e a atividade estava devidamente licenciada, sendo, portanto, lícito o contrato, a responsabilidade do financiador será pelo prazo do financiamento, isto é, pelo período da vi-

---

[22] BRASIL. Superior Tribunal de Justiça. Recurso Especial nº 1090968/SP. Primeira Turma. Relator: Min. Luiz Fux, Brasília, DF, 15 jun. 2010. *Diário da Justiça*, Brasília, 03 ago. 2010.

gência do contrato. Isto não implica prescrição do dano ambiental, que é imprescritível. Ocorre dessa maneira porque põe fim ao liame que liga a atividade ao financiador.

Quanto ao limite quantitativo, a doutrina se divide. Alguns adotam a teoria do risco criado, dizendo que o valor indenizado deve-se limitar ao valor financiado, pois o risco ambiental, nesse caso, é o risco financeiro. De outra banda, os seguidores da teoria do risco integral[23] entendem que de acordo com o art. 14, § 1º, da Lei 6.938/81, a responsabilidade do poluidor indireto assim como a do direto é integral, logo a indenização deve ser pautada pelo prejuízo causado, cabendo posterior ação de regresso contra os demais responsáveis, se a instituição arcar sozinha com os custos da reparação. Mesmo acreditando que a teoria do risco criado é a mais adequada, neste ponto concorda-se com a teoria do risco integral, pois o meio ambiente é bem de todos e sua preservação é essencial à vida. Assim, ocorrendo o dano, não tem relevância perante a sociedade quem é o poluidor direto e indireto, e qual sua cota de responsabilidade sobre o fato. O importante é que se reconstitua o ambiente natural ao *status quo ante* o mais breve possível, a fim de evitar maiores prejuízos. Nesse sentido, Mauricio Gaspari Ressurreição:[24] "O nexo de causalidade, todavia, eis o nosso posicionamento, garante à natureza e a terceiros a indenização e reparação integral do dano pelo financiador, independente do *quantum* de dinheiro injetado no projeto".

A Jurisprudência também se posiciona nesse diapasão:

ADMINISTRATIVO. DANO AMBIENTAL. SANÇÃO ADMINISTRATIVA. IMPOSIÇÃO DE MULTA. EXECUÇÃO FISCAL.

1. Para fins da Lei nº 6.938, de 31 de agosto de 1981, art. 3º, entende-se por:

I – meio ambiente, o conjunto de condições, leis, influências e interações de ordem física, química e biológica, que permite, abriga e rege a vida em todas as suas formas;

II – degradação da qualidade ambiental, a alteração adversa das características do meio ambiente;

III – poluição, a degradação da qualidade ambiental resultante de atividades que direta ou indiretamente:

a) prejudiquem a saúde, a segurança e o bem-estar da população;

b) criem condições adversas às atividades sociais e econômicas;

c) afetem desfavoravelmente a biota;

d) afetem as condições estéticas ou sanitárias do meio ambiente;

e) lancem matérias ou energia em desacordo com os padrões ambientais estabelecidos;

---

[23] Entre eles Ana Luci Esteves Grizzi e Paulo Affonso Leme Machado.

[24] RESURREIÇÃO, Mauricio Gaspari. Da co-responsabilidade civil dos bancos por danos ambientais. *Jus Navigandi*, Teresina, ano 11, n. 1228, 11 nov. 2006. Disponível em: <http://jus2.uol.com.br/doutrina/texto.asp?id=9142>. Acesso em: 01 mar. 2009.

2. Destarte, é poluidor a pessoa física ou jurídica, de direito público ou privado, responsável, direta ou indiretamente, por atividade causadora de degradação ambiental;

3. O poluidor, por seu turno, com base na mesma legislação, art. 14-"sem obstar a aplicação das penalidades administrativas" é obrigado, "independentemente da existência de culpa", a indenizar ou reparar os danos causados ao meio ambiente e a terceiros, "afetados por sua atividade".

4. Depreende-se do texto legal a sua responsabilidade pelo risco integral, por isso que em demanda infensa a administração, poderá inter partes, discutir a culpa e o regresso pelo evento.

5. Considerando que a lei legitima o Ministério Público da União e dos Estados terá legitimidade para propor ação de responsabilidade civil e criminal, por danos causados ao meio ambiente, é inequívoco que o Estado não pode inscrever *self-executing*, sem acesso à justiça, quantum indenizatório, posto ser imprescindível ação de cognição, mesmo para imposição de indenização, o que não se confunde com a multa, em obediência aos cânones do devido processo legal e da inafastabilidade da jurisdição.

6. *In casu*, discute-se tão-somente a aplicação da multa, vedada à incursão na questão da responsabilidade fática por força da Súmula 07/STJ.

5. Recurso improvido.[25] [Grifo não constante no original].

ADMINISTRATIVO. AMBIENTAL. AÇÃO CIVIL PÚBLICA. DESMATAMENTO EM ÁREA DE PRESERVAÇÃO PERMANENTE (MATA CILIAR). DANOS CAUSADOS AO MEIO AMBIENTE. BIOMA DO CERRADO. ARTS. 4º, VII, E 14, § 1º, DA LEI 6.938/1981, E ART. 3º DA LEI 7.347/1985. PRINCÍPIOS DO POLUIDOR-PAGADOR E DA REPARAÇÃO INTEGRAL. *REDUCTIO AD PRISTINUM STATUM*. FUNÇÃO DE PREVENÇÃO ESPECIAL E GERAL DA RESPONSABILIDADE CIVIL. CUMULAÇÃO DE OBRIGAÇÃO DE FAZER (RESTAURAÇÃO DA ÁREA DEGRADADA) E DE PAGAR QUANTIA CERTA (INDENIZAÇÃO). POSSIBILIDADE. DANO AMBIENTAL REMANESCENTE OU REFLEXO. ART. 5º DA LEI DE INTRODUÇÃO ÀS NORMAS DO DIREITO BRASILEIRO. INTERPRETAÇÃO *IN DUBIO PRO NATURA*.

1. Cuidam os autos de Ação Civil Pública proposta com o fito de obter responsabilização por danos ambientais causados por desmatamento de vegetação nativa (Bioma do Cerrado) em Área de Preservação Permanente. O Tribunal de Justiça do Estado de Minas Gerais considerou provado o dano ambiental e condenou o réu a repará-lo, porém julgou improcedente o pedido indenizatório cumulativo.

2. A legislação de amparo dos sujeitos vulneráveis e dos interesses difusos e coletivos deve ser interpretada da maneira que lhes seja mais favorável e melhor possa viabilizar, no plano da eficácia, a prestação jurisdicional e a *ratio essendi* da norma de fundo e processual. A hermenêutica jurídico-ambiental rege-se pelo princípio *in dubio pro natura*.

3. A jurisprudência do STJ está firmada no sentido de que, nas demandas ambientais, por força dos princípios do poluidor-pagador e da reparação in integrum, admite-se a condenação, simultânea e cumulativa, em obrigação de fazer, não fazer e indenizar. Assim, na interpretação do art. 3º da Lei 7.347/1985, a conjunção "ou" opera com valor aditivo, não introduz alternativa excludente. Precedentes da Primeira e Segunda Turmas do STJ.

---

[25] BRASIL. Superior Tribunal de Justiça. Recurso Especial nº 442586/SP, Primeira Turma. Relatora: Min. Luiz Fux. Brasília, DF, 26 nov. 2002. *Diário da Justiça*: Brasília, 24 fev. 2003.

4. A recusa de aplicação, ou aplicação truncada, pelo juiz, dos princípios do poluidor-pagador e da reparação in integrum arrisca projetar, moral e socialmente, a nociva impressão de que o ilícito ambiental compensa, daí a resposta administrativa e judicial não passar de aceitável e gerenciável "risco ou custo normal do negócio". Saem debilitados, assim, o caráter dissuasório, a força pedagógica e o objetivo profilático da responsabilidade civil ambiental (= prevenção geral e especial), verdadeiro estímulo para que outros, inspirados no exemplo de impunidade de fato, mesmo que não de direito, do degradador premiado, imitem ou repitam seu comportamento deletério.
[...].[26]

Embora não haja previsão expressa na norma jurídica no sentido da responsabilidade integral das instituições financeiras, tampouco há previsão limitando-a. Destarte, se a responsabilidade fosse ilimitada quanto ao tempo, certamente haveria uma grande instabilidade no mercado financeiro e os financiamentos seriam reduzidos, pois esta falta de garantia jurídica das instituições financeiras seria fator determinante para a retração do mercado. Se o desenvolvimento sustentável está galgado na premissa da viabilidade econômica, a limitação temporal se faz mister, posto que, mesmo que lucrativa, a atividade financeira estaria sempre instável, e os investidores não aplicariam seus recursos nos bancos, diminuindo o capital injetado na economia.

No entanto, os seguidores da teoria do risco integral defendem a tese de que a responsabilidade é sempre integral, tanto no aspecto quantitativo quanto no temporal, ponto no qual se discorda por entender radical demais e por isso peca.

Contudo, se descumpridas as normas ambientais sem nenhuma atitude do financiador, ou ainda, se o empréstimo foi concedido em desacordo com as exigências legais, a instituição responderá *ad infinitum* pelos danos causados ao ambiente, pois se o contrato é celebrado nessas condições, indubitavelmente é ilegal e infringe os princípios da precaução e da prevenção, em se tratando de atividades novas ou já existentes, respectivamente. Sendo assim, se não é obedecida a legislação, o contrato é inválido porque o objeto não é licito, sendo nulo de pleno direito, não produzindo efeitos no campo jurídico. Logo, o banco nessas condições injeta dinheiro diretamente na atividade poluente, equiparando-se a um investidor ou sócio, auferindo lucro com a atividade, por isso sua responsabilidade seria integral. Pode-se afirmar que é uma espécie de sanção àqueles que irresponsavelmente visam apenas as vantagens econômicas em detrimento do bem estar comum, desrespeitando o direito fundamental a um meio ambiente saudável.

---

[26] BRASIL. Superior Tribunal de Justiça. Recurso Especial nº 1145083/MG, Segunda Turma. Relator: Min. Herman Benjamin. Brasília, DF, 27 set. 2011. *Diário da Justiça*: Brasília, 04 set. 2012.

A jurisprudência, conforme discutido no capítulo anterior, tem se posicionado no acolhimento da teoria do risco criado, com exceção do limite quantitativo, corroborando o entendimento deste trabalho. Nesse sentido, segue decisão monocrática do STJ:

> PROCESSUAL CIVIL E AMBIENTAL. AGRAVO DE INSTRUMENTO. PRETENDIDA INDENIZAÇÃO POR DANOS AMBIENTAIS EM PROPRIEDADE PRIVADA NA AÇÃO PRINCIPAL. LEGITIMIDADE PASSIVA DO DNPM, IBAMA, ESTADO DE MINAS GERAIS (COPAM), FEAM, IGAM E BNDES. O ESTADO RESPONDE CIVILMENTE POR ATO OMISSO DO QUAL RESULTE LESÃO AMBIENTAL EM PROPRIEDADE DE TERCEIRO.
> [...] 6. Quanto ao BNDES, o simples fato de ser ele a instituição financeira incumbida de financiar a atividade mineradora da CMM, em princípio, por si só, não o legitima para figurar no pólo passivo da demanda. Todavia, se vier a ficar comprovado, no curso da ação ordinária, que a referida empresa pública, mesmo ciente da ocorrência dos danos ambientais que se mostram sérios e graves e que refletem significativa degradação do meio ambiente, ou ciente do início da ocorrência deles, houver liberado parcelas intermediárias ou finais dos recursos para o projeto de exploração minerária da dita empresa; aí, sim, caber-lhe-á responder solidariamente com as demais entidades-rés pelos danos ocasionados no imóvel de que se trata; por força da norma inscrita no art. 225, *caput*, § 1º, e respectivos incisos, notadamente os incisos IV, V e VII, da Lei Maior.
> Agravo de instrumento provido.[27]

3.3. Instrumentos processuais

Para que a comunidade possa buscar seu direito ao meio ambiente ecologicamente equilibrado, a Lei 7.347/85, que disciplina a Ação Civil Pública, e a Lei 6.938/81 conferem ao Ministério Público da União e dos Estados a legitimidade ativa para propor ações de responsabilidade civil e criminal por danos causados ao meio ambiente. Também a Constituição Federal reza, em seu art. 129, inciso III,[28] que o MP tem legitimidade para a proteção do meio ambiente e de direitos difusos e coletivos. Ademais, a Lei 8.625/93, a Lei Orgânica do Ministério Público, também estabelece, dentre outras funções previstas, que incumbe ao *Parquet* a proteção ao meio ambiente.

Tal ação presta-se ainda para que o MP solicite esclarecimentos acerca da observância das normas ambientais e licenças obtidas para o objeto financiado, quando essas informações estiverem sob a égide do sigilo bancário; e para que seja impedida a liberação do financiamento, quando o objeto ainda não estiver devidamente licenciado.

---

[27] BRASIL. Superior Tribunal de Justiça. Agravo de Instrumento nº 822.264, Decisão Monocrática. Relatora: Min. José Delgado. Brasília, DF, 05 fev. 2007. *Diário da Justiça:* Brasília, 16 fev. 2007.

[28] Art. 129. São funções institucionais do Ministério Público: [...] III – promover o inquérito civil e a ação civil pública, para a proteção do patrimônio público e social, do meio ambiente e outros interesses difusos e coletivos; [...]

Na Ação Civil Pública o MP possui uma legitimação extraordinária, em função da substituição processual para o exercício do direito de agir, uma vez que a coletividade, que é a titular do bem lesado não tem a legitimidade para a ação. Também são legitimados para interpor a ação as associações e órgãos ambientais. Neste caso o MP atua como fiscal da lei. Também são instrumentos jurídicos aptos a promover a reparação do dano a Ação Popular e o Mandado de Segurança Coletivo.

A Ação Popular[29] é aquela que a legitimidade ativa pertence a qualquer pessoa que esteja no gozo de seus direitos políticos e tem por escopo anular ato lesivo ao patrimônio publico, à moralidade administrativa, ao meio ambiente e ao patrimônio histórico e cultural. Tem características semelhantes à Ação Civil Pública, entretanto seu âmbito de incidência é menor. Visa a combater a ilegalidade do ato que provocou a lesão, sendo seus objetos imediatos a anulação do ato lesivo ao meio ambiente e a condenação dos responsáveis a pagar uma indenização alternativa ou cumulativamente. A propositura dessa ação não está vinculada à propositura da Ação Civil Pública, não formando litispendência.

O Mandado de Segurança Coletivo está previsto no art. 5º, inciso LXX, da Constituição Federal,[30] sendo uma inovação da Constituinte de 1988. Esse mandado segue o mesmo rito e pressupostos do mandado de segurança singular, diferenciando-se deste quanto à legitimação ativa.

No caso do Mandado de Segurança Coletivo ambiental não se exige o direito líquido e certo, mas se faz menção à caracterização de um momento sumário de cognição do juiz, isto é, aquele em que se verifica a necessidade e a possibilidade da concessão da liminar. Conforme ensina Fiorillo,[31] por si só o direito ao meio ambiente ecologicamente já é um direito líquido e certo, todavia para a interposição do mandado de segurança coletivo é imperioso que a violação do direito impeça que se desfrute de um meio ambiente saudável, conforme previsto constitucionalmente.

Como resta explicitado, as instituições financeiras devem precaver-se de todos os modos para evitarem danos ambientais produzidos por seus financiados, pois a lei lhes imputa responsabilidade. Ademais,

---

[29] Regulamentada pela Lei 4.717/65, recepcionada pelo Constituição Federal. Também é prevista no art. 5º, inciso LXXIII, *in verbis*: [...] LXXIII – qualquer cidadão é parte legitima para propor ação popular que vise a anular ato lesivo ao patrimônio público ou de entidade de que o Estado participe, à moralidade administrativa, ao meio ambiente a ao patrimônio histórico e cultural, ficando o autor, salvo comprovada má-fé, isento das custas judiciais e do ônus da sucumbência.

[30] LXX – O mandado de segurança coletivo pode ser impetrado por: a) partido político com representação no Congresso Nacional; b)organização sindical, entidade de classe ou associação legalmente constituída e em funcionamento há pelo menos um ano, em defesa dos interesses de seus membros ou associados.

[31] FIORILLO, Celso Antonio Pacheco. *Curso de Direito Ambiental Brasileiro*. 5. ed. São Paulo: Saraiva, 2004, p. 234.

importa salientar que os bancos podem ser impactados indiretamente por ações judiciais que impeçam o prosseguimento do empreendimento, causando prejuízo econômico com a dificuldade de recuperação do capital emprestado caso não seja autorizada a continuação e finalização da obra ou não sejam deferidas as licenças posteriores.

Nesse sentido, é importante que os contratos de financiamento sejam celebrados incorporando a variável ambiental, de tal forma que, além de criar regras entre as partes que ditem, por exemplo, o direito de regresso do financiador perante o financiado, sirva para garantir a preservação ambiental, evitando danos, pois gera um mecanismo de gestão ambiental, dando maior segurança e credibilidade ao negócio jurídico. Essa adequação dos contratos ao Direito Ambiental será mais bem discutida no próximo capítulo.

4. Da adequação dos contratos bancários ao direito ambiental

4.1. Resolução do conflito aparente de direitos fundamentais: binômio meio ambiente e economia

A Constituição Federal brasileira é o sistema jurídico basilar do Estado, ao qual todas as demais normas devem obedecer.

O sistema normativo constitucional é composto por regras e princípios, ambos em mesmo nível hierárquico e de mesma importância, possuindo igual força normativa. Assim, embora haja normas com mais ou menos densidade e poder de concretização no texto constitucional, não se pode afirmar que umas se sobrepõem às outras, haja vista a harmonização e unicidade da Carta Magna. Nas palavras de Celso Bastos:[32]

> [...] as Constituições não são conglomerados caóticos e desestruturados de normas que guardam entre si o mesmo grau de importância. Pelo contrário, elas se afiguram entre si num todo, sem embargo de manter uma unidade hierárquico-normativa, é dizer: todas as normas apresentam o mesmo nível hierárquico.

Segundo o art. 5º, § 1º, da Constituição Federal, "as normas definidoras dos direitos e garantias fundamentais tem aplicação imediata". Esta foi uma inovação da Constituinte de 1988, cujo intuito era que os Direitos Fundamentais não fossem esquecidos como um simples rol na Carta.

Entretanto, esta regra comporta exceções em razão da grande variedade de normas que não são completas em si mesmas, necessitando

---

[32] BASTOS, Celso Ribeiro. *Curso de Direito Constitucional*. 13. ed. São Paulo: Saraiva. 1990, p. 138.

serem aperfeiçoadas pela legislação infraconstitucional. Nas palavras de Canotilho:[33]

> Lembremos de novo, que se esta idéia de aplicabilidade directa significa uma normatividade qualificada, nem sempre os direitos, liberdades e garantias dispensam a concretização através de entidades legiferantes, Por outras palavras: a aplicabilidade directa das normas consagradoras de direitos, liberdades e garantias não implicam sempre, de forma automática, a transformação destes em direitos subjetivos, concretos e definitivos.

Estando o Direito Ambiental enquadrado na terceira geração[34] e sendo o meio ambiente ecologicamente equilibrado um direito fundamental previsto constitucionalmente, surge o problema da adequação da tutela ambiental com o desenvolvimento econômico, também previsto constitucionalmente como direito fundamental.

Dessa forma, estamos diante de um conflito aparente de direitos fundamentais, defendidos constitucionalmente, de mesmo valor. Tal conflito deve ser resolvido levando em consideração o desenvolvimento ecologicamente sustentável.

Portanto, aparentemente, não há harmonização de interesses constitucionalmente protegidos, pois representam os mais diferentes anseios sociais. Contudo, um não pode existir sem o outro, tornando-se extremamente fundamental encontrar uma solução adequada no caso concreto.

O Direito Ambiental não é limite ao Direito Econômico, nem mesmo é antagônico a ele. Devem ser aplicados de forma coordenada, considerando a sistematização do sistema jurídico. Assim, é importante usar do princípio da ponderação ou da proporcionalidade, os quais defendem a análise dos princípios fundamentais dentro do contexto no qual se colidem, obtendo por meios objetivos e subjetivos uma decisão de resultado satisfatório, onde o direito limitado de fato seja menos oneroso do que o direito que prepondera. Ensina Ingo Sarlet:[35]

> [...] cuida-se de processo de ponderação no qual não se trata da atribuição de uma prevalência absoluta de um valor sobre o outro, mas sim, na tentativa de aplicação simultânea e compatibilizada de normas, ainda que no caso concreto se torne necessária à atenuação de uma delas.

Nesse sentido também se manifestou o Pleno do STF:[36]

---

[33] CANOTILHO, J. J. Gomes. *Direito Constitucional e Teoria da Constituição*. 7 ed. Coimbra: Almeidina, 2003, p. 438.

[34] Os direitos de terceira geração são aqueles direitos transindividuais, com titulares indetermináveis.

[35] SARLET, Ingo Wolfgang apud LIMA, George Marmelstein. A hierarquia entre princípios e a colisão de normas constitucionais. *Jus Navigandi*. Teresina, ano 6, n. 54, fev. 2002. Disponível em: <http://jus2.uol.com.br/doutrina/texto.asp?id=2625>.

[36] BRASIL. Supremo Tribunal Federal. Medida Cautelar na Ação Direta de Inconstitucionalidade 3540 / DF. Relator: Min. Celso de Mello. Brasília, DF, 01 de setembro de 2005. *Diário da Justiça*, Brasília, p. 14, 03 fev. 2006.

Meio ambiente – Direito à preservação de sua integridade (CF, art. 225) – Prerrogativa qualificada por seu caráter de metaindividualidade – Direito de terceira geração (ou de novíssima dimensão) que consagra o postulado da solidariedade – Necessidade de impedir que a transgressão a esse direito faça irromper, no seio da coletividade, conflitos intergeneracionais – Espaços territoriais especialmente protegidos (CF, art. 225, § 1º, III) – Alteração e supressão do regime jurídico a eles pertinente – Medidas sujeitam ao princípio constitucional da reserva de lei – Supressão de vegetação em área de preservação permanente – Possibilidade de a administração pública cumprida as exigências legais, autorizar, licenciar ou permitir obras e/ou atividades nos espaços territoriais protegidos, desde que respeitada, quanto a estes, a integridade dos atributos justificadores do regime de proteção especial – Relações entre economia (CF, art. 3º, II, c/c o art. 170, VI) e ecologia (CF, art. 225) – Colisão de direitos fundamentais – Critérios de superação desse estado de tensão entre valores constitucionais relevantes – Os direitos básicos da pessoa humana e as sucessivas gerações (fases ou dimensões) de direitos (RTJ 164/158, 160-161) – A questão da precedência do direito à preservação do meio ambiente: uma limitação constitucional explícita à atividade econômica (CF, art. 170, VI) [...] A atividade econômica não pode ser exercida em desarmonia com os princípios destinados a tornar efetiva a proteção ao meio ambiente [...] A questão do desenvolvimento nacional (CF, art. 3º, II) e a necessidade de preservação da integridade do meio ambiente (CF, art. 225): O princípio do desenvolvimento sustentável como fator de obtenção do justo equilíbrio entre as exigências da economia e as da ecologia [...].

Destarte, na seara ambiental não há normas impeditivas ou proibitivas de exercícios de direitos, entre eles o econômico. Existem normas que devem ser incorporadas para conferir validade constitucional ao negócio jurídico. Conforme afirma Grizzi,

> O Direito ambiental visa regular como as atividades econômicas podem se desenvolver internalizando os efeitos ambientais negativos (externalidades) que são por elas gerados. Ocorre que internalizar os efeitos ambientais significa mudar, alterar, a forma costumeira de desenvolver as atividades, e significa, conseqüentemente *(sic)*, incorrer em custos para implementar ações de controle e prevenção.[37]

Logo, as normas ambientais servem como padrão de atuação dos empreendedores na condução de seus negócios, corroborando o princípio constitucional do desenvolvimento sustentável.

Não se pode negar a dificuldade de contextualização do Direito Ambiental no atual modelo de desenvolvimento econômico. O crescimento econômico depende da disponibilidade de recursos naturais, antes vistos como inesgotáveis. Entretanto, conforme já explanado anteriormente, essa visão foi sendo reformada ao longo dos anos e já é pacífico o entendimento de que, ao passo que o desenvolvimento encontra bases na natureza, ele a degrada. Assim, embora ainda encarada como entrave, a questão ambiental está muito ligada à economia, não podendo ser de forma alguma desassociadas. Nessa linha, assevera Derani:

---

[37] GRIZZI, Ana Lucia Limonta Esteves. *Direito ambiental aplicado aos contratos*. São Paulo: Verbo Jurídico, 2008, p. 47.

A necessidade de se assegurar a base natural da vida (natureza) coloca novos matizes na política econômica. É, na verdade, o grande desafio das políticas econômicas. A obviedade da necessidade de uma relação sustentável entre desenvolvimento industrial e meio ambiente é exatamente a mesma da irreversibilidade da dependência da sociedade moderna de seus avanços técnicos e industriais. Assim, qualquer política econômica deve zelar por um desenvolvimento da atividade econômica e de todo seu instrumental tecnológico ajustados com a conservação dos recursos naturais e com uma melhora efetiva da qualidade de vida da população.[38]

Forçoso notar que, para que haja essa harmonização das normas ambientais com o desenvolvimento econômico, é de suma importância que o Poder Público atue como regulador das atividades, mantendo o equilíbrio através de políticas econômicas que propiciem a estabilidade ecológica, racionalizando o uso de recursos naturais. Nesse sentido, o artigo 3°, inciso I, da Lei 9.795/99, determina o dever do Poder Público em incorporar a variável ambiental em todas as políticas públicas.[39] Deste modo, os diversos órgãos do Poder Público devem trabalhar de maneira integrada e coesa com as políticas ambientais, dando-lhes maior eficiência e efetividade.

4.2. Influência das políticas públicas ambientais nos contratos

4.2.1. Protocolo verde

Em 1995, o Governo Federal editou o Protocolo Verde. Neste constam diretrizes para atuação do mercado financeiro com vistas a buscar um desenvolvimento ecologicamente correto. Nas palavras de Grizzi et al.:[40]

> O Protocolo Verde consubstancia-se em uma política pública para o desenvolvimento sustentável, com vistas a induzir bancos e órgãos públicos e suas autarquias a efetivamente incorporar a variável ambiental como critério indispensável no processo de análise para a concessão de créditos e benefícios fiscais.

Elaborado por um Grupo de Trabalho composto por representantes dos Ministérios do Meio Ambiente, dos Recursos Hídricos e da Amazônia Legal, da Agricultura, do Abastecimento e da Reforma Agrária, da Fazenda, do Planejamento e Orçamento, também participaram representantes do Instituto Brasileiro de Meio Ambiente e Recursos Naturais

---

[38] DERANI, Cristiane. *Direito Ambiental Econômico*. 2. ed. São Paulo: Max Limonad, 2001, p. 243.

[39] Art. 3°. Como parte do processo educativo mais amplo, todos têm direito à educação ambiental, incumbindo: I – ao Poder Público, nos termos dos arts. 205 e 225 da Constituição Federal, definir políticas públicas que incorporem a dimensão ambiental, promover a educação ambiental em todos os níveis de ensino e o engajamento da sociedade na conservação, recuperação e melhoria do meio ambiente.

[40] GRIZZI, Ana Luci Esteves *et al.* Op. cit., p. 74.

Renováveis, BNDES, Banco do Brasil, Caixa Econômica Federal, Banco do Nordeste do Brasil e Banco da Amazônia.

Esses bancos, para efetivarem essas diretrizes apontadas pelo acordo, assinaram a "Carta de Princípios para o Desenvolvimento Sustentável". Nela, assumem obrigação de incorporar a variável ambiental em suas atividades administrativas internas e privilegiar ações de apoio ao desenvolvimento sustentável.

Por ser uma política pública, o Protocolo Verde, além de ser válido para todas as instituições financeiras públicas, também deve guiar a atividade do setor privado, pois como o próprio texto do Protocolo afirma, é importante que todas as instituições financeiras, sejam públicas ou privadas, adotem a variável ambiental em sua análise de crédito. Soma-se a isso o fato de que os bancos são obrigados mundialmente a analisarem esta variável pela Declaração Internacional dos Bancos para o Meio Ambiente e Desenvolvimento Sustentável – PNUMA.

Assim, não só pelas diretrizes do Protocolo Verde, mas também pelo disposto no art. 192 da Constituição Federal, somente pela incorporação das medidas ambientais no dia a dia das instituições financeiras é que se podem exercer corretamente os ditames da lei em prol do desenvolvimento sustentável.

É nítido que essa mudança de comportamento vem sendo incrementada pelos bancos, ainda que a implementação do Protocolo Verde implique em custos com o processo de reestruturação, treinamento de funcionários e na mudança de paradigma econômico. Entretanto, passados quase vinte anos, já é uma realidade a preocupação socioambiental das instituições financeiras, que além de obedecerem a seu papel constitucional, ainda fazem o chamado *marketing verde*".

4.2.2. Princípios do Equador

Em junho de 2003, o *International Finance Corporation* (IFC), instituição vinculada ao Banco Mundial que fornece financiamentos a projetos da iniciativa privada, criou uma série de exigências, conhecida como "Princípios do Equador". Trata-se de diretrizes socioambientais que devem ser observadas pelas instituições financeiras na ocasião de financiamentos com valores, à época, iguais ou superiores a U$ 50 milhões (cinquenta milhões de dólares). Fazem parte desse acordo o Unibanco, Banco do Brasil, Bradesco, Banco Real/ABN Amro Bank, Citigroup, HSBC, entre outros.

A análise dos projetos é baseada em um *Rating socioambiental*, onde estes são classificados por fatores de risco, de A (mais alto) a C (mais baixo), de acordo com o tipo, localização, dimensão e potenciais riscos ambientais e sociais.

Dessa forma, os projetos devem conter informações acerca do risco ambiental, proteção da biodiversidade, uso de energias renováveis, avaliação de impactos socioeconômicos, mecanismos de prevenção e controle de poluição, entre outros.

Aqueles enquadrados nas categorias A e B têm que apresentar também um Estudo de Impacto Ambiental (EIA) e um Plano de Ação, nos quais devam conter medidas de prevenção e mitigação. Além da legislação ambiental, os financiamentos devem cumprir os requisitos de segurança e mitigação de riscos do Banco Mundial e apresentarem um projeto de gestão ambiental, cujos resultados serão apresentados periodicamente à instituição financeira.

Em 2006, os signatários se reuniram em Viena para discutir as revisões nos Princípios e aprimorá-los, com regras mais claras. Apresentaram-se como propostas a incorporação de cláusulas contratuais obrigando os financiados a cumprir a legislação social e ambiental local, regional e nacional; cumprir o Plano de Ação quando os projetos forem enquadrados no risco A ou B; e divulgação de relatórios frequentes quanto ao cumprimento da legislação social e ambiental e do Plano de Ação. Ademais, o valor para análise dos projetos baixou para US$ 10 milhões.

Novamente, em junho de 2013, foi realizada nova revisão, no entanto mantendo-se o mesmo valor para análise dos projetos. Esta revisão passou a vigorar a partir de janeiro de 2014.

4.3. Variável ambiental como balizadora dos contratos

A pura responsabilização dos empreendedores para que reparem os danos ambientais causados não é suficiente para a correta tutela do meio ambiente. Embora tenha sido um passo considerável na história, atualmente é mais interessante prevenir os infortúnios. Dessa forma, a variável ambiental deve estar prevista nos contratos que celebram os negócios jurídicos, para que a proteção ambiental seja realmente efetiva através do gerenciamento dos riscos envolvidos, corroborando o desenvolvimento sustentável.

É mister explicar, de plano, que, por incorporação da variável ambiental aos contratos entende-se incorporar as externalidades negativas aos processos produtivos, minimizando ou anulando a possibilidade de danos, bem como a incorporação da legislação ambiental nas cláusulas contratuais.

Pela função social dos contratos, prevista no art. 3º, inciso I, combinado com o art. 5º, inciso XXIII, da Constituição Federal,[41] a autonomia para contratar passou a ter limites não só no texto legal, como também nos anseios sociais, sendo os contratos vistos como um meio de convívio social e preservação dos interesses coletivos.

Destarte, nas palavras de Grizzi, "a diretriz contratual deixou de ser meramente econômica para passar a ser econômico-social".[42] Nesse contexto, o Direito Ambiental também promove uma ruptura nos moldes clássicos do Direito contratual, induzindo os contratantes a levarem em consideração não só os efeitos ambientais gerados entre as partes, como também aqueles gerados na sociedade em geral.

Deste modo, o contrato deve possuir cláusulas ambientais específicas ao seu objeto, uma vez que, celebrado assim estará gerindo os riscos inerentes à atividade econômica, diminuindo consideravelmente a possibilidade do resultado danoso causado pelo empreendimento. Logo, traz benefícios para as partes, pois o ônus de uma reparação ambiental é deveras penoso, e também para a coletividade, haja vista que o ambiente saudável é bem jurídico de todos e indispensável à existência humana.

Embora, em primeira análise, um estudo prévio bem aprofundado acerca da viabilidade ambiental, realizado por uma equipe interdisciplinar, possa parecer um custo elevado demais, em análise mais apurada se mostra muito mais vantajoso do que o custo de uma possível indenização pecuniária, que na maioria das vezes é excessivamente dispendiosa. Além disso, colabora para a imagem da empresa, que se torna mais conceituada perante os clientes.

Da mesma forma, a instituição financeira que exige a apresentação de um estudo ambiental mais profundo, não só está agindo de acordo com seu papel social de fomentar o desenvolvimento sustentável, assim como está aumentando sua respeitabilidade no mercado e reforçando seu papel socioambiental, tão em voga atualmente e fator de diferenciação entre empresas que prestam serviços muito parecidos. Soma-se a isso o fato da instituição estar garantindo sua própria segurança quanto às sanções nas áreas cíveis, administrativas e penais, garantindo a procedência de uma possível ação de regresso quanto ao poluidor direto.

---

[41] Art. 3º Constituem objetivos fundamentais da República Federativa do Brasil: I – Construir uma sociedade livre, justa e solidária. [...] Art. 5º. Todos são iguais perante a lei, sem distinção de qualquer natureza, garantindo-se aos brasileiros e aos estrangeiros residentes no País a inviolabilidade do direito à vida, liberdade, igualdade, segurança e propriedade, nos termos seguintes: [...] XXIII – a propriedade atenderá sua função social.

[42] GRIZZI, Ana Luci Limonta Esteves. Op. cit. p. 63

4.4. Aplicação da variável ambiental nos contratos

No item acima, foram apresentados, em linhas gerais, os benefícios trazidos pela adequação dos contratos às normas ambientais, mas é necessário analisar mais detalhadamente o modo como essa variável será aplicada nos contratos.

A princípio, deve-se conhecer detalhadamente a atividade econômica a ser desenvolvida através do empreendimento, bem como seus riscos e as externalidades negativas geradas no processo produtivo. Deve-se ter exata noção dos riscos ambientais envolvidos para poder minimizá-los. Assim, é necessário um correto e aprofundado estudo do negócio, fazendo uma verdadeira auditoria ambiental.

Na esfera das relações financeiras, há que se ressaltar que os riscos ambientais são riscos da operação, riscos arcados pelo banco. Assim, quanto mais informações o financiador possuir sobre o negócio a ser fomentado, melhor pode calcular a faixa de risco das operações, ponderando corretamente a decisão de conceder ou não o financiamento, além de determinar aspectos relevantes como a taxa de juros aplicada, a exigência de garantias adicionais, o prazo, as condições e os cronogramas de utilização do crédito e de amortização da dívida.

De outra banda, partindo da premissa que os contratos bancários são contratos de consumo, e, portanto, tutelados pelo Código de Defesa do Consumidor, o empreendedor e/ou financiador que coloca no mercado produto ou serviço em desacordo com a legislação, onde também se incluem as normas ambientais, comete prática abusiva e caso alguma cláusula esteja infringindo a legislação ambiental, será considerada nula. Dessa forma, muito mais que fornecer produtos e serviços ambientalmente corretos, o empreendedor/financiador está cumprindo seu papel social de incentivar o consumo consciente.

Logo, a celebração de contratos que desatendem os preceitos ambientais torna o negócio jurídico ilegal – pois infringe os princípios da prevenção e da precaução, sendo potencial fonte de danos ambientais – e, consequentemente nulo, haja vista que o objeto é ilícito.

Nesse sentido, algumas exigências podem ser incluídas nas cláusulas contratuais, tais como apresentação de relatórios periódicos de auditorias ambientais e das licenças ambientais para a liberação de parcelas do financiamento; previsão de que o financiado cumpra todas as obrigações legais ambientais inerentes à atividade desenvolvida; realização de medidas mitigadoras ou corretivas dos riscos apontados nos relatórios ambientais e das medidas exigidas no licenciamento ambiental; apresentar garantia extra para o caso de ocorrência de dano ambiental, para sua reparação; ou ainda prever o vencimento antecipado do contrato caso não haja a apresentação dos documentos mencionados ou no caso de descumprimento de qualquer outra cláusula de cunho ambiental.

5. Considerações finais

Conforme disposto nos capítulos deste trabalho, o mundo enfrenta um dos piores problemas de todos os tempos: a degradação do meio ambiente. Esta tomou extensões inimagináveis. Desde muito tempo a espécie humana vem se utilizando dos recursos naturais, à revelia de qualquer preocupação ambiental. Entretanto, essas atitudes irresponsáveis atualmente revelam seu lado mais prejudicial, ameaçando a própria humanidade e a continuidade de vida na Terra.

Dessa forma, a responsabilidade com as atitudes que causam lesões ambientais é importantíssima para que se possa reverter a péssima situação em que a natureza se encontra. Essa responsabilização, além de um dever moral, abrange também a esfera civil, administrativa e penal, sendo tríplice e cumulativa.

O art. 225 da Carta Magna diz que o meio ambiente ecologicamente equilibrado é bem comum do povo, e incumbe a todos o dever de proteger e cuidar da natureza para garantir a vida das presentes e futuras gerações. O pronome "todos" foi estrategicamente utilizado pelo constituinte para não excluir ninguém dessa responsabilidade, quer pessoa física ou jurídica, incluindo, portanto, os bancos.

Nesse contexto, o presente trabalho buscou em todo seu estudo demonstrar a responsabilidade civil ambiental das instituições financeiras por danos advindos de seus financiamentos e a possibilidade de adequação dos contratos à legislação ambiental.

No intuito de melhor compreender essa responsabilidade, cuida-se, no primeiro capítulo dos aspectos gerais da responsabilidade civil ambiental. Nessa esfera, a responsabilidade ambiental é objetiva, ou seja, independe da investigação da culpa na conduta do autor. Pode até mesmo que esta atitude esteja completamente adequada aos ditames da lei, pois a licitude não elide a responsabilidade objetiva. Desse modo, havendo o dano, há a necessidade de reparação. A Lei 6.938/81, em seu art. 3°, prevê que o poluidor é todo aquele que, direta ou indiretamente, concorre para a ação danosa. Assim, a responsabilidade civil ambiental também é solidária, pois o conceito de poluidor apontado pela legislação indica que não só o causador direto como o indireto, são responsáveis pelo dano. Nesse diapasão, está explicitada a possibilidade de responsabilização das instituições financeiras que financiam empreendimentos causadores de danos ambientais.

Entretanto, mesmo existindo a possibilidade de responsabilização das instituições financeiras como poluidoras indiretas e mesmo que esta responsabilidade seja objetiva, pela teoria do risco criado, deve haver um liame entre a conduta do agente e o dano. Ou seja, a instituição financeira será considerada responsável e obrigada a indenizar o dano se o financiamento deu causa a ação lesiva. Em outras palavras, para ser responsabilizada, deve haver um nexo de causalidade entre o financiamento e o dano, de tal modo que o financiamento deve ser meio de concretização do dano, assim entendido como: se o financiamento não tivesse sido liberado, o dano não teria ocorrido.

Resta claro, portanto, que os bancos podem sim figurar como poluidores indiretos e responderem ação de indenização pelos danos causados por terceiros financiados por eles. Além disso, por ser a responsabilidade solidária, nos termos do artigo supracitado, o litisconsórcio é facultativo. Assim o é porque o interesse que está em discussão é coletivo, e não é levada em consideração a colaboração de cada um no evento danoso. O importante é que o meio ambiente seja recuperado o mais rápido possível. O banco pode ser acionado isoladamente, tendo contra o poluidor direto a possibilidade de ação de regresso.

Quanto ao limite temporal dessa responsabilidade, conclui-se que a teoria do risco criado é mais correta, pois ela prevê que se a instituição financeira tomou todos os cuidados na hora do financiamento, exigindo todas as licenças e demais obrigações previstas em lei, mas mesmo assim o infortúnio ocorreu, sua responsabilidade será pelo prazo do contrato de financiamento. Isso porque, terminado o prazo e extinto o contrato, não há nexo causal entre o dano e a instituição. Falta o liame para a responsabilização.

Por outro lado, se o financiador agiu de modo irresponsável, não cumprindo rigorosamente os ditames da legislação ambiental, sua responsabilidade será *ad infinitum*. Isto porque o contrato será inválido pela ilicitude do seu objeto – financiamento de atividade causadora de dano ambiental – e o financiador nesse caso é tido como sócio investidor, portanto, responsável direto pela atividade. Dessa forma, sua responsabilidade não se extinguirá com o fim do contrato.

Quanto ao limite quantitativo, ousa-se por concluir que a resposta mais adequada será adotar a teoria do risco integral. Uma vez que o interesse tutelado, pela Constituição Federal, é o meio ambiente, bem comum do povo, é forçoso entender que a responsabilidade dos bancos é pelo valor do dano e não o valor do contrato. Destarte, o interesse coletivo deve se sobrepor ao interesse particular. A reparação ou restauração do ambiente é fundamental para a sadia qualidade de vida e não pode ficar limitada apenas ao valor financiado. Não é correto esperar longos processos judiciais para se buscar o valor necessário para a indenização de todos os responsáveis. Conforme já exposto, os poluidores têm entre si a ação de regresso e a demora pela restauração do equilíbrio natural pode piorar a situação, tornando impossível a volta ao *status quo ante*.

Destarte, entende-se mais correto adotar a teoria do risco criado, com ressalvas da teoria do risco integral quanto ao limite quantitativo, pois o meio ambiente saudável é interesse de todos e deve ser protegido. Assim também se posiciona a maior parte da jurisprudência.

Atentas ao seu papel social de implementar as políticas públicas, e ao seu dever constitucional de preservar o meio ambiente, além de evitar possíveis responsabilizações, as instituições financeiras estão adotando a variável ambiental na analise dos projetos de financiamento, assim como na celebração dos contratos. Também incorporaram a sua política interna e externa atitudes de responsabilidade socioambiental. Nesse sentido, foram firmados diversos pactos nacionais e internacionais garantindo que a situação ambiental seria posta em estudo juntamente com os demais pontos econômico-financeiros. É mister ressaltar, que, para se garantir a preservação ambiental, diminuindo as possibilidades da ocorrência de danos, bem como auxiliar o direito de regresso contra o financiado, as instituições financeiras devem incorporar aos seus contratos cláusulas que exijam estudos ambientais, implantação de medidas preventivas, além da comprovação da regularidade do empreendimento perante os órgãos ambientais (existência de licenciamento).

Em suma, por todos os estudos e análises expostas no presente trabalho, pode-se concluir que as instituições financeiras são corresponsáveis civilmente por danos ambientais provocados por seus financiados, que os limites dessa responsabilidade se pautaram temporariamente pela teoria do risco criado e quantitativamente pela teoria do risco integral, se houverem sido obedecidos os ditames legais. Ainda, conclui-se que a concessão do crédito para o fomento da economia deve ser baseada na preservação ambiental, ponderando o direito fundamenta à liberdade econômica e o direito fundamental ao meio ambiente ecologicamente equilibrado, dando-se ênfase ao desenvolvimento com responsabilidade ambiental.

Por último, conclui-se que mais importante que reparar o dano e imputar responsabilidade, é preveni-lo. Nesse diapasão, a educação ambiental e o desenvolvimento sustentável, assuntos tão em voga atualmente, são indispensáveis para reverter a caótica situação mundial, construindo um planeta melhor no presente e para as gerações vindouras.

Referências bibliográficas

BASTOS, Celso Ribeiro. *Curso de Direito Constitucional*. 13 ed. São Paulo: Saraiva. 1990.

BRASIL. Constituição da República Federativa do Brasil. 31 ed. São Paulo: Saraiva, 2003.

──. Decreto nº 99.274, de 06 de jun. de 1990. Regulamenta a Lei N. 6.902, de 27 de abril de 1981, e a Lei N. 6.938, de 31 de agosto de 1981, que Dispõem, respectivamente, sobre a Criação de Estações Ecológicas e Áreas de Proteção Ambiental e sobre a Política Nacional do Meio Ambiente, e dá outras Providências. Diário Oficial da União. Brasília, DF, 07 jun. 1990.

──. Decreto Legislativo nº 2, de 03 de fevereiro de 2004. Aprova o texto da Convenção sobre Diversidade Biológica assinada durante a Conferência das Nações Unidas sobre Meio-Ambiente e Desenvolvimento realizada no Rio de Janeiro, no período de 5 a 14/06/92. Diário Oficial da União. Brasília, DF. 08 fev. 1994.

──. Lei nº 6.938, de 31 de agosto de 1981. Dispõe sobre a Política Nacional do Meio Ambiente, seus Fins e Mecanismos de Formulação e Aplicação, e dá outras Providências. Diário Oficial da União. Brasília, DF. 02 set. 1981.

──. Lei nº 7.347, de 24 de julho de 1985. Disciplina a Ação Civil Pública de Responsabilidade Por Danos Causados ao Meio Ambiente, ao Consumidor, a Bens e Direitos de Valor Artístico, Estético, Histórico, Turístico e Paisagístico (Vetado) e dá outras Providências. Diário Oficial da União. Brasília, DF. 25 jul. 1985.

──. Lei nº 9.795, de 27 de abril de 1999. Dispõe sobre a educação ambiental, institui a Política Nacional de Educação Ambiental e dá outras providências. Diário Oficial da União. Brasília, DF. 28 abr. 1999.

──. Superior Tribunal de Justiça. Agravo de Instrumento nº 822.264, Decisão Monocrática. Relatora: Min. José Delgado. Brasília, DF, 05 fev. 2007. Diário da Justiça: Brasília, 16 fev. 2007.

──. Superior Tribunal de Justiça. Agravo Regimental no Agravo em Recurso Especial nº 165201/MT. Segunda Turma. Relator: Min. Humberto Martins. Brasília, DF, 19 jun. 2012. Diário de Justiça: Brasília, 22 jun. 2011.

──. Superior Tribunal de Justiça. Recurso Especial nº 442586/SP, Primeira Turma. Relatora: Min. Luiz Fux. Brasília, DF, 26 nov. 2002. Diário da Justiça: Brasília, 24 fev. 2003.

──. Superior Tribunal de Justiça. Recurso Especial nº 578797/RS, Primeira Turma. Relator: Min. Luiz Fux. Brasília, DF, 05 ago. 2004. Diário da Justiça, Brasília, 20 set. 2004.

──. Superior Tribunal de Justiça. Recurso Especial nº 948921/SP, Segunda Turma. Relator: Min. Herman Benjamin. Brasília, DF, 23 out. 2011. Diário da Justiça: Brasília, 11 nov. 2011.

──. Superior Tribunal de Justiça. Recurso Especial nº 1090968/SP. Primeira Turma. Relator: Min. Luiz Fux, Brasília, DF, 15 jun. 2010. Diário da Justiça, Brasília, 03 ago. 2010.

──. Superior Tribunal de Justiça. Recurso Especial nº 1145083/MG, Segunda Turma. Relator: Min. Herman Benjamin. Brasília, DF, 27 set. 2011. Diário da Justiça: Brasília, 04 set. 2012.

──. Supremo Tribunal Federal. Medida Cautelar na Ação Direta de Inconstitucionalidade 3540 / DF. Relator: Min. Celso de Mello. Brasília, DF, 01 de setembro de 2005. Diário da Justiça, Brasília, p. 00014, 03 fev. 2006.

CANOTILHO, J .J. Gomes. *Direito Constitucional e Teoria da Constituição*. 7 ed. Coimbra: Almeidina, 2003.

DERANI, Cristiane. *Direito Ambiental Econômico*. 2. ed. São Paulo: Max Limonad, 2001.

DINIZ, Maria Helena. *Curso de Direito Civil Brasileiro*. 7º v. 19. ed. São Paulo: Saraiva, 2005.

FIORILLO, Celso Antonio Pacheco. *Curso de Direito Ambiental Brasileiro*. 5. ed. São Paulo: Saraiva, 2004.

GRIZZI, Ana Luci Esteves et. al. *Responsabilidade Civil Ambiental dos Financiadores*. Rio de Janeiro: Lúmen Júris, 2003.

GRIZZI, Ana Lucia Limonta Esteves. *Direito ambiental aplicado aos contratos*. São Paulo: Verbo Jurídico, 2008.

GUIMARÃES, Simone de Almeida. *O Dano Ambiental. Jus Navigandi*. Teresina, ano 6, nº 58, ago. 2002. Disponível em: <http://jus2.uol.com.br/doutrina/texto.asp?id=3055. Acesso em 20 ago. 2007.

HENKES. Silvana Lúcia et. al. Da (im)possibilidade de responsabilização civil pelo dano ambiental causado por empreendimento operante em conformidade com a licença ambiental obtida. *Jus Navigandi*. Teresina, ano 9. n. 813, set. 2005. Disponível em: <http://jus2.uol.com.br/doutrina/texto.asp?id=7329>. Acesso em: 13 nov. 2008.

LIMA, George Marmelstein. A hierarquia entre princípios e a colisão de normas constitucionais. *Jus Navigandi*. Teresina, ano 6, n. 54, fev. 2002. Disponível em: <http://jus2.uol.com.br/doutrina/texto.asp?id=2625>. Acesso em: 11 mar. 2009.

MACHADO, Paulo Affonso Leme. *Direito Ambiental Brasileiro*. 14 ed. São Paulo: Malheiros, 2006.

RESURREIÇÃO, Mauricio Gaspari. Da co-responsabilidade civil dos bancos por danos ambientais . *Jus Navigandi*, Teresina, ano 11, n. 1228, 11 nov. 2006. Disponível em: <http://jus2.uol.com.br/doutrina/texto.asp?id=9142>. Acesso em: 01 mar. 2009.

RIO GRANDE DO SUL. Tribunal de Justiça. Embargos de Declaração nº 70048026544, Vigésima Primeira Câmara Cível. Relator: Marco Aurélio Heinz. Porto Alegre, RS, 16 mai. 2012. Diário da Justiça, Porto Alegre, 05 jun. 2012.

——. Tribunal de Justiça. Reexame Necessário nº 70015766066, Quarta Câmara Cível. Relator: Jaime Piterman. Porto Alegre, RS, 25 out. 2006. Diário da Justiça, Porto Alegre, 20 nov. 2006.

— 6 —

A incidência do Imposto Sobre Serviços de Qualquer Natureza nas operações de *leasing*[1]

LAUREN ELLWANGER SEFERIN[2]

Sumário: 1. Introdução; 2. Características dos tributos; 2.1. Conceituação legal de tributo; 2.2. Espécies tributárias; 3. O imposto sobre serviços de qualquer natureza; 3.1. A Lei Complementar 116, de 31 de julho de 2003; 4. *Leasing*; 4.1. Conceito e características; 4.2. *Leasing* operacional; 4.3. *Leasing* financeiro; 4.4. *Lease-back*; 5. Incidência do ISS nos contratos de *leasing*; 5.1. Posicionamento doutrinário; 5.2. Posicionamento do STF; 6. Considerações finais; Referencial bibliográfico.

1. Introdução

O Imposto Sobre Serviços de Qualquer Natureza é um tributo de competência municipal conforme disciplinado em nossa Constituição Federal de 1988. O mesmo ordenamento determina que o citado imposto seja regulamentado por lei complementar.

A Lei Complementar 116 de 2003 fez tal função dando forma ao ISS, apresentando quais são os serviços que serão por ele tributados. Na lista anexa da Lei está o arrendamento mercantil (*leasing*).

Ocorre que as divergências sobre a possibilidade de incidir ISS nos contratos de *leasing* nos acompanham desde a promulgação da Lei até os dias de hoje. O presente artigo fará um estudo de tal tributação.

Em um primeiro momento serão estudados princípios e características inerentes a todos os tributos. Após, será feita uma análise específica do ISS. Em outra parte, analisaremos o contrato de arrendamento mer-

---

[1] O presente artigo foi apresentado no Programa de Ascensão Profissional da Diretoria Jurídica do Banco do Brasil, como requisito para a nomeação do cargo de Analista Jurídico B, atual Assessor Jurídico II, em setembro de 2012.

[2] Advogada. Especialista em Direito Tributário pela Universidade Anhanguera/SP. MBA em Direito Bancário pela Fundação Getúlio Vargas – FGV.

cantil e suas espécies. E por fim, será feito um breve relato acerca das posições doutrinárias e jurisprudenciais sobre a questão.

2. Características dos tributos

O Estado precisa captar recursos para patrocinar o funcionamento de sua máquina estrutural. Os tributos são a principal fonte de tais recursos e a legalidade sua arrecadação deriva do poder de tributar inerente ao Estado, e ao qual está sujeito o contribuinte.

Esse poder, contudo, apresenta formas reguladoras, ou como doutrina Sabbag, encontra regramentos que vêm refrear o exercício arbitrário da tributação, amoldando-o de acordo com a carga valorativa ínsita ao texto constitucional. De modo reflexo, a Constituição Federal define o *modus operandi* do exercício desse poder, que deverá se dar de forma justa e equilibrada, sem provocar danos à liberdade e à propriedade dos contribuintes.[3]

Tal freio se verifica através das normas jurídicas tributárias e dos princípios disciplinados em nossa Constituição Federal, podendo ser enumerados como principais o princípio da legalidade tributária, da anterioridade tributária, da isonomia tributária, da irretroatividade tributária, princípio da vedação ao confisco e o princípio da não limitação ao tráfego de pessoas e bens e a ressalva do pedágio.

2.1. Conceituação legal de tributo

A definição legal de tributo é dada pelo artigo 3º do Código Tributário Nacional dizendo que "Tributo é toda prestação pecuniária compulsória, em moeda ou cujo valor nela se possa exprimir, que não constitua sanção de ato ilícito, instituída em lei e cobrada mediante atividade administrativa plenamente vinculada".

Luciano Amaro nos dá uma visão de que a tributação nos atinge desde os primórdios da história, explicando que tributo como prestação pecuniária ou em bens, arrecadada pelo Estado ou pelo monarca, com vistas a atender aos gastos públicos e às despesas com a coroa, é uma noção que se perde no tempo e que abrangeu desde os pagamentos, em dinheiro ou bens, exigidos pelos vencedores aos povos vencidos (à semelhança das modernas indenizações de guerra) até a cobrança perante os próprios súditos, ora sob o disfarce de donativos, ajudas, contribuições para o soberano, ora como dever ou obrigação.[4]

---

[3] SABBAG, Eduardo de Moraes. *Manual de Direito Tributário*. São Paulo: Saraiva, 2009, p. 21.

[4] AMARO, Luciano. *Direito Tributário Brasileiro*. São Paulo: Saraiva, 2011, p. 38.

Do conceito legal de tributo podemos extrair certas conclusões. A primeira se refere à prestação pecuniária. Como prestação pecuniária se entende o pagamento em moeda corrente, afastando o pagamento *in natura* ou em serviços bem explicitando Sabbag que não há como *estabelecer associação entre tributo e a obrigação que não seja pecuniária, v.g.*, a de prestar serviço militar obrigatório ou trabalhar no Tribunal do Júri ou nas eleições. Nota-se que como regra geral não há recebimento de tributos que não seja em pecúnia.[5]

A compulsoriedade do tributo se verifica por não decorrer da vontade de ambas as partes da relação, mas sim do poder coercitivo exercido pelo Estado ao tributar, pouco interessando a vontade do particular.

O fato de não constituir sanção de ato ilícito tem ligação com a inexistência de penalidade, conforme afirma Hugo de Brito Machado ao dizer que o tributo se distingue da *penalidade* exatamente porque esta tem como hipótese de incidência um ato *ilícito*, enquanto a hipótese de incidência do tributo é sempre algo *lícito*.[6]

A expressão "instituída em lei" apresenta a aplicação direta do princípio da legalidade, uma vez que nossa Constituição Federal determina que compete à lei instituir tributos bem como regulá-los, determinando seus elementos – fato gerador, sujeito passivo, base de cálculo e alíquotas – "ou seja, dizer que a prestação pecuniária tributária é *instituída em lei* já expressa que o nascimento da obrigação tributária não tem por base a *vontade* dos sujeitos da relação jurídica, mas sim o *comando legal*".[7]

Por fim, o tributo é cobrado através de atividade administrativa plenamente vinculada, isso significa que se sua cobrança se materializa através do lançamento, de competência privativa da autoridade administrativa que irá através dele, constituir o crédito tributário quantificando e qualificando o mesmo.

2.2. Espécies tributárias

Em relação à classificação das espécies de tributos, existem, na doutrina brasileira, quatro teorias distintas.

A primeira, chamada bipartite (bipartida, dualista ou clássica), expõe que existem apenas duas espécies tributárias: os impostos e as taxas. Essa classificação baseia-se em existir ou não uma vinculação a ação estatal. Conforme nos ensina Sabbag "... capitaneada por Geraldo Ataliba (...) separando os tributos em apenas 2 (duas) espécies: vinculados a uma

---

[5] SABBAG 2009, p. 334.
[6] MACHADO, Hugo de Brito. *Curso de Direito Tributário*. 30. ed. São Paulo: Malheiros, 2009, p. 58.
[7] AMARO, 2011, p. 47-48.

ação estatal (taxas e contribuições de melhoria, ambos aglutináveis na forma de "taxas") e não vinculados (impostos)".[8]

A segunda conhecida como tripartite (tripartida ou tricotômica) afirma existirem três espécies tributárias, sendo elas: os impostos, as taxas e as contribuições de melhoria. Ela baseia-se no que determina o artigo 5º do CTN e era a predominante na época em que foi elaborado tal ordenamento. Porém, como disciplina Ricardo Alexandre[9] mesmo aqueles que defendem a teoria tripartite entendem que as contribuições sociais e os empréstimos compulsórios são tributos, possuindo natureza jurídica de taxas ou impostos, dependendo de como a lei definiu seu fato gerador.

A terceira chamada quadripartite (tetrapartida ou tetrapartite) afirma que os impostos, as taxas, as contribuições e os empréstimos compulsórios constituem as espécies tributárias do ordenamento jurídico. Tal teoria é sustentada por ninguém menos do que Hugo de Brito Machado que explica termos em nosso Sistema Tributário, quatro espécies de tributo, a saber: os impostos, as taxas, as contribuições de melhoria e as contribuições sociais. Estas últimas podem ser subdivididas em contribuições de intervenção no domínio econômico, contribuições do interesse de categorias profissionais ou econômicas e contribuições de seguridade social.[10]

Como quarta corrente temos a teoria pentapartite (pentapartida ou quinquipartida). Ela encontra fundamento jurídico nos artigos 145, 148 e 149 da Constituição Federal. O artigo 145 dispõe ser de competência da União, dos Estados, o Distrito Federal e os Municípios a instituição dos impostos; taxas, em razão do exercício do poder de polícia ou pela utilização, efetiva ou potencial, de serviços públicos específicos e divisíveis, prestados ao contribuinte ou postos a sua disposição; contribuição de melhoria, decorrente de obras públicas. Já o artigo 148 diz que a União poderá instituir empréstimos compulsórios mediante lei complementar e por último o artigo 149 disciplina ser de competência exclusiva da União a instituição das contribuições sociais.

A citada teoria é a que tem sido adotada pelo Supremo Tribunal Federal, contemplando como espécies tributárias os impostos, as taxas, as contribuições de melhoria, as contribuições parafiscais e os empréstimos compulsórios.[11]

---

[8] SABBAG, Eduardo de Moraes. *Elementos do Direito Tributário*. 9. ed. São Paulo: Premier, 2008, p. 89.
[9] ALEXANDRE, Ricardo. *Direito Tributário Esquematizado*. 3. Ed. São Paulo: Método, 2009, p. 43.
[10] MACHADO, 2009, p. 64.
[11] Verificamos a aplicação da teoria através por exemplo do voto do Ministro Moreira Alves no RE 146.733 (29/06/1992) que justifica o já antigo entendimento, por parte do STF sobre o tema: De feito, a par das três modalidades de tributos (os impostos, as taxas e as contribuições de melhoria) a que se refere o artigo 145 para declarar que são competentes para instituí-los a União, os Estados, o Distrito Federal e os Municípios, os artigos 148 e 149 aludem a outras duas modalidades tributárias, para qual só a União é competente: os empréstimos compulsórios e as contribuições sociais, inclusive as

3. O imposto sobre serviços de qualquer natureza

O imposto sobre serviços de qualquer natureza surge com a reforma tributária advindo da Emenda Constitucional nº 18 de 1965. Sergio Pinto Martins[12] relata que o sistema tributário anterior previa denominação jurídica dos impostos, fazendo-os se diferenciarem apenas pela roupagem jurídica, não pelo conteúdo econômico. Cita como exemplo os impostos de indústrias e profissões, de vendas e consignações e impostos de licença. A promulgação da Constituição Federal de 1988 manteve a nomenclatura do ISS e em seu artigo 156 dispõe quais são os impostos cuja instituição é de competência municipal e em seu inciso III apresenta os serviços de qualquer natureza, não compreendidos no art. 155, II, definidos em lei complementar.

Do preceito constitucional se extrai o ente competente para instituir o ISS bem como a necessidade de lei complementar para determinar quais os serviços que serão tributados pelo mesmo.

O doutrinador Hugo de Brito Machado[13] discorre sobre a fiscalidade do referido imposto quando diz que o ISS tem função predominantemente fiscal. É importante fonte de receita tributária dos Municípios.[14]

3.1. A Lei Complementar 116, de 31 de julho de 2003

A Constituição Federal em seu artigo 146 especifica a função da Lei Complementar na esfera tributária, determinando que compete a mesma a disposição sobre os conflitos entre a União, os Estados e os Municípios; regular as limitações constitucionais ao poder de tributar; estabelecer normas gerais em matéria de legislação tributária (...)

A Lei Complementar 116 veio dispor acerca do ISS, indicando qual seu ente competente, qual seu fato gerador, sua não incidência, seu sujeito

---

de intervenção do domínio econômico e de interesse das categorias profissionais ou econômicas (...) In: <http://redir.stf.jus.br/paginadorpub/paginador.jsp?docTP=AC&docID=210152>.

[12] MARTINS, 2010, p. 4

[13] MACHADO, 2009, p. 404

[14] Ainda, sobre as características do ISS ensina Sergio Pinto Martins: Como se pode verificar, o atual sistema tributário nacional albergou, em seu elenco de impostos, o *imposto sobre serviços de qualquer natureza* (ISS), que se caracteriza pelos seguintes pontos consagrados na Constituição: a) o imposto é de competência dos municípios; b) o imposto pela denominação econômica, é sobre a circulação de serviços, a prestação de serviços a terceiros. O fato gerador da respectiva obrigação tributária é a "prestação de serviços"; a base de cálculo do imposto é o "preço do serviço"; e o contribuinte é o "prestador do serviço"; b)os serviços onerados pelo imposto municipal são definidos em lei complementar, não podendo fazer parte da lista os serviços que ficaram na competência dos Estados: "de transporte interestadual e intermunicipal e de comunicação" (CF, art. 155, II). Há, portanto, uma dependência tributária relativa ao ISS, para que o legislador ordinário municipal institua o imposto, qual seja: a existência de lei complementar. MARTINS, Sergio Pinto. *Manual do Imposto sobre Serviços*. 8. ed. São Paulo: Atlas, 2010, p. 11.

passivo, qual sua base de cálculo, sua alíquota máxima e um elemento de extrema importância: a lista anexa de serviços. Aliás, sem a existência de uma lei complementar, o município não teria como cobrar tal imposto, pois nossa Constituição determina a necessidade de norma complementar para tributar os serviços de qualquer natureza.

Sergio Pinto Martins[15] expõe que uma vez editada a lei complementar definidora de serviços, o Município poderá criar o respectivo imposto, por intermédio de lei ordinária, devendo respeitar a lista de serviços constante da lei complementar.

A competência territorial do ISS encontra-se disciplinada no artigo 3º da LC 116/2003: "o serviço considera-se prestado e o imposto devido no local do estabelecimento prestador ou, na falta do estabelecimento, no local do domicílio do prestador (...)".

Em relação ao fato gerador, determina o Código Tributário Nacional, em seu artigo 114, que o "fato gerador da obrigação principal é a situação definida em lei como necessária e suficiente à sua ocorrência", e seu artigo 97, inciso III, disciplina que somente a lei poderá estabelecer a definição do fato gerador da obrigação tributária principal.

Nas palavras de Sacha Calmon, a redação é tautológica.[16] O que se quis dizer foi que o *fato descrito em lei* (*legalidade*), contendo todos os elementos hábeis à sua perfeita identificação (*fato-tipo* ou tipicidade), constitui fato jurígeno da obrigação tributária principal. Uma vez que dito fato venha ocorrer no mundo fenomênico, instaura-se a obrigação, vez que este não é apenas necessário como suficiente.

Podemos dizer que o fato gerador do ISS é a prestação de algum dos serviços constantes da lista anexa. Serviço realmente efetivado. O simples fato de haver sido dado um sinal, adiantamento de pagamento antes de o serviço ser prestado, não configura o fato gerador.

O sujeito passivo do ISSQN é o contribuinte prestador de serviço conforme expresso no art. 5º da LC 116/03, sendo assim é aquele que presta um dos serviços constantes da lista anexa a LC, não incidindo o imposto sobre prestação de serviços em relação de emprego dos trabalhadores avulsos, bem como dos diretores e membros de conselho consultivo ou de conselho fiscal de sociedades e fundações, excluindo-se também os sócios-gerentes e dos gerentes-delegados, art. 2º, II, LC 116/03. Sobre o assunto, ensina-nos Hugo de Brito Machado: "assim, podemos dizer que não são contribuintes do ISS os empregados, os trabalhadores avulsos,

---

[15] MARTINS, 2010, p. 49
[16] COÊLHO, Sacha Calmon Navarro. *Curso de Direito Tributário Brasileiro.* 11. ed. Rio de Janeiro: Forense, 2011, p. 586.

os diretores e membros de conselhos de sociedades e fundações, nem os sócios-gerentes e gerentes-delegados...".[17]

Em sua obra *Elementos do Direito Tributário,* disciplina o professor Sabbag sobre serviços onde não há sujeição passiva do imposto além de discorrer sobre o fato gerador do ISSQN que é a prestação por empresa ou profissional autônomo, com ou sem estabelecimento fixo, de serviços constantes da Lista anexa à Lei Complementar nº 116/2003, que enumera, aproximadamente, 230 serviços, divididos em 40 itens.[18] Portanto, não está compreendida no fato gerador do ISS: a prestação de serviço a si próprio; a prestação de serviço decorrente de vínculo empregatício; a prestação de serviço por prestadores de trabalho avulso e por sócios ou administradores de Sociedade; a prestação de serviços de transporte interestadual e intermunicipal e de comunicação (campo de incidência do ICMS – art. 155, II, CF); a prestação de serviços para o exterior (isenção heterônoma para o ISS, prevista no art. 156 § 3º, II, da CF e art. 2º, I da LC 116/2003); a prestação de serviços pelo próprio poder público (imunidade – art. 150,VI, "a", da CF).

O artigo 7º da Lei Complementar 116 determina qual a base de cálculo do imposto, sendo ela o preço do serviço e o artigo 8º especifica qual a alíquota máxima do ISS. A base de cálculo e a alíquota são elementos essenciais para constituição do crédito tributário, assertiva explicada por José Jayme de Macêdo Oliveira[19] já que quantificação do tributo é aspecto essencial à sua instituição e à constituição do respectivo crédito tributário pelo lançamento, e constrói-se mediante a definição legal de dois fatores numéricos que se completam e se exigem mutuamente: base de cálculo e alíquota. O primeiro é a expressão numérica (multiplicando), sobre a qual se aplica o segundo fator (multiplicador), estabelecido este em razão proporcional, de regra. O montante do imposto devido resulta dessa operação aritmética de multiplicação. Para melhor compreensão da base de cálculo do ISS devemos analisar o conceito de serviço. Ao consultarmos o dicionário, temos a definição de serviço como sendo "1 Ato ou efeito de servir (...) 4 Exercício, funções, trabalho do que serve. (...). 6 Trabalho, ocupações, obrigações. 7 Execução de trabalho ou desempenho de funções, ordenados ou pagos por outrem. (...)".[20]

Gustavo Masina dá ao serviço, núcleo do critério material do ISS, sob a ótica constitucional, seguinte significado de obrigação de fazer prestada em favor de terceiro como um fim-em-si-mesmo, que tenha conteúdo

---

[17] MACHADO, 2009, p. 410
[18] SABBAG, 2008, p. 372
[19] OLIVEIRA, José Jayme de Macêdo. *Impostos Municipais. ISS. ITBI. IPTU.* 2. ed. São Paulo: Saraiva, 2011, p. 146.
[20] Michaelis. *Dicionário on-line*

econômico, regulada pelo Direito Privado ou pelo Direito Administrativo, que não seja serviço público e nem se confunda, total ou parcialmente, com o conteúdo semântico das materialidades contidas nas demais regras de competências dos impostos.[21]

Pinto Martins afirma que a expressão "imposto sobre serviço de qualquer natureza" é uma denominação de imposto com sentido essencialmente *econômico*.[22] Este conceito de *serviço* há de se buscar na Economia, e não no Direito Privado.

Verifica-se que os ensinamentos sobre o termo "serviço" de Sergio Pinto Martins se tornam de grande valia. Para o Imposto sobre Serviços de Qualquer Natureza, mais relevante do que definir serviço sob a ótica do direito privado está analisar o que o legislador determinou, pois será considerado serviço aquilo que for descrito na Lei Complementar que o regular.

Importante lembrar que a fixação de alíquota máxima pela LC 116 trava a possibilidade dos municípios cobrarem alíquota por prestação de serviços superior aos cinco por cento fixados em lei.

4. Leasing

A maior parte dos autores afirma que o *leasing* se popularizou nos Estados Unidos em meados dos anos 50 para alguns ele surgiu em 1941 com o surgimento de uma lei de empréstimos e arrendamentos chamada de *Lend Lease Act*. Através dela, o governo norte-americano criou um comércio de material bélico que seria devolvido ao final o conflito ou comprado por um valor previamente pactuado.

No Brasil, a regulamentação do instituto se deu no ano de 1974 através da promulgação da Lei 6.099. Porém, sabe-se haver contratos da mesma espécie anteriores à lei, como é o caso da empresa *Rent-a-Maq*, citada por doutrinadores como sendo a primeira empresa a atuar no ramo.

4.1. Conceito e características

O conceito de *leasing* ou arrendamento mercantil, em uma definição doutrinária, é a locação caracterizada pela faculdade conferida ao locatário de, ao seu término, optar pela compra e venda do bem locado.[23]

---

[21] MASINA. Gustavo. *ISSQN. Regra de Competência e Conflitos Tributários*. Porto Alegre: Livraria do Advogado, 2009, p. 79.

[22] MARTINS, 2010, p. 16

[23] Em termos de disciplina das relações de direito privado, isto é, no tocante às obrigações que as partes assumem uma com a outra em virtude do arrendamento mercantil, inexiste tipificação legal do negócio. Assim, rege-se este pelas cláusulas pactuadas entre os contratantes. O locatário, por ato

Ainda sobre o conceito de *leasing* obtemos através da doutrina de Rizzardo que é o contrato essencialmente complexo, visto encerrar uma promessa unilateral de venda, um mandato, uma promessa sinalagmática de locação de coisa, uma opção de compra e venda e, no leasing operacional, mais uma prestação de serviços técnicos por parte da locadora, compondo assim, obrigação contratual, como partes essenciais do negócio.[24]

Alexandre Assaf Neto explica que a empresa de Leasing, na verdade, intervém entre a empresa produtora do bem ativo e a empresa que necessita do bem. O ativo demandado pela empresa arrendatária é adquirido pela sociedade de arrendamento mercantil e transferido ao cliente por determinado período.[25] Ao final desse prazo, à arrendatária é assegurado o direito de prorrogar o contrato, devolver o à empresa arrendadora ou adquirir o bem definitivamente pelo preço estabelecido no contrato de arrendamento firmado.

O conceito legal de leasing é dado pelo parágrafo único do artigo 1º da Lei 6.099/74 que considera arrendamento mercantil, o negócio jurídico realizado entre pessoa jurídica, na qualidade de arrendadora, e pessoa física ou jurídica, na qualidade de arrendatária, e que tenha por objeto o arrendamento de bens adquiridos pela arrendadora, segundo especificações da arrendatária e para uso próprio desta.

O arrendamento mercantil se caracteriza por ser um contrato em que um determinado cliente, o arrendatário (pessoa física ou jurídica) contrata com a empresa, o arrendador, o arrendamento de um determinado bem mediante pagamento contraprestacional por prazo determinado.

Quanto aos elementos integrantes do arrendamento mercantil, Roberto Ruozi, citado por Rizzardo, explica que são a operação de financiamento; alocação de bens móveis ou imóveis; a participação de um intermediário financeiro; a aquisição pelo intermediário junto ao produtor e a cessão em locação ao arrendatário; a retenção do direito de propriedade pelo arrendador; a obrigação do arrendatário em pagar ao intermediário financeiro um determinado número de prestações periódicas, por conta do valor global; a importância global paga pelo arrendatário alcança cifra superior ao custo dos bens e os bens ao final do contrato, podem ser transferido, a título oneroso, do domínio do intermediário financeiro à empresa arrendatária, desde que esta expresse opção de compra mediante pagamento de um custo adicional.[26]

---

unilateral, depende de sua exclusiva vontade, ao fim do prazo locatício, pode adquirir o bem locado, tendo o direito de amortizar no preço da aquisição os valores pagos a título de aluguel. COELHO, Fábio Ulhoa. *Manual de Direito Comercial*. 16. ed. São Paulo: Saraiva, 2005, p. 466.

[24] RIZZARDO, Arnaldo. *LEASING. Arrendamento Mercantil no Direito Brasileiro*. 5. ed. São Paulo: Revista dos Tribunais, 2009, p. 18.

[25] ASSAF NETO, Alexandre. *Mercado Financeiro*. 3. ed. São Paulo: Atlas, 2000, p. 105.

[26] RIZZARDO, 2009, p. 18

As características do arrendamento mercantil também merecem nossa atenção. A primeira a ser analisada é o caráter de locação existente no instituto. É o elemento que mais aparece no contrato e que o distingue de outras formas de ajuste de vontades.[27] Não se apresenta como uma locação pura, o valor da contraprestação engloba mais do que o simples valor do aluguel, estão também embutidos todos os insumos gastos pela arrendadora.

O *leasing* apresenta o caráter de financiamento como característica tanto que é comum a sua definição como a operação financeira peculiar em que a sociedade de *leasing* atua com recursos financeiros próprios, propiciando ao arrendatário o uso de bens duráveis, e não o empréstimo da pecúnia propriamente dita.[28]

O artigo 5º da Lei 6.099 determina quais as disposições que o contrato de precisa conter, elas são o prazo, o valor contraprestacional, a opção de compra ou renovação do contrato e o preço ou critério para compra.

Em agosto de 1996, a Resolução 2.309 veio disciplinar e consolidar as normas relativas às operações de arrendamento mercantil. Em seu artigo 7º, fala sobre a forma do contrato de arrendamento mercantil pode ser formalizada por instrumento público ou particular e fala sobre especificações mínimas que o contrato precisa conter como a descrição dos bens que constituem o objeto do contrato, com todas as características que permitam sua perfeita identificação; o prazo do arrendamento; o valor das contraprestações ou a fórmula de cálculo das contraprestações, bem como o critério para seu reajuste; a forma de pagamento das contraprestações por períodos determinados, não superiores a 1 (um) semestre, salvo no caso de operações que beneficiem atividades rurais, quando o pagamento pode ser fixado por períodos não superiores a 1 (um) ano; as condições para o exercício por parte da arrendatária do direito de optar pela renovação do contrato, pela devolução dos bens ou pela aquisição dos bens arrendados; a concessão à arrendatária de opção de compra dos bens arrendados, devendo ser estabelecido o prelo para seu exercício ou critério utilizável na sua fixação; as despesas e os encargos adicionais, inclusive despesas de assistência técnica, manutenção e serviços inerentes à operacionalidade dos bens arrendados, admitindo-se, ainda, para o arrendamento mercantil financeiro (...)

Além das características já apontadas, podemos citar a estrutura bilateral – o contrato depende de obrigações de ambas as partes, a onerosidade – não se trata de contrato gratuito, a execução do contrato é de trato sucessivo – prestação contratual se dá de forma continuada, a operação é firmada em função da pessoa, seu enquadramento legal é típico –

---

[27] RIZZARDO, 2009, p. 33
[28] RIZZARDO, 2009, p. 53

Lei 6.099/74, contrato consensual apesar de mostrar apresentar um certo caráter de contrato de adesão uma vez que as cláusulas são apresentadas de forma engessada pela arrendadora.

4.2. Leasing operacional

Apresentado como a primeira forma de *leasing* teria surgido nos Estados Unidos na década de 20 quando empresas, necessitando escoar seus produtos, locavam os mesmos, assegurando a seus clientes sua manutenção.

Conforme Rizzardo, ele é conhecido também como *renting*, expressa uma locação de instrumentos ou materiais, com cláusula de prestação de serviços, prevendo a opção de compra e a possibilidade de rescisão a qualquer tempo, desde que se espere o período mínimo de noventa dias do início do contrato.[29]

O artigo 6º da Resolução 2.309 especifica que a modalidade de arrendamento mercantil operacional é aquela em que as contraprestações a serem pagas pela arrendatária contemplem o custo de arrendamento do bem e os serviços inerentes a sua colocação à disposição da arrendatária, não podendo o valor presente dos pagamentos ultrapassar 90% (noventa por cento) do "custo do bem"; o prazo contratual seja inferior a 75% (setenta e cinco por cento) do prazo de vida útil econômica do bem; o preço para o exercício da opção de compra seja o valor de mercado do bem arrendado; não haja previsão de pagamento de valor residual garantido.

As operações de arrendamento mercantil operacional são privativas dos bancos múltiplos com carteira de arrendamento mercantil e das sociedades de arrendamento mercantil.

Além disso, manutenção, a assistência técnica e os serviços correlatos à operacionalidade do bem arrendado podem ser de responsabilidade da arrendadora ou da arrendatária.

O prazo mínimo contratual para a modalidade de *leasing* operacional é de 90 (noventa dias), prazo esse que é determinado na mesma Resolução em seu artigo 8º, inciso II.

4.3. Leasing financeiro

É considerada a modalidade de *leasing* puro e, segundo Rizzardo, por estar mais ligado a departamento de bancos, é também conhecido como *leasing* bancário.[30] Sua diferenciação mais importante se dá ao fato

---

[29] RIZZARDO, 2009, p. 33
[30] Idem, p. 38

de o bem financiado ser adquirido pela empresa financiadora que irá contratar negócio com o cliente.

É o tipo de transação em que o arrendatário precisa do bem, mas não possui ou não quer dispor de capital para sua aquisição, preponderando o sentido de financiamento e com isso sendo um importante negócio das instituições financeiras.

O artigo 5º da Resolução 2.309 nos ajuda a entender qual tipo de negócio pode ser enquadrado como *leasing* financeiro, sendo aquele em que as contraprestações e demais pagamentos previstos no contrato, devidos pela arrendatária, sejam normalmente suficientes para que a arrendadora recupere o custo do bem arrendado durante o prazo contratual da operação e, adicionalmente, obtenha um retorno sobre os recursos investidos; as despesas de manutenção, assistência técnica e serviços correlatos à operacionalidade do bem arrendado sejam de responsabilidade da arrendatária; o preço para o exercício da opção de compra seja livremente pactuado, podendo ser, inclusive, o valor de mercado do bem arrendado.

Quanto ao prazo, a arrendamento mercantil financeiro deverá apresentar prazo mínimo de dois anos da entrega dos bens, o que se perfectibiliza pelo termo de aceitação e recebimento dos bens, no caso de vida útil igual ou superior a cinco anos e terá prazo mínimo de três anos no caso dos demais bens.

4.4. Lease-back

Previsto no artigo 9º da Lei 6.099/74, é também conhecido como *sale and lease-back*, suas operações são contratadas com o próprio vendedor.

Alexandre Assaf Neto conceitua o que ocorre com a modalidade de *lease-back*, sendo que nessa operação, a empresa tomadora de recursos, proprietária (ou produtora) de um bem, por meio de um único contrato de arrendamento, vende para a sociedade de *leasing* o ativo e o arrenda simultaneamente.[31] Pelo *lease-back*, uma empresa passa de proprietária para arrendatária do ativo, podendo continuar utilizando normalmente o bem como se fosse um *leasing* financeiro.

Podemos comparar as três espécies de arrendamento mercantil através da doutrina de Sergio Pinto Martins o *leasing* pode ser operacional, que é também chamado de *renting* ou de locação de serviço, em que se faz arrendamento de bens a curto prazo ligado a um ou mais negócios jurídicos, podendo ser unilateralmente rescindido pelo locatário, sendo normalmente feito com objetos que tendem a se tornar obsoletos em pou-

---

[31] ASSAF NETO, Alexandre. *Mercado Financeiro*. 3. ed. São Paulo: Atlas, 2000, p. 105.

co tempo, como aparelhos eletrônicos.[32] O *leasing* financeiro é a forma mais comum, em que a empresa de *leasing* compra o bem que se quer arrendar e o entrega ao arrendatário, mediante o pagamento de certa taxa; ao final, o arrendatário pode dar o arrendamento por terminado, adquirir o objeto, compensando as parcelas pagas e feita a depreciação. O *lease back* consiste na operação igual à anterior, porém quem vende o bem é o próprio arrendatário, mas que continua na posse do bem, pagando a taxa combinada a título de arrendamento.

5. Incidência do ISS nos contratos de *leasing*

5.1. Posicionamento doutrinário

Importante reproduzir a opinião de dois importantes doutrinadores pátrios sobre a incidência do Imposto Sobre Serviços de Qualquer Natureza nos contratos de arrendamento mercantil.

Sergio Pinto Martins afirma que não se trata de prestação de serviços, mas de atividade financeira, de financiamento, razão pela qual não poderia haver incidência do ISS sobre o arrendamento mercantil.[33] (...) Não se pode equiparar o arrendamento mercantil à locação de bens móveis, porque compreende outras obrigações e um contrato complexo. (...) Sobre o *leasing* deve incidir IOF, e não o ISS, por se tratar de operação financeira.

Para Hugo de Brito Machado, o âmbito constitucional do ISS é o serviço de qualquer natureza.[34] O servir enquanto *fazer*. Não o *dar*. Por isso, o legislador complementar não pode validamente incluir na "Lista de Serviços" tributáveis pelos Municípios qualquer fato que não seja serviço, como fez a Lei Complementar n.116/2003. Nem o legislador municipal pode incluir na definição da hipótese de incidência do ISS atividade outra que não seja serviço, como é o caso da locação de bens, do arrendamento mercantil ou *leasing* e da franquia ou *franchising*.

5.2. Posicionamento do STF

O Supremo Tribunal Federal se posicionou a respeito da matéria no julgamento de dois Recursos Extraordinários, ambos tendo como relator o Ministro Eros Grau. A decisão por parte do STF era aguardada ansiosamente por ambas as partes da relação tributária que envolve a operação

---

[32] MARTINS, 2010, p. 265
[33] Idem, p. 264-265
[34] MACHADO, 2009, p. 406

de *leasing* financeiro – municípios que aguardavam arrecadação de tributo e instituições bancárias almejando a não incidência do tributo.

A matéria objeto dos REs 592.905/SC e 547.245/SC é a mesma, apenas há a inversão nos polos ativo e passivo do recurso, em um, figura o banco HSBC x Município de Caçador e, no outro, o Município de Itajaí x Banco Fiat.

O RE 592.905/SC, publicado no DJ em 05/03/2010, traz a seguinte decisão:

> RECURSO EXTRAORDINÁRIO. DIREITO TRIBUTÁRIO. ISS. ARRENDAMENTO MERCANTIL. OPERAÇÃO DE LEASING FINANCEIRO. ARTIGO 156, III, DA CONSTITUIÇÃO DO BRASIL. O arrendamento mercantil compreende três modalidades, [i] o *leasing* operacional, [ii] o *leasing* financeiro e [iii] o chamado *lease-back*. No primeiro caso há locação, nos outros dois, serviço. A lei complementar não define o que é serviço, apenas o declara, para os fins do inciso III do artigo 156 da Constituição. Não o inventa, simplesmente descobre o que é serviço para os efeitos do inciso III do artigo 156 da Constituição. No arrendamento mercantil (*leasing* financeiro), contrato autônomo que não é misto, o núcleo é o financiamento, não uma prestação de dar. E financiamento é serviço, sobre o qual o ISS pode incidir, resultando irrelevante a existência de uma compra nas hipóteses do *leasing* financeiro e do *lease-back*. Recurso extraordinário a que se nega provimento.

Em contrapartida, provimento contrário é dado ao RE 547.245/SC publicado no DJ em mesma data:

> RECURSO EXTRAORDINÁRIO. DIREITO TRIBUTÁRIO. ISS. ARRENDAMENTO MERCANTIL. OPERAÇÃO DE LEASING FINANCEIRO. ARTIGO 156, III, DA CONSTITUIÇÃO DO BRASIL. O arrendamento mercantil compreende três modalidades, [i] o *leasing* operacional, [ii] o *leasing* financeiro e [iii] o chamado *lease-back*. No primeiro caso há locação, nos outros dois, serviço. A lei complementar não define o que é serviço, apenas o declara, para os fins do inciso III do artigo 156 da Constituição. Não o inventa, simplesmente descobre o que é serviço para os efeitos do inciso III do artigo 156 da Constituição. No arrendamento mercantil (*leasing* financeiro), contrato autônomo que não é misto, o núcleo é o financiamento, não uma prestação de dar. E financiamento é serviço, sobre o qual o ISS pode incidir resultando irrelevante a existência de uma compra nas hipóteses do *leasing* financeiro e do *lease-back*. Recurso extraordinário a que se dá provimento.

6. Considerações finais

O Imposto Sobre Serviços de Qualquer Natureza, disciplinado pela Constituição Federal e regulamentado pela Lei Complementar 116/2003, se apresenta como importante fonte arrecadatória dos municípios brasileiros. Os serviços que serão por ele tributados estão elencados na lista anexa da referida lei que apresenta o *leasing* como serviço.

Durante muito tempo o contrato de arrendamento mercantil foi considerado atípico pelos doutrinadores englobando ao mesmo tempo operações de dar e de fazer, tornando com isso a incidência do ISS impossível.

Porém, a questão que a doutrina não se fixou reside no fato de a Constituição Federal não ter determinado o que é serviço para fins de incidência do ISS, deixando tal requisito a cargo de legislação complementar.

Pouco importa para o Fisco municipal como o conceito de serviço é visto junto ao Direito Privado. Para ele, o que conta é a lista de serviços para fins de tributação, mesmo que aos olhos de nossos juristas pareça uma distorção conceitual.

Em que pese existir divergência jurisprudencial sobre o tema após a análise mais aprofundada da matéria pode-se afirmar que o contrato de *leasing* mercantil é um financiamento e que sendo financiamento uma espécie de serviço, pode o mesmo ter incidência do ISS.

Referencial bibliográfico

ALEXANDRE, Ricardo. *Direito Tributário Esquematizado*. 3. ed. São Paulo: Método, 2009.

AMARO, Luciano. *Direito Tributário Brasileiro*. 17. ed. São Paulo: Saraiva, 2011.

ASSAF NETO, Alexandre. *Mercado Financeiro*. 3. ed. São Paulo: Atlas, 2000.

BRASIL, Banco Central do. *Resolução 2.309*, de 28 de agosto de 1996. Disciplina e consolida as normas relativas às operações de arrendamento mercantil. Disponível em <http://www.bcb.gov.br/pre/normativos/busca/normativo.asp?tipo=res&ano=1996&numero=2309>.

BRASIL, Constituição da República Federativa do, de 05 de outubro de 1988.

BRASIL, República Federativa do. *Lei 6.099*, de 12 de setembro de 1974. Dispõe sobre o tratamento tributário das operações de arrendamento mercantil e dá outras providências. Disponível em <http://www2.camara.gov.br/legin/fed/lei/1970-1979/lei-6099-12-setembro-1974-357465-norma-pl.html>.

BRASIL, República Federativa do. *Lei Complementar 116*, de 31 de julho de 2003. Dispõe sobre o Imposto Sobre Serviços de Qualquer Natureza, de competência dos Municípios e do Distrito Federal, e dá outras providências. Disponível em <http://www2.camara.gov.br/legin/fed/leicom/2003/leicomplementar-116-31-julho-2003-492028-norma-pl.html>.

BRASIL. *Supremo Tribunal Federal*. Matéria Tributária. ISS, *leasing*, Arrendamento Mercantil. Recurso Extraordinário 592.905/SC. Relator: Ministro Eros Grau. Disponível em <http://www.stf.jus.br/portal/processo/verProcessoAndamento.asp?incidente=2638475>.

BRASIL. *Supremo Tribunal Federal*. Matéria Tributária. ISS, *leasing*, Arrendamento Mercantil. Recurso Extraordinário 547.245/SC. Relator: Ministro Eros Grau. Disponível em <http://www.stf.jus.br/portal/processo/verProcessoAndamento.asp?incidente=2516746>.

COELHO, Fábio Ulhoa. *Manual de Direito Comercial*. 16. ed. São Paulo: Saraiva, 2005.

COÊLHO, Sacha Calmon Navarro. *Curso de Direito Tributário Brasileiro*. 11. ed. Rio de Janeiro: Forense, 2011.

MACHADO, Hugo de Brito. *Curso de Direito Tributário*. 30. ed. São Paulo: Malheiros, 2009.

MARTINS, Sergio Pinto. *Manual do Imposto sobre Serviços*. 8. ed. São Paulo: Atlas, 2010.

MASINA. Gustavo. *ISSQN. Regra de Competência e Conflitos Tributários*. Porto Alegre: Livraria do Advogado, 2009.

MICHAELIS. *Dicionário on-line*. Disponível em <http://michaelis.uol.com.br/moderno/portugues/index.php?lingua=portugues-portugues&palavra=serviço>.

RIZZARDO, Arnaldo. *LEASING. Arrendamento Mercantil no Direito Brasileiro*. 5. ed. São Paulo: Revista dos Tribunais, 2009.

SABBAG, Eduardo de Moraes. *Elementos do Direito Tributário*. 9. ed. São Paulo: Premier, 2008.

——. *Manual de Direito Tributário*. São Paulo: Saraiva, 2009.

OLIVEIRA, José Jayme de Macêdo. *Impostos Municipais. ISS. ITBI. IPTU*. 2. ed. São Paulo: Saraiva, 2011.

Parte II

Temas de Direito Processual

—7—

Da repercussão geral no recurso extraordinário como mecanismo de filtragem para o julgamento do mérito recursal[1]

LEONIDAS CABRAL ALBUQUERQUE[2]

Sumário: 1. Introdução; 2. Da República e do recurso extraordinário; 2.1. Da influência norte-americana quanto ao acesso à Suprema Corte: "writ of error" e "writ of certiorari"; 2.1.1. O "writ of error" ; 2.1.2. O "writ of certiorari"; 2.2. Da evolução do recurso extraordinário brasileiro; 2.2.1. Do nascimento até a Emenda Constitucional nº 1/1969; 2.2.2. A fase da arguição de relevância; 2.2.2.1. Da definição, da natureza e da finalidade da relevância da questão federal; 2.2.2.2. Do arbítrio na arguição de relevância: forma e procedimento; 3. Do recurso extraordinário na Constituição Federal de 1988; 3.1. Da extinção da arguição de relevância; 3.2. Da simplificação procedimental do recurso extraordinário; 4. Da introdução da repercussão geral no Brasil democrático; 4.1. Natureza e finalidade da repercussão geral; 4.2. Da definição da repercussão geral; 5. Da demonstração da repercussão geral; 6. Repercussão geral como mecanismo de acesso ou limite para a prestação jurisdicional; 6.1. Da seletividade ou filtragem jurídica dos recursos; 6.2. Da seletividade ou filtragem política do recurso extraordinário; 7. Conclusão; Referências bibliográficas.

1. Introdução

O Império do Brasil convive com a eclosão de diversos movimentos revolucionários, tais como a Confederação do Equador (1824), Cabanagem (1835-1840), Revolução Farroupilha (1835-1845), Sabinada (1837-1838), Balaiada (1838-1841), Revolução Liberal (1842), Revolução Praieira (1848-1850). Um sem-número de fugas, levantes e revoltas de escravos, guerras aos quilombos e sensibilização do povo marcam o crescente mo-

---

[1] O presente artigo foi baseado na monografia apresentada no Programa de Ascensão Profissional da Diretoria Jurídica do Banco do Brasil, como requisito para a nomeação do cargo de Analista Jurídico A, atual Assessor Jurídico I, em junho de 2011.

[2] Mestre em Direito pela PUCRS, Especialista em Processo Civil, Professor Convidado no Curso de Especialização em Processo Civil da PUCRS, Professor na FAPA Faculdade Porto-Alegrense, Advogado.

vimento abolicionista até a edição da Lei Áurea. Clubes republicanos se reproduzem no País. A Questão Militar [desprestígio dos militares] é um dos fatores que aceleram a derrocada da monarquia. Deodoro da Fonseca é convencido por Benjamin Constant, Rui Barbosa e outros líderes republicanos a comandar o movimento que proclama a República.[3]

O arcabouço jurídico da organização dos Estados Unidos da América é – além de inspiração – traduzido, transplantado, adaptado em toda a parte. A liberdade legislativa dos estados-membros é característica da formação dos Estados Unidos da América, pois da independência das 13 (treze) colônias nasce a confederação de Estados independentes (1781-1787) que cria um poder central para superar problemas comuns. A Constituição norte-americana de 1787, sem mencionar a palavra "federação", enuncia as funções da União, mantendo ainda fortes e autônomos os estados-membros.[4]

Tal autonomia destoa da origem do Estado brasileiro, que, com a Independência, em 1822, já nasce unitário e sob a égide da monarquia constitucional. Embora os EUA sejam o paradigma da estruturação do novo Brasil republicano, o modelo entra em choque com a experiência nacional; a criação da república federativa brasileira se dá com pronunciada centralização de poder na União e com um Executivo forte.[5] A competência legislativa dos estados é reduzida ao longo da história da República.

O Decreto nº 510, de 22.06.1890, publica a lei fundamental outorgada pelo Governo Provisório e convoca eleições legislativas em 15 de setembro, para que o Congresso, a partir de 15 de novembro, discuta e aprove a nova Constituição. Esse texto visa a legitimar o Governo Provisório. O Decreto nº 848/1890 organiza a Justiça Federal, sendo complementado pela Lei nº 221/1894, que dispôs, no § 10 do art. 13, sobre o controle de legalidade e constitucionalidade: "Os juízes e tribunais apreciarão a validade das leis e regulamentos e deixarão de aplicar aos casos ocorrentes as leis manifestamente inconstitucionais e os regulamentos manifestamente incompatíveis com as leis ou com a Constituição".

A Constituição de 1891 é o marco fundamental que eleva o Judiciário à condição de Poder independente e soberano, apto ao exame da constitucionalidade de fatos e atos jurídicos, administrativos e legais.

---

[3] BUENO, Eduardo. Brasil: *Uma História – a incrível saga de um país*. 2. ed. São Paulo: Ática, 2003, p. 230.

[4] Cf. Celso Ribeiro Bastos, *Comentários à Constituição do Brasil*, vol. 1, São Paulo: Saraiva, 1988, p. 222.

[5] Conforme Flávia Lages de Castro (História do Direito Geral e do Brasil, 4. ed. Rio de Janeiro: Lumen Juris Editora, 2007), a república nasce de um golpe militar (p. 407), cujo Governo Provisório consiste numa "Ditadura Provisória", pois nomeia os Governadores dos estados-membros e detém o poder de legislar até a convocação da Constituinte. Há a medidas duras de censura, sendo criada a Comissão Militar de Sindicâncias e Julgamentos, "um tribunal de exceção, com direito, inclusive, de decretar pena de morte" (p. 411).

Para José Néri da Silveira,[6] "no controle sobre os atos do Legislativo e do Governo evidencia-se o caráter político de que está investido o Judiciário no desempenho da competência para proclamar a inconstitucionalidade ou invalidade desses atos".

2. Da República e do recurso extraordinário

Nos termos da Constituição de 1891, o Supremo Tribunal Federal é o órgão de cúpula do Poder Judiciário (art. 55), competindo-lhe o controle de constitucionalidade (difuso) a ser exercido especialmente em sua competência recursal (art. 59, inc. II e § 1º), mediante "recurso para o Supremo Tribunal Federal".

2.1. Da influência norte-americana quanto ao acesso à Suprema Corte: "writ of error" e "writ of certiorari"

A experiência estadunidense de Suprema Corte e de controle de constitucionalidade difuso é bem explorada para adaptação ao modelo nacional; a própria legislação dos Estados Unidos é enunciada como fonte de direito, bem como os casos de *common law* e *equity* passam a ser subsidiários da jurisprudência e do processo federal (art. 386 do Decreto nº 848/1890).

2.1.1. O "writ of error" [7]

A Constituição dos EUA cria, como órgão de cúpula do Poder Judiciário, a Suprema Corte, estabelecendo sua competência originária (Artigo III) e atribuindo ao Congresso a função de regular a competência recursal e a organização do Judiciário. O *Judiciary Act*, de 1789, organiza a justiça federal com competência diferenciada dos tribunais dos estados.

O *writ of error* norte-americano consiste num procedimento iniciado por requerimento da parte diretamente à Suprema Corte, visando à expedição de um mandado ao tribunal *a quo*, determinando-lhe a remessa dos autos para reexame da causa já julgada em última instância pela Corte Estadual ou Tribunal Federal.[8] Esse reexame não é integral, pois não se

---

[6] NÉRI DA SILVEIRA, José. Aspectos institucionais e estruturais do Poder Judiciário brasileiro. In: *O judiciário e a Constituição*, Sálvio de Figueiredo Teixeira (coord.). São Paulo: Saraiva, 1994, p. 5.

[7] *Judiciary Act*, Sec. 22.

[8] Veja-se: BERMUDES, Sérgio. *Comentários ao Código de Processo Civil*, vol. VII. São Paulo: Revista dos Tribunais, 1977, p. 251; MATOS PEIXOTO, José Carlos de. *Recurso Extraordinário*. Rio de Janeiro: Freitas Bastos. 1935, p. 90-91.

estende sobre fatos e provas controvertidos nos autos do processo. O *writ of error*, portanto, é um instrumento que permite a cognição e julgamento pela Suprema Corte apenas do erro de direito relativo a uma questão federal, uma apreciação final sobre a Constituição, as leis, os tratados ou atos da União, nos termos da seção 25 do *Judiciary Act* de 1789.[9]

O *writ of error* cumpre a função de cimentar a Federação, respeitando a soberania dos estados, a partir de cada caso julgado pela Suprema Corte, no exercício da função – política e jurídica – de enunciar o direito constitucional ou de lei federal, que constitui e integra o arcabouço cultural que fortalece a unidade dos estados e o poder da União.

2.1.2. O "writ of certiorari"[10]

Em 1889, o Poder Judiciário estadunidense já conta cem anos de experiência, ao longo dos quais houve expansão e ocupação do território, industrialização e aumento exponencial do volume de relações jurídicas, e consequentes conflitos de interesses levados ao Poder Judiciário. A Suprema Corte passa a receber elevado número de processos de conhecimento obrigatório (*mandatory appeals*) e de sua competência recursal pela via do *writ of error*.

Adhemar Ferreira Maciel expõe sobre a criação de Cortes Federais nos estados-membros (*U.S. Courts of Appeals* ou *Circuits*), mediante alteração do *Judiciary Act*, em 1891, que, dentre outras medidas, cria o *writ of certiorari* na competência da Suprema Corte. Essa reforma amplia-se e se consolida em 1925 com a *Judges' Bill* restringindo as hipóteses de *mandatory appeals*, aumentando o *discretionary power* da Suprema Corte e privilegiando a utilização do *writ of certiorari* para levar as causas decididas, em última instância, à sua apreciação. "Seu primeiro requisito era que a causa ou controvérsia, julgada em última instância pelos tribunais estaduais ou federais, se apresentasse substancialmente relevante para todo o país".[11]

A relevância passa a ser a medida da filtragem, pela Suprema Corte dos EUA, para determinar – ela própria – os casos que irá julgar.[12] Essa evolução da competência da Suprema Corte, acessível atualmente apenas pela *petition for writ of certiorari*,[13] foi medida necessária para manter

---

[9] MATOS PEIXOTO, José Carlos de. *Recurso Extraordinário*, p. 91.

[10] Em livre versão, significa "mandado de avocação".

[11] MACIEL, Adhemar Ferreira. *Restrição à admissibilidade de recursos na Suprema Corte dos Estados unidos e no Supremo Tribunal Federal do Brasil*, Revista de Informação Legislativa 170/8.

[12] O instituto foi adotado na Argentina, sob a denominação de transcendência, no artigo 280 do Código Processual Civil e Comercial.

[13] Em livre versão, significa "petição para o mandado de avocação", por intermédio da qual a Suprema Corte, verificando a relevância da questão, avoca o processo para julgamento.

sua jurisdição sobre as controvérsias envolvendo interpretação e aplicação da Constituição norte-americana.

2.2. Da evolução do recurso extraordinário brasileiro

2.2.1. Do nascimento até a Emenda Constitucional nº 1/1969

O Decreto nº 510/1890 especifica, no art. 58, § 1º, as hipóteses de cabimento do recurso apto para impugnar decisões sob a ótica do direito positivo constitucional e infraconstitucional. O Decreto nº 848, de 24.10.1890, em seu artigo 9º, parágrafo único, acresce às hipóteses de cabimento, na alínea "a", a decisão contrária à legitimidade do exercício de autoridade da União, de qualquer alçada, e distingue a *aplicação* da norma ou cláusula constitucional, legal ou de tratado (alínea "a"), da sua *interpretação* (alínea "c"). Nessa última hipótese, é cabível o recurso extraordinário quando a decisão do tribunal for contrária à validade do título, direito e privilégio ou isenção, derivado do preceito ou cláusula da Constituição, de lei federal, de tratado ou convenção.

A Constituição de 1891 também não utilizou a denominação "recurso extraordinário" para identificar o recurso para o Supremo Tribunal, prevendo-o no art. 59 sem distinguir entre aplicação e interpretação (Dec. 848) e expungindo hipóteses que resultavam em reexame de fatos. Recompõe-se, na Constituição, a estrutura e o cabimento do recurso conforme o paradigma norte-americano.

A constitucionalização do recurso extraordinário é fator que o distingue do *writ of error* – o que, na percepção de Ponte de Miranda, significou uma melhora do modelo[14] – ficando a legislação processual apenas como regente da forma, do andamento e do julgamento do recurso. Esse *status* constitucional se mantém até a vigente Constituição de 1988.

Pela primeira vez, o nome "recurso extraordinário" é utilizado no Regimento Interno do Supremo Tribunal Federal, de 08.08.1891, nos artigos 31, nº 4, letra "k" (ordem dos trabalhos), 33, 4ª (classes dos processos) e 99 a 102 (procedimento do recurso extraordinário, na Corte).[15] A Lei nº 221, de 30.11.1894, complementa a organização da Justiça Federal e adota a mesma denominação (art. 24).

---

[14] PONTES DE MIRANDA, *Comentários ao Código de Processo Civil*, Tomo VIII. Rio de Janeiro: Forense. 1975, p. 15.

[15] Indicam a mesma origem da denominação: BASTOS, Celso Ribeiro; MARTINS, Ives Gandra. *Comentários à Constituição do Brasil*, v. 4, Tomo III. São Paulo: Saraiva. 1997, p. 219. MOREIRA, José Carlos Barbosa. *Comentários ao Código de Processo Civil*: arts. 476 a 565 – v. 4. ed. Rio de Janeiro: Forense. 1981, p. 641. BERMUDES, Sérgio. *Comentários ao Código de Processo Civil*, v. VIII, 2. ed. São Paulo: Revista dos Tribunais. 1977, p. 254.

Por ocasião da Revisão Constitucional de 03.09.1926, embora a técnica da fusão dos arts. 59 e 60 tenha resultado numa redação carente de clareza, incorpora-se a divergência jurisprudencial (alínea "c" do § 1º) como hipótese de cabimento do recurso extraordinário. Prevê a iniciativa recursal aos tribunais, independente de haver recurso extraordinário das partes, e do Procurador Geral da República – mesmo em causa julgada na Justiça Estadual, em que não tenha atuado, sendo irrelevante inexistir recurso extraordinário das partes.

Na Constituição de 1934[16] (art. 76, 2, inc. III) é consagrada a designação do recurso ao Supremo Tribunal como recurso extraordinário, cabível quando a causa decidida pela Justiça local, em única ou última instância: a) for contra literal disposição de tratado ou lei federal, sobre cuja aplicação se haja questionado; ou b) quando se questionar sobre a vigência ou validade de lei federal em face da Constituição, e a decisão do Tribunal local negar aplicação à lei impugnada; ou c) quando se contestar a validade de lei ou ato dos Governos locais em face da Constituição, ou de lei federal, e a decisão do Tribunal local julgar válido o ato ou a lei impugnada; ou d) quando ocorrer diversidade de interpretação da lei federal entre os Tribunais. A Carta de 1937,[17] artigo 101, inc. III, não contempla o recurso extraordinário de ofício pelo tribunal *a quo*, nem do Procurador-Geral da República.

A partir da Constituição do Estado de Direito de 1946,[18] o artigo 101, inc. III, acrescentou ao cabimento do recurso extraordinário a decisão de "juízes", também proferidas em única ou última instância. Em que pese o aparente alargamento do recurso, é corrente a compreensão de que ele não concorre com os recursos ordinários eventualmente cabíveis para impugnar a decisão do juiz, sendo essencial, segundo Carlos Maximiliano, "que a decisão recorrida seja a última permitida pelas leis processuais, esgotados os recursos ordinários".[19] As hipóteses de cabimento, então fixadas, se verificam presentes até os nossos dias, embora as demais Cartas Políticas contenham pequenas diferenças redacionais.

---

[16] Sobre o contexto histórico: BUENO, Eduardo. Brasil: *Uma História*, p. 326-334; CASTRO, Flávia Lages de. *História do Direito Geral e do Brasil*, p. 447.

[17] É o período da ascensão do nazi-fascismo, que repercute no Brasil tornando Getúlio Vargas um ditador com poderes absolutos e alinhado ao Eixo (v. BUENO, Eduardo. Brasil: *Uma História*, p. 334).

[18] A ditadura de Vargas passa do nazi-fascismo (fase inicial) à declaração de guerra do Brasil contra o Eixo em 1942. Após o fim da Segunda Guerra, Getúlio Vargas é deposto (29.10.1945), sendo empossado na Presidência o ministro do STF José Linhares. No dia 02.12.1945 há eleições para Presidente e para a Assembleia Constituinte. A nova Constituição é promulgada em 18.09.1946, instaurando o Estado de Direito, que perdura até o Golpe Militar de 1964.

[19] MAXIMILIANO, Carlos. *Comentários à Constituição Brasileira*, v. II. 4. ed. (atualizada). Rio de Janeiro: Freitas Bastos. 1948, p. 375.

A Constituição de 1967[20] mantém, no artigo 114, inc. III, as mesmas hipóteses da Carta de 1946 para o cabimento do recurso extraordinário, alterando apenas a previsão da alínea "b", quando a decisão recorrida declarar a inconstitucionalidade de tratado ou lei federal. O Ato Institucional nº 6/1969 (AI-6) excluiu do inciso III a menção a decisão de "juízes", restringindo a recorribilidade extraordinária sobre decisões de última instância proferida pelos "tribunais". Na alínea "d", incorporou o adjetivo "federal" para admitir a divergência interpretativa apenas sobre a lei federal, como gênero, o que apanhava a legislação constitucional e infraconstitucional. A Emenda nº 1/1969,[21] no artigo 119, inc. III, manteve as mesmas hipóteses de cabimento da Carta de 1967, com a alteração do AI-6/1969.

2.2.2. A fase da arguição de relevância

O ministro do Supremo Tribunal Victor Nunes Leal[22] aborda o tema da implantação de sistema de filtragem para o recurso extraordinário em artigo publicado em 1966,[23] cuja motivação é a crise do Supremo Tribunal Federal. As soluções mais diversas foram objetivamente avaliadas pelo jurista: *(a)* redução da competência; *(b)* supressão dos recursos extraordinários pela alínea "a", do inc. III, do art. 101, da Constituição de 1946, quando a contrariedade for à lei ordinária; *(c)* subordinação dos recursos pela alínea "a" à prévia utilização da ação rescisória; *(d)* divisão da competência do Supremo com outro tribunal, competindo a este julgar as

---

[20] O golpe de 31 de março/1º de abril de 1964 instaurou a ditadura militar que perdura até 1985. Embora o Ato Institucional nº 1 (AI-1), de 9 de abril de 1964, tenha reformado a Constituição de 1946, o regime é incapaz de conviver com a legislação democrática. Os AIs se sucedem, restringindo direitos e garantias individuais, cassando representantes eleitos e de entidades de organização popular, reformulando os processos eleitorais e dissolvendo os partidos políticos, intervindo nos estados e municípios, fechando o Legislativo e interferindo no Judiciário. O regime militar outorga sua própria Constituição, obrigando o Congresso Nacional a votá-la (AI-4, de 07.12.1966), tendo sido referendada em 24.01.1967.

[21] Após a outorga da Constituição de 1967, a ditadura militar permaneceu seu processo de endurecimento. É criado o Conselho de Segurança Nacional (CSN) e, em 13 de março, pelo Decreto-Lei nº 314 (Lei de Segurança Nacional). O AI-5, editado em 13.12.1968, fecha o Congresso, promove novas cassações e extingue os últimos resquícios do Estado de Direito. O Decreto-Lei 898/69 – nova Lei de Segurança Nacional – fixa o *inimigo interno* como alvo da *Segurança Nacional*. Em 31.08.1969, uma Junta dos três ministros militares assume a Presidência face à doença do Gal. Costa e Silva, preterindo o vice-presidente Pedro Aleixo, com base no AI-12. Os AIs 13 e 14 criam as penas de morte e de banimento. A nova Lei de Segurança Nacional inclui as penas de prisão perpétua, morte e banimento. Em 17.10.1969 é editada a Emenda Constitucional nº 1, à guisa de "Constituição" outorgada pela Junta Militar governante, nos termos do AI-16 c/c AI-5.

[22] Nomeado ministro do Supremo Tribunal Federal em 1960, pelo Presidente Juscelino Kubitscheck, foi aposentado por Decreto de 16.01.1969, baseado no AI nº 5/1968. A biblioteca do STF leva o seu nome.

[23] LEAL, Victor Nunes. O Requisito da Relevância para Redução dos Encargos do Supremo Tribunal Federal. *Revista Forense*, vol. 213, p. 22-27.

questões infraconstitucionais;[24] *(e)* aumento do número de turmas do Supremo. Alvitrou, como solução alternativa, a adoção de um critério flexível de redução dos encargos do Supremo Tribunal, com redução parcial, mas sem mutilação da competência, tomando o exemplo da reforma do Judiciário dos EUA, de 1925 (*writ of certiorari*).

Victor Nunes Leal previa as seguintes medidas de redução parcial das causas em que caberia o recurso extraordinário: na Justiça do Trabalho, limitar o recurso extraordinário apenas à matéria constitucional; reduzir ao máximo a possibilidade de recurso extraordinário em causas de alçada e execuções trabalhistas; em mandados de segurança, admitir o recurso apenas quando houvesse questão de direito federal (excluindo as de direito local); e retirar do Supremo a competência de segundo grau de jurisdição em crimes eleitorais. A outra medida [sem redução da competência] seria a demonstração da relevância:[25]

> Esta é, para nós, uma solução geralmente inovadora: exigir que seja de alta relevância a questão federal suscitada, para se admitir o recurso de mandado de segurança ou recurso extraordinário (mantidos os demais requisitos hoje existentes). Ainda que estes outros estivessem presentes, o recurso não seria admitido, quando a questão de direito federal focalizada não fosse de alta relevância.

O Supremo Tribunal Federal editou novo Regimento Interno em 1970. No exercício da competência delegada pelo parágrafo único do art. 119 da EC nº 1/69, dispõe sobre o recurso extraordinário nos arts. 304 a 308 de forma detalhada, havendo neste último artigo a exclusão do cabimento de diversas causas decididas em única ou última instância, "salvo nos casos de ofensa à Constituição ou discrepância manifesta na jurisprudência predominante no Supremo Tribunal Federal". Nos incisos do art. 308 do novo Regimento Interno, verifica-se a implantação da primeira proposta de Victor Nunes Leal: a redução parcial da competência.

A segunda proposta, relativa à criação do requisito da relevância da questão federal para admissão do recurso extraordinário, foi instituída pelo Supremo Tribunal a partir da interpretação do parágrafo único do art. 119 da EC nº 1/69 – que delegava ao regimento interno do Supremo a regulação do recurso extraordinário pelas alíneas "a" e "d". A Emenda Regimental nº 3, de 1975, altera o art. 60 (registro de processos) e, no art. 308 do RI, aumenta o número de hipóteses em que não cabe o recurso

---

[24] José Afonso da Silva, no seu *Do Recurso Extraordinário no Direito Processual Brasileiro* (RT, São Paulo, 1963), propõe a criação de um Tribunal Superior de Justiça, com a mesma hierarquia do TST e do TSE, competente para julgar, em grau de recurso, as questões federais até então atribuídas ao Supremo Tribunal Federal, permanecendo este com a competência constitucional. A proposta vinga na Constituição de 1988, com a criação do Superior Tribunal de Justiça, competente para julgar questões de direito federal comum em recurso especial.

[25] LEAL, Victor Nunes. O Requisito da "Relevância" para a Redução de Encargos do Supremo Tribunal Federal. Rio de Janeiro. *Revista Forense*, Vol. 213, Ano 62, Jan./Fev./Mar. de 1966, pp. 23-24.

extraordinário, "salvo nos casos de ofensa à Constituição ou relevância da questão federal" (*caput* do art. 308). Em 1977, a Emenda Constitucional nº 7 (Pacote de Abril) insere o § 1º no art. 119, instituindo a arguição de relevância da questão federal como filtro à admissão do recurso extraordinário.

2.2.2.1. Da definição, da natureza e da finalidade da relevância da questão federal

Victor Nunes Leal não arriscou um conceito sobre a relevância. Antes, reconheceu a extrema dificuldade em defini-la e limitou-se a demonstrar sua existência em determinados casos ou matérias, exemplificativamente: atribuições de autoridades de nível elevado, ou que lidam com interesses de amplas coletividades; definição de instituto tributário; interpretação de lei que abranja extensa categoria de funcionários públicos; ou que seja frequentemente aplicada como a de locações. Alinhou, no entanto, com precisão, "um primeiro balizamento: o interesse público da decisão a ser tomada, ou melhor, o seu reflexo além do exclusivo interesse das partes litigantes".[26]

Evandro Lins e Silva[27] também se ocupou com a definição da *relevância* e é citado por Sérgio Bermudes:[28]

> Outro notável juiz do Supremo Tribunal Federal, também retirado da Corte, mediante ato de força, consubstanciador de inominável violência ao Judiciário, o eminente Ministro Evandro Lins e Silva, dissertando sobre a relevância da questão federal, já sob a égide da Emenda Regimental nº 3, acentuou, com absoluta propriedade, que "o interesse puramente privado, a mera disputa de bens materiais não se enquadra, em princípio, no quesito inovador. A relevância tem outro alcance e visa à tutela de bens jurídicos de outro porte e significação, abrangendo interesses superiores da Nação, questões de estado civil, direitos fundamentais do homem. Essa é uma visão de quem olha o horizonte do problema e não suas cercanias. Estas vão ser encaradas nos casos concretos, pela jurisprudência, a "judge made law", afirma o insigne jurista brasileiro, depois de haver dito que, "dentro de um conceito genérico, a causa é relevante quando traz, em si mesma, um interesse público ou encerra uma garantia fundamental do cidadão".

---

[26] LEAL, Victor Nunes. O Requisito da Relevância para Redução dos Encargos do Supremo Tribunal Federal. *Revista Forense*, vol. 213, p. 24.

[27] Ministro do Supremo Tribunal Federal, de 1963-1969. "Foi aposentado em 16 de janeiro de 1969, com base no Ato Institucional nº 5, de 13 de dezembro de 1968, juntamente com o Ministro Victor Nunes Leal e Hermes Lima. A vaga não foi preenchida em virtude do Ato Institucional nº 6, de 1º de fevereiro de 1969, que reduziu de 16 para 11 o número de Ministros, restabelecendo a composição anterior ao Ato Institucional nº 2, de 27 de outubro de 1965" (informação disponível na página da Internet do Supremo Tribunal Federal, em www.stf.jus.br/portal/ministro/verMinistro.asp?periodo=stf&id=184).

[28] BERMUDES, Sérgio. *Comentários ao Código de Processo Civil*. vol. III. 2. ed. São Paulo: Revista dos Tribunais, 1977, p. 301.

E, ainda sem conceituar, mas chamando atenção para o aspecto da repercussão do julgamento para fora dos limites da relação processual, pontua concludentemente Sérgio Bermudes que:[29]

> [...] embora não seja possível definir-se com precisão o que constitua questão federal relevante, pode-se afirmar que relevante é a questão de interesse público, concernente à aplicação de norma de direito federal de incidência generalizada. Não basta que nos limites da relação processual em que se proferiu o acórdão recorrido, a questão tenha relevo. É necessário que o interesse na sua solução transcenda os lindes do processo, para se projetar na vida social. Na determinação da relevância da questão federal, se há de ter uma visão ecumênica, não paroquial, dos problemas decorrentes da aplicação da norma jurídica. É da repercussão que o reexame do acórdão pelo Supremo tiver na vida social, na administração da justiça, que nascerá a relevância, suscetível de afastar a inadmissibilidade do recurso extraordinário.

O requisito da relevância integra as hipóteses de cabimento do recurso extraordinário, que permanecem regidas pelo art. 119, inc. III, da EC no 1/69. Configura erro grosseiro a interposição com fulcro, apenas, na relevância da questão federal. Também não é aplicável aos recursos extraordinários sobre questão constitucional (alíneas "a" e "b"), ou que julguem válida lei ou ato do governo local contestado em face da Constituição ou de lei federal (alínea "c"). E a arguição de relevância não é obrigatória em todas as hipóteses da alínea "a" (contrariedade à lei ou tratado federal) ou "d" (divergência jurisprudencial), mas tão somente às hipóteses enumeradas no art. 308 do RI-STF, fora das quais "a admissibilidade do extraordinário não encontra qualquer obstáculo, naquela norma".[30]

Apesar de constar do § 1º do art. 119 da EC nº 1/69 junto dos critérios de natureza, espécie e valor da causa, o RI-STF deles se valeu para excluir o cabimento do recurso extraordinário nos casos enumerados. Na exposição de Barbosa Moreira (grifos do autor),[31] "o critério da relevância serve precisamente para *excluir a exclusão*, para abrir *exceção às exceções*, ou, em termos mais exatos, para *manter a regra* de que, satisfeitos os pressupostos da Carta da República, o recurso extraordinário é cabível". Sendo, *a priori,* inadmissíveis nos casos expressos pelo Regimento Interno, somente seriam admitidos recursos extraordinários relativos àquelas questões federais, se fossem consideradas relevantes.

2.2.2.2. Do arbítrio na arguição de relevância: forma e procedimento

O art. 308 do RI-STF estabelece exacerbado formalismo para o incidente da arguição de relevância, cujo exame compete exclusivamente

---

[29] BERMUDES, Sérgio. *Comentários ao Código de Processo Civil*, v. VIII, p. 302.
[30] BERMUDES, Sérgio. *Comentários ao Código de Processo Civil*, v. VIII, p. 293.
[31] MOREIRA, José Carlos Barbosa. *Comentários ao Código de Processo Civil – arts. 476 a 565* – v. 4. ed., Rio de Janeiro: Forense. 1981, p. 658.

ao STF (§ 3º). O recurso extraordinário deve conter capítulo para demonstrar a relevância da questão federal suscitada (§ 4º, inc. I), requerendo o recorrente a formação de instrumento, com as peças obrigatórias (§ 4º, inc. II) e indicando outras demonstrativas da controvérsia – direito esse também assegurado ao recorrido em sua resposta –, para que, após, o próprio recorrente providencie sua formação em duas vias (§ 4º, inc. IV),[32] pague o preparo (§ 4º, incs. IV e V), subindo [as duas vias] para o STF.

O arbítrio ditatorial da época impregna a vida da arguição de relevância no Brasil, como se constata do procedimento previsto para seu julgamento (§ 4º, incisos VII e seguintes, do art. 308 do RI-STF): o instrumento é registrado como "Arguição de Relevância", sem designação de relator nem distribuição; uma via fica disponível para consulta pelos ministros, que recebem mero extrato (resumo)[33] com a data indicada para julgamento; a outra via do instrumento é remetida ao Presidente que o apresenta para julgamento em sessão de Conselho;[34] a apreciação é célere, em sessão secreta (as partes e seus advogados não participavam), vedado o pedido de vista; os votos prescindem de fundamentação, a decisão colegiada não gera acórdão e é irrecorrível; a publicação do resultado dá-se em ata, com a lista dos processos cuja relevância havia sido acolhida ou rejeitada. O acolhimento é comunicado ao Presidente do tribunal *a quo* para remessa do recurso extraordinário, mas a decisão da relevância não vincula a Corte Suprema quanto à admissão do recurso.

Após a derrocada do regime militar, o Supremo Tribunal Federal edita a Emenda Regimental nº 2, de 1985, indicando, no art. 327, § 1º, do RI-STF, que a relevância é entendida "pelos reflexos na ordem jurídica, e considerados os aspectos morais, econômicos, políticos ou sociais da causa". A norma, então, não conceitua; apenas alinha os valores que influem na demonstração e na aferição da relevância da questão federal.

3. Do recurso extraordinário na Constituição Federal de 1988

3.1. Da extinção da arguição de relevância

A Constituição de 1988 inaugura o Estado Democrático de Direito. Para solucionar a crise do Supremo Tribunal, concentra no recurso extra-

---

[32] Na forma da Emenda Regimental nº 3/1975 eram 11 (onze) vias da Arguição de Relevância.

[33] Anteriormente (ER nº 3/1975), os ministros recebiam uma via completa do instrumento de Arguição de Relevância (onze vias). A produção do *extrato* era encargo do STF, cujas custas já estavam previstas no preparo recursal, e importava em economia processual para o recorrente.

[34] Em sessão *reservada*, da qual nenhuma pessoa, além dos ministros, poderia participar, salvo convocação pessoal (cf. art. 157 do RI-STF/1970).

ordinário a guarda da Constituição, nos termos do artigo 102, inc. III, e atribui ao novel Superior Tribunal de Justiça a guarda do direito federal comum, conforme art. 105, inc. III (redações originais, de 05.10.1988). É extinto o filtro da arguição de relevância.

Ambos os recursos – extraordinário ao STF, e especial ao STJ – possuem natureza extraordinária, pois às partes é defeso controverter simples questão de fato ou de interpretação de cláusulas de negócio jurídico. Somente questão de direito, mais propriamente de direito objetivo é que pode ser julgada pelos Tribunais Superiores que integram a instância extraordinária,[35] tal como no paradigma *writ of error*; ocupa-se do julgamento do direito objetivo controvertido, aplicando-o, ao final, à espécie – ou seja, à causa, para resolvê-la.

O recurso extraordinário permanece previsto e conformado para corrigir o ferimento à ordem jurídica, dedicado, modernamente, à defesa da Constituição. Impossível, então, utilizá-lo para simples revisão de questão fática já resolvida, em última instância, no grau *a quo*. Visa assegurar a inteireza positiva da Constituição. Assim, não representam meras filigranas ou descabidas exigências jurisprudenciais as Súmulas 279[36] e 454[37] do STF; em verdade, justificam-se pela própria natureza e função do recurso extraordinário. Tratando-se de fatos, que repercutem exclusivamente entre as partes, que não são capazes de abalar a norma constitucional, incabível o recurso extraordinário.

Da escalada evolutiva do recurso extraordinário ao longo da república denota-se a permanente e neural vinculação ao *writ of error*. Na atual redação do inciso III, do art. 102 da Constituição Federal, encontra-se o cabimento do recurso extraordinário da decisão de única ou última instância que: a) contrariar dispositivo da Constituição; b) declarar a inconstitucionalidade de tratado ou lei federal; c) julgar válida lei ou ato de governo local contestado em face da Constituição; ou d) julgar válida lei local contrária a lei federal.

3.2. Da simplificação procedimental do recurso extraordinário

A Constituição de 1988 enuncia o cabimento do recurso extraordinário de forma direta, sem delegar poderes regulamentares ao Supremo Tribunal nem criar barreiras regimentais à admissibilidade recursal. A complexidade intrínseca na elaboração do recurso extraordinário e a

---

[35] A expressão é consagrada no foro, na doutrina e na jurisprudência. Assinalamos, apenas, que do ponto de vista jurídico-científico melhor seria utilizar-se "grau extraordinário de jurisdição", ou "jurisdição extraordinária".

[36] Súmula nº 279/STF: Para simples reexame de prova não cabe recurso extraordinário.

[37] Súmula nº 454/STF: A simples interpretação de cláusulas contratuais não dá lugar a recurso extraordinário.

técnica exigida do operador do direito permanecem presentes no atendimento de seus requisitos gerais e específicos, assim como no trato da *quaestio iuris* constitucional. Mas há menor complexidade procedimental: a petição recursal escrita e fundamentada, preenchendo os requisitos do art. 102, inciso III, da Constituição Federal, e os do CPC, tendo como mérito uma questão constitucional, pedindo a reforma ou a nulidade do julgado recorrido, é protocolada no órgão *a quo*; após o prazo para contrarrazões, o presidente ou vice-presidente do tribunal decide se admite o recurso e determina sua remessa ao STF, ou lhe nega seguimento (caso em que cabe agravo ao STF).

4. Da introdução da repercussão geral no Brasil democrático

A experiência do novo Supremo Tribunal Federal, que concentra no recurso extraordinário somente controle de constitucionalidade, conta com uma conjuntura favorável ao exercício da cidadania e do acesso à Justiça. Mas a estrutura arcaica e divorciada das necessidades crescentes da Nação e a morosidade na solução dos processos são elementos que definem a necessidade de reforma do Poder Judiciário. No bojo desse contexto, está a crise dos Tribunais Superiores, tal o volume de recursos que lhes são submetidos.

A Emenda Constitucional nº 45, de 08.12.2004 (DJU de 31.12.2004), promove tímida reforma do Poder Judiciário. Entre as alterações, o Supremo Tribunal é contemplado com a criação da súmula vinculante e do resgate da filtragem do recurso extraordinário pelo critério da relevância, agora pertinente à repercussão geral. A EC nº 45 introduz o § 3º ao art. 102 da Constituição Federal:

> § 3º No recurso extraordinário o recorrente deverá demonstrar a repercussão geral das questões constitucionais discutidas no caso, nos termos da lei, a fim de que o Tribunal examine a admissão do recurso, somente podendo recusá-lo pela manifestação de dois terços de seus membros.

Humberto Theodoro Júnior tece considerações sobre a Reforma, mas limita-se a indicar que "sob nova roupagem linguística, ressuscitou-se a antiga questão de relevância, como argumento de bloqueio do acesso ao recurso extraordinário", reclamando a necessidade de regulamentação legal para disciplinar o assunto.[38] De fato, à vista da experiência passada com a arguição de relevância, a norma do § 3º do art. 102 da Constituição é muito pouco reveladora do novo requisito da demonstração da repercussão geral das questões constitucionais. Claramente trata-se de

---

[38] THEODORO JÚNIOR, Humberto. Alguns reflexos da Emenda Constitucional 45, de 08.12.2004, sobre o processo civil. *RePro* 124/28.

reintroduzir o *certiorari* no sistema recursal brasileiro, mas agora tendo que ser inteiramente adaptado ao Estado Democrático de Direito, que conta com a garantia constitucional do devido processo de direito (art. 5º, inc. LIV, da CF) e da indispensável fundamentação das decisões judiciais (art. 93, inc. IX, da CF).

A Constituição delega ao legislador ordinário a regulamentação. A Lei nº 11.418, de 19.12.2006, introduz os artigos 543-A (repercussão geral) e 543-B (recursos extraordinários repetitivos) no Código de Processo Civil, e cujo procedimento encontra correspondentes nos arts. 322 e seguintes, do Regimento Interno da Suprema Corte.

O novo instituto exige a tomada de diversas decisões políticas pelo legislador – o constitucional derivado e o ordinário –, dentre as quais a medida do estreitamento do gargalo de admissibilidade do recurso extraordinário: o Supremo Tribunal Federal passa a admitir apenas os que demonstrarem haver repercussão geral.

Essa decisão política do legislador provocou justa crítica de Sérgio Corazza:[39]

> Existem disposições contidas na legislação federal que não possuem uma "repercussão geral", mas, sim, e tão somente, entre os litigantes do processo, e destes com o juiz. Tais disposições, que não possuem uma repercussão geral, constituir-se-iam em letras mortas para fins de controle, por parte do guardião na nossa legislação federal, e estariam ao alvedrio do arbítrio dos tribunais estaduais por, simplesmente, não atenderem a uma mera formalidade.

É certo que haverá injustiças para as partes do processo e que a crítica procede ao considerar que o Supremo Tribunal Federal passará a ser o *guardião acidental* da Constituição nas questões que não contenham repercussão geral, e não mais o *guardião fundamental*. Esse é um ônus que decorre da definição política do instituto e com o qual o País deve conviver, multiplicando experiências que permitam, no futuro, a realização de um balanço jurídico, social, econômico, ético e político da repercussão geral.

4.1. Natureza e finalidade da repercussão geral

A nova versão nacional está mais semelhante ao original *certiorari* do que a antecessora arguição de relevância da questão federal, embora não se constitua sob a forma de *writ* ou de procedimento incidental. O instituto da repercussão geral confere ao Supremo Tribunal Federal a competência exclusiva de analisar e definir, conforme seu prudente arbí-

---

[39] Contribuição ao retrocesso: inclusão do requisito da repercussão geral nos pressupostos de admissibilidade dos recursos excepcionais, disponível em <www.tex.pro.br/wwwroot/04de2005/contribuicao_sergiocorazza.htm>.

trio, no exercício do poder discricionário, as situações de interesse público e que transcendam os limites dos interesses das partes em litígio nos autos, que serão julgadas em recurso extraordinário.

Enquanto a arguição de relevância era aplicável a um número restrito de causas, a repercussão geral deve ser demonstrada em todos os recursos extraordinários interpostos, independente da natureza, espécie ou valor da causa.

Não se trata de uma nova hipótese de cabimento, de modo que jamais se poderá interpor o recurso extraordinário fundado apenas na repercussão geral; trata-se de demonstrá-la em todas as hipóteses de cabimento, ou seja, que a decisão *a quo*: *(a)* contraria dispositivo da constituição **e** a decisão ou a contrariedade possuem repercussão geral; ou *(b)* declara a inconstitucionalidade de lei ou tratado federal **e** tal declaração possui repercussão geral; ou *(c)* julga válida lei ou ato de governo local contestados em face da Constituição **e** a decisão, ou a lei, ou o ato, ou a contrariedade à Constituição, em conjunto ou separadamente, possuem repercussão geral; ou *(d)* julga válida lei local contestada em face de lei federal **e** a decisão, ou o conflito de competência legislativa, possuem repercussão geral.

O novo elemento, portanto, não representa um requisito autônomo de admissibilidade. Acompanha-se Bruno Dantas ao considerar que a repercussão geral integra os requisitos intrínsecos de admissibilidade do recurso extraordinário, não autônomo, sendo um pressuposto do seu cabimento,[40] embora se entenda que não se esgote nesse aspecto.

É preciso aprofundar um pouco mais a análise. A repercussão geral não está contida apenas no cabimento, podendo decorrer (total ou parcialmente) da legitimidade e do interesse recursais, que são outros elementos que integram os requisitos intrínsecos de admissibilidade. A esse respeito, não se pode olvidar da pesquisa de Victor Nunes Leal,[41] trazendo exemplos da Suprema Corte dos EUA, onde grande parte dos casos admitidos era de recursos da União, interpostos nas causas em que atuava como parte, ou diziam respeito à tributação. Portanto, a identificação do legitimado, do interesse em recorrer e do objeto do recurso, podem pesar na formação do reconhecimento da repercussão geral.

Mas também é necessário olhar para fora do caso concreto. A função do recurso extraordinário é colocar em relevo e em julgamento a ordem jurídica e o modo como foi tratada pela decisão *a quo*. O novo requisito reforça essa característica, pois a transcendência é elemento integrante

---

[40] DANTAS, Bruno. *Repercussão Geral: perspectivas histórica, dogmática e de direito comparado*. São Paulo: RT. 2008, p. 216-220.
[41] LEAL, Victor Nunes. O Requisito da Relevância para Redução dos Encargos do Supremo Tribunal Federal. *Revista Forense*, vol. 213, p. 24.

da concepção de repercussão geral. A demonstração, por exemplo, da presença do interesse público na *quaestio iuris* pode ser suficiente para o Supremo Tribunal afirmar a existência da repercussão geral para admitir e julgar o recurso extraordinário. Mas é política e juridicamente possível que o interesse público seja um reflexo da solução da *quaestio iuris*, repercutindo para fora do limite dos autos. Ou seja, o interesse público pode não ser ínsito a um direito individual posto em causa, mas sendo este um direito individual homogêneo, sua solução pode acarretar interesse geral ou reflexo nas relações jurídicas em sociedade – a transcendência –, possibilitando ao Supremo Tribunal admitir a existência da repercussão geral.

A repercussão geral, portanto, integra os requisitos intrínsecos de admissibilidade, mas sua condição constitucional acarreta-lhe a função de qualificar todas as hipóteses de cabimento, demais pressupostos e a própria *quaestio iuris* objeto do recurso extraordinário. A par de tudo isso, também é requisito extrínseco de regularidade formal, de modo que a ausência da demonstração da repercussão geral impede o seguimento do recurso extraordinário (§ 2º, do art. 543-A, do CPC).

4.2. Da definição da repercussão geral

Tal como já ocorria na relevância da questão federal, inexiste definição legal da repercussão geral. O legislador ordinário ofereceu um balizamento nos termos do § 1º do art. 543-A: haverá repercussão geral quando houver "questões relevantes do ponto de vista econômico, político, social ou jurídico, que ultrapassem os interesses subjetivos da causa". Ou seja, a norma concebe a repercussão geral pelo que seja relevante. A definição de uma expressão vaga por outra não parece ser capaz de dar ou indicar um significado preciso e objetivo.

A Constituição dispõe sobre a ordem política, senão em toda a Carta – afinal é a Carta Política –, nos Títulos I ao VI onde se concentram os princípios, direitos e garantias fundamentais, a organização do Estado e dos Poderes, a defesa do Estado e das instituições; dispõe sobre a ordem econômica e financeira no Título VII; e, no Título VIII, sobre a ordem social. O aspecto jurídico é bastante vago, pois tanto permeia todos os demais Títulos e a Constituição toda, como abarca os reflexos da interpretação e aplicação das normas e princípios constitucionais. Ademais, não se vislumbra impedimento à indicação de relevância ética ou moral de uma dada questão constitucional, tomando-se o texto da norma como enumeração exemplificativa. O balizamento do § 1º do art. 543-A é, portanto, insuficiente para aplicar alguma objetividade à definição ou ao estabelecimento de critérios de verificação sobre o que possa, ou não, ser relevante a ponto de obter o reconhecimento da repercussão geral.

A norma sob enfoque enuncia que, para haver repercussão geral, essas questões relevantes devem ultrapassar os interesses subjetivos da causa. Ou seja, que haja transcendência, a exemplo do *certiorari* argentino.[42] O que não é novidade do ponto de vista do recurso extraordinário, pois, tendo nascido do *writ of error*, nele sempre teve de evidenciar-se a controvérsia de direito objetivo com o fito de assegurar a inteireza da ordem constitucional, cuja solução acarreta, como efeito, a correspectiva solução do caso concreto.

Numa ousada tentativa, Bruno Dantas[43] propõe um conceito:

> [...] repercussão geral é o pressuposto especial de cabimento do recurso extraordinário, estabelecido por comando constitucional, que impõe que o juízo de admissibilidade do recurso leve em consideração o impacto indireto que eventual solução das questões constitucionais em discussão terá na coletividade, de modo que se lho terá por presente apenas no caso de decisão de mérito emergente do recurso ostentar a qualidade de fazer com que parcela representativa de um determinado grupo de pessoas experimente, indiretamente, sua influência, considerados os legítimos interesses sociais extraídos do sistema normativo e da conjuntura política, econômica e social reinante num dado momento histórico.

Conforme já verificado anteriormente, a repercussão geral não é um pressuposto exclusivo do cabimento, pois poderá ser verificada a partir de qualquer dos requisitos intrínsecos de admissibilidade, ou mesmo encontrar-se no reflexo externo ao processo que a decisão de recurso extraordinário – de provimento ou improvimento – poderá provocar. Ademais, apesar da capacidade de abstração apresentada, o conceito não deixa de ser indeterminado, na medida em que se utiliza de outros termos, elementos ou conceitos vagos, tais como:

a) levar em consideração;

b) impacto indireto [por que não direto?];

c) parcela representativa de um determinado grupo de pessoas;

d) experimentar, indiretamente [só?], a influência da decisão;

e) legítimos interesses sociais extraídos do sistema normativo e da conjuntura política, econômica e social reinante num dado momento histórico [quem define e quais são os legítimos interesses? qual o alcance da expressão sistema normativo? abrange o sistema legal e o infralegal? conjuntura, avaliada como? e por quem? reinante quer dizer absoluta? preponderante? significativa?].

---

[42] Código Procesal Civil y Comercial de la Nación, art. 280: *Llamamiento de autos. Rechazo del recurso extraordinario. Memoriales en el recurso ordinario. Cuando la Corte Suprema conociere por recurso extraordinario, la recepción de la causa implicará el llamamiento de autos. La Corte, según su sana discreción, y con la sola invocación de esta norma, podrá rechazar el recurso extraordinario, por falta de agravio federal suficiente o cuando las cuestiones planteadas resultaren insustanciales o carentes de trascendencia.*

[43] DANTAS, Bruno. *Repercussão Geral*: perspectivas histórica, dogmática e de direito comparado, p. 245-247.

O esforço conceitual ainda enseja muitas outras indagações e deixa muitas lacunas, o que bem demonstra que a definição pode parecer precipitada diante da juventude do instituto no Brasil.

Há, no entanto, uma definição legal objetiva sobre repercussão geral estabelecida no § 3º do art. 543-A:

> § 3º Haverá repercussão geral sempre que o recurso impugnar decisão contrária a súmula ou jurisprudência dominante do Tribunal.

O suporte fático da norma – decisão *a quo* que contraria orientação do Supremo Tribunal Federal, conferida por sua jurisprudência dominante ou sumulada – é equivalente ao desrespeito ao entendimento firmado pelo Supremo Tribunal. Não o suficiente para uma reclamação,[44] pois não se trata, em princípio, de desatender ou descumprir decisão já proferida pela Corte no caso dos autos. Mas indubitavelmente há uma espécie de desafio ao entendimento consolidado na súmula ou na reiterada jurisprudência da Corte, do qual exsurge, objetivamente, a repercussão geral.

Uma segunda situação, não prevista expressamente no texto legal, mas da qual objetivamente se depreende existente a repercussão geral, é aquela em que, num caso símile, a mesma *quaestio iuris* já foi reconhecida como relevante pelo Supremo Tribunal. No novo recurso extraordinário a demonstração da repercussão geral pode ser sintética, fazendo-se referência à precedente decisão do Supremo Tribunal e demonstrando a similitude dos casos.

Uma terceira situação, da qual se pode objetivamente vislumbrar a relevância, é a de haver o STF decidido, em sede de Ação Direta de Inconstitucionalidade (ADI), ou Ação Declaratória de Constitucionalidade (ADC), que uma determinada norma estadual ou municipal é constitucional ou inconstitucional. Assim, se uma norma sobre a mesma matéria, de mesmo conteúdo jurídico, mas de outro estado ou município, está sendo controvertida em sede de recurso extraordinário, a demonstração da repercussão geral pode ser realizada com fundamento na ADI ou ADC, que servirão de paradigmas da repercussão geral.

Além das três situações objetivas (mas casuísticas) acima destacadas, pode-se afirmar que inexiste um conceito preciso da repercussão geral. Todavia, é possível concluir – aplicando o quanto enunciavam Victor Nunes Leal, Evandro Lins e Silva, Sérgio Bermudes e Barbosa Moreira, retro citados – que a identificação da repercussão geral deverá partir da verificação do interesse público ou garantia constitucional envolvida, ou do reflexo que uma decisão da matéria ensejaria na vida social, em seus

---

[44] RI-STF, art. 156: Caberá reclamação do Procurador-Geral da República, ou do interessado na causa, para preservar a competência do Tribunal ou garantir a autoridade das suas decisões.

variados aspectos – econômico, político, social ou jurídico, etc. – frisando que o interesse público, a garantia constitucional e o reflexo podem ser inerentes à demanda, às partes envolvidas, à decisão recorrida, ao cabimento e demais requisitos intrínsecos de admissibilidade, à matéria que é objeto do recurso, à pretensão recursal, ou quanto à decisão mesma que o Supremo Tribunal tiver que proferir sobre o recurso extraordinário, ou aos seus efeitos sobre a vida da coletividade. Reconhece-se, então, que a repercussão geral é apta a qualificar o cabimento – assim como alguns dentre os demais requisitos intrínsecos de admissibilidade –, o próprio mérito, os efeitos ou reflexos extraprocessuais do julgamento do recurso extraordinário.

5. Da demonstração da repercussão geral

O § 3º do art. 102 da Constituição exige que seja demonstrada a repercussão geral das questões constitucionais. E nem mesmo há clara compreensão do que seja essa demonstração. Para Manoel Lauro Volkmer de Castilho, por exemplo, a repercussão geral deve ser provada, deduzida (prequestionada) desde as instâncias ordinárias, revelando uma preocupação relativa à instrução especial acerca da repercussão geral:[45]

> Não fica claro na lei se a demonstração da repercussão admite instrução especial o que, parece de óbvia evidência, sobretudo se a repercussão geral acontecer na área econômica, ou da administração ou da economia púbica em geral, oferecendo-se inclusive oportunidade do recorrido manifestar-se em contrário bem assim o Ministério Público.

Discorda-se da necessidade de "prova" da repercussão geral, no sentido da produção processual em fase destacada como propõe Castilho. A demonstração dá-se de forma livre, mediante argumentação ou apresentação de elementos de prova; mas não se abre, propriamente, uma nova fase instrutória dirigida exclusivamente para a produção de prova da repercussão geral. Isso acarretaria excessivo formalismo ao procedimento do recurso extraordinário, depondo contra o princípio da celeridade processual, que tem presidido as reformas do Código de Processo Civil, além de caracterizar juízo fático não condizente com o recurso extraordinário.

O contraditório e a ampla defesa estão presentes. O recorrido manifesta-se, nas contrarrazões, acerca da admissibilidade recursal, da repercussão geral alegada pelo recorrente e do mérito da pretensão recursal. O Ministério Público manifesta-se nas hipóteses em que tem vista dos autos ou na sessão de julgamento – nas Turmas, por Subprocurador-Geral da República; no Plenário, pelo Procurador-Geral da República.

---

[45] CASTILHO, Manoel Lauro Volkmer de. *O recurso extraordinário, a repercussão geral e a súmula vinculante.* RePro 151, p. 111-2.

Já a instrução especial defendida por Volkmer de Castilho dependerá do maior ou menor esclarecimento que o ministro-relator, a seu sentir, perceba necessária para formar seu convencimento, podendo ouvir terceiros interessados e *amicus curie*.

A regulamentação do procedimento no Supremo Tribunal Federal é ditado pelo seu Regimento Interno, que, nesse ponto, indica que a apreciação da repercussão geral dar-se-á pela via eletrônica: o relator remete sua manifestação aos demais ministros (art. 323 do RI-STF), deles recebendo resposta, em 20 dias, pela mesma via (art. 324 do RI-STF). O relator juntará as manifestações aos autos e consolidará a decisão, quando denegatória, para publicação; reconhecida a repercussão geral, pedirá dia para julgamento do recurso extraordinário.

O procedimento eletrônico mobiliza todos os ministros do Supremo Tribunal, em que pese não configure propriamente uma sessão de julgamento, pois não há inclusão nem intimação de pauta, e as partes não se podem fazer presentes. Mas, sob a forma virtual, a transmissão e colheita eletrônica de informações, e dos votos sobre a repercussão geral, envolvendo a totalidade dos ministros da Corte, equivale, na prática, à sessão reservada de Conselho da arguição de relevância.

Conforme se depreende, ainda, do mesmo § 3º do art. 102 da Constituição, as questões constitucionais devem ter sido discutidas – ou seja, controvertidas pelas partes, entre ambas, ou entre elas e o juízo ou tribunal – não meramente versadas no recurso extraordinário. Nesse ponto, a lei arriscou-se a dizer menos do que a Constituição, de modo que a interpretação do *caput* do art. 543-A do CPC deve ser integrativa e ditada pela norma constitucional.

6. Repercussão geral como mecanismo de acesso ou limite para a prestação jurisdicional

O novel instituto não se apresenta como algo pronto e acabado, apto ao consumo imediato e isento de riscos ou defeitos. Sua conformação impõe que se analise a repercussão geral do ponto de vista do método de seleção dos recursos, as condições que devem ser obedecidas ou atendidas para que, de modo particular, o recurso extraordinário seja conhecido e tenha o seu mérito julgado.

6.1. Da seletividade ou filtragem jurídica dos recursos

Os requisitos de admissibilidade dos recursos são instrumentos para selecionar, dentre todos os interpostos, quais terão condições de obter um julgamento de mérito; aqueles que não os preencherem, terminarão indeferidos em razão de alguma inépcia processual; vale dizer, não serão conhecidos. Assim é quanto ao recurso intempestivo; ao que não contenha as razões do pedido de reforma ou nulidade da decisão; ao recurso deserto; ao agravo de instrumento desprovido de peça obrigatória; ao recurso interposto por terceiro que não demonstra seu interesse em recorrer; ao apelo interposto pela parte integralmente vencedora na demanda; ao recurso interposto contra decisão irrecorrível. São todos casos em que, por mais injusta que tenha sido a decisão, os respectivos recursos não serão conhecidos por lhes faltar algum dos requisitos extrínsecos ou intrínsecos de admissibilidade. Seu processamento será interrompido antes do julgamento do mérito.

No que tange ao recurso extraordinário, a Constituição, no art. 102, inciso III, estabelece que cabe somente em face de decisão de única ou última instância, nas hipóteses enumeradas de "a" a "d". Mas também há outros requisitos atribuídos à jurisprudência do STF, que os consolidou em enunciados de sua Súmula, mas que são também intrínsecos, porque pertinentes à própria natureza extraordinária do recurso. Assim: incabível o recurso extraordinário fundado em reexame de questão de fato (Súmula 279); ou por ofensa a direito local (Súmula 280); ou se ainda não foram esgotados os recursos ordinários (Súmula 281); ou que não tenha havido o prequestionamento (Súmula 282) e nem suprida omissão mediante embargos declaratórios (Súmula 356);[46] ou quando a jurisprudência do Plenário do STF é no mesmo sentido da decisão recorrida (Súmula 286); ou que vise à interpretação de cláusula contratual (Súmula 454); ou quando a decisão de última instância da Justiça do Trabalho não ferir a Constituição (Súmula 505); ou quando a decisão recorrida não é a do órgão que aplica o direito à espécie, em caso de incidente de inconstitucionalidade (Súmula 513); ou quando a contrariedade ao princípio constitucional da legalidade pressuponha interpretação de norma infraconstitucional (Súmula 636); ou quando a matéria é de natureza infraconstitucional (Súmula 638); ou quando a decisão recorrida não tem natureza jurisdicional (Súmula 733); ou quando a decisão recorrida pode ser revista a qualquer tempo na instância ordinária (Súmula 735).

Os requisitos de admissibilidade, portanto, servem como filtro ao recurso extraordinário, sendo trancado o procedimento quando desatendidos. Só seguirão adiante, obtendo pronunciamento quanto ao mérito, aqueles recursos que os preencherem na integralidade. Na vigência do instituto da repercussão geral é preciso ser ainda mais exato: atualmente,

---

[46] O § 3º, do art. 102, da Constituição, ao dispor que a demonstração da repercussão geral se dá sobre as "questões constitucionais discutidas no caso", passa a prever expressamente o prequestionamento como requisito constitucional para o recurso extraordinário.

só será apreciada a repercussão geral se o recurso extraordinário preencher todos os demais requisitos técnico-jurídicos de admissibilidade.

6.2. Da seletividade ou filtragem política do recurso extraordinário

Não é possível, portanto, pretender, ao menos imediatamente, encaixar a repercussão geral nos modelos jurídicos de origem romano-germânica que informam o Direito Brasileiro. Ao fazê-lo, estreita-se a sua compreensão aos aspectos meramente jurídicos e se o traduz como filtro jurisdicional. Essa qualificação é defendida por Bruno Dantas, ao considerar que "a natureza jurídica da repercussão geral, como também da arguição de relevância, decorre exclusivamente da opção dogmática adotada". Mas para defesa da tese o autor formula uma distinção absoluta entre o ato jurisdicional e o ato político – desconsiderando que ela pode ser, como no instituto da repercussão geral, meramente formal – referindo lições de Ruy Barbosa que considerava como exercício de poder exclusivamente político aquele ato totalmente imune à ingerência dos tribunais.[47]

Clara é a influência do positivismo no pensamento de Ruy Barbosa.[48] Sua definição de "ato político" como sendo imune a qualquer controle, deve considerar um Poder político central forte e que, por subjugar o Legislativo e o Judiciário, possa realmente praticar atos imunes ao controle jurisdicional, tal como ocorria na fase inicial da República. Mas não se pode olvidar que o País mudou dos fins do século XIX para cá, a ponto de a Constituição Federal estampar a garantia de que "a lei não excluirá da apreciação do Poder Judiciário lesão ou ameaça a direito" (art. 5º, inc. XXXV).

O exercício do poder político no Estado Democrático de Direito da República Federativa do Brasil está constitucionalmente limitado e sujeito a controles, nos termos conformados pela superestrutura jurídica estabelecida, e esses controles são tornados efetivos pela atuação prevista pela própria Ordem Jurídica. Quando o exercício do Poder atingir direitos fundamentais, ou ocorrer fora dos limites constitucionais, o ato político poderá carecer de constitucionalidade ou de legalidade[49] e estará sujeito aos con-

---

[47] DANTAS, Bruno. *Repercussão Geral*, p. 223-225.

[48] Em que pese o pensamento filosófico e político de Ruy Barbosa alinhe-se ao positivismo, pode-se afirmar que ninguém – nem mesmo Ruy – é um monólito sólido e inflexível. Miguel Reale, no artigo *Posição de Ruy Barbosa, no Mundo da Filosofia: notas de estudo para a compreensão de uma trajetória espiritual*, publicada na revista *Justiça & História*, vol. 4, nº 8, 2004, p. 119-150, aponta diversos elementos na formação do jurista, a influência do cristianismo, seus conflitos relativamente ao aspecto religioso do positivismo, a sua fé em Deus e nos homens.

[49] Há *atos políticos* que, embora ultrapassem os limites legais e constitucionais, podem ser considerados *legítimos* do ponto de vista do poder político, como ocorre com as *revoluções*, para os quais as nações ou os povos organizados tomam diretamente em suas mãos o *poder político* e rompem com a Ordem Jurídica vigente para instituir uma Nova Ordem (poder constituinte originário). Evidente-

troles cabíveis. Estes podem ser administrativos (tribunais de contas), jurisdicionais (ADIN, ADPF, mandado de segurança, *habeas corpus*) ou políticos (intervenção federal). Dentre os controles políticos, e como o maior exemplo vivenciado no Brasil, tem-se o processo de *impeachment* que pôs termo ao mandato do Presidente da República Fernando Collor de Mello.

Portanto, a concepção de Ruy Barbosa, de que o exercício do poder político é imune a controle pelo tribunais, já não pode ser aplicado na vigência do Estado Democrático de Direito. O exercício do poder político está sujeito a controles, já não é exclusividade do Poder Executivo e poderá estar presente no próprio ato jurisdicional, conforme o grau de discricionariedade de que disponha o órgão Judiciário para produzi-lo.[50]

A repercussão geral foi instituída com um objetivo muito claro, revelado na apresentação e na discussão da Proposta de Emenda Constitucional nº 96-A, de 1992, de autoria do Deputado Hélio Bicudo, que o relatório do Deputado Aloysio Nunes Ferreira bem demonstra ao aprovar a reintrodução [para o recurso extraordinário e para especial, este inicialmente contemplado no Projeto mas posteriormente descartado] do requisito da relevância: "Urge, portanto, o estabelecimento de filtros para tais demandas, sob pena de perpetuar-se essa situação de completa banalização da jurisdição extraordinária".

Fica nítido o móvel político tanto para a criação do novo instituto da repercussão geral, assim como no objetivo de valorização do Supremo Tribunal Federal como órgão de cúpula do Poder Judiciário da União. Tem-se, pois, a natureza política assim no antecedente como no consequente, sendo a repercussão geral objeto de apreciação política, embora venha formalizada em decisão judicial, no bojo do exercício da atividade jurisdicional, de competência recursal, promovida exclusivamente pelo Supremo Tribunal Federal.

Nesse passo torna-se importante observar o modo como o Supremo Tribunal verifica a existência da repercussão geral. O exame é realizado conforme o seu "prudente arbítrio", expressão que não pode ser engessada no conceito de ato discricionário, no sentido de haver liberdade do agente para escolher entre válidas opções que a lei apresenta – "liberdade dentro da lei", na lição de Celso Antônio Bandeira de Mello.[51] Simples-

---

mente, não é disso que se trata no presente momento, motivo pelo qual considera-se a prática de atos políticos dentro da Ordem Jurídica instituída no Brasil a partir da Constituição Federal de 1988.

[50] Conforme Mauro Cappelletti (*Juízes Legisladores?* Tradução de Carlos Alberto Alvaro de Oliveira. Porto Alegre: Sergio Fabris. 1993, p. 42), é manifesto o caráter criativo da atividade judiciária e o ativismo ou dinamismo tem sido a reflexo do amplo espaço que a legislação – utilizando-se de conceitos indeterminados – e os novos direitos sociais e fundamentais têm deixado para a discricionariedade de juízes e tribunais.

[51] BANDEIRA DE MELLO, Celso Antônio. *Curso de Direito Administrativo*. 11. ed. Malheiros, São Paulo, 1999, p. 307-308.

mente porque a Constituição e o Código de Processo Civil não oferecem opções, nem caminhos, nem critérios.

Nos Estados Unidos, o *discretionary power*[52] de que se utiliza a Suprema Corte para julgar é o poder ou direito de agir, em certas circunstâncias, de acordo com seu juízo pessoal e consciência. Ou seja, o *discretionary power* está calcado num juízo de valor pessoal e consciência, portanto, subjetivo. Comparativamente ao direito brasileiro, sua compreensão está mais próxima da *íntima convicção* do que da discricionariedade dos agentes públicos brasileiros, vinculados à legalidade estrita.

Assim, o prudente arbítrio será o exercício do poder discricionário (político), mas adaptado ao sistema do livre convencimento fundamentado, ou crítica sã, adotado no Brasil. É exercício de poder político, e não de ato puramente jurisdicional; seu limite é a fundamentação, não as eventuais alternativas legalmente disponíveis.

Tudo acerca da repercussão geral está sendo construído, caso a caso, no momento processual situado entre a peça do recurso extraordinário, onde o recorrente tem o ônus de demonstrá-la, e a fundada decisão pelo Supremo Tribunal Federal. Esta Corte, conforme sua avaliação política, paulatinamente revela quais as *quaestiones iuris* dotadas de repercussão geral, ou quais os critérios para defini-la existente. Vale dizer, expurgando velhas pré-compreensões, que o Supremo Tribunal "legislará" acerca da repercussão geral a partir da filtragem realizada em cada recurso extraordinário.

Ao Supremo cabe dizer o que seja constitucional ou não. Compete-lhe o controle de constitucionalidade, como função jurisdicional, mas que não é puramente jurídica. A função política do controle de constitucionalidade vem ganhando, no Brasil, contornos cada vez mais amplos. Os longos períodos de regimes ditatoriais, em especial o último (1964-1985), são responsáveis pela preocupação da Assembleia Constituinte de 1987 com a proteção das garantias fundamentais e da Ordem Constitucional. Expressão disso foi o amplo espectro de instrumentos que a própria Constituição pôs à disposição dos residentes no Brasil para atender à proteção da Ordem Jurídica: *(a)* recurso extraordinário; *(b)* recurso especial; *(c)* ação direta de inconstitucionalidade; *(d)* ação declaratória de constitucionalidade; *(e)* ação de descumprimento de preceito fundamental; *(f) habeas corpus*; *(g)* mandado de segurança; e *(h)* mandado de injunção.

No âmbito do controle difuso de constitucionalidade pelo STF, o padrão de julgamentos de recursos extraordinários sobre a mesma *quaestio iuris* pode gerar súmulas, inclusive vinculantes, que consolidam preceitos a partir da jurisprudência. Conforme registra Elaine Macedo, a súmula vinculante exige repetição de decisões proferidas no passado. Mas,

---

[52] V. análise do conceito em DANTAS, Bruno. *Repercussão Geral:* perspectivas histórica, dogmática e de direito comparado, p. 91, nota 4.

diversamente, os julgados de repercussão geral formam preceitos para o futuro,[53] e os forma diretamente, sem necessidade da maturação, inclusive quanto às consequências da decisão, que naturalmente advém da reiteração de julgados sobre o mesmo tema. Independente de qualquer formalidade adicional, as decisões declaratórias de repercussão geral produzem efeitos *erga omnes*, extrapolando, elas mesmas, os limites dos autos do processo. Portanto, o ato que aprecia a repercussão geral é de natureza diversa do que, antes de sua vigência, julgava o recurso extraordinário: era este preponderantemente jurisdicional, enquanto aquele já nasce preponderantemente político.

Embora não produza norma escrita enumerando matérias que só sejam apreciadas em recurso extraordinário se houver relevância, o Supremo Tribunal exerce verdadeira atividade normativa [legislativa], que a todos vincula e em face de todos se impõe, por intermédio dos precedentes que representam as decisões sobre a repercussão geral, cujo reconhecimento qualifica o julgado do recurso extraordinário, agregando-lhe a eficácia *erga omnes*.

Há um espaço democrático, onde todos os interessados – partes, terceiros, ministério público, *amicus curie*, ou seja, os que sejam ou venham a ser atingidos pelo julgamento da questão, direta ou indiretamente, do ponto de vista jurídico ou por qualquer outra forma –, poderão manifestar-se ao relator, competindo-lhe instaurar audiência pública para aprimorar o conhecimento acerca do caso, suas circunstâncias, impactos sociais, econômicos, etc. O julgamento da repercussão geral, no entanto, se dá pela via do procedimento eletrônico e reservado do Supremo Tribunal, destoando dos moldes tradicionais de julgamentos em sessões públicas. O procedimento democrático da audiência pública e o *modus decidendi* reforçam a caracterização do julgamento da repercussão geral como ato político.

Acompanham-se, portanto, as conclusões de Moreira Alves[54] e de Arruda Alvim[55] que veem a apreciação da arguição de relevância como ato político – o que se reproduz na repercussão geral.[56]

---

[53] MACEDO, Elaine Harzheim. Os Tribunais Superiores e os Novos Óbices Recursais. In: MACHADO, Fábio Cardoso; MACHADO, Rafael Bicca (coords.). *A Reforma do Poder Judiciário*. São Paulo: Quartier Latin do Brasil. 2006, p. 165.

[54] MOREIRA ALVES, José Carlos. A missão constitucional do Supremo Tribunal Federal e a arguição de relevância de questão federal. *Revista do Instituto dos Advogados Brasileiros*, v. 16, n. 58/59, p. 41-63, jan./dez., 1982.

[55] ARRUDA ALVIM NETO, José Manoel de. *A arguição de relevância no recurso extraordinário*. São Paulo: RT, 1988, p. 28-29, nota 10.

[56] Todavia, por se tratar de instituto bastante distinto da arguição de relevância, os fundamentos apresentados neste trabalho não coincidem integralmente com os defendidos por Moreira Alves e Arruda Alvim.

Face à ausência de distinção dentre as hipóteses do inciso III do art. 102, da Constituição, todos os recursos extraordinários deverão trazer a demonstração da repercussão geral da *quaestio*, quaisquer que sejam as alíneas do permissivo constitucional que sustentem o seu cabimento. Parece indubitável concluir que a repercussão geral nasce com a missão de limitar o acesso ao Supremo Tribunal Federal.

7. Conclusão

A repercussão geral é instituto similar ao *writ of certiorari* norte-americano e distinto da antiga arguição de relevância. Do ponto de vista procedimental, a repercussão geral é proposta como preliminar no corpo da própria petição do recurso extraordinário, ao invés de formar instrumento; há distribuição e processamento normal do recurso extraordinário no STF; a repercussão geral é o último requisito de admissibilidade a ser analisado, somente se todos os demais estiverem presentes – ou seja, os mecanismos de filtragem jurisdicionais atuarão previamente à repercussão geral –, diversamente do que ocorria com a arguição de relevância, cuja análise antecedia à própria remessa do recurso extraordinário ao STF; há possibilidade de manifestação de todos os interessados na resolução da matéria objeto do recurso, especialmente os *amice curie*, enquanto na arguição de relevância essa possibilidade não existia e sequer havia um relator a quem dirigir qualquer manifestação; embora o julgamento da repercussão geral seja realizado pela via eletrônica – equivalente à sessão de Conselho –, a decisão é fundamentada e consolidada em acórdão que é publicado, bem diferente da arguição de relevância, que era apreciada em sessão secreta, com decisão não fundamentada, que não gerava acórdão e somente a ata da sessão era publicada. Ficam claramente estabelecidas as diferenças fundamentais entre os institutos, o que contribui decisivamente para a correta compreensão da repercussão geral.

Do ponto de vista substantivo, ressaltam a identificação da natureza jurídica da repercussão geral e a dificuldade de formulação do conceito e da finalidade do novo instituto, que nasce como instrumento político limitador das questões submetidas ao Supremo Tribunal Federal, para diminuir-lhe a carga de atividade jurisdicional e propiciar-lhe o efetivo exercício da função de intérprete, aplicador e guardião da Constituição Federal. Reclama uma decisão calcada no prudente arbítrio da Suprema Corte, que representa um poder discricionário e preponderantemente político, mais que jurisdicional. Assim, a repercussão geral configura mecanismo político, cuja atuação se dará somente após a filtragem jurisdicional por intermédio dos demais requisitos de admissibilidade.

A dificuldade na superação desse filtro político confere a medida do desafio para a demonstração da existência da repercussão geral. Desafio à inteligência e criatividade dos protagonistas do processo para superar o limite de acesso ao Supremo Tribunal Federal.

Referências bibliográficas

ARGENTINA. Código Procesal Civil y Comercial de La Nación.
ARRUDA ALVIM NETO, José Manoel de. *A arguição de relevância no recurso extraordinário*. São Paulo: RT. 1988.
BANDEIRA DE MELLO, Celso Antônio. *Curso de Direito Administrativo*, 11. ed. São Paulo: Malheiros. 1999.
BASTOS, Celso Ribeiro; MARTINS, Ives Gandra. *Comentários à Constituição do Brasil*, Vol. 1. São Paulo: Saraiva. 1988.
──. *Comentários à Constituição do Brasil*, Vol. 4, Tomo III. São Paulo: Saraiva. 1997.
BERMUDES, Sérgio. *Comentários ao Código de Processo Civil*, vol. VIII, 2. ed. São Paulo: Revista dos Tribunais. 1977.
BONAVIDES, Paulo; ANDRADE, Paes de. *História Constitucional do Brasil*. 4. ed. Brasília: OAB Editora. 2002.
BUENO, Eduardo. *Brasil, uma história*: a incrível saga de um país. 2 ed. Editora Ática. São Paulo. 2003.
CAPPELLETTI, MAURO. *Juízes Legisladores?* Tradução de Carlos Alberto Alvaro de Oliveira. Porto Alegre: Sergio Antonio Fabris. 1993.
CASTILHO, Manoel Lauro Volkmer de. O recurso extraordinário, a repercussão geral e a súmula vinculante. *RePro* 151/99.
CASTRO, Flávia Lages de. *História do Direito Geral e do Brasil*. 4 ed. Rio de Janeiro: Lumen Juris. 2007.
CORAZZA, Sérgio. Contribuição ao retrocesso: inclusão do requisito da repercussão geral nos pressupostos de admissibilidade dos recursos excepcionais. Disponível em: <www.tex.pro.br/wwwroot/04de2005/contribuicao_sergiocorazza.htm>.
DANTAS, Bruno. *Repercussão Geral*: perspectivas histórica, dogmática e de direito comparado. São Paulo: RT. 2008.
LEAL, Victor Nunes. O Requisito da Relevância para Redução dos Encargos do Supremo Tribunal Federal. Revista Forense, vol. 213, pp. 22-27.
MACEDO, Elaine Harzheim. Os Tribunais Superiores e os Novos Óbices Recursais. In: MACHADO, Fábio Cardoso; MACHADO, Rafael Bicca (coordenação). *A Reforma do Poder Judiciário*. São Paulo: Quartier Latin do Brasil. 2006.
MACIEL, Adhemar Ferreira. Restrição à admissibilidade de recursos na Suprema Corte dos Estados Unidos e no Supremo Tribunal Federal do Brasil. *Revista de Informação Legislativa* 170/7.
MATOS PEIXOTO, José Carlos de. *Recurso Extraordinário*. Rio de Janeiro: Freitas Bastos. 1935.
MAXIMILIANO, Carlos. *Comentários à Constituição Brasileira*, Vol. II. 4 ed. (atualizada). Rio de Janeiro: Freitas Bastos. 1948.
MOREIRA, José Carlos Barbosa. *Comentários ao Código de Processo Civil*: arts. 476 a 565 – Vol. V. 4 ed. Rio de Janeiro: Forense. 1981.

MOREIRA ALVES, José Carlos. A missão constitucional do Supremo Tribunal Federal e a argüição de relevância de questão federal. *Revista do Instituto dos Advogados Brasileiros*, v. 16, n. 58/59, pp. 41-63, jan./dez., 1982.

NÉRI DA SILVEIRA, José. Aspectos institucionais e estruturais do Poder Judiciário brasileiro. In: *O judiciário e a Constituição*. Sálvio de Figueiredo Teixeira (coord.). São Paulo: Saraiva. 1994.

PONTES DE MIRANDA, Francisco Cavalcanti. *Comentários à Constituição de 1967:* com a Emenda nº 1, de 1969. São Paulo: RT. 1970.

REALE, Miguel. *Teoria do Direito e do Estado*. 4. ed. São Paulo: Saraiva. 1984.

_____. Posição de Ruy Barbosa, no Mundo da Filosofia: notas de estudo para a compreensão de uma trajetória espiritual. In: *Justiça & História*, vol. 4, nº 8, Porto Alegre, 2004, pp. 119-150.

SILVA, Hélio; RIBAS, Maria Cecília Carneiro. *História da República Brasileira 1:* nasce a república. São Paulo: Três. 1975.

SILVA, José Afonso da. *Do Recurso Extraordinário no Direito Processual Brasileiro*. São Paulo: RT. 1963.

THEODORO JÚNIOR, Humberto. Alguns reflexos da Emenda Constitucional 45, de 08.12.2004, sobre o processo civil. *RePro* 124/28.

— 8 —

Ação Rescisória Cível fundada em erro de fato: a visão dos Tribunais[1]

JULIO CARLOS BLOIS VAZ[2]

Sumário: 1. Introdução; 2. Ação rescisória e coisa julgada; 2.1. Definição de coisa julgada; 2.2. A tutela constitucional da coisa julgada; 2.3. Coisa julgada formal e material; 2.4. Ação rescisória como meio de ataque à decisão judicial transitada em julgado; 3. Decadência do direito; 3.1. Trânsito em julgado e contagem de prazo para a propositura da ação rescisória; 4. Ação rescisória cível fundada em erro de fato, resultante de atos ou de documentos da causa – artigo 485, IX, do Código de Processo Civil; 4.1. Erro de fato, resultante de atos ou de documentos da causa; 4.2. Conceito de erro de fato, fato existente e fato inexistente; 4.2. Inexistência de controvérsia e de pronunciamento judicial sobre o fato; 4.3. A visão dos tribunais acerca da ação rescisória fundada em erro de fato; 5. Considerações finais; Referências bibliográficas.

1. Introdução

O presente trabalho tem como objetivo o estudo da ação rescisória cível fundada em erro de fato, conforme previsto no artigo 485, IX, do Código de Processo Civil.[3]

Ao passo que se examina o conteúdo dogmático da norma jurídica, também se realiza a análise da jurisprudência acerca da matéria. Para uma melhor compreensão do tema, nos capítulos iniciais, fez-se necessária uma exposição, ainda que breve, do instituto da coisa julgada e da sua tutela constitucional, da decadência do direito de propor a ação res-

---

[1] O presente artigo foi baseado na monografia apresentada no Programa de Ascensão Profissional da Diretoria Jurídica do Banco do Brasil, como requisito para a nomeação do cargo de Analista Jurídico A, atual Assessor Jurídico I, em setembro de 2009.

[2] Advogado. Bacharel em Ciências Jurídicas e Sociais pela PUC/RS. Especialista em Direito Empresarial pela UFRGS. MBA em Direito Bancário – FGV/RJ.

[3] Art. 485 A sentença de mérito, transitada em julgado, pode ser rescindida quando: [...] IX – fundada em erro de fato, resultante de atos ou de documentos da causa. § 1º Há erro, quando a sentença admitir um fato inexistente, ou quando considerar inexistente um fato efetivamente ocorrido. § 2º É indispensável, num como noutro caso, que não tenha havido controvérsia, nem pronunciamento judicial sobre o fato.

cisória, das partes e terceiros na ação, bem como, ao final, algumas considerações acerca dos juízos rescindendo e rescisório.

Trata a hipótese elencada no artigo 485, IX, do Código de Processo Civil, de rescindibilidade de decisão judicial, introduzida no direito processual pátrio apenas em 1973, por ocasião da entrada em vigor do atual Código. Desse modo, pode-se dizer que essa norma processual é relativamente nova, principalmente se comparada à própria ação rescisória que tem vigência desde o Regulamento nº 737, de 1850.

O legislador de 1973 se abeberou nos textos italianos para introduzir entre nós a ação rescisória por erro de fato. Todavia, como se vê no decorrer deste artigo, a tradução da legislação alienígena não foi das mais felizes, acarretam inúmeras dificuldades de ordem prática para a aplicação da norma, cabendo à doutrina e à jurisprudência a tarefa de viabilizar a sua utilização, pois, sem nenhuma dúvida, trata-se de importante solução para a correção de decisões judiciais inquinadas de imperfeições.

2. Ação rescisória e coisa julgada

2.1. Definição de coisa julgada

Como é consabido, a ação rescisória visa à desconstituição da coisa julgada material, nos estritos limites dispostos pelo artigo 485 do Código de Processo Civil. Dessa forma, para que se possa fazer um estudo sistemático da ação rescisória, é pré-requisito a análise do instituto da coisa julgada, suas *nuances* e seus contornos.

É por demais evidente que toda disputa judicial, após seu regular trâmite, superadas as fases recursais, utilizadas ou não, necessita ter um fim. Assim, o Poder Judiciário tem a missão de dirimir o conflito, pondo fim à controvérsia, uma vez prolatada a sentença do magistrado singular ou a decisão dos tribunais.

A coisa julgada é um instituto de cunho político, pois o processo judicial necessita, em dado momento, ter um fim. As discussões judiciais não podem e não devem se eternizar, sob pena de comprometer o fim precípuo do Poder Judiciário, que é a pacificação dos conflitos, a paz social.[4]

---

[4] Nesse sentido, a lição de Laurent: "Se as contestações se perpetuassem, o mundo não seria mais que um imenso processo. Ora, os processos são um grande mal; eles deixam os direitos na incerteza, o que dificulta e paralisa as transações civis, entretém e envenena as más paixões, o ódio e a discórdia; importa consequentemente pôr-lhes um paradeiro, a fim de acalmar as dissensões e dar certeza à estabilidade dos direitos". (PORTO, Sérgio Gilberto. *Coisa Julgada Cível*. Rio de Janeiro: AIDE, 1998. p. 11)

Com o fim do processo, diz-se que ocorreu o nascimento da coisa julgada, que poderá ser formal ou material, segundo distingue a doutrina.

De forma geral, dois são os fundamentos que justificam a existência do instituto da coisa julgada: um de natureza filosófica – ou ideológica –, e outro de natureza jurídica, segundo a lição de Sérgio Gilberto Porto.[5] O fundamento de natureza filosófica, ideológica ou política diz respeito ao valor segurança das relações jurídicas, como consectário da própria existência do Estado, como sociedade politicamente organizada, não havendo maiores dissonâncias em sede doutrinária.

Ao avocar para si o monopólio da jurisdição, proibindo a autotutela, o Estado assumiu a obrigação de bem solucionar os litígios, promovendo a realização da justiça. Assim, para que se efetive a paz social, um dos fins precípuos do Estado moderno, as decisões judiciais devem ser perenes, eis que, como já dito, a partir de determinado momento, com o advento do trânsito em julgado, não mais poderão ser discutidas, nem no mesmo processo, nem em processo futuro, tornando-se imutáveis. Sobreleva, aí, o valor segurança jurídica. Assim, verifica-se que a coisa julgada não tem por escopo fazer justiça, mas oferecer segurança jurídica aos jurisdicionados, sendo, portanto, instrumento de pacificação social.

Destarte, evidenciado o prestígio consagrado ao instituto da coisa julgada, não cabe nem às partes, nem ao próprio Poder Judiciário desrespeitá-lo. Assim, a coisa julgada é um dos aspectos do valor segurança jurídica, vetor essencial para a realização da vida em sociedade, criando no seio da comunidade um sentimento de previsibilidade, viabilizando um ambiente propício à realização dos negócios, do fomento ao investimento, possibilitando o desenvolvimento econômico e social.[6]

Por influência de Liebman, o conceito de coisa julgada, inicialmente no anteprojeto de Código de Processo Civil (artigo 507), tinha a seguinte redação: "Chama-se coisa julgada material a qualidade que torna imutável e indiscutível o efeito da sentença não mais sujeita a recurso ordinário ou extraordinário". Porém, o projeto de Código de Processo Civil, embora mantendo, na respectiva exposição de motivos, as mesmas pala-

---

[5] PORTO, op. cit., p. 39.

[6] Fazendo uma análise da segurança jurídica, em sua evolução na doutrina e jurisprudência, Luis Roberto Barroso enumera um conjunto abrangente de ideias e conteúdos, que incluem: 1. a existência de instituições estatais dotadas de poder e garantias, assim como sujeitas ao princípio da legalidade; 2. a confiança nos atos do Poder Público, que deverão reger-se pela boa-fé e pela razoabilidade; 3. a estabilidade das relações jurídicas, manifestada na durabilidade das normas, na anterioridade das leis em relação aos fatos sobre os quais incidem e na conservação de direitos em face da lei nova; 4. a previsibilidade dos comportamentos, tanto os que devem ser seguidos como os que devem ser suportados; 5. a igualdade na lei e perante a lei, inclusive com soluções isonômicas para situações idênticas ou próximas.BARROSO, Luis Roberto. *Temas de Direito Constitucional*. Rio de Janeiro: Renovar, 2005, p. 133. t. III.

vras a respeito da matéria, transformou aquela disposição no artigo 471, assim redigido: "Denomina-se coisa julgada material a eficácia que torna imutável e indiscutível o efeito da sentença não mais sujeita a recurso ordinário ou extraordinário". Entretanto, no Senado Federal, foi dada a redação que prevaleceu, substituindo-se a expressão "o efeito da sentença" pelos vocábulos "a sentença".

Destarte, a par de tais modificações, o código acabou afastando-se da tese de Liebman, que vê na coisa julgada uma qualidade dos efeitos da sentença, ajustando-se mais à doutrina de Hellwig, que entendia a coisa julgada vinculada ao efeito declaratório contido na sentença, como anteriormente já exposto.

Em crítica contundente ao dispositivo legal que restou positivado no Código Processual Civil, Antônio Carlos de Araújo Cintra aduz que "[...] a disposição legal não prima pela clareza, aparentemente empregando a palavra eficácia (que é a qualidade daquilo que é eficaz ou a aptidão para produzir efeitos) com o sentido de efeito (que é o resultado ou consequência de um ato ou causa) e deixando de expressar a fonte da eficácia a que se refere".[7] Dessa forma, há que se concluir com a linha de pensamento de Sérgio Gilberto Porto[8] que a definição de coisa julgada envolve algo mais do que a simples soma de seus termos, uma vez que representa um conceito jurídico que qualifica uma decisão judicial, atribuindo-lhe autoridade e eficácia, tratando-se daquilo que para a doutrina alemã é expresso por *Rechtskraft*, ou seja, "direito e força", "força legal", "força dada pela lei".

2.2. A tutela constitucional da coisa julgada

A Constituição de 1988 erigiu a coisa julgada em garantia constitucional, expressamente prevista no artigo 5º, XXXVI, da Carta Política da República. Poder-se-ia dizer que se trata de disposição que apenas estabelece regras de direito intertemporal, a exemplo do § 3º do artigo 6º da LICC, assim se destinaria tal comando ao legislador, e não ao juiz, não sendo, portanto, uma garantia de imutabilidade da coisa julgada.[9]

Todavia, o entendimento majoritário tem sido no sentido de que a coisa julgada é, sim, uma garantia consubstanciada na Constituição Federal. Assim, é o próprio instituto da coisa julgada que o texto da cons-

---

[7] CINTRA, Antonio Carlos de Araújo. *Comentários ao Código de Processo Civil*. Rio de Janeiro: Forense, 2003. p. 310. v. IV.

[8] PORTO, op. cit., 1998, p. 43.

[9] MEDINA, Paulo Roberto de Gouvêa. Coisa Julgada: Garantia constitucional. *Revista de Processo*, São Paulo: Revista dos Tribunais, nº. 146, abr. 2007, p. 14.

tituição protege, tornando-o inviolável, na condição de cláusula pétrea, inserido do artigo 5º, *caput*.

Destarte, a disposição contida no artigo 5º, XXXVI, da Constituição Federal de 1988 está inserida no elenco dos direitos e garantias individuais, ou seja, está no núcleo da Constituição, sendo um desdobramento da segurança jurídica consubstanciada no *caput* do artigo 5º da Carta da República.[10] Assim, não apenas ao legislador, mas também e principalmente aos órgãos do poder judiciário é que se destina o preceito constitucional.

Na legislação infraconstitucional, como já referido, o respeito à coisa julgada encontra-se nos artigos 458 e 475 do Código de Processo Civil. Ocorre que, como é consabido, o direito processual civil é um ramo do direito público, encontrando seus balizadores no direito constitucional.

Nesse sentido, todas as normas infraconstitucionais devem ser interpretadas em conformidade com a Constituição Federal. Tal concepção é decorrência da ideia de que os princípios jurídicos insculpidos na Constituição Federal têm eficácia normativa.[11]

Ademais, a segurança jurídica também está vinculada ao Princípio da Supremacia da Constituição, o que significa que a constituição se coloca no vértice, no ápice do sistema jurídico do país, sendo a lei suprema do Estado, nela que se encontram as normas fundamentais de Estado, denotando sua superioridade em relação às demais normas jurídicas.[12] Norberto Bobbio, referindo-se à Supremacia da Constituição, preleciona:

> A norma fundamental, enquanto, por um lado, atribui aos órgãos constitucionais o poder de emanar normas válidas, impõe a todos aqueles a quem as normas constitucionais se destinam o dever de obedecer a elas. É uma norma ao mesmo tempo atributiva e imperativa, segundo a consideremos do ponto de vista do poder a que dá origem ou da obrigação que acarreta. Pode ser formulada do seguinte modo: *"O poder constituinte é autorizado a emanar normas obrigatórias para toda a coletividade"* ou: *"A coletividade é obrigada a obedecer às normas emanadas do poder constituinte"*.[13]

Por sua vez, Nelson Nery Junior assim assevera:

> A segurança jurídica, trazida pela coisa julgada material, é manifestação do estado democrático de direito (art. 1º, caput, CF). Entre o justo absoluto, utópico, e o justo possível, realizável, o sistema constitucional brasileiro, a exemplo do que ocorre na maioria dos sistemas democráticos ocidentais, optou pelo segundo (justo possível), que é consubstancia-

---

[10] Art. 5º Todos são iguais perante a lei, sem distinção de qualquer natureza, garantindo-se aos brasileiros e aos estrangeiros residentes no País a inviolabilidade do direito à vida, à liberdade, à igualdade, à segurança e à propriedade, nos termos seguintes.
[11] SARLET, Ingo Wolfang. *Dignidade da pessoa humana e direitos fundamentais na Constituição Federal de 1988*. Porto Alegre: Livraria do Advogado, 2001, p. 96.
[12] SILVA, José Afonso da. *Curso de Direito Constitucional Positivo*. 15. ed. São Paulo: Malheiros, 1998, p. 47.
[13] BOBBIO, Norberto. *Teoria Geral do Direito*. 2. ed. São Paulo: Martins Fontes, 2008, p. 208.

do na segurança jurídica da coisa julgada material. Descumprir-se a coisa julgada é negar o próprio estado democrático de direito, fundamento da república brasileira. A lei não pode modificar a coisa julgada material (art. 5º, XXXVI, CF); a CF não pode ser modificada para alterar-se a coisa julgada material (ar. 1º, *caput* e 60 § 4º, CF); o juiz não pode alterar a coisa julgada (arts. 467 e 471, CPC).[14]

Assim, temos consagrada a ideia de que a coisa julgada é abrangida sob o manto da proteção constitucional.

2.3. Coisa julgada formal e material

Preliminarmente, há que se fazer referência ao instituto processual da preclusão. Com efeito, o processo, como conjunto ordenado de atos atinentes a um fim, qual seja a composição da lide, que se materializa em uma sentença, é feito de etapas ou fases.

A preclusão nada mais é do que a perda de uma faculdade processual, ou seja, a parte que teria o direito de praticar um determinado ato processual, mas quando deixa de fazê-lo no momento oportuno, não poderá mais exercer tal faculdade. O sistema processual brasileiro é bastante rígido no que tange à preclusão, exigência de estabilidade do sistema. Não é por outra razão que dispõe o artigo 473 do Código de Processo Civil que "é defeso à parte discutir, no curso do processo, as questões já decididas, a cujo respeito se operou a preclusão".

A preclusão alcança tanto as partes como também o próprio juiz da causa, que não poderá decidir novamente questões já decididas, salvo tratando-se de relação jurídica continuativa, nos exatos termos do artigo 471, do Código de Processo Civil.[15] Assim, a coisa julgada representa a preclusão máxima, ou seja, esgotadas todas as fases processuais, todos os recursos, a sentença transita em julgado, não sendo possível reabrir mais nenhuma discussão.

A coisa julgada formal pode ser observada tanto no trânsito em julgado de sentenças terminativas, sem julgamento de mérito, nos termos do artigo 267, do CPC, como em sentenças definitivas – com julgamento de mérito, nos termos do artigo 269, do CPC. Esgotadas as possibilidades recursais – em razão de deserção, renúncia, intempestividade, ou mesmo em razão do desprovimento ou do não conhecimento do recurso interposto – a prestação jurisdicional apresentada com a decisão faz coisa julgada formal.

---

[14] NERY JUNIOR, op. cit., 2004a, p. 39.

[15] Art. 471. Nenhum juiz decidirá novamente as questões já decididas, relativas à mesma lide, salvo: I – se, tratando-se de relação jurídica continuativa, sobreveio modificação no estado de fato ou de direito, caso em que poderá a parte pedir a revisão do que foi estatuído na sentença; II – nos demais casos prescritos em lei.

Pode-se dizer que a coisa julgada formal é pressuposto de existência da coisa julgada material. Todavia, para o presente estudo, avulta a definição de coisa julgada material, pois é ela que produz efeitos extraprocessuais.

A coisa julgada material tipificada no artigo 467 do Código de Processo Civil[16] faz com que a decisão permaneça imutável, não podendo mais ser alterada, nem pelo próprio Poder Judiciário, nem por lei superveniente, pois adquiriu eficácia *erga omnes*. Na lição de Fredie Didier Jr:

> A coisa julgada é instituto jurídico que integra o conteúdo do direito fundamental à segurança jurídica, assegurado em todo Estado Democrático de Direito, encontrando consagração expressa, em nosso ordenamento, no art. 5º, XXXVI, CF. Garante ao jurisdicionado que a decisão final dada à sua demanda será definitiva, não podendo ser rediscutida, alterada ou desrespeitada – seja pelas partes, seja pelo próprio Poder Judiciário. A coisa julgada não é instrumento de justiça, frise-se. Não assegura a justiça das decisões. É, isso sim, garantia da segurança, ao impor a definitividade da solução judicial acerca da situação jurídica que lhe foi submetida.[17]

O conceito de coisa julgada material é um dos temas mais instigantes do direito processual civil, tendo a doutrina se debatido por muito tempo, sem que haja uma uniformidade de concepção.

A coisa julgada material, conceituada pelo artigo 467, do Código de Processo Civil, se constitui numa qualidade da sentença transita em julgado, que a própria lei qualifica de eficácia, que é capaz de outorgar ao ato jurisdicional as características da imutabilidade e da indiscutibilidade. Pontes de Miranda preleciona que:

> A força, que tem a sentença, quanto à solução da questão pleiteada, para o caso de se querer pleiteá-la de novo, é a coisa julgada material. Enquanto a força formal concerne à inimpugnabilidade da sentença como palavra final do Estado na frase que foi a vida da relação jurídica processual, a força material liga-se à indiscutibilidade, como ponto final à frase. Nem se pode voltar a discutir no mesmo processo, nem em outro.[18]

Todavia, quer nos parecer que o conceito adotado por Ovídio Araújo Baptista da Silva é dos mais adequados, nos esclarecendo que "[...] podemos conceituar a coisa julgada como a qualidade que torna indiscutível o efeito declaratório da sentença, uma vez exauridos os recursos com que os interessados poderiam atacá-la".[19]

A coisa julgada material veda qualquer pretensão das partes de ingressar em juízo e requerer ao Estado a prestação jurisdicional acerca de

---

[16] Art. 467, CPC. Denomina-se coisa julgada material a eficácia, que torna imutável e indiscutível a sentença, não mais sujeita a recurso ordinário ou extraordinário.

[17] DIDIER JR, Fredie; BRAGA, Paula Sarno; OLIVEIRA, Rafael, op. cit., p. 478.

[18] MIRANDA, Francisco Cavalcanti Pontes de. *Comentários ao Código de Processo Civil*. Rio de Janeiro: Forense, 1974. p. 81. t. V.

[19] SILVA, GOMES, op. cit., 1998 p. 325.

matéria já decidida em processo anterior já transitado em julgado. Nesse sentido, a lição de Cândido Rangel Dinamarco:

> O mais elevado grau de estabilidade dos atos estatais é representado pela coisa julgada, que a doutrina mais conceituada define como imutabilidade das sentenças e de seus efeitos, com a vigorosa negação de que ela seja mais um dos efeitos da sentença (Liebman). Não há dois institutos diferentes ou autônomos, representados pela coisa julgada formal e pela material. Trata-se de dois aspectos do mesmo fenômeno de imutabilidade, ambos responsáveis pela segurança nas relações jurídicas; a distinção entre coisa julgada formal e material revela somente que a imutabilidade é uma figura de duas faces, não dois institutos diferentes (sempre Liebman). A coisa julgada material é a imutabilidade dos efeitos substancias da sentença de mérito. Quer se trate de sentença meramente declaratória, constitutivas ou condenatória, ou mesmo quando a demanda é julgada improcedente, no momento em que já não couber recurso algum institui-se entre as partes e em relação ao litígio que foi julgado uma situação, ou estado, de grande firmeza quanto aos direitos e obrigações que os envolvem, ou que não os envolvem. Esse status, que transcende a vida do processo e atinge a das pessoas, consiste na intangibilidade das situações jurídicas criadas ou declaradas, de modo que nada poderá ser feito por elas próprias, nem por outro juiz, nem pelo próprio legislador, que venha a contrariar o que houver sido decidido (ainda Liebman). Não se trata de imunizar a sentença como ato do processo, mas os efeitos que ela projeta para fora deste e atingem as pessoas em suas relações – e daí a grande relevância social do instituto da coisa julgada material, que a Constituição assegura (art. 5º, XXXVI) e a lei processual disciplina (arts. 467 e seguintes).[20]

A doutrina, assim, apresenta diversos fatores conceituadores da coisa julgada material.

2.4. Ação rescisória como meio de ataque à decisão judicial transitada em julgado

Mesmo diante da relevância que assume o instituto da coisa julgada como instrumento de segurança jurídica, como já anteriormente visto, a lei, em determinados casos, admite que não haja a ocorrência de coisa julgada, em função do direito posto em causa. É o que ocorre nos feitos de jurisdição voluntária,[21] nas decisões que resolvem relações jurídicas continuativas, sujeitas à cláusula *rebus sic stantibus*,[22] no direito penal, com a revisão criminal que pode ser proposta a qualquer tempo[23] e até mesmo nos feitos de jurisdição contenciosa, se não houve decisão de mérito.[24] Assim, embora no ordenamento jurídico brasileiro o instituto da coisa

---

[20] DINAMARCO, Cândido Rangel. Relativizar a Coisa Julgada Material. In: *Revista de Processo*. São Paulo, v. 109, p. 11, jan/março. 2003.
[21] CPC, art. 1,111.
[22] Ação de Alimentos, Lei 5.478/68, art. 15.
[23] CPP, art. 622.
[24] CPC, art. 267.

julgada tenha inclusive *status* constitucional,[25] não significa que se trate de um dogma, que não admite nenhum tipo de questionamento.

Historicamente, o Direito sempre viveu o dilema entre a segurança jurídica e a justiça das decisões judiciais. Segundo Ada Pellegrini Grinover, "as injustiças que determinado mecanismo de realização do direito possa acarretar constituem, em geral, o preço que se paga pela segurança".[26]

O Estado, todavia, no exercício de sua função institucional de distribuir justiça, não pode jamais deixar de levar em consideração aquelas hipóteses nas quais, em função de graves vícios, deve ser desconstituída a decisão judicial mesmo já tendo se perfectibilizado a coisa julgada material, sob pena mesmo de comprometimento da credibilidade das decisões exarados pelo Poder Judiciário, como Poder de Estado que é. Acima do valor segurança e estabilidade das relações jurídicas, está o valor justiça, que em última análise é o que legitima toda a ordem jurídica. Já no início do século passado, asseverava Pimenta Bueno:

> A coisa julgada, embora em regra deva ser irrevogável, nem por isso deixa de ser obra dos homens, e com o tal sujeita a seus erros e paixões; [...] Sustentar indistintamente a coisa julgada, ainda mesmo quando fosse claramente reconhecido que ela era filha formal do erro, ou que seria ainda pior, de uma criminosa fraude ou prevaricação, seria afrontar todos os princípios da razão, e da justiça eterna, e sacrificar a verdade palpitante à sutileza das fórmulas, sacrificar o fim aos meios; seria inverter a razão do estabelecimento dos tribunais de justiça e das normas tutelares do processo. [...] A tese deve, pois, ser a da irrevogabilidade dos julgados, mas salvas as exceções urgentemente reclamadas pela voz eterna da justiça.[27]

Assim, é a ação rescisória, ação autônoma de impugnação de decisão judicial que tenha transitado em julgado, com o escopo de aperfeiçoamento das decisões judiciais, escoimando-as de eventuais imperfeições, sempre com a finalidade de uma prestação jurisdicional que se aproxime do ideal de justiça. Em outras palavras, a ação rescisória é a solução clássica encontrada pelo sistema como forma de relativizar a coisa julgada.[28] Fica claro que o objeto da ação rescisória é a desconstituição da coisa jul-

---

[25] CF, art. 5º, XXXVI. A lei não prejudicará o direito adquirido, o ato jurídico perfeito e a coisa julgada.

[26] GRINOVER, Ada Pellegrini. *Direito processual civil*. 2. ed. São Paulo: Bushatsky, 1975. p. 151.

[27] *Apud* DONADEL, Adriane. *A Ação Rescisória no Direito Processual Civil Brasileiro*. 2. ed. Rio de Janeiro: Forense, 2009. p. 6.

[28] Segundo José Carlos Barbosa Moreira "chama-se rescisória a ação por meio da qual se pede a desconstituição de sentença trânsita em julgado, com eventual rejulgamento, a seguir, da matéria nela julgada". MOREIRA, José Carlos Barbosa. *Comentários ao Código de Processo Civil*, 15. ed. Rio de Janeiro: Forense, 2009. p. 100. V. Já por sua vez, Alexandre Freitas Câmara conceitua ação rescisória como "demanda autônoma de impugnação de provimentos de mérito transitados me julgado, com eventual rejulgamento da matéria neles apreciada" (CÂMARA, Alexandre Freitas. *Ação Rescisória*. Rio de Janeiro: Lumen Juris, 2007. p. 30.).

gada material, em conformidade com as estritas e limitadas disposições do artigo 485, do Código de Processo Civil.[29]

Da análise do referido texto legal, se constata que o legislador elegeu hipóteses que, por sua gravidade, apresentam-se aptas a desconstituir decisões já transitadas em julgado. Tais circunstâncias configuram atentado à ordem jurídica que com elas não pode conviver, nem vê-las perenizadas, sob pena de descrédito do próprio Poder Judiciário.

Dessa forma, a ação rescisória surge como um remédio, um meio de afastar do mundo jurídico decisões inquinadas de tão graves vícios. Sérgio Gilberto Porto refere que:

> O propósito da admissão destas hipóteses de rescindibilidade decorre da sempre saudável tentativa de outorgar ao jurisdicionado a decisão mais justa e hígida possível. Dessa maneira, a assepsia jurisdicional impõe-se sempre que presente qualquer das hipóteses reconhecidas pelo legislador como contaminantes da justa jurisdição anunciada pela Carta Magna.[30]

3. Decadência do direito

3.1. Trânsito em julgado e contagem de prazo para a propositura da ação rescisória

Na dicção do artigo 495 do Código de Processo Civil,[31] o prazo para a propositura da ação rescisória é de dois anos, contados do trânsito em julgado da decisão rescindenda. O Código faz referência à *"sentença"*, o que, por óbvio, deve ser entendido como extensivo aos acórdãos. Trata-se de prazo decadencial, uma vez que é o direito material de rescindir a sentença ou acórdão que decai. Uma vez não exercido o direito no prazo legal, deixa de existir. Por ser prazo decadencial, não enseja interrupção

---

[29] Art. 485. A sentença de mérito, transitada em julgado, pode ser rescindida quando: I – se verificar que foi dada por prevaricação, concussão ou corrupção do juiz; II – proferida por juiz impedido ou absolutamente incompetente; III – resultar de dolo da parte vencedora em detrimento da parte vencida, ou de colusão entre as partes, a fim de fraudar a lei; IV – ofender a coisa julgada; V – violar literal disposição de lei; VI – se fundar em prova, cuja falsidade tenha sido apurada em processo criminal ou seja provada na própria ação rescisória; VII – depois da sentença, o autor obtiver documento novo, cuja existência ignorava, ou de que não pôde fazer uso, capaz por si só, de lhe assegurar pronunciamento favorável; VIII – houver fundamento para invalidar confissão, desistência ou transação, em que se baseou a sentença; IX – fundada em erro de fato, resultante de atos ou de documentos da causa. § 1º Há erro, quando a sentença admitir um fato inexistente, ou quando considerar inexistente um fato efetivamente ocorrido. § 2º É indispensável, num como noutro caso, que não tenha havido controvérsia, nem pronunciamento judicial sobre o fato.

[30] PORTO, op. cit., 2009, p. 110.

[31] Art. 495. O direito de propor ação rescisória se extingue em 2 (dois) anos, contados do trânsito em julgado da decisão.

nem suspensão. Todavia, a matéria suscita controvérsias que devem ser enfrentadas, dada a importância prática que assume a questão acerca de quando começa a correr o prazo de extinção do direito de propor a ação rescisória.

Em primeiro lugar, não é pressuposto para o ajuizamento da ação rescisória que tenham sido utilizados todos os recursos possíveis no curso do processo, nos termos da Súmula 514 do Supremo Tribunal Federal.[32] Ou seja, a parte pode ter até desistido de eventual recurso interposto.

Como regra geral, tem-se que o prazo de dois anos previsto no Código começa a fluir no momento em que findado o prazo recursal para impugnar a última decisão proferida no processo em que proferida a decisão – sentença ou acórdão, que se pretende rescindir. É que segundo a doutrina, o juízo de admissibilidade recursal tem eficácia declaratória e efeito *ex nunc*, conforme preleciona Nelson Nery Jr:

> O juízo de admissibilidade seja ele positivo ou negativo, tem natureza declaratória. Quando o juiz ou o Tribunal declara admissível ou inadmissível o recurso, nada mais faz do que afirmar situação preexistente. Em o não conhecendo porque interposto além do prazo fixado em lei, o Tribunal afirma que, quando o recorrente o interpôs, já havia decorrido o prazo para fazê-lo. E isto ocorre com qualquer dos pressupostos de admissibilidade do recurso. Nada obstante o caráter declaratório da decisão sobre a admissibilidade, seja positiva ou negativa, sua eficácia é *ex nunc*.[33]

O *dies a quo* para o ajuizamento da ação rescisória é contado a partir de findo o prazo de interposição de eventual recurso cabível contra a última decisão proferida no processo, mesmo em se tratando de juízo de admissibilidade recursal, pois, se ao menos em tese a decisão ainda seria passível de recurso, não há que se falar, ainda, em decisão transitada em julgado. Caso contrário, teríamos que aceitar o ajuizamento de ação rescisória condicional, que seria proposta para evitar a decadência do direito, e ficaria na pendência de ser ou não admitido o recurso interposto, o que não se mostra nem razoável nem lógico.

A matéria restou sumulada, conforme se verifica do teor do Enunciado nº 401,[34] do Superior Tribunal de Justiça: "O prazo decadencial da ação rescisória só se inicia quando não for cabível qualquer recurso do último pronunciamento judicial". Dessa forma, o Superior Tribunal de Justiça consolidou a posição no sentido de que o prazo para ajuizamento da ação rescisória somente tem início após esgotadas as possibilidades

---

[32] Súmula 514. Admite-se ação rescisória contra sentença transitada em julgado, ainda que contra ela não se tenham esgotados todos os recursos.
[33] NERY JUNIOR, Nelson. *Teoria Geral dos Recursos*. 6. ed. São Paulo: Revista dos Tribunais, 2004, p. 234-5.
[34] Publicada no Diário da Justiça de 13 de outubro de 2009.

de interposição de qualquer recurso possível de ser interposto dentro do processo.

Todavia, em decisão proferida em 25.03.2014, no julgamento do Recurso Extraordinário nº 666.589 – DF, o Supremo Tribunal Federal reformou decisão do STJ, aduzindo que "a coisa julgada tem envergadura constitucional" e que "Os capítulos autônomos do pronunciamento judicial precluem no que não atacados por meio de recurso, surgindo, ante o fenômeno, o termo inicial do biênio decadencial para a propositura da rescisória". Assim, a Corte Suprema adotou o entendimento da teoria dos capítulos autônomos, admitindo a ocorrência da coisa julgada progressiva, o que acarreta a possibilidade do ajuizamento de mais de uma ação rescisória no mesmo processo, observando em cada uma delas o respectivo prazo decadencial de dois anos, a contar da data em que cada decisão autônoma transitar em julgado no feito.

4. Ação rescisória cível fundada em erro de fato, resultante de atos ou de documentos da causa – artigo 485, IX, do Código de Processo Civil

4.1. Erro de fato, resultante de atos ou de documentos da causa

No que tange ao erro de fato, previsto no inciso IX do artigo 485 do Código de Processo Civil, trata-se, sem sombra de dúvida, de um dos mais intrincados artigos de todo o Código de Processo Civil, representando uma verdadeira corrida de obstáculos para a parte que nele pretenda se fundar para intentar ação rescisória.

A possibilidade de rescisão com base em erro de fato foi introduzida no direito brasileiro pelo Código de Processo Civil de 1973 e sofreu pesadas críticas da doutrina, em função dos equívocos cometidos na tradução do artigo 395, 4, do *Códice di Procedura Civile Italiano*, fonte de inspiração inquestionável de nosso legislador.[35][36]

---

[35] A redação do art. 395, nº 4, do *Códice di Procedura Civile Italiano* é a seguinte: "*Le sentenze pronunciate in grado di appello o in único grado possono essere impugnate per evocazione: [...] 4) se la sentenza è l'effetto di um errore di fato risultante dagli atti o documenti della causa. Vi è questo errore quando La decisione è fondata sulla supposizione di um fatto la cui verità è incontrastabilmente esclusa, oppure quando è supposta l'inesistenza di um fatto la cui verità è positivamente stabilita, e tanto nell'uno quanto nell'altro caso se Il fatto non constituì um punto controverso sul quale la sentenza ebbe a pronunciare*". (Códice di Procedura Civile. Disponível em: <http://www.leggiweb.it> Acesso em 10 set. 2009).

[36] A tradução do aludido parágrafo quarto, por obra de Luis Eulálio Bueno Vidigal, é do seguinte teor: "Se a sentença é efeito de um erro de fato resultante dos atos ou documentos da causa. Há este erro quando a decisão é fundada sobre a suposição de um fato cuja verdade é incontrastavelmente excluída, ou quando é suposta a inexistência de um fato cuja verdade é positivamente estabelecida e, num e noutro caso, se o fato não constitui ponto controverso sobre o qual a sentença teve de pronun-

Liebman, comentando tal dispositivo, refere ao erro de fato (*errore di fatto*) e chama a atenção que nesse caso estamos diante de erro essencial.[37]

Em artigo acerca do tema, Sydney Sanches reafirma a existência de graves erros de tradução, também apontados por doutrinadores como Luiz Eulálio de Bueno Vidigal, Barbosa Moreira e Ada Pellegrini Grinover.[38] Com efeito, a legislação peninsular admite a *revocazione* nos casos em que *"lla sentenza è l'effetto di um errore di fatto risultante dagli atti o documenti della causa"*. Barbosa Moreira,[39] em comentários aos referido artigo adverte:

> O inciso IX do art. 485 corresponde, quase literalmente, ao art. 395, nº 4, do Código italiano, onde se prevê, como fundamento da revocazione, o "errore di fatto risultante dagli atti o documenti della causa". O legislador pátrio, no entanto, não foi feliz ao traduzir a expressão transcrita. Em primeiro lugar, é equívoco o uso de "resultante" no texto brasileiro, pois no original a palavra não tem o sentido de "decorrente, oriundo, proveniente", que é a sua acepção vernácula. O dispositivo da lei peninsular refere-se ao erro de fato que transparece, que emerge, que ressalta dos "atti o documenti della causa", e não ao erro de fato que fosse uma conseqüência desses "atti o documenti". Ademais, no texto italiano, o vocábulo "atti", que pode ter mais de um sentido, não está empregado no de atos, mas no de autos, coisa bem diferente.

Fazendo uma síntese do posicionamento de vários autores, entre eles Ada Pellegrini Grinover, Luis Eulálio de Bueno Vidigal e Carlos Alberto Ortiz, Sydney Sanches[40] conclui que a melhor leitura a ser feita da letra da lei é: a sentença de mérito, transitada em julgado, pode ser rescindida quando: ... IX – fundada em erro de fato que se evidencia nos autos da causa (em que proferida).[41]

Então, a melhor exegese é aquela que define o erro de fato como aquele que emerge, que se evidencia dos autos, dos documentos juntados aos autos pelas partes.

4.2. Conceito de erro de fato, fato existente e fato inexistente

Preliminarmente, é oportuno o conceito de erro que apresenta De Plácido e Silva, em sua obra *Vocabulário Jurídico, verbis*:

---

ciar-se". VIDIGAL, Luís Eulálio de Bueno. *Comentários ao Código de processo Civil*. São Paulo: Revista dos Tribunais, 1974. p. 149-50. v. 6,

[37] *Apud* DONADEL, op. cit., p. 182.

[38] SANCHES, Sydney. Da ação Rescisória por erro de fato. In: *Revista dos Tribunais*. São Paulo: Revista dos Tribunais, 501, julho, 1977, p. 21.

[39] MOREIRA, op. cit., 2009, p. 147.

[40] SANCHES, op. cit., p. 22.

[41] Monteleone, doutrinador italiano, corrobora este entendimento: "O erro revocatório deve, antes de tudo, ter por objeto a percepção dos fatos e não incidir, direta ou indiretamente, sobre a valoração jurídica dos mesmos; tal erro, além disso, não deve se concretizar em um erro de juízo, vale dizer, que deve ser estranho ao procedimento lógico sobre o qual o juiz chegou à afirmação, à negação ou à valoração de um determinado fato". (*Apud* CÂMARA, op. cit., p. 115.)

Derivado do latim *error*, de *errare* (enganar-se, estar em erro, desviar-se), na técnica jurídica, entende-se a falsa concepção acerca de um fato ou de uma coisa. É, assim, a ideia contrária à verdade, podendo, pois, ser o falso tomado como verdadeiro ou o verdadeiro como falso.[42]

Sydney Sanches, no artigo já citado, refere que o conceito de erro de fato "o próprio código o dá", nos termos do § 1º ao nº IX, do artigo 485. Já Pontes de Miranda,[43] no *Tratado da Ação Rescisória*, assim preleciona:

> O que se revela, com o erro de fato, é a falta de coincidência entre a idéia e o estado verdadeiro da coisa ou do fato. O erro ou é erro em senso estrito (idéia falsa, em lugar de idéia verdadeira), ou falta de idéia (o erro é apenas ignorância). Mesmo em caso de idéia errônea, não deixa de existir a manifestação de vontade. Sem o erro de fato, a manifestação de vontade seria outra; mas houve, e pois existe. [...] A distinção entre erro escusável e erro inescusável é estranha ao erro de que tratamos como causa de rescindibilidade. A sentença, e não qualquer litigante, foi que admitiu o fato inexistente, ou negou o fato existente. O erro é do juiz. Não se traga à falha o que concerne a erro do negócio jurídico, ou de outro ato jurídico dos figurantes. O juiz pode ter ignorado a existência do fato como pode ter dito que existiu ou existe o que não existia ou não existe.

Fique claro que o erro apto a fundamentar a ação rescisória é o erro de percepção do magistrado, e não um erro de interpretação da prova. O erro é de fato, e não de direito. Chiovenda refere-se ao erro de fato como aquele

> (...) erro relativo a um fato considerado pelo juiz mais ou menos irrefletidamente. Não um simples "erro dos sentidos", como se costuma dizer, visto poder tratar-se de um defeito de reflexão e, conseguintemente, do raciocínio. O erro de fato não se confunde, pois, com o erro material; este se refere somente à manifestação exterior da vontade do juiz.[44]

Liebman[45] leciona que *"di uma svista del giudice nella consultazione degli atti del processo, relativo ad um punto decisivo della controvérsia"*. Ou seja, um descuido do juiz ao consultar os autos no processo, relativamente a um ponto decisivo da controvérsia. Sérgio Rizzi preleciona que não existe contradição entre os §§ 1º e 2º do artigo 485, IX, "porque os verbos 'admitir' e 'considerar' foram empregados nas acepções de supor, imaginar".[46]

Destarte, por evidente, é que apenas o erro de fato relevante é que legitima a ação rescisória. Se o erro de fato, embora existente, não tenha sido relevante a ponto de influir na decisão que se pretenda rescindir, não será apto a servir de base para a ação rescisória. Repise-se, o erro de fato tem de ter sido decisivo para o deslinde da causa, para o resultado

---

[42] SILVA, De Plácido. *Vocabulário Jurídico*. 14. ed. Rio de Janeiro: Forense, 1998. p. 313.
[43] MIRANDA, op. cit., 2003, p. 342.
[44] Apud SANCHES, op. cit., p. 24.
[45] Apud DONADEL, op. cit., p. 183.
[46] RIZZI, Sérgio. *Ação Rescisória*. São Paulo: Revista dos Tribunais, 1979. p. 115.

do processo, de maneira que, se fosse corrigido, outro seria o resultado do feito, mais favorável à parte derrotada. Por sua vez, Luiz Guilherme Marinoni obtempera que "para a admissão da rescisória fundada em erro de fato é preciso que exista nexo de causalidade entre ele e a sentença rescindenda. É necessário, em outras palavras, que um erro de fato tenha determinado o resultado da sentença".[47]

Outra questão de suma importância diz respeito à aferição do erro de fato, que se deve dar à vista dos documentos já existentes nos autos, não se admitindo a juntada de novos documentos ou provas. José Frederico Marques, citando Luiz Eulálio de Bueno Vidigal, também entende nesse sentido aduzindo que:

> É preciso que o erro recaia sobre fato que seja fundamental para a conclusão da sentença e que se verifique existente "do simples confronto entre as declarações da sentença e os atos e documentos da causa". Não se pode admitir, na rescisória, a produção de novos títulos ou documentos para fornecer a prova do erro em que o juiz caiu.[48]

Todavia, nada obsta que a parte instrua o feito com outros documentos, não para demonstrar ou provar o erro de fato, mas como simples subsídio para o magistrado acerca da inocorrência de fato admitido ou da ocorrência de fato excluído, segundo lição de Carlos Alberto Ortiz.[49] Em se tratando de erro de fato, como fundamento para a propositura da ação rescisória, pode se dar tanto em função de *error in iudicando* (erro de juízo), como em *error in procedendo* (erro de atividade).

4.2. Inexistência de controvérsia e de pronunciamento judicial sobre o fato

Sem sombra de dúvida, a questão mais polêmica acerca da ação rescisória fundada em erro de fato é aquela que diz respeito à exigência que faz a lei processual no § 2º do artigo 485 para admitir a rescisória de que "é indispensável, num como noutro caso, que não tenha havido controvérsia, nem pronunciamento judicial sobre o fato". Trata-se de duas situações que devem ser consideradas cumulativamente. Em contundente crítica, Vicente Grego Filho *indaga:* "Se não houver pronunciamento judicial sobre o fato, como é possível ter havido erro?".[50]

---

[47] MARINONI, Luiz Guilherme; ARENHART, Sérgio Cruz. *Manual do Processo de Conhecimento: a tutela jurisdicional através do processo de conhecimento.* 2. ed. São Paulo: Revista dos Tribunais, 2003, p. 692.
[48] MARQUES, op. cit., p. 427.
[49] *Apud* SANCHES, op. cit., p. 26.
[50] GRECO FILHO, op. cit., p. 448.

Pontes de Miranda[51] aduz que há que se perguntar se afastaria a incidência do artigo 485, IX, ter havido controvérsia sem pronunciamento do juiz, ou pronunciamento do juiz sem ter havido controvérsia, para concluir que sim, porque às partes caberia levar à decisão judicial (provocar a manifestação e decisão judicial) a questão controvertida; e se não houve controvérsia, mas o juiz se pronunciou, tinham as partes que exercer as pretensões recursais, porque o que se afasta é a rediscussão ou rediscutibilidade na ação rescisória.

Assim, as partes não podem ter debatido o fato, ou seja, o fato deve ter sido incontroverso. Se houve controvérsia, discussão ou debate e, apesar disso, o erro se registrou, não cabe a rescisória, pois, no caso, existiu erro de julgamento, e não o erro de fato a que a lei se refere.[52]

Se as partes debateram de forma ampla sobre a existência ou inexistência de um determinado fato, se ensejou disputa, não se pode dizer que o juiz incidiu em erro de fato ao considerá-lo existente ou inexistente. Antônio Macedo de Campos[53] adverte que "é óbvio que, se o fato foi controvertido, o juiz escolheu um dos caminhos. E, se errou, teria havido erro in judicando e não vício de sentença". Sérgio Rizzi[54] preleciona que "o erro de fato se substancia na falta de percepção ou falsa percepção a respeito da existência ou inexistência de um fato incontroverso e essencial à alteração do resultado da decisão".

No que tange à *inexistência de controvérsia*, a doutrina, de forma maciça, se louva na lição de Barbosa Moreira,[55] que expõe a matéria de forma sistemática:

> Em três hipóteses concebe-se que o fato haja sido incontroverso no processo anterior: 1ª, se nenhuma das partes sequer o alegou; 2ª, se uma admitiu a alegação da outra, isto é, confessou (cf. o art. 348, 1ª parte); 3ª, se uma simplesmente se absteve de contestar a alegação da outra. À terceira é que se refere, ao nosso ver, o dispositivo do art. 334, nº III. Quanto ao réu, vale assinalar que o Código consagra o ônus da contestação especificada (art. 302, caput, 1ª parte) e, salvo raríssimas exceções, presume verdadeiros os fatos não impugnados (art. 302, caput, 2ª parte), bem como os afirmados pelo autor, no caso de revelia (artigo 319, com as ressalvas do art. 320).

Porém, é na exigência de "inexistência de pronunciamento judicial sobre o fato" que se encontra questão de difícil solução, como se vê pela análise da jurisprudência.

---

[51] MIRANDA, op. cit., 2009, p. 333.
[52] MARQUES, op. cit., p. 427.
[53] CAMPOS, Antônio Macedo de. *Ação Rescisória de sentença*. São Paulo: Sugestões Literárias, 1976. p. 101.
[54] RIZZI, op. cit., p. 117.
[55] MOREIRA, op. cit., 2009, p. 150.

No que tange à inexistência de pronunciamento judicial, continua Barbosa Moreira, em lição que merece ser transcrita:

> Ao exigir que não tenha havido, no processo anterior, "o pronunciamento judicial sobre o fato", preexclui o Código a possibilidade de rescindir sentença em cuja fundamentação se depare a expressa (e errônea) consideração do fato como existente ou como inexistente. Deve tratar-se, pois, de uma questão não resolvida pelo juiz – ou, consoante às vezes se diz com fórmula criticável, de uma questão apenas implicitamente resolvida. Havia nos autos elementos bastantes para convencer o juiz de que o fato ocorrera; apesar disso, revela o teor do *decisum* que não se levou em conta a respectiva existência, sem que na motivação tenha ela sido negada. Ou, inversamente: havia nos autos elementos bastantes para demonstrar que o fato não ocorrera; no entanto, a maneira como julgou evidencia que o magistrado não o reputou inexistente, embora silenciando, aqui também, na motivação. Em outras palavras: a hipótese não é a de que o órgão judicial tenha chegado à conclusão a que chegou por meio de raciocínio, exposto na motivação, em cujas premissas figure expressamente a afirmação do fato não ocorrido ou a negação do fato ocorrido. O que precisa haver é incompatibilidade lógica entre a conclusão enunciada do dispositivo a sentença e a existência ou inexistência do fato, uma ou outra provada nos autos mas porventura não colhida pela percepção do juiz, que, ao decidir, pura e simplesmente saltou por sobre o ponto sem feri-lo. Se, ao contrário, o órgão judicial, errando na apreciação da prova, disse que decidia como decidiu porque o fato ocorrera (apesar de provada nos autos a não ocorrência), ou porque o fato não ocorrera (apesar de provada a ocorrência), não se configuram caso do inciso IX. A sentença, conquanto injusta, não será rescindível. O pensamento da lei é o de que a abertura de via para a rescisão seja razoável presumir que, se houvesse atentado na prova, o juiz não teria julgado no sentido em que julgou. Não, porém, quando haja ele julgado em tal ou qual sentido por ter apreciado mal a prova em que atentou.[56]

Por outro lado, há que se registrar que modernamente a doutrina tem entendido que não é qualquer *"pronunciamento"* que se mostra suficiente para os fins pretendidos pelo § 2º do artigo 485 do Código de Processo Civil, que restaria por afastar a possibilidade da ação rescisória. Nesse sentido, Eduardo Talamini[57] adverte não parecer razoável que mera referência ao fato, acerca da sua existência ou inexistência, na sentença, seja o bastante para que fique caracterizado que "houve pronunciamento", a ponto de descaracterizar a hipótese de rescindibilidade. E completa o raciocínio aduzindo que "por vezes, fica claro que a simples referência num ou noutro sentido não deriva propriamente de uma tomada de posição, não constitui rigorosamente a formulação de um juízo, consistindo, antes, na própria expressão do erro de fato".

Enfrentando o tema, Carreira Alvim[58] refere que a verdade é que a inclusão da circunstância de "não ter havido pronunciamento judicial sobre o fato, consagrada pelo § 2º, *in fine*, do art. 485, para abrir à parte

---

[56] MOREIRA, op. cit., 2009, p. 150.
[57] TALAMINI, Eduardo. *Coisa Julgada e sua Revisão*. São Paulo: Revista dos Tribunais, 2005. p. 190.
[58] ALVIM, J. E. Carreira. *Ação Rescisória Comentada*. Curitiba: Juruá, 2009, p. 89.

a via rescisória, por erro de fato, foi mais longe do que a sua fonte", que se deteve na circunstância de "não ter o fato constituído um ponto controvertido"; pelo que a inovação transforma em *avis rara* a ação rescisória por esse fundamento, ao exigir que não tenha havido pronunciamento judicial sobre o fato.

Em sentido contrário, Pontes de Miranda[59] refere que "se houve discussão, ou pré-impugnação do erro, ou qualquer controvérsia a respeito, com ou sem apreciação pelo juiz, ou se o próprio juiz, espontaneamente, se referiu ao conteúdo do que se reputa erro e se pronunciou, afastada está a ação rescisória do art. 485, IX. Os §§ 1º e 2º são expressivos". Já Carlos Alberto Ortiz[60] assim refere:

> O errôneo pronunciamento judicial sobre o fato, em si, ainda que motivado, não exclui a revogação da sentença no Direito italiano, como não excluirá a sua rescindibilidade no Direito brasileiro. O que impede a "revocazione", ou a rescisória, é o pronunciamento do juiz sobre ponto controverso da demanda. [...]Se o juiz, contra a evidência dos autos, pronuncia a existência de um fato não ocorrido, ou a inocorrência de fato existente, sem que essa matéria, embora fundamental para o deslinde da causa, houvesse sido objeto de controvérsia, aí se demonstra que mal captou a prova, ou a ignorou, pecando pela inadvertência ou reflexão defeituosa, ante a falsa percepção do suposto. Esse será o caso mais típico de rescindibilidade, antes que o de saltar o juiz sobre um ponto fundamental da lide.

Destarte, entendemos que a solução mais consentânea, a melhor exegese do § 2º do artigo 485, IX, do Código de Processo Civil é a preconizada por Carlos Alberto Ortiz, corroborada por Sydney Sanches[61] quando preleciona que:

> É absolutamente necessário que não tenha havido entre as partes controvérsias em torno do fato sobre o qual o juiz, apesar disso, se manifestou (assim, no § 2º do nº IX do artigo 485 do CPC brasileiro só há um requisito, e não dois, como aparenta); vale dizer, ao afirmar a ocorrência ou a inocorrência de um fato, o juiz não se estava pronunciando sobre questão suscitada pelas partes, isto é, como tema de julgamento, hipótese em que descaberia a rescisória por erro de fato.

Na difícil missão de interpretar e aplicar o direito não se pode esquecer a lição de Carlos Maximiliano[62] para quem "interpretar uma expressão de Direito não é simplesmente tornar claro o respectivo dizer, abstratamente falando; é, sobretudo, revelar o sentido apropriado para a vida real, e conducente a uma decisão reta".

Assim, verifica-se que a solução que melhor se adapta, que dá efetividade ao artigo 485, IX, dentro de um contexto de hermenêutica que procura *"revelar o sentido apropriado para a vida real"* de uma dada norma

---

[59] MIRANDA, op. cit., 2009, p. 330.
[60] *Apud* SANCHES, op. cit., p. 29.
[61] Ibidem, p. 31-2.
[62] MAXIMILIANO, Carlos. *Hermenêutica a Aplicação do Direito*. 12. ed. Rio de Janeiro: Forense, 1992. p. 10.

jurídica, é a que preconiza que no § 2º, do inciso IX, do artigo 485, do Código de Processo Civil, há apenas um requisito e não dois, como já vem decidindo a jurisprudência.

4.3. A visão dos tribunais acerca da ação rescisória fundada em erro de fato

Instados a julgar ações rescisórias cíveis fundadas em erro de fato, os Tribunais da Federação têm, em numerosos casos, relevado a exigência constante do § 2º do inciso IX do artigo 485 do Código de Processo Civil, que prevê ser *"indispensável, num como noutro caso, que não tenha havido controvérsia, nem pronunciamento judicial sobre o fato"*, como a seguir se vê e é demonstrado, em consonância com a doutrina de Carlos Alberto Ortiz e Sydney Sanches.

Em especial, a parte final da referida disposição processual é de difícil aplicabilidade, e se fosse interpretada e aplicada restritivamente, tornaria a ação rescisória fundada em erro de fato em verdadeira *avis rara* no direito processual pátrio.

Para a análise dos casos concretos, trazem-se à colação julgados de Tribunais Estaduais, do Superior Tribunal de Justiça e do Supremo Tribunal Federal. O que se verifica da análise dos acórdãos a seguir ementados é que ora a jurisprudência, sob o argumento de existência de pronunciamento judicial sobre o fato, julga improcedente a ação rescisória e ora, mesmo diante de pronunciamento judicial explícito sobre o fato, julga procedente a ação rescisória.

Referida situação fica manifesta quando se constata a multiplicidade de casos em que os tribunais têm julgado procedentes ações rescisórias para reconhecer a existência de erro de fato, mesmo quando o acórdão rescindendo havia declarado intempestivo determinado recurso, que na realidade tempestivo era. Ou seja, ainda que tendo havido pronunciamento judicial sobre a circunstância fática (fluência do prazo e sua contagem), o Tribunal entende pela procedência da ação rescisória. Assim, se cria situação paradoxal e incompatível com a segurança jurídica, que reclama a inexistência de decisões conflitantes.

Nesse sentido, não são poucas as decisões que julgam *improcedentes* ações rescisórias, ou recurso interposto em sede de rescisória, sob o argumento de existência de pronunciamento judicial sobre o fato.

PROCESSUAL CIVIL. RECURSO ESPECIAL. AÇÃO RESCISÓRIA. ERRO DE FATO. ARTIGO 485, IX, DO CPC. ÔNUS DA PROVA. ARTIGO 333, DO CPC. AUSÊNCIA DE PROVA DO ERRO DE FATO. EXTINÇÃO DO PROCESSO. 1. A rescindibilidade advinda do erro de fato decorre da má percepção da situação fática resultante de atos ou documentos da causa dos quais o magistrado não se valeu para o julgamento, a despeito de existentes nos autos.2. Assim, há erro de fato quando o juiz, desconhecendo a novação acostado aos autos, condena o réu no quantum originário. "O erro de fato supõe fato suscitado e não resolvido", porque o fato "não alegado" fica superado pela eficácia preclusiva do julgado – *tantum iudicatum quantum disputatum debeat* (artigo 474, do CPC). Em conseqüência, "o erro que justifica a rescisória é aquele decorrente da desatenção do julgador quanto à prova, não o decorrente do acerto ou desacerto do julgado em decorrência da apreciação dela" porquanto a má valoração da prova encerra injustiça, irreparável pela via rescisória. 3. A interpretação autêntica inserta nos §§ 1º e 2º dissipa qualquer dúvida, ao preceituar que há erro quando a sentença admitir um fato inexistente, ou quando considerar inexistente um fato efetivamente ocorrido, sendo indispensável, num como noutro caso, que não tenha havido controvérsia, nem pronunciamento judicial sobre o fato. 4. Doutrina abalizada elucida que: "Devem estar presentes os seguintes requisitos para que se possa rescindir sentença por erro de fato: a) a sentença deve estar baseada no erro de fato; b) sobre ele não pode ter havido controvérsia entre as partes; c) sobre ele não pode ter havido pronunciamento judicial; d) que seja aferível pelo exame das provas já constantes dos autos da ação matriz, sendo inadmissível a produção, na rescisória, de novas provas para demonstrá-lo." (Nelson Nery Júnior e Rosa Maria de Andrade Nery, in Código de Processo Civil Comentado e Legislação Extravagante, 9ª ed., Ed. Revista dos Tribunais, 2006, pág. 681); e "Quatro pressupostos hão de concorrer para que o erro de fato dê causa à rescindibilidade: a) que a sentença nele seja fundada, isto é, que sem ele a conclusão do juiz houvesse de ser diferente; b) que o erro seja apurável mediante o simples exame dos documentos e mais peças dos autos, não se admitindo de modo algum, na rescisória, a produção de quaisquer outras provas tendentes a demonstrar que não existia o fato admitido pelo juiz, ou que ocorrera o fato por ele considerado inexistente; c) que 'não tenha havido controvérsia' sobre o fato (§ 2º); d) que sobre ele tampouco tenha havido 'pronunciamento judicial' (§ 2º)." (José Carlos Barbosa Moreira, in Comentários ao Código de Processo Civil, Volume V – Arts. 476 a 565, 11ª ed., Ed. Forense, págs. 148/149). 5. A insurgência especial funda-se na assertiva de que violado o artigo 333, do CPC, que versa sobre o ônus da prova, uma vez que "na hipótese vertente, não pretende a União o reconhecimento da ocorrência de 'fato negativo', suscetível de atividade probatória (caso em que estaria sotoposta às regras gerais sobre a distribuição subjetiva do *onus probandi*), mas, ao revés, a existência de um fato negativo genérico ou indefinido, qual seja, a inocorrência do pagamento, para o qual inviável qualquer iniciativa probatória". 6. *In casu*, resta incontroverso nos autos que o autor não logrou fazer prova do erro de fato alegado: "com a petição inicial não só deixou de juntar documento capaz de demonstrar, de plano, o erro do juiz *a quo*, como também sequer requereu fosse requisitada cópia integral dos autos do respectivo executivo fiscal, a fim de que o Tribunal pudesse sanar a dúvida sobre a inexistência, ou não, de pagamento da mencionada dívida fiscal" (parecer do Ministério Público Federal à fl. 51). 7. Desta sorte, uma vez não comprovado o alegado erro de fato, a pretensão do autor traduz intuito de transformar a ação rescisória em recurso de prazo longo com sacrifício da segurança jurídica e da efetividade das decisões jurisdicionais, além de introduzir o Eg. STJ na análise de questões interditadas à sua cognição. 8. Recurso especial não conhecido.[63]

---

[63] REsp 839.499/MT, Superior Tribunal de Justiça. Primeira Turma. Relator: Ministro Luiz Fux. Data do julgamento: 28 de agosto de 2007. Data de publicação: 20 de setembro de 2007. Disponível em: <www.stj.jus.br>.

AÇÃO RESCISÓRIA. ALTERAÇÃO DE CONTRATO SOCIAL. TRANSFERÊNCIA DE SOCIEDADE EM ESTADO PRÉ-FALIMENTAR PARA O NOME DO AUTOR, O QUAL ALEGA O DESCONHECIMENTO DO NEGÓCIO. O erro de fato a justificar a ação rescisória, nos termos do artigo 485, IX, do Código de Processo Civil, é aquele relacionado a fato que, na formação da decisão, não foi objeto de controvérsia nem pronunciamento judicial. Fundamentos da pretensão que, no entanto, foram esmiuçados e, por fim, rechaçados, por ocasião do julgamento da ação de conhecimento. Não cabe, em sede de ação rescisória, reapreciar os fatos, para, supostamente, estabelecer justiça no julgamento. Colusão. Não comprovação. Impossibilidade de extrair indícios suficientes de que a alteração contratual foi objeto de fraude entre os réus. Eventual simulação, da qual teria participado o autor, que não está provada. Participação deste nos fatos que não pode ser presumida como inocente. Manutenção da segurança da coisa julgada. Ação improcedente. AÇÃO RESCISÓRIA IMPROCEDENTE.[64]

AÇÃO RESCISÓRIA. ERRO DE FATO. ARTIGO 485, INCISOS IX DO CPC. INOCORRÊNCIA. Não se presta a ação rescisória ao rejulgamento da ação, e tampouco a afastar eventual injustiça decorrente do julgado. Inexistência de decisão fundada em erro de fato. Estabelecimento de controvérsia acerca da questão discutida, *havendo pronunciamento judicial a respeito.* AÇÃO JULGADA IMPROCEDENTE. (grifo nosso). Rescisória. Art. 485, V, do Código de Processo Civil. Inexistência de violação a literal disposição de lei por enriquecimento sem causa decorrente da rescisão e reintegração na posse sem o pagamento das benfeitorias. O questionável enriquecimento sem causa dos vendedores porque receberão de volta imóveis irregulares e sem condição de uso, se relaciona com a ré compradora e não com os autores, terceiros, cuja indenização pelo que pagaram está garantida na ação civil pública movida pelo Ministério Público e julgada procedente com trânsito em julgado. Improcedência. Rescisória. Art. 485, VII, do Código de Processo Civil. Os documentos novos alegados pelos autores, consistentes em plantas, pagamento de tributos e stand de vendas, ainda que fossem considerados novos para efeitos legais, não eram capazes, por si sós, de alterar o que foi decidido no v. acórdão porque não alteram a irregularidade patente decorrente do descumprimento aos arts. 31 e 32 da Lei n° 4591/64. Improcedência. Rescisória. Art. 485, X, do Código de Processo Civil. Erro de fato inexistente. O erro de fato é a admissão de fato inexistente e somente será pertinente quando sobre ele não tenha havido controvérsia nem pronunciamento. Assim, se o fato que se alega ter havido erro foi discutido e foi objeto de julgamento no v. acórdão a rescisória não procede. *Questão das benfeitorias e das construções que foi objeto de expressa decisão no v. acórdão. Improcedência.*[65]

Em sentido contrário, seguem decisões que julgou *procedente* a ação rescisória, ou recurso em sede de rescisória, mesmo diante da existência de pronunciamento judicial acerca do fato:

AÇÃO RESCISÓRIA. INOVAÇÃO NA LIDE. INOCORRÊNCIA. PEDIDO DO RECURSO EXTRAORDINÁRIO MENOS ABRANGENTE DO QUE O DA PETIÇÃO INICIAL. RELA-

---

[64] Ação Rescisória 70015444912, Tribunal de Justiça do Estado do Rio Grande do Sul. Décimo Grupo Cível. Relator: Desembargador José Aquino Flores de Camargo, Data do julgamento: 27 de março de 2009. Data de publicação: 09 de abril de 2009. Disponível em: <www.tjrs.jus.br>.

[65] Ação Rescisória 5805084400, Tribunal de Justiça do Estado de São Paulo. Quarta Câmara de Direito Privado. Relator: Maia da Cunha. Data do julgamento: 03 de setembro de 2009. Data de registro: 02 de outubro de 2009. Disponível em: <www.tjsp.jus.br>.

ÇÃO DE CONTINÊNCIA E NÃO DE PREJUDICIALIDADE. AUSÊNCIA DE CONTROVÉRSIA SOBRE O FATO. FINSOCIAL. INSTITUIÇÃO FINANCEIRA QUALIFICADA COMO EMPRESA EXCLUSIVAMENTE PRESTADORA DE SERVIÇO. ALÍQUOTA. ART. 195, I, DA CONSTITUIÇÃO DO BRASIL. ART. 56 DO ATO DAS DISPOSIÇÕES CONSTITUCIONAIS TRANSITÓRIAS DA CONSTITUIÇÃO DO BRASIL. LEIS NS. 7.787/89, 7.894/89 E 8.147/90. DECRETO-LEI N. 1.940/82. ERRO DE FATO. ART. 485, IX, §§ 1º E 2º, DO CPC. 3. O erro de fato que autoriza a rescisão do julgado [art. 485, IX, do CPC] deve ser apurável mediante simples exame dos documentos e demais peças acostadas aos autos. Não se admite produção de prova tendente a demonstrar a inexistência do fato admitido pelo juiz ou a ocorrência de fato considerado inexistente. 4. *O preceito do § 2º do art. 485 do CPC exige, para a rescisão do julgado, apenas a existência de fato incontroverso sobre o qual a sentença pronunciou-se.* 5. O acórdão rescindendo atribuiu à autora objeto social inexistente. O fato – ser ela uma empresa exclusivamente prestadora de serviços – não foi objeto de controvérsia. A simples leitura dos seus estatutos permite a verificação do erro de fato de que trata o art. 485, IX, do CPC. 6. O Supremo Tribunal Federal declarou inconstitucionais as Leis ns. 7.787/89, 7.894/89 e 8.147/90, que majoravam a alíquota da contribuição das instituições financeiras para o FINSOCIAL, porquanto incompatíveis com o disposto nos artigos 195, I, da CB/88 e 56 do ADCT. Precedente [RE n. 150.764, Relator para o acórdão do Ministro MARCO AURÉLIO, DJ de 2.4.93]. 7. Ação Rescisória julgada procedente para desconstituir o acórdão rescindendo e determinar a incidência da alíquota da contribuição para o FINSOCIAL aplicável às instituições financeiras [art. 1º, § 1º do decreto-lei n. 1.940/82].[66]

A decisão anterior do Plenário do Supremo Tribunal Federal, cujo relator é o Ministro Eros Grau, é exatamente no sentido de reconhecer que o que importa é a inexistência de controvérsia judicial sobre o fato.

PROCESSUAL CIVIL. RECURSO ESPECIAL. EXECUÇÃO FISCAL EXTINTA COM BASE EM CERTIDÃO DE QUITAÇÃO DE DÉBITO APRESENTADA PELO PRÓPRIO EXEQÜENTE. TRÂNSITO EM JULGADO. QUITAÇÃO REFERENTE A OUTRO FEITO EXECUTIVO. EQUÍVOCO NÃO PERCEBIDO PELO JUIZ. POSTERIOR CONSTATAÇÃO. AÇÃO RESCISÓRIA FUNDADA EM ERRO DE FATO. CABIMENTO.I – A questão central do debate encontra-se em se considerar ou não como "erro de fato" a constatação por parte do autor, outrora exeqüente, de que equivocadamente apresentara documento probante de liquidação de dívida, o qual não corresponderia àquele feito executivo, tendo levado o Julgador, à época, à má apreciação dos fatos, ou seja, a ter como existente fato – a quitação do débito – que não ocorrera. II – Apesar do posicionamento expresso pelo Colegiado de origem, no sentido de que a prova ora discutida fora trazida aos autos pelo próprio exeqüente, a quem se pode atribuir originalmente o equívoco na apreciação da certidão de quitação apresentada, inegável que incumbe ao Juiz a análise anterior do substrato probatório dos autos, a fim de embasar o seu convencimento. III – Segundo SYDNEY SANCHES, "O erro de fato, justificador da rescisão, é do juiz, e não das partes" (*in* Da Ação Rescisória por Erro de Fato, Revista dos Tribunais, volume 501, p. 31). Na presente espécie, inafastável a constatação de que o "erro de fato" em verdade existiu, já que o Julgador Singular com base na prova acostada vislumbrou como existente situação,

---

[66] AR 1605/SP, Supremo Tribunal Federal. Tribunal Pleno. Relator: Ministro Eros Grau. Data do julgamento: 26 de março de 2009. Data de divulgação 04 de junho de 2009. Data de publicação 05 de junho de 2009. Disponível em: <www.stf.jus.br>.

in casu, de quitação de débito, que de fato não existiu. IV – Recurso especial provido, determinando o retorno dos autos ao Tribunal de origem a fim de que se dê prosseguimento à ação rescisória proposta.[67] AÇÃO RESCISÓRIA. Ação rescisória anterior que objetivava a desconstituição de julgado do Egrégio TRF-4ª Região que deu parcial provimento à apelação interposta pelo INSS, parte revel no feito. Decisão do Colendo STJ que manteve o acórdão da Corte Regional, o qual julgara improcedente a ação. Nova ação rescisória fundada no art. 485, IX, do CPC. Alegação de erro de fato. Ocorrência. Cabimento de nova ação rescisória por conter causa de pedir diversa da ação antecedente. Revelia. Acórdão rescindindo que acolheu a tese do recurso especial da parte autora, no sentido de que o prazo para interposição de recurso para a parte revel inicia com a publicação da decisão proferida em embargos de declaração, em cartório. Precedentes. Equívoco na contagem do prazo. Tomado como termo a quo a data da publicação do *decisum* na imprensa oficial. Erro de fato. INSS. Apelação intempestiva. Desconstituição do julgado da Corte de origem que conheceu e deu parcial provimento à apelação do INSS." Ação julgada procedente.[68]

PROCESSUAL CIVIL. AÇÃO RESCISÓRIA. ACÓRDÃO RESCINDENDO FUNDADO EM ERRO DE FATO (CONSIDEROU-SE INTEMPESTIVO RECURSO PROTOCOLIZADO EM COMARCA DO INTERIOR OPORTUNAMENTE). CORREÇÃO DO ERRO PELA VIA RESCISÓRIA. VIABILIDADE. INTERPRETAÇÃO DO ART. 485, IX DO CPC. 1. Há de ser reformado acórdão que entendeu não ser cabível a via rescisória com intuito de desconstituir julgado que não apreciou o mérito da demanda (apenas declarou a intempestividade do agravo de instrumento interposto). Porquanto o acórdão rescindindo não tenha enfrentado o mérito, consoante pressupõe o caput do art. 485 do CPC, o seu inciso IX admite a rescisória fundada em erro de fato. 2. O erro constatado traduz-se no fato de que o recurso foi tempestivamente protocolizado em comarca do interior, mas tido como extemporâneo porque considerada a data constante da chancela do protocolo de segunda instância. 3. A melhor exegese a ser emprestada ao dispositivo legal em análise (art. 485, IX do CPC) é o de se reconhecer como erro de fato a informação equivocada sobre a tempestividade de peça processual, como ocorreu no presente caso. Esse atuar conforta a pretensão da recorrente, autorizando a correção do erro mediante o prosseguimento da rescisória. (...) 5. Recurso especial provido.[69]

ERRO DE FATO. PRAZO RECURSAL. SUSPENSÃO. GREVE. Demonstrado que houve erro na contagem do prazo recursal, suspenso por força de portarias expedidas em razão da greve dos servidores, procede a ação rescisória fundada no art. 485, IX do CPC. Ação julgada procedente, com rejulgamento do recurso especial conhecido e provido para afastar a preliminar de intempestividade (art. 184 do CPC).[70]

---

[67] REsp 750.644/RJ, Superior Tribunal de Justiça. Primeira Turma. Relator: Ministro Francisco Falcão. Data do julgamento: 16 de março de 2006. Data de publicação: 10 de abril de 2006. Disponível em: <www.stj.jus.br>.

[68] AR 3.039/RS, Superior Tribunal de Justiça. Terceira Seção. Relator: Ministro José Arnaldo da Fonseca. Data do julgamento: 10 de novembro de 2004. Data de publicação: 06 de dezembro de 2004. Disponível em: <www.stj.jus.br>.

[69] REsp 562.334/SP, Superior Tribunal de Justiça. Primeira Turma. Relator: Ministro José Delgado. Data do julgamento: 23 de março de 2004. Data de publicação: 31 de maio de 2004. Disponível em: <www.stj.jus.br>.

[70] AC 466-RJ, Superior Tribunal de Justiça. Segunda Seção. Relator: Ministro Ruy Rosado de Aguiar. Data do julgamento: 13 de março de 1996. Data de publicação: 06 de maio de 1996. Disponível em: <www.stj.jus.br>.

Então, conforme se verifica das decisões colacionadas, em tais situações os Tribunais simplesmente fazem referência à ocorrência ou não do erro (ter admitido um fato inexistente, ou considerar inexistente um fato efetivamente ocorrido), sem, todavia, adentrar na questão atinente à existência ou não de pronunciamento judicial sobre o fato.

Porém, contraditoriamente, muitas vezes o fundamento utilizado para julgar improcedente a ação rescisória é exatamente que houve pronunciamento judicial sobre o fato, como antes se viu. Assim, a melhor exegese do § 2º do artigo 485, IX, do Código de Processo Civil, é aquela que se coaduna com o direito italiano que exige apenas "não ter o fato constituído um ponto controvertido", na esteira do pensamento de Sydney Sanches.

Nesse sentido, vale reproduzir parte do voto do Ministro Ruy Rosado de Aguiar, que no julgamento da Ação Rescisória 466-RJ, (exatamente em um caso de intempestividade), muito bem enfrentou a questão:

> Trata-se de hipótese de erro de fato que serve como fundamento para a ação rescisória. *Apesar de ter havido pronunciamento judicial sobre o fato da fluência do prazo e sua contagem, penso que está atendida a exigência do § 2º do artigo 485.* No REsp. 57.501-RS, de minha relatoria, consta a seguinte fundamentação, sobre o ponto: Na interpretação do § 2º do artigo 485 do CPC, a primeira conclusão que retiro do texto é a de tratar-se de equivocada transposição da regra inserida no artigo 395, § 4º, do Código Processual Italiano, que admite a ação rescisória "se a sentença é efeito de um erro de fato resultante (emergente) dos atos ou documentos da causa. Há este erro quando a decisão é fundada sobre a suposição de um fato cuja verdade é incontrastavelmente excluída, ou quando é suposta a inexistência de um fato cuja verdade é positivamente estabelecida e, num e noutro caso, se o fato não constitui ponto controverso sobre o qual a sentença teve de pronunciar-se." A redação dada à nossa lei reuniu de forma incompatível duas idéias ordenadamente contidas na parte final da lei italiana, acrescentando ao requisito da inexistência de controvérsia, o de inexistência de pronunciamento judicial, o que gera insuperável dificuldade. Se houve erro judicial, ele se manifestou na sentença: havendo tal manifestação, seria incabível a rescisória, o que significa contradição nos próprios termos: Como o erro é um estado de consciência do sujeito, o erro do Juiz no julgamento somente se externa se ele é de algum modo expresso na sentença. Se não for assim, ele não aparece e seria realmente estranho que se admitisse a rescisão da sentença por erro que se supõe tenha ocorrido na consciência do juiz, excluindo-se a rescisão quando ele é manifestado claramente na sentença. [...] Na verdade, o que não pode existir é uma controvérsia sobre o ponto a respeito da qual haja pronunciamento na sentença, pois tanto poderia constituir error in judicando reformável por outros fundamentos, nas não erro de fato. Se o ponto é objeto de controvérsia, nos termos propostos por Luís Eulálio Vidigal ("não basta, porém, a simples impugnação do fato por uma das partes. É preciso que haja verdadeiro debate contraditório entre ambas" – Comentários ao CPC, RT, VI/151), fica excluída a rescisória por esse fundamento. Mas, admitido sem controvérsia fato que os autos evidenciam inexistentes, ou julgado inexistente fato que evidentemente existiu, cabe a rescisória fundada no inciso IX, embora constando essa asserção da sentença, mesmo porque tal pronunciamento é indispensável para o reconhecimento da existência do erro como um fato do processo, e não como simples estado de consciência do Juiz. O que a lei considera imprescindível,

em suma, é que não tenha havido pronunciamento judicial sobre o fato da controvérsia a respeito de ponto relevante para a solução da causa.

Verifica-se, assim, que os Tribunais têm relativizado a exigência constante da parte final do § 2º do inciso IX do artigo 485 do CPC, como forma de viabilizar a procedência da ação rescisória fundada em erro de fato.

5. Considerações finais

No curso de presente ensaio, ao adentrarmos especificamente no estudo da ação rescisória, pudemos verificar que embora o *status* constitucional de que desfruta a coisa julgada, a mesma não se constitui em dogma, admitindo o ordenamento jurídico pátrio a sua relativização, da qual a ação rescisória é o clássico exemplo.

A ação rescisória é ação autônoma de impugnação de decisão judicial trânsita em julgado, escoimando-as de eventuais imperfeições, sempre com a finalidade de uma prestação jurisdicional que se aproxime do ideal de justiça.

Verificou-se que se trata de hipótese de rescindibilidade introduzida no Direito Processual Civil Brasileiro, sob inspiração de disposição existente no Direito Italiano. Todavia, por infeliz tradução da norma italiana tem ocasionado inúmeras dificuldades de ordem prática para a sua aplicação.

Com efeito, o erro de fato, tal como previsto no inciso IX do artigo 485 do Código de Processo Civil, tornou-se um dos mais intrincados dispositivos de todo o Código, representando para a parte que nele pretenda se fundar para intentar ação rescisória, uma verdadeira corrida de obstáculos. Em primeiro lugar, o erro de fato é aquele que emerge, que se evidencia dos autos, dos documentos juntados aos autos pelas partes, ou seja, não cabe a propositura de novas provas, mas somente aquelas já existentes no processo originário.

Em segundo lugar, há erro "quando a sentença admitir um fato inexistente, ou quando considerar inexistente um fato efetivamente ocorrido". Referida situação não apresenta maiores controvérsias, uma vez que pela própria prova existente nos autos pode ser verificada a sua ocorrência.

Finalmente, a questão mais polêmica acerca da ação rescisória fundada em erro de fato é aquela que diz respeito à exigência que faz a lei processual no § 2º do artigo 485, IX, do CPC, para admitir a rescisória. A doutrina tradicional, por todos, Pontes de Miranda, aduz tratar-se de duas situações que devem ser consideradas cumulativamente, sob pena de improcedência da ação rescisória. Todavia, a jurisprudência tem se mostrado dividida.

Ocorre que a parte final da referida disposição processual é de difícil aplicabilidade, e se fosse interpretada e aplicada restritivamente, tornaria a ação rescisória fundada em erro de fato em verdadeira *avis rara* no direito processual pátrio, como referido por Carreira Alvim.[71] Tal exigência tem criado situação paradoxal da jurisprudência. O que se verifica da análise dos acórdãos que foram selecionados é que ora a jurisprudência, julga improcedente a ação rescisória sob o argumento de existência de pronunciamento judicial sobre o fato, ora, mesmo diante de pronunciamento judicial explícito sobre o fato, julga procedente a ação rescisória. Assim, é que em inúmeros casos os Tribunais têm julgado procedentes ações rescisórias para reconhecer a existência de erro de fato, mesmo quando o acórdão rescindendo havia declarado intempestivo determinado recurso, que na realidade tempestivo era. Ou seja, gritante a manifestação judicial acerca do fato da intempestividade. Verifica-se assim a existência de decisões conflitantes, o que representa abalo à segurança jurídica.

O § 2º do inciso IX do artigo 485 do Código de Processo Civil contém apenas um requisito, e não dois, como sustenta a grande maioria da doutrina e parte da jurisprudência. Com efeito, é a melhor exegese do § 2º, do artigo 485, IX, do CPC, que viabiliza a sua aplicação prática, em consonância com o que vem sendo decidido pelos Tribunais, em especial o Superior Tribunal de Justiça e o Supremo Tribunal Federal.

Conclui-se, finalmente, que a ação rescisória, nos seus estritos limites, não constitui ameaça ao instituto da coisa julgada, tendo em vista que hodiernamente se tem admitido inclusive outras hipóteses de relativização da coisa julgada. Assim, como bem já advertia Pimenta Bueno, no século passado, "a tese deve, pois, ser a da irrevogabilidade dos julgados, mas salvas as exceções urgentemente reclamadas pela voz eterna da justiça".[72]

Referências bibliográficas

ALVIM, José Eduardo Carreira. *Ação rescisória comentada*. 2. ed. Curitiba: Juruá, 2009.
ARAÚJO, Luís Ivani de Amauri. Da Coisa Julgada. *Revista Forense*, 321/61.
BARROSO, Luis Roberto. *Temas de Direito Constitucional*. Rio de Janeiro: Renovar, 2005. t. III.

---

[71] ALVIM, J. E. Carreira. *Ação Rescisória Comentada*. Curitiba: Juruá, 2009, p. 89.
[72] *Apud* DONADEL, op. cit., p. 6.

BOBBIO, Norberto. *Teoria geral do direito*. Tradução de Denise Agostinetti. 2. ed. São Paulo: Martins Fontes, 2008. Título do original italiano: *Teoria generale del diritto*.
BRASIL. *Código de Processo Civil e Constituição Federal 2009*. 39. ed. São Paulo: Saraiva, 2009.
CÂMARA, Alexandre Freitas. *Ação rescisória*. Rio de Janeiro: Lumen Juris, 2007.
CAMPOS, Antônio Macedo de. *Ação Rescisória de sentença*. São Paulo: Sugestões Literárias, 1976.
CARNELUTTI, Francesco. *Sistema de Direito Processual Civil*. São Paulo: ClassicBook. v. I., 2000.
CARVALHO, Paulo de Barros. *Curso de direito tributário*. 6. ed. São Paulo: Saraiva, 1993.
CHIOVENDA, Giuseppe. *Instituições de Direito Processual Civil*. 3. ed. São Paulo: Bookseller, 2002.
──. *Sulla cosa Giudicata*, Sagi di Diritto Civile, 1931.
CINTRA, Antônio Carlos de Araujo. *Comentários ao código de processo civil*. 2. ed. Rio de Janeiro: Forense, 2003. v. IV.
CUNHA, Leonardo José Carneiro. Termo inicial do prazo para ajuizamento da ação rescisória. Capítulos de sentença e recurso parcial. *Revista de Processo*, ano 30. n. 120. São Paulo: Revista dos Tribunais, fev. 2005.
DIDIER JR., Fredie; CUNHA, Leonardo José Carneiro da. Curso de direito processual civil: meios de impugnação às decisões judiciais e processo nos tribunais. Salvador: Podivm, 2007. v. III.
──; BRAGA, Paula Sarno; OLIVEIRA, Rafael. Curso de direito processual civil: direito probatório, decisão judicial, cumprimento e liquidação de sentença e coisa julgada. Salvador: Podivm, 2007. v. II.
──; Cunha, Leonardo José Carneiro da. Curso de Direito Processual Civil: Meios de impugnação às decisões judiciais e processo nos tribunais.. Salvador; Podiv,. 2007, v. III.
DINAMARCO, Cândido Rangel. *Instituições de direito processual civil*. 2. ed. São Paulo: Malheiros, 2002.
──. Relativizar a Coisa Julgada Material. In: *Revista de Processo*. São Paulo, v. 109, p. 11, jan/março. 2003.
──. *Nova era do processo civil*. 2. ed. São Paulo. Malheiros, 2007.
──. *A instrumentalidade do processo*. 13. ed. São Paulo: Malheiros, 2008.
──. *Instituições de Direito Processual Civil*. 5. ed. São Paulo: Malheiros, 2005. v. III.
DONADEL, Adriane. *Ação rescisória no direito processual civil brasileiro*. 2. ed. Rio de Janeiro: Forense, 2009
ECO, Umberto. *Como se faz uma tese*. Tradução de Gilson César Cardoso de Souza. 18. ed. São Paulo: Perspectiva, 2003. Título do original italiano: *Como se fa una tesi di laurea*.
GRECO FILHO, Vicente. *Direito processual civil brasileiro*. 19. ed. São Paulo: Saraiva, 2008.
GRINOVER, Ada Pellegrini. *Eficácia e autoridade da sentença penal*. São Paulo: Revista dos Tribunais, 1978.
──. *Direito processual civil*. 2. ed. São Paulo: Bushatsky, 1975.
LIEBMAN, Enrico Tullio. *Eficácia e autoridade da sentença e outros escritos sobre a coisa julgada*. Atualização de Ada Pellegrini Grinover. Tradução de Alfredo Buzaid e Benvindo Aires. 4. ed. Rio de Janeiro: Forense, 2007.
──. Do Arbítrio à Razão: reflexões sobre a motivação da sentença. In: *Revista de Processo*. n. 29. São Paulo: Revista dos Tribunais.

MARQUES, José Frederico. *Instituições de direito processual civil*. 1. ed. atual. Campinas: Millennium, 2000. v. IV.

MARINONI, Luiz Guilherme. *Coisa julgada inconstitucional*. São Paulo: Revista dos Tribunais, 2008.

——; ARENHART, Sérgio Cruz. *Manual do processo de conhecimento: a tutela jurisdicional através do processo de conhecimento*. 2. ed. São Paulo: Revista dos Tribunais, 2003.

MAXIMILIANO, Carlos. *Hermenêutica e aplicação do direito*. 12. ed. Rio de Janeiro: Forense, 1992.

MEDINA, Paulo Roberto de Gouvêa. Coisa Julgada: Garantia constitucional. In: *Revista de Processo*. São Paulo: Revista dos Tribunais, n°. 146, abr. 2007. p.14.

MIRANDA, Francisco Cavalcanti Pontes de. *Comentários ao código de processo civil*. Rio de Janeiro: Forense, 1974. t. V.

——. *Comentários ao código de processo civil*. Rio de Janeiro: Forense, 1974. t. VI.

——. *Tratado das ações*. Atualizado por Vilson Rodrigues Alves. 1. ed. Campinas: Bookseller, 1999. t. IV.

——. *Tratado da ação rescisória: das sentenças e de outras decisões*. Atualizado por Vilson Rodrigues Alves. 2. ed. Campinas: Bookseller, 2003.

MOREIRA, José Carlos Barbosa. Considerações sobre a chamada "relativização" da coisa julgada material. In: *Revista Forense*, v. 377. p. 43-61.

——. *Comentários ao código de processo civil*. 15. ed. Rio de Janeiro: Forense, 2009. v. V.

——. *Ainda e sempre a coisa julgada*. São Paulo: Revista dos Tribunais. p. 416-9.

NERY, Rosa Maria de Andrade; NERY JÚNIOR, Nelson. *Código de Processo Civil comentado*. 10. Ed. São Paulo: Revista dos Tribunais, 2007.

NERY JR., Nelson. *Princípios do processo civil na Constituição Federal*. 8. ed. São Paulo: Revista dos Tribunais, 2004.

——. *Teoria geral dos recursos*. 6. ed. São Paulo: Revista dos Tribunais, 2004.

——. *Código de Processo Civil Comentado e Legislação Processual Civil em Vigor*. 6. ed. São Paulo: Revista dos Tribunais, 2002.

NEVES, Celso. *Contribuição ao estudo da coisa julgada cível*. São Paulo: Revista dos Tribunais, 1970. p. 489.

NOJIRI, Sérgio. *O Dever de fundamentar as decisões Judiciais*. São Paulo: Revista dos Tribunais, 1999.

NUNES, Rizzatto. *Manual da monografia jurídica*. 6. ed. São Paulo: Saraiva, 2008.

OLIVEIRA LEITE, Eduardo de. *A monografia jurídica*. 6. ed. São Paulo: Revista dos Tribunais, 2004.

PORTO, Sérgio Gilberto. *Ação rescisória atípica: instrumento de defesa da ordem jurídica*. São Paulo: Revista dos Tribunais, 2009.

——. *Coisa julgada civil*. 2. ed. Rio de Janeiro: AIDE, 1998.

——. *Comentários ao código de processo civil*. São Paulo: Revista dos Tribunais, 2000. v. VI.

RIZZI, Sérgio. *Ação Rescisória*. São Paulo: Revista dos Tribunais, 1979.

SANCHES, Sydney. Da ação rescisória por erro de fato. In: *Revista dos Tribunais*. São Paulo: Revista dos Tribunais, jul. 1977. *v.* 501.

SANTOS, Moacyr Amaral. *Primeiras linhas de direito processual civil*. 14. ed. São Paulo: Saraiva, 1994. v. III.

SARLET, Ingo Wolfang. *Dignidade da pessoa humana e direitos fundamentais na Constituição Federal de 1988*. Porto Alegre: Livraria do Advogado, 2001.

SARTI, Amir José Finocchiaro. Ação rescisória. *Revista Jurídica*, ano XLVI. n. 245. Porto Alegre: Síntese, mar. 1998.

SILVA, De Plácido e. *Vocabulário Jurídico*. 14. ed. Rio de Janeiro: Forense, 1998.

SILVA, José Afonso da. *Curso de direito constitucional positivo*. 15. ed. São Paulo: Malheiros, 1998.

SILVA, Ovídio Araújo Baptista da. *Curso de processo civil*. 4. ed. São Paulo: Revista dos Tribunais, 2002.

——. *Curso de Processo Civil*. São Paulo: Revista dos Tribunais, 1998. p. 488. v.1.

——; GOMES, Fábio. *Teoria geral do processo civil*. 3. ed. São Paulo: Revista dos Tribunais, 1998. v. I.

SOUZA, Bernardo Pimentel. *Introdução aos recursos cíveis e à ação rescisória*. 4. ed. São Paulo: Saraiva, 2007.

TALAMINI, Eduardo. *Coisa julgada e sua revisão*. São Paulo: Revista dos Tribunais, 2005.

THEODORO JR. Humberto. *Curso de Direito Processual Civil*. 50. ed. Rio de Janeiro: Forense, 2009. v. I.

VIDIGAL, Luís Eulálio de Bueno. *Comentários ao Código de processo Civil*. São Paulo: Revista dos Tribunais, 1974. v. VI.

WAMBIER, Teresa Arruda Alvim; MEDINA, José Miguel Garcia. *O dogma da coisa julgada: hipóteses de relativização*. São Paulo: Revista dos Tribunais, 2003.

YARSHELL, Flávio Luiz. *Ação rescisória: juízos rescindente e rescisório*. São Paulo: Malheiros, 2005.

— 9 —

Considerações acerca da penhora *on line* e a transferência compulsória dos depósitos judiciais para outras instituições financeiras oficiais[1]

CRISTIANO BONAT ALVES[2]

Sumário: 1. Introdução; 2. Penhora *on line* e sistema BACEN JUD 2.0; 3. Reforma do Código de Processo Civil e o novo procedimento de cumprimento de sentença; 3.1. Controvérsia sobre o termo inicial do cumprimento de sentença; 4. Depósito judicial; 5. Lei estadual RS 11.667/2001; 6. Ação Declaratória de Inconstitucionalidade nº 2.909/RS; 7. Casos jurisprudenciais envolvendo a aplicação da Lei estadual 11.667/2001; 8. Considerações finais; Referências bibliográficas.

1. Introdução

Em 2001, a Assembleia Legislativa do Estado do Rio Grande do Sul promulgou a Lei nº 11.667, cujo teor era a criação do Sistema de Gerenciamento Financeiro dos Depósitos Judiciais pelo Poder Judiciário do Estado do Rio Grande do Sul, determinando a centralização e o gerenciamento do sistema no Banco do Estado do Rio Grande do Sul S.A. (BANRISUL)

A referida lei, de iniciativa do Poder Judiciário local e que se estabeleceu como importante fonte de recursos para manutenção e investimentos desse teve sua constitucionalidade questionada na Ação Declaratória de Inconstitucionalidade (ADI) proposta pelo Conselho Federal da Ordem dos Advogados do Brasil (CFOAB) em 2003, sendo finalmente julgada inconstitucional pelo Supremo Tribunal Federal (STF) em 2010.

---

[1] O presente artigo foi apresentado no Programa de Ascensão Profissional da Diretoria Jurídica do Banco do Brasil, como requisito para a nomeação do cargo de Analista Jurídico B, atual Assessor Jurídico II, em janeiro de 2014.

[2] Bacharel em Direito pela Faculdade de Direito da Universidade Federal de Pelotas (UFPEL); MBA em Negócios Financeiros pela Universidade do Vale do Rio dos Sinos (UNISINOS) e Fundação Instituto de Administração (FIA).

Muito embora a inconstitucionalidade reconhecida pela Suprema Corte, por questão que será exposta adiante, o Poder Judiciário estadual segue aplicando-a, o que vem conflituar os cumprimentos de sentença em que uma instituição financeira, sendo a própria executada, intente permanecer como depositária judicial do valor depositado em garantia da execução.

O presente artigo objetiva revisar os institutos jurídicos insertos na problemática citada, que envolve o não reconhecimento dos depósitos judiciais efetivados em instituição financeira, diversa do BANRISUL, em garantia dos cumprimentos de sentença em que for parte, bem como a controvérsia da utilização da ordem de penhora *on line* pelo Judiciário local, ordenando por padrão a transferência do valor bloqueado via BACEN JUD 2.0 para depósito judicial junto ao BANRISUL.

Em alguns casos, a penhora *on line* é comandada pelo magistrado com aplicação da multa de 10% prevista no art. 475-J do CPC, mesmo já existindo o depósito voluntário para garantia do juízo efetivado tempestivamente no banco executado. Em outras situações a recepção da impugnação da instituição financeira executada é condicionada à transferência do depósito judicial previamente efetuado no próprio banco para o BANRISUL, sob ameaça de efetivação de ordem de penhora *on line* via sistema BACEN JUD 2.0.

O tema é relevante pois se configura em embaraço processual que conflitua os cumprimentos de sentença sofridos pelas instituições financeiras quando executadas no âmbito da justiça estadual do Rio Grande do Sul (RS) e ofende o princípio da menor onerosidade ao devedor, insculpido no artigo 620 do Código de Processo Civil (CPC).

Embora o escopo do trabalho trate-se de questão regional, o estudo a seguir busca revisar os institutos da penhora *on line* e o sistema pela qual se desenvolve – o sistema BACEN JUD 2.0 – passando pela conceituação de depósito judicial e o novel cumprimento de sentença criado na reforma do CPC ocorrida em 2005, fazendo uma síntese da questão que envolve a penhora *on line* e a legitimidade do depósito judicial porventura efetuado no próprio banco devedor, tendo em vista o princípio da menor onerosidade ao executado.

Referente à problemática enfrentada no estado do Rio Grande do Sul (RS), é estudada a origem da Lei estadual 11.667/2001, bem como a ADI 2.909 que questionou sua constitucionalidade e a situação atual do processo junto ao STF, sendo ao final analisados precedentes do Tribunal de Justiça do estado do Rio Grande do Sul (TJRS), no tocante a necessidade ou desnecessidade de transferência dos depósitos judiciais ao BANRISUL.

Na elaboração do presente artigo de revisão foi utilizado o método de pesquisa exploratória, sendo o procedimento técnico, o da pesquisa bibliográfica. (FAVERO, 2008)

2. Penhora *on line* e sistema BACEN JUD 2.0

Guilherme Goldschmidt (2006), conceitua resumidamente o instituto da penhora, afirmando ser "o primeiro ato executório, prestado pelo Estado, por meio do qual se inicia o processo de expropriação executiva."

Sua natureza jurídica é, nos ensinamentos de Moacir Amaral dos Santos (1985, p. 288), assim descrita:

> A penhora se caracteriza por ser ato específico da execução por quantia certa contra devedor solvente. É, assim, ato de execução, ato executório, pois produz modificação jurídica na condição dos bens sobre os quais incide, e se destina aos fins da execução, qual o de preparar a desapropriação dos mesmos bens para pagamento do credor ou credores.

A Lei 11.382/2006, que introduziu diversas mudanças no CPC, consagrou no art. 655-A a chamada penhora *on line*, a qual permite que o juízo da execução, por meio eletrônico, determine ao Banco Central o bloqueio de depósitos e aplicações financeiras, porventura existentes em nome do executado.

Luiz Fux (2008) identifica existir nesta modalidade de penhora "aspectos procedimentais peculiares", descrevendo que para possibilitar a penhora de dinheiro, o juízo, a requerimento do exequente, deverá requisitar a autoridade supervisora do sistema bancário, informações sobre a existência de ativos em nome do devedor, podendo no mesmo expediente determinar sua indisponibilidade, até o valor indicado na execução. Neste sentido, Fredie Didier Jr. *et al.* (2012), assevera tratar-se a penhora *on line* de espécie de "arresto executivo eletrônico".

Anteriormente a inserção do art. 655-A do CPC, que consolidou a penhora *on line* na execução cível, o denominado sistema BACEN JUD, no qual se processa a penhora *on line*, teve origem no convênio de cooperação técnico-institucional firmado entre o Banco Central do Brasil (BACEN) e o Judiciário, isto em agosto de 2001. Inicialmente, firmado entre o BACEN, o STJ e o Conselho de Justiça Federal (CJF), posteriormente, em 2002, ampliado o acesso ao sistema ao Tribunal Superior do Trabalho (TST), com o objetivo de combater a morosidade nas execuções trabalhistas. (GOLDSCHMIDT, 2006, p. 57)

Desta forma, foi na seara trabalhista que o convênio BACEN JUD ganhou força e notoriedade entre os operadores do direito. (GOLDSCHMIDT, 2006, p. 12)

Atualmente, a penhora *on line* tem seu procedimento definido no Regulamento BACEN JUD 2.0 do Banco Central do Brasil, sendo este sistema um instrumento de comunicação entre o Poder Judiciário, responsável pelo registro das ordens no sistema e o zelo por seu cumprimento, e as instituições financeiras, incumbidas de cumprir as ordens judiciais de maneira padronizada, com a intermediação técnica do Banco Central, responsável pela manutenção do sistema. (Regulamento BACEN JUD 2.0)

Apesar das peculiaridades da penhora *on line*, o sistema BACEN JUD 2.0 não cria novo tipo de constrição judicial, mas apenas disponibiliza novo meio de realização da tradicional penhora em dinheiro, de forma mais célere e eficaz. (SILVA, 2006)

3. Reforma do Código de Processo Civil e o novo procedimento de cumprimento de sentença

A emenda constitucional 45/2004, que dentre outras alterações, acrescentou o inciso LXXVIII ao art. 5º da Constituição Federal do Brasil de 1988 (CF88), assegurando a todos, seja administrativamente ou judicialmente, razoável duração do processo e meios que garantam a celeridade de sua tramitação, ensejou a reforma infraconstitucional instrumentalizada pela Lei 11.232 de 22 de dezembro de 2005, a qual estabeleceu a fase de cumprimento de sentença no processo de conhecimento e revogou dispositivos relativos à execução fundada em título judicial, dentre outras providências. (FUX, 2008)

Conforme resume Flávia de Almeida M. Zanferdini *apud* Guilherme Goldschmidt (2006), "o escopo das reformas sucessivas a que tem sido submetido o processo civil brasileiro são, em síntese, simplificação, eficácia, e celeridade processual."

Segundo Luiz Fux (2008), a reforma do CPC, pelo advento da Lei 11.232/2005, extirpou a dicotomia entre o processo de sentença e o processo de execução de sentença, transformando a tutela cognitiva em executiva *lato sensu*, possibilitando ao juízo da definição do direito realizá-lo por ato contínuo. Assim, o novo procedimento de cumprimento de sentença fundiu as atividades cognitiva e executiva num só processo, o que, segundo este mesmo jurista, veio agilizar sobremaneira a satisfação do julgado.

A reforma ocorrida em 2005 traz importante alteração no paradigma anterior da lei processual, referente ao binômio definição-satisfação, no momento em que o empreende de forma sincrética. O resultado é a existência hoje de duas formas de tutela satisfativa: o cumprimento de sentença e a execução de título extrajudicial. (FUX, 2008)

Fredie Didier Jr. *et al.* (2012), didaticamente, resume que as duas formas de execução por quantia hodiernamente existentes diferenciam-se quanto aos atos iniciais, sendo, no entanto, bastante similares a partir da penhora.

A execução por quantia fundada em título extrajudicial tem seus atos iniciais regulado pelos arts. 652 e seguintes do CPC, exigindo a instauração de um processo autônomo, cujo procedimento se divide em duas fases distintas, a primeira, na qual se concede um prazo de três dias para o executado adimplir voluntariamente a prestação exigida, iniciando após a segunda fase, no caso de não adimplemento voluntário, quando se inicia a execução forçada, buscando a satisfação compulsória da prestação exigida. (DIDIER JÚNIOR *et al.*, 2012)

De outro modo, a execução por quantia fundada em título judicial, o novel cumprimento de sentença, tem seus atos iniciais regulados pelos arts. 475-J e seguintes do CPC, desenvolvendo-se como uma fase dentro do processo de conhecimento. Muito embora, em alguns casos, também possa ocorrer sua promoção em processo autônomo, como nos casos elencados no art. 475-N, incisos II, IV e VI, do CPC: a sentença penal condenatória transitada em julgado, a sentença arbitral e a sentença estrangeira homologada pelo STJ. (DIDIER JÚNIOR *et al.*, 2012)

Assim como ocorre na execução de título extrajudicial, o cumprimento de sentença se desenvolve em duas etapas distintas, a primeira, chamada de fase de cumprimento voluntário, na qual é concedido o prazo de quinze dias para que o devedor cumpra espontaneamente o pagamento da quantia a que foi condenado, e a segunda, a fase de execução forçada, quando tem início os atos expropriatórios tendentes à satisfação compulsória do direito de prestação do credor.

3.1. Controvérsia sobre o termo inicial do cumprimento de sentença

O legislador inovou na fase inicial do cumprimento de sentença por quantia certa, criando o instituto da multa legal coercitiva, conforme previsão do art. 475-J, *caput*, do CPC, o qual determina, caso não ocorra o adimplemento voluntário da obrigação no prazo de 15 dias, o acréscimo no montante da condenação de multa no percentual de dez por cento. Para que isso ocorra a condenação deverá ser em quantia certa ou já fixada em liquidação, por isso a referência no próprio dispositivo de se observar o art. 614, inc. II, o qual cita a necessidade de o requerimento do credor vir instruído com o demonstrativo do débito atualizado. (DIDIER JÚNIOR *et al.*, 2012)

A multa dos dez por cento possui dupla finalidade, servindo de coerção para o não inadimplemento pelo devedor condenado em quantia certa, e de sanção, punindo-o quando permanecer inerte frente a fluição do prazo quinzenal. (DIDIER JÚNIOR *et al.*, 2012)

Inicialmente houve controvérsia sobre o termo inicial do prazo de quinze dias para o adimplemento voluntário pelo devedor, tornando-se no entanto assente a questão a partir de 2010, no REsp nº 940.274/MS, quando o STJ julgou a necessidade de, após o trânsito em julgado, o retorno dos autos ao juízo de origem para a intimação do advogado, para somente então, começar a viger o prazo dos quinze dias (DIDIER JÚNIOR *et al*, 2012). A questão junto ao TJRS, atualmente, também encontra-se pacificada, seguindo o entendimento do STJ, conforme exemplificado no precedente em decisão monocrática da Nona Câmara Cível, referente ao agravo de instrumento nº 70049788904:

AGRAVO DE INSTRUMENTO. RESPONSABILIDADE CIVIL. CUMPRIMENTO DE SENTENÇA. INCIDÊNCIA DA MULTA DO ARTIGO 475-J, DO CÓDIGO DE PROCESSO CIVIL À ESPÉCIE. NECESSIDADE DE PRÉVIA INTIMAÇÃO. HONORÁRIOS ADVOCATÍCIOS.

1. Nos termos do mais recente posicionamento do Superior Tribunal de Justiça, a multa do artigo 475-J combinado com os artigos 475-B e 614, II, todos do Código de Processo Civil, somente incide após a intimação do devedor para o cumprimento da sentença condenatória transitada em julgado.

2. Nos termos do mais recente posicionamento do Superior Tribunal de Justiça, de acordo com julgamento do Recurso Repetitivo nº 1134186, são cabíveis honorários advocatícios em fase de cumprimento de sentença, independentemente da existência, ou não, de impugnação, depois de implementado o prazo de 15 dias de que trata o art. 475-J do Código de Processo Civil.

AGRAVO DE INSTRUMENTO PROVIDO, DE PLANO.

Tendo em vista outra inovação da Lei 11.232/2005, que incluiu no § 1º do art. 475-I do CPC, a possibilidade de ocorrer o cumprimento de sentença provisório, para os casos de sentença impugnada mediante recurso sem atribuição de efeito suspensivo, temos que, "vencido o prazo do trânsito, se a execução for definitiva, ou transcorrido o prazo da publicação da decisão recorrível só no efeito devolutivo (e descumprida esta), inicia-se o 'cumprimento da sentença por execução'", cujo termo inicial se dará por necessária intimação ao devedor acerca da possibilidade de incidência da multa legal estabelecida no art. 475-J, *caput*, do CPC. (FUX, 2008)

Decorrido o prazo quinzenal sem o adimplemento voluntário do executado, inicia-se a segunda fase do novel cumprimento de sentença, a fase de execução forçada, através da expedição do mandado de penhora e avaliação, conforme art. 475-J, *caput, in fine,* do CPC.

A penhora observará, preferencialmente, a ordem de bens estabelecida no art. 655 e incisos do CPC, sendo o dinheiro o primeiro elencado nesta ordem patrimonial.

Como a penhora *on line* é um dos objetos nucleares deste estudo, e tendo como particularidade frente ao procedimento tradicional de penhora, sua implementação diretamente por ato do juiz através de sistema informático próprio, o sistema BACEN JUD 2.0, não há a incidência das hipóteses legais sobre os atos destinados ao oficial de justiça e o procedimento de avaliação, conforme resultado lógico do estabelecido no art. 655-A, *caput,* do CPC. Também, não se revisará sobre os casos de impenhorabilidade do art. 649 do CPC, pois o atual estudo refere-se a penhora em dinheiro sofrida por instituição financeira.

Neste ínterim, é reforçado o caráter imediatista e célere com que ocorre a penhora *on line* de dinheiro, a qual agiliza sobremaneira a ato de constrição sobre o patrimônio do devedor. No entanto, para a implementação dessa, é figura indispensável, o instituto do depósito judicial, conforme art. 664 do CPC. (DIDIER JÚNIOR *et al,* 2012)

4. Depósito judicial

Araken de Assis (2012), cita que o art. 664, *caput,* do CPC, "estabelece obrigatória correlação entre a apreensão da coisa penhorada e o desapossamento do executado, cujo instrumento reponta no depósito". Conforme assevera Fredie Didier Jr. *et al* (2012), o depósito é elemento constitutivo da penhora, necessário para que esta produza efeitos.

Os depósitos são regulados pelas regras do Código Civil, arts. 627 a 652, porém, o depósito judicial é instituto autônomo, aproveitando disposições do direito privado quando não contrárias a sua própria natureza de direito público, conforme afirma Fredie Didier Jr. *et al* (2012), acrescentando tratar-se de figura "estritamente processual, constituída em juízo executivo", ao contrário do depósito convencional, advindo da livre convenção entre depositante e depositário.

Neste sentido, Maria Helena Diniz (2002), ao conceituar as formas de depósito existentes, quais sejam, o depósito voluntário ou convencional, o depósito necessário, o depósito regular e irregular e, por fim, o depósito judicial, o qual conceitua como sendo aquele determinado por mandado judicial "que entrega a terceiro coisa litigiosa (móvel ou imóvel), com o intuito de preservar a sua incolumidade, até que se decida a causa principal".

Desta forma, o depósito judicial em dinheiro aproveita as determinações ao depositário legal contidas nos art. 629 e 642 do Código Civil, os quais determinam ao depositário legal manter, na guarda e na conservação dos valores depositados, o mesmo cuidado e diligência que costuma ter com o que lhe pertence; responder, a partir do depósito, por todos os fatos subsequentes, salvo força maior ou caso fortuito comprovado; e restituir valores iguais em espécie, seguidos dos frutos e acréscimos que os integram.

No entanto, ao depósito judicial em dinheiro não se aplica a regra dos depósitos voluntários que prevê a obrigação do depositário de restituir os valores depositados e os respectivos frutos e acréscimos, quando lhe exigir o depositante. Pois, conforme determina o art. 1.219 do CPC, o depósito judicial deve ser realizado em nome da parte ou interessado e movimentado somente por ordem judicial.

Sobre a natureza jurídica do depósito judicial, Araken de Assis (2012, p. 734) identifica uma relação jurídica autônoma, não se resumindo a um vínculo exclusivo do processo, mas configurando-se em negócio jurídico entre o Estado e o depositário, o qual se revela sobremaneira quando o executado porventura assume o encargo de depositário judicial, passando a desempenhar, nas palavras daquele mestre, "simultaneamente, os inconfundíveis papéis de sujeito da relação processual executiva e de depositário dos bens sujeitos à técnica expropriatória".

A escolha do depositário ocorre conforme a ordem preferencial do artigo 666 e incisos do Código de Processo Civil, sendo, no caso de penhora em dinheiro, devido seguir os ditames do inciso I do citado artigo.[3]

Tendo em vista a prescrição taxativa da norma processual, nos casos de depósito judicial em dinheiro, a doutrina é assente sobre a necessidade e consequência lógica de que tal depósito ocorra necessariamente em um banco. (ASSIS, 2012)

A controvérsia ocorre na hipótese de o executado ser a própria instituição bancária, pois neste caso, na opinião de Araken de Assis (2012), tal proposição é inaceitável, entendendo ser incompatível que a empresa bancária, quando executada, acumule a função de depositária judicial do montante em litígio.

Tangencialmente, não adentrando na coincidência do banco ser demandado e depositário no mesmo processo, Humberto Theodoro Jr. cita-

---

[3] Art. 666. Os bens penhorados serão preferencialmente depositados: I – no Banco do Brasil, na Caixa Econômica Federal, ou em um banco, de que o Estado-Membro da União possua mais de metade do capital social integralizado; ou, em falta de tais estabelecimentos de crédito, ou agências suas no lugar, em qualquer estabelecimento de crédito, designado pelo juiz, as quantias em dinheiro, as pedras e os metais preciosos, bem como os papéis de crédito [...].

do por Fredie Didier Jr. *et al* (2012, p. 600), orienta procedimento diverso do constante na norma processual do inciso I do art. 666 do Código de Processo Civil, exemplificando:

> Caso seja penhorado dinheiro já depositado ou aplicado em uma dada instituição, ainda que não oficial, não há que se falar em seu deslocamento para instituição diversa, basta que a quantia seja bloqueada junto ao Banco Central (art. 655-A), com cientificação da instituição competente de que lhe foi atribuído o encargo de depositária judicial.

Doravante, a possibilidade de uma instituição financeira porventura executada acumular as posições de depositante e depositária judicial é defendida pela Ministra Nancy Andrighi, no REsp 317.629/SP, publicado no DJ de 26/06/2001, em que, como relatora, defende a existência de penhora em dinheiro da própria instituição financeira executada, fundamentando no princípio da menor onerosidade ao devedor e não vislumbrando vantagem processual que desequilibre a paridade das partes.[4]

5. Lei estadual RS 11.667/2001

No âmbito da justiça estadual do Rio Grande do Sul, os depósitos judiciais passaram a ser regulados pela Lei Estadual 11.667, promulgada em 14 de agosto de 2001, pelo então Presidente da Assembleia Legislativa do Estado do Rio Grande do Sul, deputado Sérgio Zambiasi.

O Projeto de Lei teve origem em 1º de março de 2001, através do ofício nº 09/2001-P, oriundo do Desembargador Luz Felipe Vasques de Magalhães, na época Presidente do Tribunal de Justiça do Estado do Rio Grande do Sul, para exame da Assembleia Legislativa, o qual propunha a instituição do Sistema de Gerenciamento Financeiro dos Depósitos Judiciais pelo Poder Judiciário do Estado do Rio Grande do Sul e outras providências, com a seguinte justificativa:

> [...] A cada dia que passa, torna-se mais clara a necessidade de modernização e agilização dos serviços judiciais em decorrência da imensa responsabilidade que tem o Judiciário de estender justiça a milhares de cidadãos rio-grandenses desde a Capital até a mais longínqua comarca do interior do Estado. O Poder Judiciário do Rio Grande do Sul ainda é um dos mais eficientes do Brasil. Entretanto, caso não sejam buscadas de forma criativa outras fontes de receita, fatalmente haverá um retrocesso nesse campo essencial – inclusive no desenvolvimento econômico do nosso Estado. Nesse sentido, busca o presente Projeto de Lei, instituir um sistema de gerenciamento financeiro dos depósitos judiciais pelo poder, englobando todos os recursos provenientes de depósito sob aviso à disposição da justiça

---

[4] Nesse mesmo sentido, Humberto Theodoro Jr. *apud* Guilherme Goldschmidt (2006), doutrina: "Não havendo alguma circunstância ou motivo especial que desaconselhe a nomeação do próprio devedor para depositário do bem penhorado, é recomendável que tal encargo lhe seja deferido, evitando-se, desse modo, uma maior oneração injustificada do executado, o que ofenderia um dos princípios que deve orientar qualquer execução, segundo o qual far-se-á sempre a execução pelo modo menos gravoso ao devedor, evitando-se despesas inúteis."

em geral e aplicação financeira no âmbito judiciário. A centralização das contas, além de favorecer um maior controle por parte do Judiciário ensejará rendimentos na ordem de R$ 42 milhões anuais, representando quase duas vezes o valor dos recursos alocados para investimentos no corrente exercício. Com a materialização desses recursos, muitos programas e projetos de obras e de aquisição de equipamentos, especialmente na área de informática, poderão ser efetivados, melhorando, consideravelmente, as condições materiais e tecnológicas em diversas comarcas do interior do Estado e a sua produtividade.

Assim, o projeto de lei de iniciativa do Poder Judiciário gaúcho, passou pela análise das comissões da Casa Legislativa estadual, recebendo emendas dos parlamentares, sendo por fim votado em plenário e aprovado, sem veto posterior do Governador do Estado do Rio Grande do Sul, foi finalmente promulgada pelo Presidente da Assembleia Legislativa, recebendo o número de Lei 11.667.

A Lei 11.667/2001 instituiu o Sistema de Gerenciamento Financeiro dos Depósitos Judiciais pelo Poder Judiciário do Estado do Rio Grande do Sul, englobando os recursos provenientes de depósitos sob aviso à disposição da Justiça em geral e aplicações financeiras no âmbito do Poder Judiciário estadual, atribuindo ao já existente Fundo de Reaparelhamento do Poder Judiciário a coordenação e o controle das atividades de administração financeira do sistema instituído, bem como, centralizando no BANRISUL, a gestão dos recursos daí provenientes.

Os procedimentos para a execução da Lei Estadual foram disciplinados pelo Ato nº 11/2001-P da Presidência do Tribunal de Justiça do Rio Grande do Sul e publicado no DJ nº 2.203, em 28 de setembro de 2001, sendo o mais pertinente para o presente estudo, o previsto no art. 3º do Regulamento, o qual determina que os depósitos sob aviso à disposição da Justiça, no âmbito do Poder Judiciário do Estado do Rio Grande do Sul, serão efetuados nas agências do BANRISUL, conforme previsto no art. 4º da Lei Estadual em comento.

Em janeiro de 2006, houve a implantação da versão 2.0 do BACEN JUD junto ao TJ/RS, ensejando o Provimento nº 31/2006 da Corregedoria Geral da Justiça, de 16 de novembro de 2006, o qual regulamentou a penhora *on line* no judiciário estadual, estabelecendo dentre os procedimentos a cargo do magistrado para efetivação do bloqueio e, posterior ordem de transferência para conta de depósito judicial, a fim de constituição da penhora *on line*, no art. 3º, que esta transferência seja, necessariamente, para conta judicial no BANRISUL. Muito embora a declaração de inconstitucionalidade da Lei Estadual 11.667/2001, ocorrida em 2010, como se estudará a seguir, o provimento nº 13/2012-CGJ veio alterar a redação do citado art. 3º, porém, mantendo a determinação de transferência ao BANRISUL.

Ainda, sobre a exigência de cumprimento da Lei Estadual, foi publicado em 30 de janeiro de 2009 o Provimento nº 06/2009 da Corregedoria Geral da Justiça, tratando exclusivamente da obrigatoriedade de direcionamento dos depósitos judiciais ao BANRISUL, determinando no art. 2º que sendo constatado nos autos a existência de depósito judicial em instituição bancária que não o BANRISUL, caberá ao magistrado proceder, de ofício, o imediato repasse àquele banco. Bem como, vedando expressamente qualquer orientação ou determinação diversa, sob pena de responsabilidade funcional do magistrado.

Nesta mesma linha, recentemente, em 19 de junho de 2013, a Corregedoria Geral da Justiça do RS editou Ofício-Circular nº 61/2013, orientando o encaminhamento ao Ministério Público, nos termos do art. 40 do Código de Processo Penal, baseado no art. 330 do Código Penal, dos casos em que seja constatada desobediência à ordem judicial de transferência para o BANRISUL, dos valores bloqueados via sistema BACEN JUD 2.0, sugerindo aos magistrados, a análise de eventual situação de litigância de má-fé, arts. 17 e 18 do CPC, ou de ato atentatório ao exercício da jurisdição, art. 14, parágrafo único, do CPC, a fim de serem aplicadas as suas respectivas penalidades. O que revela a firme determinação da administração judiciária estadual de permanecer aplicando o disposto na Lei Estadual 11.667/2001, à revelia da sua declarada inconstitucionalidade ocorrida já em 2010.

6. Ação Declaratória de Inconstitucionalidade nº 2.909/RS

O Conselho Federal da Ordem dos Advogados do Brasil (CFOAB) propôs Ação Direta de Inconstitucionalidade contra a íntegra a Lei 11.667/2001, em 02 de julho de 2003, cuja ADI recebeu o nº 2.909.

O CFOAB manifestou na exordial a ofensa ao preceitos constitucionais, presentes no art. 22, I, art. 96, II, art. 163, I, art. 165, § 9º, II, o art. 192, IV, art. 168 e art. 167, VII, da Constituição Federal.

A ADI foi julgada procedente pelo STF em 12 de maio de 2010, sendo o acórdão publicado em 11 de junho de 2010. A decisão ocorreu por maioria, nos termos do voto do Relator, Ministro Ayres Britto.

No acórdão, o STF julgou a Lei 11.667/2001 inconstitucional por apresentar vício formal em relação ao inciso II do art. 96 da Constituição Federal, o qual lista de modo taxativo as matérias reservadas à iniciativa legislativa do Poder Judiciário e ofensa ao inciso I do art. 22 da Carta Magna, que determina ser de competência privativa da União legislar sobre Direito Processual, entendendo aí, inclusa a matéria relativa a depósitos judiciais, cuja ementa colaciona-se:

AÇÃO DIRETA DE INCONSTITUCIONALIDADE. LEI 11.667, DE 11 DE SETEMBRO DE 2001, DO ESTADO DO RIO GRANDE DO SUL. INSTITUIÇÃO DE SISTEMA DE GERENCIAMENTO DOS DEPÓSITOS JUDICIAIS. VÍCIOS DE INCONSTITUCIONALIDADE FORMAL. RECONHECIMENTO.
1. É inconstitucional, por extravasar os limites do inciso II do art. 96 da Constituição Federal, lei que institui Sistema de Gerenciamento dos Depósitos Judiciais, fixa a destinação dos rendimentos líquidos decorrentes da aplicação dos depósitos no mercado financeiro e atribui ao Fundo de Reaparelhamento do Poder Judiciário a coordenação e o controle das atividades inerentes à administração financeira de tal sistema. Matéria que não se encontra entre aquelas reservadas à iniciativa legislativa do Poder Judiciário.
2. Lei que versa sobre depósitos judiciais é de competência legislativa exclusiva da União, por tratar de matéria processual (inciso I do art. 22 da Constituição Federal). Precedente: ADI 3.458, da relatoria do Ministro Eros Grau.
3. Ação que se julga procedente.
(fl. 105; Rel. Min. Ayres Britto, DJe 105, de 11/6/2010)

Neste mesmo entendimento, o parecer exarado por Celso Antônio Bandeira de Mello em 29 de agosto de 2002, referente à ADI 2.647, ainda pendente de julgamento pelo STF e que trata da inconstitucionalidade da Lei 13.436, de 11 de janeiro de 2001, do Estado do Paraná, análoga a lei gaúcha, pois legisla acerca de depósitos judiciais, e que disponibilizava ao Poder Executivo daquele Estado valores destes referentes a tributos:

> Ninguém, portanto, confundiria as noções de processo e procedimento e muito menos suporia que o destino dos depósitos judiciais é, em si mesmo e generalizadamente, uma questão de procedimento, ao invés de ser, como manifestamente o é, uma questão de processo. Com efeito, a disciplina deles nada tem a ver com a ritualística processual, pois se trata de questão concernente, isto sim, a garantias dos interesses das partes. Segue-se que lei estadual jamais poderia se propor a disciplinar o tema dos depósitos judiciais. Aliás, é de cristalina obviedade que um depósito judicial é depósito que fica sob controle e direção do Poder Judiciário. Nada poderia haver de mais teratológico do que o Poder Executivo não apenas assenhorar-se de bens alheios como fazê-lo interferindo com as atribuições do Poder Judiciário. Sobretudo, um disparate deste porte não poderia ser introduzido por lei estadual, por estar em pauta questão que, sendo estranha a "procedimentos processuais", passa ao largo do âmbito competencial dos Estados.

O Governo do Estado do Rio Grande do Sul opôs, em 17 de junho de 2010, embargos de declaração contra a decisão do STF, os quais ainda pendem de julgamento pela Suprema Corte. Nos embargos, o governo estadual acusa existência de omissão no acórdão, pleiteando a modulação dos efeitos da declaração de inconstitucionalidade *pro futuro*, alegando razões de segurança jurídica e excepcional interesse social, tendo em vista os investimentos já realizados e compromissos assumidos pelo Estado com base na receita advinda do Sistema de Gerenciamento Financeiro dos Depósitos Judiciais instituído pela Lei ora declarada inconstitucional, cujo trecho exemplificativo transcreve-se:

> Deste modo, ultrapassados nove anos desde o advento da legislação relativa ao gerenciamento dos depósitos judiciais, verifica-se, a toda evidência, que neste ínterim, inúmeras

relações se constituíram e se consolidaram no tempo em que a lei vigorava no ordenamento jurídico com presunção de constitucionalidade, cujos efeitos imediatos e concretos da declaração de sua inconstitucionalidade acarretarão prejuízos de difícil reparação ao Estado e à sociedade, haja vista que a aplicação imediata da decisão criará situação de verdadeira insegurança jurídica, sendo razoável a modulação dos seus efeitos "pro futuro", visando à garantia da execução da despesa já empenhada para o ano de 2010, assim como possibilitando o cumprimento dos contratos já firmados para 2011, viabilizando-se, com tal medida a adequação orçamentária para os anos subsequentes, modulando-se os efeitos de modo a garantir a segurança jurídica dos contratos firmados e em execução.

Sobre os embargos de declaração opostos pelo chefe do Executivo estadual, manifestou-se o Procurador-Geral da República em 13 de maio de 2013, com parecer pela rejeição desses. No parecer, é exposta a possibilidade de interposição dos embargos pleiteando a modulação temporal da declaração de inconstitucionalidade, muito embora, esta não tenha sido previamente pleiteada no curso da ADI. No entanto, quanto ao mérito dos embargos, a Procuradoria Geral da República (PGR) manifesta-se cabalmente pela sua rejeição, por entender não demonstrado concretamente o impacto financeiro da declaração, limitando-se a alegação em abstrato, e não especificando o momento preciso que pleiteia para a modulação dos efeitos do acórdão ora embargado.

O parecer da PGR explicita que, em rigor, os efeitos da decisão do STF acerca do julgamento da ADI, operam-se a partir da publicação da ata de julgamento, salvo se houver pronunciamento da Corte, o qual não ocorreu no presente julgado, concluindo em síntese, que o acórdão prolatado gera efeitos independente do julgamento dos embargos opostos ou do trânsito em julgado, fazendo referência aos precedentes da Rcl 2.576, Rel. Min. Ellen Gracie, Pleno, DJ de 20.08.2004, da ADI-MC 1.434, Rel. Min. Celso de Mello, DJ de 22/11/96, e a ADI-QO 711, Rel. Min. Néri da Silveira, DJ de 11/6/93. Do mais recente, referente a Rcl 2.576, transcreve-se a ementa:

> AÇÃO DIRETA DE INCONSTITUCIONALIDADE. EMBARGOS DE DECLARAÇÃO. CUMPRIMENTO DA DECISÃO. 1. Desnecessário o trânsito em julgado para que a decisão proferida no julgamento do mérito em ADI seja cumprida. Ao ser julgada improcedente a ação direta de inconstitucionalidade – ADI nº 2.335 – a Corte, tacitamente, revogou a decisão contrária, proferida em sede de medida cautelar. Por outro lado, a lei goza da presunção de constitucionalidade. Além disso, é de ser aplicado o critério adotado por esta Corte, quando do julgamento da Questão de Ordem, na ADI 711 em que a decisão, em julgamento de liminar, é válida a partir da data da publicação no Diário da Justiça da ata da sessão de julgamento. 2. A interposição de embargos de declaração, cuja consequência fundamental é a interrupção do prazo para interposição de outros recursos (art. 538 do CPC), não impede a implementação da decisão. Nosso sistema processual permite o cumprimento de decisões judiciais, em razão do poder geral de cautela, antes do julgamento final da lide. 3. Reclamação procedente.

Na doutrina, o entendimento não é diferente, conforme ensina José Afonso da Silva (2011, p. 54-55):

[...] O objeto do julgamento consiste em desfazer os efeitos normativos (efeitos gerais) da lei ou ato – a eficácia da sentença tem exatamente esse efeito, e isto tem valor geral, evidentemente, e vincula a todos. Em suma, a sentença, aí, faz coisa julgada material, que vincula as autoridades aplicadoras da lei, que não poderão mais dar-lhe execução sob pena de arrostar a eficácia da coisa julgada, uma vez que a declaração de inconstitucionalidade em tese visa precisamente a atingir o efeito imediato de retirar a aplicabilidade da lei. Se não fosse assim, seria praticamente inútil a previsão constitucional de ação direta de inconstitucionalidade genérica.

No mesmo sentido, assevera o Ministro Gilmar Mendes (2007, p. 321), em texto doutrinário, que "a lei declarada inconstitucional sem ressalvas é considerada, independentemente de qualquer outro ato, nula *ipso jure* e *ex tunc.*"

A manifestação da PGR também fez referência à Reclamação Constitucional nº 15.245/RS, Rel. Ministra Rosa Weber, publicada no DJe 37, de 25 de fevereiro de 2013, e que trata especificamente da problemática de exigência de transferência do depósito judicial porventura efetuado em instituição financeira que não o BANRISUL, exigência esta ora embasada na aplicação da Lei Estadual 11.667, sendo que, em decisão monocrática, foi dado provimento à Reclamação, seguindo o entendimento consagrado na Rcl nº 2.576-4/SC acima colacionada.

Por fim, o último andamento ocorrido no processo da ADI 2.909, refere-se ao recebimento, em 25 de novembro de 2013, das contrarrazões aos embargos declaratórios, peticionadas pelo CFOAB, cujo teor, em síntese, acusa a falta de indicação pelo embargante do momento no qual deveriam iniciar os efeitos da declaração de inconstitucionalidade, entendendo ser indispensável para a aferição da presença dos elementos dispostos no artigo 27 da Lei 9.868/1999,[5] e requerendo então, a intimação do Estado do Rio Grande do Sul para que indique ou especifique o momento de aplicação dos efeitos prospectivos pretendido pelo interessado embargante.

7. Casos jurisprudenciais envolvendo a aplicação da Lei estadual 11.667/2001

A fim de demonstrar a problemática existente no âmbito da Justiça Estadual do RS, envolvendo os cumprimentos de sentença contra instituição financeira diversa do BANRISUL e que quando da intimação nos termos do art. 475-J do CPC, vem efetivar depósito judicial voluntário

---

[5] Art. 27. Ao declarar a inconstitucionalidade de lei ou ato normativo, e tendo em vista razões de segurança jurídica ou de excepcional interesse social, poderá o Supremo Tribunal Federal, por maioria de dois terços de seus membros, restringir os efeitos daquela declaração ou decidir que ela só tenha eficácia a partir de seu trânsito em julgado ou de outro momento que venha a ser fixado.

para a garantia do juízo escriturado na própria instituição financeira ora devedora, passando a figurar na lide como depositante e depositária judicial, selecionou-se algumas ocorrências para estudo e análise.

Os casos a seguir servem de exemplificação do problema enfrentado junto ao Poder Judiciário estadual sem, no entanto, o intuito de exaurir a questão ou determinar uma linha predominante de resultados, pois como se constatará, a questão permanece controversa no âmbito da justiça estadual do RS, existindo precedentes dos mais diversos, favoráveis e desfavoráveis a manutenção do depósito judicial na própria instituição financeira executada.

A seleção, dentre os diversos casos identificados, determinou-se pelo caráter esclarecedor dos acórdãos resultantes ou pela austeridade do despacho judicial. Haja visto que a prática, conforme demonstrado nos provimentos e ofícios circulares que orientam os magistrados locais é corriqueira no judiciário do RS, sendo constante a emissão de ofícios e mandados judiciais direcionados às instituições financeiras, ordenando a transferência *incontinenti* ao BANRISUL, dos depósitos judiciais existentes em outras instituições financeiras, sendo estas parte ou não na lide. Todavia, especificamente nos casos em que a instituição financeira depositária judicial é também a devedora, vez ou outra, o juízo de primeiro grau apresenta entendimento diferenciado, descaracterizando o depósito judicial previamente efetuado naquela e ordenando via sistema BACEN JUD 2.0 a ordem eletrônica de penhora, tumultuando por fim, a efetivação e transferência dos depósitos judiciais vinculados a execução.

7.1. Acórdão de Agravo de instrumento contra decisão interlocutória, n° Themis 70056244742

No cumprimento de sentença de n° CNJ 00113594720128210007, tramitando na Primeira Vara Cível da Comarca de Camaquã, proposto em desfavor do Banco do Brasil S.A. (BB) e com fundamento na sentença condenatória na Ação Civil Pública n° 16.798-9/98, ajuizada pelo Instituto Brasileiro de Defesa do Consumidor (IDEC), o banco foi intimado, nos termos do art. 475-J do CPC, a realizar o pagamento voluntário da quantia cobrada pela autora ou apresentar impugnação, nos termos do art. 475-L do CPC. Desta forma, foi efetuado o depósito judicial voluntário no BB, datado de 9 de novembro de 2012, para garantia do juízo e apresentação de impugnação, a qual foi protocolada em 26 de novembro de 2012.

Todavia, o juízo de primeiro grau não reconhecendo o depósito judicial efetuado no BB, comandou via BACEN JUD 2.0, em 1° de agosto de 2013, ordem de penhora *on line* para cumprimento em conta judicial no

BANRISUL, no montante originalmente cobrado pela autora, majorado em 10%, ou seja, aplicando a multa legal do art. 475-J do CPC, como se não houvesse sido realizada a garantia do juízo. Publicada em seguida, em 8 de agosto de 2013, a Nota de Expediente nº 244/2013 com o seguinte teor:

> Intimação da decisão e documentos Bacen Jud: "O depósito judicial para de garantia do juízo e oposição de impugnação foi realizado junto ao Banco do Brasil, parte devedora. No entanto, há determinação da Presidência do Tribunal de Justiça do Estado do Rio Grande do Sul, lastreada em Lei Estadual, para que os depósitos judiciais sejam procedidos junto ao Banrisul (...) Assim, o réu não goza da confiança deste Juízo para permanecer como depositário de valores. Ademais a própria sistemática prevista no Código de Processo Civil prevê que somente em casos específicos, de difícil remoção do bem ou com expressa anuência do exequente1 (sic), o bem penhorado será depositado com o executado. Trata-se portanto de medida excepcional. Assim, o depósito feito pelo réu não tem cunho de depósito judicial para garantia do Juízo. Realize-se o bloqueio via sistema Bacen Jud, com incidência da multa (10%) prevista no artigo 475-J do CPC. Decorrido prazo assinalado, certifique-se o atendimento ou não ao determinado. Atendida a determinação, tornem conclusos a impugnação para recebimento. Descumprida a determinação, voltem para Bacenjud."

O banco interpôs agravo de instrumento da decisão, protocolado sob nº Themis 70056244742, o qual foi julgado na Vigésima Quarta Câmara Cível do TJ/RS, que por unanimidade, negou provimento ao recurso, cujo acórdão restou com a seguinte ementa:

> AGRAVO DE INSTRUMENTO. CADERNETA DE POUPANÇA. EXPURGOS INFLACIONÁRIOS. PEDIDO DE CUMPRIMENTO INDIVIDUAL DE SENTENÇA.
>
> 1. SUSPENSÃO. As decisões prolatadas nos autos dos RE nº 591.797 e 626.307 e Agravo de Instrumento nº 754.745-SP excepcionaram a determinação de sobrestamento aos recursos que estiverem em sede de execução ou na fase de instrução.
>
> 2. TRANSFERÊNCIA DE DEPÓSITO JUDICIAL AO BANRISUL. Segundo legislação pertinente à matéria e jurisprudência pacificada sobre o tema, o Banrisul é a instituição financeira legalmente legitimada para os depósitos judiciais, no âmbito do Poder Judiciário do Estado do Rio Grande do Sul.
>
> AGRAVO DE INSTRUMENTO DESPROVIDO.

No relatório do acórdão, no tocante a ordem de transferência do depósito judicial ao BANRISUL, a câmara reconheceu a legitimidade do BANRISUL como instituição para receber os depósitos judiciais no âmbito do Poder Judiciário do Estado do Rio Grande do Sul, fundamentando tal entendimento na previsão do art. 4º da Lei Estadual 11.667/2001, bem como, no disposto no art. 3º do ato nº 14/2003-P[6] e no ofício-circular

---

[6] Art. 3º A partir da vigência deste regulamento, os depósitos sob aviso à disposição da justiça, no âmbito do Poder Judiciário do Estado do Rio Grande do Sul, serão efetuados nas agências do Banco do Estado do Rio Grande do Sul Sociedade Anônima – BANRISUL (Art. 4º da Lei estadual nº 11.667/01).

nº 05/2006,[7] ambos da Presidência do Tribunal de Justiça. Ao final, foram colacionados os precedentes 70024114241 e 70022879092, ambos do TJ/RS, datados de 2008 e no mesmo sentido do acórdão em questão.

7.2. Acórdão de Agravo de instrumento contra decisão interlocutória, nº Themis 70050782291

Na execução de sentença de número CNJ 00022243720128210160, tramitando na Vara Judicial da Comarca de Vera Cruz, proposta em desfavor do BB e com fundamento na sentença condenatória na Ação Civil Pública nº 16.798-9/98, ajuizada pelo Instituto Brasileiro de Defesa do Consumidor (IDEC), tendo sido efetuado o depósito judicial voluntário para garantia do juízo no próprio banco devedor, em 17 de julho de 2012, e protocolada, em 3 de agosto de 2012, a impugnação daquela instituição financeira. Em 16 de agosto de 2012 foi publicada a Nota de Expediente nº 244/2012:

> Comprove o Impugnante o preparo do Incidente, observando o art. 257 do CPC. Outrossim, observando a Lei Estadual 11.667/01 e determinação do e. TJRS, para que todos os depósitos judiciais, seja para garantia, pagamento ou penhora, devem ser transferidos ao BERGS, assinalo o prazo de (10) dias para a transferência, pena de bloqueio pelo Bacen-jud.

O banco réu agravou por instrumento do despacho, sendo julgado pela Vigésima Quarta Câmara Cível do TJ/RS, sob nº Themis 70050782291 que, por unanimidade, negou provimento ao recurso, gerando a seguinte ementa:

> AGRAVO DE INSTRUMENTO. NEGÓCIOS JURÍDICOS BANCÁRIOS. CADERNETA DE POUPANÇA. DIFERENÇAS REMUNERATÓRIAS. AÇÃO CIVIL PÚBLICA. CUMPRIMENTO DA SENTENÇA. DEPÓSITOS JUDICIAIS. INSTITUIÇÃO FINANCEIRA OFICIAL.
> O Banrisul S/A é a instituição financeira oficial legitimada a receber os depósitos judiciais no âmbito do Poder Judiciário do Estado do Rio Grande do Sul, segundo dispõe a Lei Estadual nº 11.667/2001 e o Provimento nº 06/09-Corregedoria Geral de Justiça.
> PREQUESTIONAMENTO. Inobstante a exigência de prequestionamento para fins de interposição recursal às Cortes Superiores, o órgão julgador não é obrigado a apontar expressamente eventual violação quanto aos dispositivos legais indicados pelas partes.
> AGRAVO DE INSTRUMENTO DESPROVIDO.

No relatório, a decisão de confirmação da necessidade de transferência foi novamente fundamentada na Lei estadual nº 11.667/2001,

---

[7] Ciente esta Presidência da existência de valores na conta Depósitos Judiciais, não repassadas ao BANRISUL, visível afronta as disposições da Lei nº 11.667/01, art. 4º (sic), acarretando visíveis e vultuosos prejuízos ao Poder Judiciário (conforme parecer da Corregedoria-Geral da Justiça anexo) é impositivo atente Vossa Excelência ao império do texto legal supramencionado e determine, de imediato, se for o caso, o repasse dos valores ao banco oficial, nos termos do Ato nº 11/2001-P.

Art. 4º, acrescentando o regramento dos Arts. 1º[8] e 2º[9] do Provimento nº 06/2009-CGJ.

Ainda é citado o texto legal do art. 666, inciso I, do CPC, extraindo de seu regramento a ideia de "banco oficial", interpretação que busca reforçar a exclusividade do BANRISUL como instituição financeira, no âmbito estadual, a centralizar os depósitos judiciais, bem como, descaracterizando a alegação do banco de ameaça de lesão grave e de difícil reparação, conforme trecho que se colaciona:

> Como se vê, não há qualquer confronto entre a Lei Estadual e o Código de Processo Civil vigente, o qual determina a obrigatoriedade do depósito judicial em instituição financeira oficial, como é o caso do Banrisul S/A. Note-se que o agravante é banco de grande porte, razão pela qual sequer pode ser reconhecido prejuízo irreparável com a transferência determinada. Ademais, "os bens constritos poderão ser depositados em poder do executado somente com a expressa anuência do exequente ou nos casos de difícil remoção" nos exatos termos do § 1º do artigo 666 do CPC, configurando, portanto, exceção a regra geral do inciso I do mesmo artigo.

Após, reiterando o entendimento do acórdão, foram colacionados os precedentes 70044368744, 70033618596, 70034745414 e 70029484615, todos do TJ/RS, emitidos no período de 2009 a 2011.

Ao final, fica evidenciado o entendimento daquela Câmara Cível de que a ADI 2.909 não transitou em julgado, permanecendo aplicável a Lei estadual em comento:

> Por fim, esclareço que a ação direta de inconstitucionalidade nº 2.909, julgada procedente, por maioria, junto ao Egrégio STF, não transitou em julgado, o que implica manutenção do entendimento consolidado nesta Câmara Especial Cível.

7.3. Acórdão de Agravo de instrumento contra decisão interlocutória, nº Themis 70053495958

Na fase de cumprimento de sentença nº CNJ 00136459520128210007, tramitando na 1ª Vara Cível da Comarca de Camaquã, em desfavor do BB e com fundamento na sentença condenatória na Ação Civil Pública nº 16.798-9/98, ajuizada pelo Instituto Brasileiro de Defesa do Consumidor (IDEC). O citado banco foi intimado nos termos do art. 475-J do CPC, efetivando o depósito judicial voluntário para garantia do juízo em 13 de dezembro de 2012 e, em sequência, interpondo impug-

---

[8] Art. 1º É expressamente vedada qualquer orientação ou determinação no sentido de que seja efetuado ou mantido depósito judicial em instituição bancária diversa do Banco do Estado do Rio Grande do Sul Sociedade Anônima – BANRISUL, sob pena de responsabilidade funcional.

[9] Art. 2º Sendo constatada nos autos a existência de depósito judicial em instituição bancária que não a oficial, caberá ao magistrado proceder, de ofício, seu imediato repasse ao Banco do Estado do Rio Grande do Sul. (sic).

nação ao cumprimento de sentença, que foi cadastrada com n° CNJ 00002535420138210007.

Em 20 de fevereiro de 2013, foi publicada na Nota de Expediente n° 23/2013, com a seguinte ordem judicial:

> O depósito judicial foi realizado no Banco do Brasil, parte executada. No entanto, há determinação da Presidência do Tribunal de Justiça do Estado do Rio Grande do Sul de que os depósitos judiciais deverão ser feitos junto ao Banrisul. Assim, intime-se a parte devedora para que transfira a totalidade do valor bloqueado para conta judicial junto ao Banco Banrisul, no prazo de 24 horas, sob pena de de (sic) multa de 20% sobre o valor total depositado, por descumprimento do art. 14, V, do CPC. Venha com o pagamento das custas processuais da impugnação, pena de indeferimento da inicial. Intime-se.

O agravo de instrumento interposto contra a decisão foi julgado à unanimidade, pela Décima Sétima Câmara Cível do TJ-RS, em dar parcial provimento, confirmando a necessidade do juízo *a quo* de determinar, de ofício, o imediato repasse do depósito judicial ao BANRISUL, porém, afastando "a cominação de multa diária (sic) para a hipótese de descumprimento da ordem". Restou o acórdão com a seguinte ementa:

> AGRAVO DE INSTRUMENTO. NEGÓCIOS JURÍDICOS BANCÁRIOS. TRANSFERÊNCIA DE DEPÓSITO JUDICIAL REALIZADO NO BANCO DO BRASIL PARA O BANRISUL. LEI ESTADUAL 11.667/2001. PROVIMENTO Nº 06/09-CGJ.
>
> I. Tratando-se de decisão interlocutória, possível a fundamentação concisa, nos termos do art. 165 do Código de Processo Civil
>
> II. A Lei Estadual 11.667/2001, que Instituiu o Sistema de Gerenciamento Financeiro dos Depósitos Judiciais pelo Poder Judiciário do Estado do Rio Grande do Sul, estabelece no art. 4º que "Os depósitos sob aviso à disposição da Justiça, no âmbito do Poder Judiciário do Estado do Rio Grande do Sul, deverão ser efetuados no Banrisul."
>
> III. Outrossim, constatado que a parte ora agravante depositou o valor da condenação junto ao Banco do Brasil, em conta vinculada ao processo, a movimentação só poderá ocorrer via ordem judicial e/ou ofício judicial e não por iniciativa isolada da parte depositante.
>
> IV. Assim, nos termos do art. 2º do Provimento nº 06/09 da Corregedoria-Geral da Justiça, cabe ao Magistrado proceder, de ofício, ao imediato repasse dos depósitos judiciais ao Banco do Estado do Rio Grande do Sul.
>
> AGRAVO PARCIALMENTE PROVIDO.

Na fundamentação foi citado o art. 4º da Lei estadual 11.667/2001 e o art. 2º do Provimento nº 06/2009-CGJ.[10]

Assim, embora a manutenção do entendimento de ser necessária a transferência do depósito judicial ao BANRISUL, por força da Lei estadual 11.667/2001, o acórdão faz importante distinção do banco como

---

[10] Art. 2º Sendo constatada nos autos a existência de depósito judicial em instituição bancária que não a oficial, caberá ao magistrado proceder, de ofício, seu imediato repasse ao Banco do Estado do Rio Grande do Sul.

parte e como instituição financeira depositária, afastando desta forma a ameaça de imputação, de plano, do art. 14, inc. V, do CPC.

7.4. Acórdão de Agravo de instrumento contra decisão interlocutória, nº Themis 70049230923

Na fase de cumprimento de sentença nº CNJ 00018656020118210051, tramitando na Vara Judicial da Comarca de Garibaldi, em desfavor do BB e com fundamento na sentença condenatória na Ação Civil Pública nº 16.798-9/98, ajuizada pelo Instituto Brasileiro de Defesa do Consumidor (IDEC), a referida instituição financeira teve o montante cobrado bloqueado e penhorado via BACEN JUD 2.0, antes mesmo da intimação do art. 475-J do CPC. Efetivado o depósito judicial na própria instituição financeira devedora e agravada a ordem de transferência ao BANRISUL, cujo agravo foi julgado pela Vigésima Terceira Câmara Cível do TJ-RS, por unanimidade, resultou a seguinte ementa:

> AGRAVO DE INSTRUMENTO. DEPÓSITOS JUDICIAIS. TRANSFERÊNCIA DO BANCO DO BRASIL PARA O BANRISUL.
>
> Não sendo demonstrado prejuízo ao devido deslinde da fase de cumprimento de sentença e, por se tratar de penhora em dinheiro, não são aplicáveis as disposições da Lei Estadual nº 11.667/2001. Os valores penhorados deverão permanecer bloqueados perante o Banco do Brasil.
>
> Cabe ressaltar que nos termos do inciso I, do art. 666 do CPC, o Banco do Brasil e a CEF tem preferência para receber depósito de valores penhorados.
>
> AGRAVO DE INSTRUMENTO PROVIDO. UNÂNIME.

No relatório, foi fundamentada a inaplicabilidade da Lei 11.667/2001, por tratar-se de penhora *on line* de dinheiro da própria instituição que figurava no pólo passivo da execução. Também, foi legitimada a permanência do depósito judicial naquela instituição financeira, com base no disposto no art. 666, inciso I, do CPC, conforme parágrafo do acórdão que se colaciona:

> Desta forma, sendo a Executada uma daquelas instituições financeiras previstas no art. 666, I do CPC, impõe-se que haja resistência da parte credora ou razão relevante para se determinar transferência dos valores para outra instituição. Não sendo demonstrado risco de prejuízo da parte credora, deve o valor permanecer depositado no Banco devedor.

Desta forma, embora não citado expressamente na fundamentação o princípio da menor onerosidade ao devedor (art. 620 do CPC), o entendimento dos desembargadores pautou-se pela prerrogativa daquele banco como instituição financeira legitimada a exercer a função de depositário judicial, conforme art. 666, inciso I do CPC, combinado ao fato de esta ser também a devedora na lide, decidindo assim pela solução menos gravosa ao devedor.

7.5. Acórdão de Agravo de instrumento contra decisão interlocutória, nº Themis 70051062404

Na execução de sentença nº CNJ 00278915220108210109, que tramitou na Vara Judicial da Comarca de Marau, em desfavor do BB e com fundamento na sentença condenatória na Ação Civil Pública nº 16.798-9/98, ajuizada pelo Instituto Brasileiro de Defesa do Consumidor (IDEC), aquele banco, após pagamento da quantia inicialmente cobrada, haja visto o indeferimento da primeira impugnação apresentada, sofreu nova constrição do valor complementar reclamado pelo credor, via BACEN JUD 2.0, com ordem de cumprimento do depósito judicial no BANRISUL, sendo publicada em 3 de setembro de 2012 a Nota de Expediente nº 159/2012, com seguinte teor:

> Vista às partes do despacho de fls. 134 a 136 e documentos seguintes que, em suma: 1. Defiro o bloqueio pelo sistema BacenJud, já efetivado, conforme documentos que segue e serve como termo de penhora.2. Os valores decorrentes da penhora, encontram-se depositados na Instituição devedora. Como se trata de depósito judicial, a instituição financeira habilitada é o Banrisul. Diante do exposto determino: a- intimação do devedor da penhora: b- que o devedor (Banco do Brasil), no prazo de cinco dias comprove a transferência dos valores penhorados, através do BACEN JUD, para conta remunerada do Banrisul, pena de incidência de multa diária de R$ 5.000,00, em favor da parte autora. Intimem-se.

O banco recorreu da ordem de transferência do valor bloqueado ao BANRISUL, através de agravo de instrumento, sendo este julgado em unanimidade pela Vigésima Terceira Câmara Cível do TJ-RS, cujo acórdão restou com a seguinte ementa:

> AGRAVO DE INSTRUMENTO. NEGÓCIOS JURÍDICOS BANCÁRIOS. EXPURGOS INFLACIONÁRIOS. CADERNETA DE POUPANÇA. INSTITUTO BRASILEIRO DE DEFESA DO CONSUMIDOR – IDEC. EXECUÇÃO DE SENTENÇA. PENHORA DE DINHEIRO. DEPOSITÁRIO.
>
> No caso de penhora de dinheiro cabe ao juízo a escolha do depositário dentre aquelas instituições financeiras previstas no art. 666 do CPC. No entanto, quando a executada é uma daquelas instituições impõe-se que haja resistência da parte credora ou razão relevante para se determinar transferência dos valores para outra instituição.
>
> Aplicação do inciso I e do § 1° do art. 666 do CPC.
>
> RECURSO PROVIDO.

Na fundamentação da decisão foi colacionado importante precedente do STJ, de relatoria da Ministra Nancy Andrighi,[11] sendo na se-

---

[11] Processo civil. Penhora em dinheiro de instituição financeira, devedora em processo de execução. Desnecessidade de que o valor penhorado seja depositado em outra instituição financeira oficial. Isonomia no tratamento das partes. – O depósito judicial feito por instituição financeira oficial, em uma de suas agências bancárias, para segurança do juízo e oposição de embargos do devedor, não viola o tratamento igualitário das partes, e é menos oneroso ao devedor, ainda que ele próprio seja o depositário da quantia. – Embora, não haja uma operação física, com exteriorização do ato de depósito, mas operação escritural, inexiste vantagem processual que desequilibre a paridade de partes,

quência colacionados diversos precedentes do próprio TJ-RS, no mesmo sentido.[12]

Bem como, por entendimento consolidado pelo STJ, afasta a exigência constante no parágrafo primeiro do artigo 666 do CPC, sem que tal tratamento seja considerado desigualitário entre as partes litigantes e, em última análise, manifesta, com tal entendimento, a supremacia do princípio da menor onerosidade ao devedor, insculpido no art. 620 do CPC, em detrimento da regra do parágrafo primeiro do art. 666 do CPC, inserida pela Lei 11.382/2006.[13]

Findos os estudos de casos, relativamente ao entendimento exarado nos dois últimos, favoráveis a instituição financeira devedora e depositária judicial, surge a dúvida de como seria o tratamento a ser dado para a hipótese de o credor vir a manifestar-se contrariamente a permanência do depósito judicial no próprio banco executado.

No tocante, é esclarecedor a citação *en passant* do precedente constante no acórdão 70022527899 da Décima Sexta Câmara Cível do TJ-RS:

> AGRAVO REGIMENTAL. CUMPRIMENTO DA SENTENÇA. TRANSFERÊNCIA DE DINHEIRO PENHORADO PARA OUTRO BANCO. INDEFERIMENTO MANTIDO. Não havendo qualquer indício de que a permanência do dinheiro depositado no banco executado poderá comprometer a eficácia da garantia da guarda e conservação do numerário penhorado e, ainda, atendendo o princípio da menor onerosidade do devedor, descabida a transferência do valor penhorado para instituição financeira diversa.
> AGRAVO DESPROVIDO.

No caso, o agravo da instituição financeira devedora contra a transferência do depósito judicial ao BANRISUL foi acolhido de plano pelo relator, em decisão monocrática, ensejando por parte do exequente a interposição de agravo regimental, no qual aduziu que o BB, ora agravado, mesmo sendo uma "instituição financeira sólida" não teria o direito a tratamento privilegiado, impondo-se naquele caso, a aplicação do disposto no art. 4º da Lei Estadual nº 11.667/2001, ou seja, a efetiva transferência do depósito em garantia ao BANRISUL.

---

devendo a impugnação do credor ser fundada, e não genérica. – Da lógica possibilidade da penhora de dinheiro depositado no banco devedor, decorre o cabimento da própria instituição financeira, com lealdade processual, nomear dinheiro de sua propriedade à penhora, requerendo que permaneça como depositário da quantia certa" (REsp 317629/SP, 3ª Turma, Rel. Min. Nancy Andrighi, DJ 25.06.2001).

[12] Procedentes nº Themis: 70046725008, 70044756187, 70043691104, 70032563231, 70031655038 e 70023151459.

[13] Art. 666. Os bens penhorados serão preferencialmente depositados: (Redação dada pela Lei nº 11.382, de 2006). I – no Banco do Brasil, na Caixa Econômica Federal, ou em um banco, de que o Estado-Membro da União possua mais da metade do capital social integralizado; ou, em falta de tais estabelecimentos de crédito, ou agências suas no lugar, em qualquer estabelecimento de crédito, designado pelo juiz, as quantias em dinheiro, as pedras e os metais preciosos, bem como os papéis de crédito; (...) § 1º Com a expressa anuência do exeqüente ou nos casos de difícil remoção, os bens poderão ser depositados em poder do executado. (Incluído pela Lei nº 11.382, de 2006).

Muito embora a manifesta contrariedade do exequente os desembargadores mantiveram a decisão de permanência do depósito judicial no próprio banco ora executado, consubstanciando o relatório com o já colacionado acórdão orientador da Ministra Nancy Andrighi (REsp 317.629/SP, 3ª Turma do STJ, DJ 25/06/2001), bem como, três outros precedentes do próprio TJ/RS, que pelo teor esclarecedor, cita-se:

> AGRAVO DE INSTRUMENTO. EXECUÇÃO DE SENTENÇA. TRANSFERÊNCIA DO NUMERÁRIO PENHORADO PARA OUTRA INSTITUIÇÃO FINANCEIRA DE CARÁTER OFICIAL. SUBSTITUIÇÃO DO DEPOSITÁRIO. Não apresentando os credores razões plausíveis que justifiquem a substituição do depositário dos bens penhorados, estes devem permanecer na posse do devedor. Inteligência do art. 666 do CPC. Caso concreto em que o banco devedor, por ser instituição financeira oficial e idônea, poderá permanecer como depositário da quantia constrita, devendo, entretanto, abrir uma conta remunerada que fique à disposição do juízo. Inviabilidade de que haja a transferência dos valores penhorados para o Banrisul. Precedente do STJ. RECURSO PROVIDO. (Agravo de Instrumento nº 70014082283, Sexta Câmara Cível, Tribunal de Justiça do RS, Relator; Antônio Corrêa Palmeiro da Fontoura, Julgado em 30/03/2006)

> PROCESSUAL CIVIL. EXECUÇÃO DE TÍTULO JUDICIAL. BANCO. VALOR PENHORADO DEPOSITADO EM OUTRA INSTITUIÇÃO FINANCEIRA. Há de se ter em vista as conseqüências econômicas adversas que o agravante suportará, pelo depósito em outra instituição financeira. Por outro lado, a exeqüente parece concordar com que o Banco executado fique como depositário do numerário penhorado. Desse modo, nas circunstâncias, tem aplicação o princípio da menor onerosidade, consagrado no art. 620, do CPC. Alegação de falta de comprovação da penhora não enfrentada, dados os limites da decisão agravada e para que não reste suprimido, indevidamente, um grau de jurisdição. Agravo provido. (Agravo de Instrumento nº 70012117156, Quinta Câmara Cível, Tribunal de Justiça do RS, Relator: Leo Lima, Julgado em 18/08/2005)

> AGRAVO DE INSTRUMENTO. EXECUÇÃO PROVISÓRIA DE SENTENÇA. SUBSTITUIÇÃO DO DEPOSITÁRIO. DESNECESSIDADE. Não havendo motivos para que o depositário do dinheiro seja substituído, não há falar modificação para o Banco do Estado do Rio Grande do Sul. AGRAVO DESPROVIDO. (Agravo de Instrumento nº 70009026683, Sexta Câmara Cível, Tribunal de Justiça do RS, Relator: Cacildo de Andrade Xavier, Julgado em 06/10/2004)

8. Considerações finais

Da revisão bibliográfica efetivada, combinada ao estudo de casos, pode-se concluir que as reformas ocorridas no CPC, motivadas pelo anseio de uma maior celeridade e eficácia processuais provocaram, em um primeiro momento, relativa insegurança jurídica, sendo tal insegurança resolvida pelos pronunciamentos das cortes superiores, suprindo falhas e lacunas da legislação reformada.

No entanto, na problemática relativa aos depósitos judiciais no âmbito da justiça estadual do RS, a insegurança jurídica é constante, existindo, para mesmas situações, decisões antagônicas e com fundamentos diversos e invariavelmente opostos.

Caso a Câmara Recursal opte por uma aplicação direta da legislação estadual e, conforme já exposto, há entendimento vigente no TJRS de que a ADI 2.909 pende de trânsito em julgado permanecendo aplicável a Lei estadual 11.667/2001 sobre os depósitos judiciais à disposição da justiça gaúcha, a decisão será no sentido prescrito pela Presidência do TJRS e pela CGJ-RS, desfavorável as instituições financeiras porventura executadas, ou seja, pela transferência *incontinenti* do depósito em garantia ao BANRISUL.

Em sentido oposto, aderindo a Câmara Recursal a uma interpretação de razoabilidade sobre a questão da escolha do depositário judicial, fará uso do princípio da menor onerosidade ao devedor, ponderado à ausência de prejuízo para o credor e ao deslinde da execução.

Doravante, não pode-se olvidar que o posicionamento acerca da inaplicabilidade da Lei estadual 11.667/2001 tendo em vista sua declaração de inconstitucionalidade, independente da pendência de julgamento dos embargos de declaração opostos na ADI 2.909, coaduna-se com o entendimento do STF, conforme Reclamação n° 15.245/RS supracitada no parecer da PGR, a qual, fundamentada no art. 102, inciso I, alínea l, da Carta Magna, pode ser utilizada a qualquer momento pelas instituições financeiras executadas para a defesa final de suas prerrogativas como depositárias judiciais no RS. Neste sentido, a afirmação de João Paulo Santos Borba (2013) em artigo sobre o instituto da Reclamação Constitucional:

> [...] a partir de uma compreensão pragmática, a reclamação constitucional afigura-se, no âmbito do Supremo Tribunal Federal, como valioso instrumento processual destinado a salvaguardar o império das decisões proferidas em sede de controle concentrado de constitucionalidade (ação declaratória de constitucionalidade, ação direta de inconstitucionalidade e arguição de descumprimento de preceito fundamental), que tem como peculiaridade a irradiação de efeito vinculante da decisão emanada, assim como a eficácia erga omnes.

Em síntese, conclui-se que existe tese consubstanciada para a defesa das instituições financeiras porventura executadas a fim de que permaneçam como depositárias judiciais nos cumprimentos de sentença em que são parte, fundamentado no art. 620 do CPC, que institui o princípio da menor onerosidade ao devedor. No âmbito da justiça estadual do RS, além das vias recursais ordinárias, é viável, a qualquer tempo e contra qualquer ato desta com fundamento na aplicação da Lei estadual 11.667/2001, a utilização da Reclamação Constitucional, cujo viés correicional da medida revela-se como mais uma alternativa estratégica para a salvaguarda dos interesses das instituições financeiras executadas.

Referências bibliográficas

ASSIS, Araken de. *Manual da Execução*. 14. ed. rev., atual. e ampl. São Paulo: Editora Revista dos Tribunais, 2012.

BANCO CENTRAL DO BRASIL. *Regulamento BACEN JUD 2.0*. Disponível em: <http://www.bcb.gov.br/Fis/pedjud/ftp/REGULAMENTO_BACEN_JUD_2.0_24_07_2009.pdf>. Acesso em 31 de outubro de 2013.

BARCELLOS, Cássio Meneghetti. *Bloqueio judicial online (Bacen-Jud) e o direito ao sigilo bancário e ao processo de execução menos gravoso ao devedor*. 2011. Artigo (Pós-graduação em Processo Civil) – Academia Brasileira de Direito Processual Civil. 2011

BORBA, João Paulo Santos. *Considerações sobre a reclamação constitucional à luz da jurisprudência do Supremo Tribunal Federal*. Jus Navigandi, Teresina, ano 18, n. 3765, 22 out. 2013. Disponível em: <http://jus.com.br/artigos/25570>. Acesso em 31 de outubro de 2013.

BRASIL. Lei nº 11.382, de 6 de dezembro de 2006. Altera dispositivos da Lei nº 5.869, de 11 de janeiro de 1973 – Código de Processo Civil, relativos ao processo de execução e a outros assuntos. Disponível em: <http://www.planalto.gov.br/ccivil_03/_Ato2004-2006/2006/Lei/L11382.htm>. Acesso em 9 de outubro de 2013.

——. Emenda Constitucional nº 45, de 30 de dezembro de 2004. Altera dispositivos dos arts. 5º, 36, 52, 92, 93, 95, 98, 99, 102, 103, 104, 105, 107, 109, 111, 112, 114, 115, 125, 126, 127, 128, 129, 134 e 168 da Constituição Federal, e acrescenta os arts. 103-A, 103B, 111-A e 130-A, e dá outras providências. Disponível: <https://www.planalto.gov.br/ccivil_03/Constituicao/Emendas/Emc/emc45.htm>. Acesso em 31 de outubro de 2013.

——. Lei nº 11.232, de 22 de dezembro de 2005. Altera a Lei no 5.869, de 11 de janeiro de 1973 – Código de Processo Civil, para estabelecer a fase de cumprimento das sentenças no processo de conhecimento e revogar dispositivos relativos à execução fundada em título judicial, e dá outras providências. Disponível em: <https://www.planalto.gov.br/ccivil_03/_Ato2004-2006/2005/Lei/L11232.htm>. Acesso em 31 de outubro de 2013.

——. Lei nº 5.869, de 11 de janeiro de 1973. Institui o Código de Processo Civil. Disponível em: <https://www.planalto.gov.br/ccivil_03/leis/l5869.htm>. Acesso em 31 de outubro de 2013.

——. Lei nº 10.406, de 10 de janeiro de 2002. Institui o Código Civil. Disponível em: <http://www.planalto.gov.br/ccivil_03/Leis/2002/L10406.htm>. Acesso em 31 de outubro de 2013.

——. Superior Tribunal de Justiça – Corte Especial. REsp 940274/MS. Relator: Ministro Humberto Gomes de Barros. DJe 31 de maio de 2010.

——. Supremo Tribunal Federal – Tribunal Pleno. ADI nº 2.909. Relator: Ministro Ayres Britto. DJe nº 105. Publicação 11 de junho de 2010.

——. Constituição da República Federativa do Brasil de 1988. Disponível em: <https://www.planalto.gov.br/ccivil_03/constituicao/constituicao.htm>. Acesso em 11 de setembro de 2013.

DINIZ, Maria Helena. *Tratado teórico e prático dos contratos:* Vol. III. 4. ed. ampl. e atual. São Paulo: Saraiva, 2002.

DIDIER JÚNIOR, Fredie; CUNHA, Leonardo Carneiro da; BRAGA, Paula Sarno; OLIVEIRA, Rafael. *Curso de direito processual civil.* 4. ed. Salvador: Editora Juspodivm, 2012.

FAVERO, Altair Alberto; GABOARDI, Ediovani Antônio; [*et al.*] *Apresentação de trabalhos científicos:* normas e orientações práticas. 4. ed., rev. e ampl. Passo Fundo: Ed. Universidade de Passo Fundo, 2008.

FUX, Luiz. *O novo processo de execução:* O cumprimento da sentença e a execução extrajudicial. Rio de Janeiro: Forense, 2008.

GOLDSCHMIDT, Guilherme. *A penhora on-line no direito processual brasileiro.* 2006. Dissertação (Pós-graduação em Direito) – Faculdade de Direito, Pontifícia Universidade Católica do Rio Grande do Sul, Porto Alegre, 2006.

MENDES, Gilmar Ferreira. *Jurisdição constitucional.* 5. ed. São Paulo: Saraiva, 2005.

RIO GRANDE DO SUL. Lei Estadual nº 11.667, de 11 de setembro de 2001. Institui o Sistema de Gerenciamento Financeiro dos Depósitos Judiciais pelo Poder Judiciário do Estado do Rio Grande do Sul e dá outras providências. Disponível em: <http://www.al.rs.gov.br/legiscomp>. Acesso em 11 de setembro de 2013.

SANTOS, Moacir Amaral dos. *Primeiras Linhas de Direito Processual Civil.* Vol III. São Paulo: Saraiva,1985.

SILVA, José Afonso da. *Curso de direito constitucional positivo.* 34. ed. rev. e atual. São Paulo: Malheiros Editores Ltda, 2011.

SILVA, José Ronemberg Travassos da. *A penhora realizada através do BacenJud*: Breves apontamentos. Jus Navigandi, Teresina, ano 11, n. 1130, 5 ago. 2006 . Disponível em: <http://jus.com.br/artigos/8751>. Acesso em 31 de outubro de 2013.